本书系国家社会科学基金青年项目"改革开放四十年来中国农村生育价值观的变迁及政策应对研究"（项目编号：18CSH030）的结项成果。

减贫理论中的中国：实践探索与经验分享丛书

中国农村生育价值观的变迁及政策应对研究

陈纬 著

西南大学出版社
国家一级出版社 全国百佳图书出版单位

图书在版编目(CIP)数据

中国农村生育价值观的变迁及政策应对研究/陈纬著. -- 重庆：西南大学出版社, 2025.6. -- (减贫理论中的中国：实践探索与经验分享丛书). -- ISBN 978-7-5697-3246-7

Ⅰ.C923

中国国家版本馆CIP数据核字第20251DG572号

中国农村生育价值观的变迁及政策应对研究
ZHONGGUO NONGCUN SHENGYU JIAZHIGUAN DE BIANQIAN JI ZHENGCE YINGDUI YANJIU

陈纬 著

| 选题策划：段小佳 |
| 责任编辑：朱司琪 |
| 责任校对：文佳馨 |
| 装帧设计：观止堂_未氓 |
| 排　　版：李　燕 |
| 出版发行：西南大学出版社（原西南师范大学出版社） |
| 　　　　　地址：重庆市北碚区天生路2号 |
| 　　　　　邮编：400715 |
| 　　　　　市场营销部电话：023-68868624 |
| 印　　刷：重庆升光电力印务有限公司 |
| 成品尺寸：185 mm×260 mm |
| 印　　张：23.25 |
| 字　　数：476千字 |
| 版　　次：2025年6月　第1版 |
| 印　　次：2025年6月　第1次印刷 |
| 书　　号：ISBN 978-7-5697-3246-7 |
| 定　　价：88.00元 |

前　言

人口问题是百年大计,中国式现代化是人口规模巨大的现代化。习近平总书记强调,"人口发展是关系中华民族伟大复兴的大事,必须着力提高人口整体素质,以人口高质量发展支撑中国式现代化"。我国是一个农业大国,农业农村农民问题一直是关系到国计民生的根本性问题。2022年,我国进入内生性人口负增长阶段,农村人口变得越来越老、少、空,农村生育问题直接关系到农业劳动力供给、乡村振兴、加快农村现代化进程和职业农民队伍建设。改革开放40多年来,我国人口形势发生了重大变化,农村生育率一直维持在较低水平,并难以在短时间内回弹,这代表我国农村生育价值发生改变,并为我国经济社会发展带来了巨大挑战。这一转变必将影响我国农村农业人口战略和人口政策的制定落实。因此,本书旨在分析、研讨改革开放以来,我国农村生育价值发生了怎样的改变、发生改变的原因,以及如何通过有效的战略谋划和政策制定来应对人口变化带来的挑战。

本书以党的二十大和习近平总书记关于人口与计划生育的重要论述为指导,紧扣改革开放以来中国农村生育价值观变迁这一主题,梳理中国生育价值的断代史和生育政策史,运用人口学、社会学、心理学、管理学等理论拟定研究框架,在对国内外生育变迁相关研究进行总结的基础上,探索中国农村生育价值观变迁的现状及应对策略。其内容分为10个章节,并可划分为历史回顾和政策梳理、现实境况和实践调研、国际对比与经验借鉴、变迁特点与政策建议四个板块。

在研究方法上,在大量参阅文献和走访农村的基础上,研究者自行设计了《改革开放40年来农村生育价值观的问卷调查》《农村籍高职大学生生育价值观及其影响因素调查问卷》《青年农民工婚育观现状访谈提纲》,通过随机抽样方法,在全国16个省区市的农村地区,发放《改革开放40年来农村生育价值观的问卷调查》1200份,回收有效问卷1103份;对1059位农村籍高职院校学生发放《农村籍高职大学生生育价值观及其影响因素调查问卷》,回收有效问卷1051份;于重庆市某产业园区开展为期2个月的田野观察,对近50位进城务工人员进行质性访谈,采用定性定量分析工具对资料进行分析。同时,本书选择了日本、印度、瑞典、意大利和俄罗斯五个国家进行对比研究,以期为更好地应对我国农村生育的变化和促进人口高质量发展提供政策建议。

本书主要有以下结论：

第一，中国农村长期的低生育率反映的不仅仅是政策影响下群众的选择空间大小问题，更重要的是在个体和家庭层面的生育价值观、生育意识、生育责任和生育动力问题。改革开放40多年来，我国农村的生育模式基本实现了从"早生、多生、生男、重生轻养"向"晚生、少生、优生、重养轻生"的转化，充分说明了我国已经迈向内生性低生育阶段，农村家族绵延和宗族延续的生育目的愈发淡化，相反，生育成了农民自己的事情，变得越来越私人化和家庭化，他们更为重视孩子的培养质量和情感价值。中国人口形势和生育特点相较40多年前已经发生了巨大变化，我国农村人口的生育价值观愈发趋近现代生育观，这一状况构成了我国人口高质量发展的最基础性条件，需要得到高度重视。

第二，中国农村的生育价值观与城市趋同，生育决策日趋理性化，但是不同人群的关注点有所不同。对农村居住人口来说，经济压力和子女教育是他们关注的重点；进城务工的农村青年关注经济收入和职业发展，如何挣钱养家或如何在城市立足是生活重心；对于农村籍高职学生而言，婚育成本和人生发展方向是他们考量的重点。农村传统生育观影响力式微，农村人口的婚育变得越来越个体化，且同辈群体的影响力逐步增大。同时，婚恋是制约很多农村男性生育的核心因素，性别失衡带来的高价彩礼和婚姻挤压，使得他们难以迈入婚姻，更无法谈及生育。

第三，影响生育价值观和生育行为的因素是多样的，且各个因素之间充满联系、互相交织。本书主要从四个方面进行总结概括：一是生育经济成本过高，在经过理性考量后，子女数量不再是农民关注的重点，子女培养质量成为考量的重心，他们愿意将更多财力投入子女教育中去。二是快速的人口流动和规模庞大的城镇化进程，使得大多数农村育龄夫妇都接受过城市生活方式和生育理念的洗礼，我国农村以家族绵延为主要目的的传统生育观和生育习俗对育龄夫妇的影响越来越小，而他们主动交往的同辈群体对他们的影响越来越大。三是伴随着女性受教育程度的提高和非农劳动参与率的提升，加上农村性别比失衡带来的严峻婚姻挤压形势，女性在家庭事务和生育中的话语权日益增加，女性的生育意愿成为影响农村生育率的关键。四是在个体化社会的影响下，生育决策越来越成为个人和家庭的事情，生育主体愈发看重孩子的情感价值。

第四，近些年来，日本、印度、瑞典、意大利和俄罗斯五个国家也都经历了生育的变迁，大多正在经历极低的生育率，各个国家采取了很多的政策和措施来控制人口数量，试图扭转人口生育率的下降趋势，其政策效果不一。本书认为，各国对生育率的干预时机和政策的价值导向对干预效果具有极其关键的作用，各国在人口问题方面的经验和教训对中国有如下启示：一是强化数据监测预警，密切监测生育水平，做到及时预警、尽早筹谋；二是提高经济发展水平，营造乐观稳定环境，为生育奠定稳定坚实的经济基础；三是坚定政策价值导向，重视女性深层诉求，从打破性别角色观念、深化家庭观念、鼓励多主体参与等方面创造适宜的生育环境，建设生育友好型社会；四是构建配套政策体系，加大财政投入力度，多措并举提高人们的生育意愿和生育水平。

针对上述研究结论，本书提出以下建议：

第一，在政策的制定中，引导个体和家庭的生育观是重点，生育率的转变不是一朝一夕的事情，生育价值观的改变更是需要营造一种能生育、想生育、愿生育的氛围，面对农村和城市日益趋近的生育观，构建中国生育友好型社会就是解决之道。生育友好型社会是一个多系统、多维度、多层次的复杂工程。

第二，在中国式现代化和人口高质量发展的背景下，中国生育友好型社会的设计需要整合传统与现代、集体与个体、家庭与个人几个维度，中国生育友好型社会应该是一个尊重生命价值的社会，一个尊重生育主体自决权的社会，一个男女两性平等的社会，一个生育成本社会化的社会，一个以家庭为本、为家庭减轻负担的社会。

第三，构建完备的人口服务体系，推动人口高质量发展成为当前生育政策的着力点，生育友好型社会应该在社会经济发展的背景下，将个人生命历程和家庭生命周期相结合，价值导向鲜明且符合时代特点。在剖析群众需求的基础上，按照"全人、全家、全生命、全系统"的思路，构建以个人为中心，以育龄夫妇为主体，以家庭为本，社区支持、多元参与、社会协同的福利政策体系。

第四，高质量发展背景下，生育友好型社会重点在构建三个层次的政策体系，第一个层次是围绕生育的核心层，即生育、抚育、教育、养育，构建包容和友好的氛围，能直击与生育相关的问题，使生育主体的生育成本、孩子照顾、个人发展等多个层面的需求问题得到有效解决，尤其需要关注农村底层男性婚姻问题、留守儿童和流动儿童的受教育问题、进城务工人员的城市融入问题等重要问题。第二个层次是与生育相关的外围层，如职业、养老、医疗等维度，为生育主体打造一个安全、友善、和谐的生育环境，使生育行为没有后顾之忧，尤其要加大对农村的医疗资源、教育资源和养老资源的投入。第三个层次是与生育相关的设计和保障层面，主要是需要对生育形势进行科学客观的研判，从整体的社会福利、社会保障等层面，构建一个完备的福利系统，激发生育人群的生育潜能和活力，使生育真正友好起来。

目 录

导 论 ··· 001
    第一节　研究背景与问题的提出 ··· 001
    第二节　概念界定、文献综述与理论基础 ·································· 005
    第三节　研究问题与研究思路 ··· 019
    第四节　研究的重点、难点和创新点 ·· 023

第一章　中国农村传统生育文化 ·· 027
    第一节　生育与传统生育文化 ·· 027
    第二节　传统生育文化的表现形式 ··· 037
    第三节　传统生育文化对人口转变的影响 ·································· 046
    本章小结 ··· 054

第二章　新中国成立后中国农村生育政策演变与生育行为转变趋势 ······· 055
    第一节　新中国成立后中国农村生育政策的演变分析 ·················· 056
    第二节　中国农村生育政策的特点总结 ···································· 069
    第三节　新中国成立后中国农村生育转变 ································· 075
    本章小结 ·· 080

第三章　中国农村生育价值观现状及影响因素分析 ·························· 081
    第一节　研究设计及样本构成 ··· 082
    第二节　农村居民生育价值观现状 ··· 096
    第三节　农村生育价值观影响因素分析 ··································· 123
    第四节　农村居民生育价值观特点 ··· 144
    本章小结 ·· 147

第四章　青年农民工婚育观现状的定性分析 ············149
第一节　研究设计 ············149
第二节　青年农民工婚恋观现状 ············152
第三节　青年农民工生育价值观现状 ············163
第四节　青年农民工婚育观整体性分析 ············176
本章小结 ············180

第五章　农村籍高职院校大学生生育价值观及其影响因素分析 ············182
第一节　研究设计 ············183
第二节　农村籍高职院校大学生生育价值观现状 ············185
第三节　农村籍高职院校大学生生育价值观的特点 ············197
第四节　农村籍高职院校大学生生育价值观的影响因素 ············204
本章小结 ············207

第六章　亚洲国家生育政策实施情况及综合效果评价——以日本和印度为例 ············209
第一节　日本生育状况研究 ············209
第二节　印度生育状况研究 ············221
本章小结 ············230

第七章　欧洲国家生育政策实施情况及综合效果评价——以瑞典、意大利、俄罗斯为例 ············232
第一节　瑞典生育状况研究 ············232
第二节　意大利生育状况研究 ············241
第三节　俄罗斯生育状况研究 ············253
本章小结 ············263

第八章　国际生育状况对比与经验借鉴——以日本、印度、瑞典、意大利、俄罗斯为例 ············265
第一节　各国人口状况对比 ············265
第二节　各国生育变化影响因素分析 ············267
第三节　各国人口问题应对策略对中国的启示 ············274
本章小结 ············278

第九章　中国农村生育价值观的变迁特点与理论解释……280
　　第一节　改革开放以来中国农村生育价值观的变迁……280
　　第二节　中国农村生育转变的特点……284
　　第三节　我国农村生育转变的理论解释……289
　　本章小结……300

第十章　人口高质量发展背景下中国生育友好型社会的建设路径与政策建议……302
　　第一节　中国农村生育变迁背景下人口高质量发展的挑战……302
　　第二节　人口高质量发展背景下中国生育友好型社会的价值诉求……308
　　第三节　我国"全人、全家、全生命、全系统"生育友好型社会的构建思路与政策设计……314
　　本章小结……321

研究结论与研究展望……322
　　第一节　研究结论……322
　　第二节　研究展望……324

参考文献……326

附录一：改革开放40年来农村生育价值观的问卷调查……348

附录二：青年农民工婚育观现状访谈提纲……355

附录三：农村籍高职大学生生育价值观及其影响因素调查问卷……358

导 论

第一节 研究背景与问题的提出

党的二十大报告中提出,"中国式现代化是人口规模巨大的现代化",习近平总书记指出,"人口发展是关系中华民族伟大复兴的大事,必须着力提高人口整体素质,以人口高质量发展支撑中国式现代化"。我国是一个农业大国,农业农村农民问题一直是关系国计民生的根本性问题,而农村生育问题直接关系到农业劳动力供给、乡村振兴、农村现代化进程和职业农民队伍建设。为此,习近平总书记多次强调,人口问题始终是我国面临的全局性、长期性、战略性问题,并要求促进人口长期均衡发展与家庭和谐幸福。中共十九届五中全会提出,"十四五"时期经济社会发展要以推动高质量发展为主题。人口问题关系到我国人才强国战略和乡村振兴战略的实现,关系到中国式现代化和共同富裕的实现。因此,研究改革开放以来我国农村生育价值观变迁的内在机理,把握农村育龄人口现状,厘清农村生育价值观表现形态、衍生问题、相关应对措施,已经成为当前理论界和实际工作部门亟须研究和解决的重大课题。

一、中国步入内生性人口负增长时代

21世纪以来,中国的生育率长期在低位徘徊。根据国家统计局数据,2016年我国总和生育率约在1.3—1.6[①]之间(王军、王广州,2016),2014年"二孩政策"出台虽使得2016年

---
① 总和生育率指一国或地区的妇女在育龄期间平均生育的子女数量,此处省略单位"个",后同。

和2017年二孩出生人数有了增加，但是2018年、2019年出生人数大幅回落，直至2022年，中国出生人口为956万人，出生率为6.77‰，同年，中国死亡人口1041万人，人口死亡率为7.37‰，人口自然增长率为-0.60‰[①]，中国正式步入人口负增长时代。在中国社会漫长的历史中，因战乱、灾荒、瘟疫等外在事件影响，人口也发生过负增长，但2022年的人口负增长在本质上不同于我国历史上曾出现过的人口负增长，这种负增长，是在没有战争、饥荒等外在事件的条件下发生的，是在政治经济平稳发展、社会秩序稳定时期发生的，其原因主要是长期的低生育率，因此这是一种内生性人口负增长（翟振武、金光照，2023）。这一次负增长，改变了我国几百年甚至几千年以来的人口发展趋势，是时代性和历史性的人口大事件，是中国人口发展方向性转变的分水岭（翟振武、金光照，2023）。

翟振武和金光照（2023）认为中国的人口负增长具有转折速度快、出门即低点、未发达先转负和持续时间长的特征。转折速度快是指自1998年开始到2016年，中国人口增长率从10‰逐步下降，这期间虽然未曾出现大量的人口增长，但人口增长率基本维持在5‰以上。然而中国人口增长率在2017年到2021年这段时间，从5.6‰降至0.3‰，并在2022年变为负值。不同于欧洲国家有一定渐进性、程度较为缓慢且偶有回弹的人口负增长，中国的人口负增长来势凶猛，很多学者预测（蔡昉，2023；郑真真，2022），中国人口负增长速度将快于欧洲，并于2050年超越日本、赶上韩国，成为世界上人口负增长速度最快的国家之一，这是在世界范围内都较为罕见的人口增长的转变。出门即低点指的是在我国人口负增长元年——2022年，中国总和生育率就降至1.08的极低水平，这一特点不同于世界上大多数已经历人口负增长的国家，是中国严峻的人口问题和生育水平的反映。未发达先转负指的是中国经济还未发展到一定阶段，尚未处于发达行列，便进入人口负增长状态。如日本、韩国、德国等人口负增长的国家，首次出现人口负增长时，人均GDP分别约为3.29万、3.14万、2.00万美元，而中国2022年的人均GDP仅为1.27万美元，与上述国家相比仍有很大差距。从城镇化率程度来看，日本、韩国、德国在人口负增长之初城镇化率分别为90.81%、81.41%、72.45%，处于较高的城镇化水平，而中国2022年的城镇化率仅为65.22%（郑真真，2014）。同时，中国人口负增长持续时间长，回弹难度大。中国人口负增长状态极可能一直持续至21世纪末甚至更久远的将来。按照翟振武、金光照（2023）的预测，从21世纪20年代到21世纪40年代初期，人口负增长提速进程相对缓慢，年净减人口规模大概率在500万人以下，人口增长率在-4‰以上。但是从21世纪40年代中期开始，1962—1975年"婴儿潮"时期出生的人口将逐步死亡，直至2050年，我国年净减人口会超过1000

[①] 数据来源：中华人民共和国2022年国民经济和社会发展统计公报。

万人,并在2060年末超过1100万人,也就是说,21世纪我国人口总规模将减少6.4亿人。人口负增长实现回弹的可能性很小。

可以说,在人口老龄化、低生育率和人口负增长的背景下,21世纪的中国将面临前所未有的严峻形势,如果不能谨慎应对,将对我国的社会经济发展产生极为负面的影响,这是有史以来中国需面对的最大人口变局和挑战(郑真真,2021)。

二、农村人口呈现老、少、空的态势

在过去的大多数时间,农村的生育转变主导了中国人口生育转变的趋势。欧洲和二战后其他地区的生育史显示,全球生育转变的共同特点是生育率下降首先发生在城市居民中,随后逐步向农村扩散。中国也不例外,在生育率下降的初始阶段,城乡差异明显,各个地区的生育转变起始时间也有先后。上海是生育转变起始最早的城市,北京、天津和上海3个直辖市的农村分别在1965年、1966年和1967年开始生育转变,是我国最早发生转变的农村地区,江苏、辽宁和浙江紧随其后,其他农村地区是在全国开展计划生育工作后陆续开始生育转变的。由于中国城市生育水平已经在20世纪80年代降低至人口更替水平以下,当时生多孩(三孩及以上)的比例和城市生二孩的比例都已经很低,且中国城镇化率到1998年才超过30%,所以可以说90年代的生育率下降主要源自农村人口生育率的降低(巫锡炜、郭静、段成荣,2013)。

中国农村生育率呈现持续下降趋势。2020年第七次全国人口普查数据表明,中国的总人口为14.1亿人,居住在农村的人口为5亿979万人,占36.11%。中国改革开放以来的社会经济变化,尤其是大规模农村到城市的劳动力流动,推动了以农村居民生育率下降为主导的生育率下降。20世纪90年代以后,农业现代化和沿海地区开放对农村劳动力的吸引,拉动了大量农村劳动力特别是育龄女性的迁移流动和非农就业,从而对中国农村居民产生了巨大影响。已有调查研究显示,20世纪90年代以后农村居民生育意愿均呈现下降趋势(风笑天、张青松,2002),而且生育水平逐渐低于生育意愿(风笑天,2014)。

伴随农村生育率的持续下降,中国农村人口变得越来越老、少、空。首先,农村人口越来越老。基于2002—2018年中国老年人健康长寿影响因素调查(CLHLS)数据和第七次全国人口普查数据,中国农村65岁及以上老年人口规模与比重将分别从2020年的9035.29万人和17.72%,增至2035年的12438.23万人和33.14%(韩润霖等,2023)。2020年,我国农村老年人口已经达到1.21亿人,农村60周岁及以上、65周岁及以上老年人口占农村总人口的比重分别为23.81%、17.72%,比城镇60周岁及以上、65周岁及以上老年人口占城镇总人口的比重分别高出7.99%、6.61%(解安、林进龙,2023)。其次,农村人口越来越少。一方面,伴随中国农村人口规模大幅缩小,流动人口规模空前扩大,改革开放以来,中国农村人口从1978年的7.9亿人减少至2020年的5.1亿人,占全国人口的比重从82.1%降至36.1%[①]。另一方面,农村生育率越来越低,虽然农村育龄妇女总和生育率水平比全国高出0.2左右(郑真真,2022),但是仍然呈现低位特征。伴随着农村现代化的加速推进,城乡人口生育意愿逐渐趋同,未来农村人口生育率也会日趋降低,出生人口会越来越少。最后,农村变得越来越空,"空心化"成为农村的普遍现象(李玉红、王皓,2020)。根据第七次全国人口普查资料测算,2020年,在流动人口中以"乡—城"方式迁移的规模达到2.5亿人,约占全部流动人口的2/3。人口在"人""地""村"依次"空心化"的过程中起到先导性作用,即在中国城镇化进程中,农村人口"空心化"会是农村最早出现的"空",随后就会带来"地空"——土地抛荒和宅基地闲置等问题,最终导致"村空",使得农村可持续发展陷入困境。

因此,在人口负增长快、猛、长的背景下,如果未来中国农村人口老、少和空的趋势得不到控制,大量劳动年龄人口持续析出,会导致乡村振兴人口基础削弱,影响我国共同富裕目标的实现。人口作为经济社会发展的基础条件,对农村的发展振兴具有长期性和全局性的影响,面对农村的严峻形势,我国亟须加大对农村人口的生育研究力度,需要对农村人口发展做出认真研判。

三、生育价值观是制约生育的核心因素

中国的低生育率特点将导致一定时期内生育水平的降低。"全面两孩"政策所能挖掘的生育潜力已基本释放,建立支持生育的相应配套机制需要较长时间,中国生育率进一步走低的风险不可低估。面对日益严峻的人口出生形势,我国于2013年、2016年和2021年先后颁布实施了"单独两孩政策""全面两孩政策"和"三孩政策",虽然对促进我国人口出生有一定成效,尤其是在2016年我国出生人口达到1786万人,是近年来的一次生育高潮,但随后的6年人口出生率持续低迷,政策效果并未达到预期。换句话说,我国进入了人口生育内生性负增长时代,完善生育政策、放松生育控制对生育力的影响十分有限,而生育观念改变、养育成本提高以及生育相关经济社会政策配套不到位等综合因素才是限制生育意愿和生育行为的关键所在(阮极、蔡欣晴,2022)。

生育就是人类自身的生产,是人类通过男女两性结合,在相应的社会经济条件下,繁衍后代、绵延子嗣的现象。因为人是社会环境中的人,其生育活动会受到内部心理和认知

---

① 资料来源:《中国统计年鉴2021》。

因素,外部社会、经济、文化、政治因素的影响,所以人类的生育活动不仅仅具有生物性特点,也是社会关系和社会环境的产物。人是理性的动物,人不仅能认识世界是什么、怎么样和为什么,而且知道应该做什么、要什么和选择什么,确定目标并实现目标(刘卓、王学义,2020),这些支配性观念就是每个人的价值观。作为人类基本活动之一的生育活动,在相应的生育价值观的基础上得以产生,它的保持、转变和终止也是在特定生育价值观的指导下发生的。因此,生育对人而言,是理性的活动,这是人与动物在生育上的本质差别,也是人类能实现计划生育、管控人口的主要依据。

为规范和引导人们的生育行为与生育观念,我国进行了多次生育政策调整,经历了自主生育、独生子女、单独两孩、全面两孩和三孩生育这5个阶段,民众的生育价值观在不同时期也呈现出不同的状态,具有典型的阶段性特点,在多重因素的视角下来探索生育水平变化已经成为社会共识(刘卓、王学义,2020)。可以说,在所有的因素中,国家政策对生育观念的形成、改变与发展有很强的导向作用,并能影响人们的生育动机和生育意愿。因此,在不同的历史时期,为实现不同的战略目的,国家实施不同的生育政策来影响人们的生育观念,使得人口再生产能适应时代发展需求和国家宏观目标(陈岱云、张世青,2010)。然而,在中国的生育变迁中,能看到生育政策对生育动力、生育意愿和生育行为的影响逐步式微,个人与社会在生育中的矛盾日益凸显。生育观念和生养成本成为影响生育水平的最关键因素。自迈入21世纪以来,我国的人口形势发生了很大的改变,如何有效有力地应对严峻的人口问题,急需学术领域的大量关注。本书系统梳理中华人民共和国成立以来农村生育价值观的变迁,探寻生育价值观的改变机制,预测其对我国农村发展和乡村振兴战略实现产生的影响,把握生育价值观变迁的内在规律,并制定具有前瞻性、针对性的策略,对应对我国人口负增长,尤其是农村人口负增长,具有重要的意义。

第二节 概念界定、文献综述与理论基础

一、农村与农村人口

为了明确研究对象,本书对农村与农村人口进行了相应的梳理。我国官方对农村有比较清晰的界定,该概念未有争议,但因农村人口的边界和内涵都处于不断的发展和变化过程中,我们很难获得确切的、精准的定义。

(一)农村

城乡二元结构,是长期以来我国经济社会发展的显著特点之一。党和政府高度重视统筹城乡发展,早在1955年,国务院颁布的《关于城乡划分标准的规定》,就采取人口规模和非农业人口比例指标,以居民区为基本单元进行划分,之后经历了多次讨论和修订,为了对城乡发展予以准确反映和动态监测,提高在统计上划分城乡工作的一致性,国家统计局开展了统一的统计用区划代码和城乡分类代码编制工作(以下简称城乡划分工作),每年一次为全国60余万个村(居)委会进行统计上的编码,并判定全部村(居)委会的城乡分类。①2008年7月,国务院批复同意国家统计局与民政部、住建部、公安部、财政部、原国土部、原农业部共同制定的《统计上划分城乡的规定》(国函〔2008〕60号),正式奠定了统计上划分城乡的依据和方法基础。随后,国家统计局印发《统计用区划代码和城乡划分代码编制规则》(国统字〔2009〕91号)。《统计上划分城乡的规定》明确"以我国的行政区划为基础,以民政部门确认的居民委员会和村民委员会辖区为划分对象,以实际建设为划分依据,将我国的地域划分为城镇和乡村"。其中,"城镇包括城区和镇区。城区是指在市辖区和不设区的市、区、市政府驻地的实际建设连接到的居民委员会和其他区域。镇区是指在城区以外的县人民政府驻地和其他镇,政府驻地的实际建设连接到的居民委员会和其他区域";而"乡村是指本规定划定的城镇以外的区域"。因此,城乡划分工作以村(居)委会等村级单位为划分对象,通过判断村(居)委会驻地、乡(镇、街道)政府驻地、县(市、区、旗)政府驻地之间的实际建设连接情况,将我国的地域划分为城镇和乡村。由此,本书对农村的界定也是以村委会为单位进行划分,根据村委会驻地来进行相关地域的判断。

(二)农村人口

为厘清农村生育价值观,本书需要回答"是谁的生育价值观"这一问题,即清楚界定研究对象,生育价值观涉及生育主体,是一种主体具有的感受性价值判断,因此,农村生育价值观可以说成是农村人口的生育价值观。但是,与"农村"较为清晰的界定不同,学界对农村人口的概念界定存在较大的争议,在我国特有的二元户籍制度和城镇化大规模推进过程中,农村人口的内涵和外延也在不断地发生变化,因此本书所指的农村人口,也需要更为广泛的含义。

其一,农村人口可以指在农村地区生活和工作的人口。可以把农村人口放到和城镇人口的比较中来,但是如果需要清晰界定农村人口和城镇人口的边界,就有很大的困难。

---

①划分依据:《在统计上城乡是如何划分的》,http://www.stats.gov.cn/zs/tjws/tjbz/202301/t20230101_1903381.html。

第一个原因是农村人口和城镇人口属于历史范畴,他们的内涵和外延都在不断地发展和变化,在不同历史阶段,因为生产力发展和上层建筑的差异,农村人口和城镇人口的含义有所不同;第二个原因在于农村人口和城镇人口之间存在大量的交叉、渗透、重叠、过渡和转移。其实农村人口和城镇人口的差异在古代已经存在,并通过两个条件进行区别,一个是空间内人口的聚居程度,另一个是社会生活中人口承担的经济职能差异(如人口从事的主要职业是农业还是商业)(侯杨方,2001)。世界上大多数国家农村人口和城镇人口的区分依据都是居民点人口规模差异。也就是说,在各国规定的人口规模界限范围内,就属于农村人口;超过界限范围,就属于城镇人口。比如,在20世纪70年代中期,这一界限最低的是2000人,最高的是10000人,而采用2000人或2500人的国家比较多。另外,有一些国家还兼顾人口的职业构成,最基本的指标就是"非农业人口比重"(汤兆云,2019)。在新中国成立以前,我国对农村人口和城镇人口没有进行明确的区分,因此在人口统计中这两大指标一直缺失。虽然有学者曾经按照国际惯常标准对此进行研究,但是结论差异巨大,也一直受到很多学者的质疑。因为我国经济社会状况具有自己的特殊性,如果仅仅按照居民点的人口规模来区分农村人口和城镇人口,而不考虑居民的职业构成,会在一定程度上抹杀农村人口向城镇人口转化的社会经济含义。因此,本书在对农村人口做界定时,第一个层面就是考虑在农村生活和居住的人口,不管其从事的是农业还是非农业。

其二,农村人口要考虑户籍地为农村的人口。伴随着我国经济的迅速发展,我国农村人口和城镇人口之间的转变越来越频繁,但受到我国独有的二元户籍制度和社会体制的影响,中国人口的迁移、流动、转变过程具有极强的中国特色和很强的复杂性。可以说,在从原始社会晚期直至新中国成立前这一段非常漫长的时期内,中国城镇的发展是非常缓慢的,城镇人口占总人口的比例徘徊在10%左右。在中国传统社会中,90%的人口居住在农村,农村社会占主导地位,这一时期的农村人口主要以从事农业为最基本的经济活动,从事非农业活动的人非常少。然而改革开放至今,我国经历了全世界规模最大的城镇化过程。从1949到1994年,中国的城镇化率从10%左右提升到28.6%(汤兆云,2019)。从1995年开始,伴随改革开放的逐渐深入,中国经济中的第二、第三产业飞速发展,城市化进程进入了一个高速发展的时期。第七次全国人口普查结果显示,我国居住在城镇的人口为90199万人,占63.89%;居住在乡村的人口为50979万人,占36.11%。与2010年相比,城镇人口增加23642万人,乡村人口减少16436万人,城镇人口比重上升14.21个百分点。在我国二元户籍制度背景下,大量的农村户籍人口进入城镇,从事非农产业工作,为城市工业化和现代化建设添砖加瓦。但是因为城乡分割的历史原因、市民化政策落地也需要一定的时间,他们很难被界定为城镇人口,也很难认同自己为"农村人口"。在农村人口愈发"老、少、空"的背景下,外出务工的农村户籍人口因为正处于青壮年阶段,是我国农村人口的生育主力,需要纳入本书研究范围。同时,教育是人口外流的重要途径,根据教育部2020年数据,职业院校学生约有70%都来自农村。这些农村户籍的学生在毕业后,其上升通道较本科学生更为有限,他们中一部分留在城市,通过努力成为城市的一分子;另外的可能进入大厂或是工地,成为城市的"农民工",又或回到农村,成为户在人在的"农村人口"。中职、高职在校生每年数量超过3000万人,规模庞大,需要得到特殊关注。

二、生育与生育价值观

(一)生育价值观的概念

生育价值观是生育研究中较为基础的研究范畴,一直是国内外相关领域的研究热点。价值观是在长时段的实践中,主体形成的对客体有无价值和价值大小的立场、观点和态度的总和,是对客体价值及相关内容的看法,价值观制约着人们看待世界的观点,制约着人们的行为准则,也是人类活动的起点和出发点(李志、吴永江,2022)。生育价值观是一个综合性概念,可以从心理学、社会学、经济学和文化学的角度来进行理解。从心理学的角度来说,价值观反映的是客体对于主体的效用和意义,其本质是"客体主体化",因此生育价值观是人们对生育的价值判断,涉及对生育的立场和态度,是人们用于衡量生育是否重要的内心尺度,包括生育正价值和负价值、生育成本价值和生育效用价值等基本内容(吴莹、杨宜音,2013)。Hoffman(1987)把生育价值观视为多层次、多维度的心理倾向系统,并提出了一个综合性的生育价值维度体系,包括快乐、自我扩展、社会认同、创造性和成就感、情感连接、经济效用、传统道德和社会比较等八个维度,且即便代际不同、族群不同,也同样存在着类似的生育价值维度标准。Nauck(2014)认为从文化学的角度来谈,生育价值观投射着文化差异,地域不同、传统不同,实现人生终极意义的途径与方式也各不相同,生育和生命哲学都是不同的。比如我国潮汕地区对"多子多福""重男轻女""养儿防老"等传统观念十分认同,即使是在"一孩化"时期,潮汕地区一家生育3—5个孩子也十分普遍。从经济学的角度来说,生育价值重在效用,需要用经济理性来衡量。因此很多研究者考虑生育成本和生育的边际效益带给生育观念的冲击作用,并认为生育孩子的经济成本和时间成本过大,改变了当代育龄人口的生育意愿。社会学的研究往往将生育价值观和宏观层面上的制度规范联系在一起,关注生育价值观形成的社会背景,并将生育观视作在生育及相关活动中形成的意识形态和相应规则制度(李卫东、尚子娟,2012)。目前,很多学者把个体视角、制度视角和文化视角相融合,并认为生育价值观是个体针对生育形成的深刻而稳定的心理倾向,且与社会文化环境和制度环境息息相关(史雅静、张灵聪,2016;童琦、张进辅,2002)。总体而言,学界看待生育价值观的视角越来越全面,其概念和内涵也越来越丰富。

国内目前对生育价值观的研究更倾向于综合的视角而非个体心理的视角,将生育观念转化为其他变量,如生育动机、生育意愿、生育态度、生育偏好等,并与其他影响生育的因素结合起来,其主要落脚点在于探究个人或群体选择生育或不生育的原因,并将之纳入政策制度考虑范畴,以期改善生育率状况。自2012年生育政策松动以来,类似的研究大量产生,数量众多。比如马赫等(2019)在对山东省的研究中,用生育动机和生育数量来衡量生育价值,并发现地区差异、文化程度和首孩性别会对生育态度产生较大的影响。钟晓华(2016)在广州地区针对夫妻双方都为非独生子女的家庭开展调研,结果显示,男性和女性在生育价值观上的分化增大,性别是价值观差异非常重要的原因。张进辅等(2005)在设计生育价值观测量问卷时,对内在的生育动机和外在的生育方法、生育时间等进行综合考虑,邹海瑞(2010)、童琦及张进辅(2002)等学者在关于生育价值观的研究中把社会环境、家庭环境等都纳入生育价值观的影响因素中来。

很多研究者将生育价值观定义为人们对生育的看法和态度,调查大都集中于生育意愿、生育偏好和理想子女数等内容。生育意愿(fertility desire)是一个研究热点,国内对这一概念或内涵的研究一直在不断发展和演变,学术界对其的认知和定义是一个从分歧逐步走向共识的过程。如生育意愿被定义为人们在生育上的诉求和期待(徐天琪、叶振东,1994);人们对生育行为的认知和看法(赵景辉,1997);育龄妇女所期望的子女数和性别比例(陈卫、靳永爱,2011);等等。随后其内涵被界定为三个维度,包括理想子女数、性别偏好和生育间隔(风笑天、张青松,2002;郑真真,2011)。关于生育子女的数量维度,有学者认为可以用多种指标来测量,包括理想生育的子女数、期望生育的子女数以及计划生育的子女数(郑真真,2014;吴帆,2020)。其中理想子女数(ideal family size)一般指在不受约束的条件下的理想生育情况,更多的是描绘一种生育态度,一般较为稳定,较多受到所处社会文化和规范的影响,通常用问题"您认为一个家庭有几个孩子最为理想?"来刻画。期望子女数(desire family size)通常指个人所希望生育的子女数,它更多涉及人们对子女数的偏好,包含一种有意识的或潜意识的愿望(desire),介于理想子女数和计划子女数之间(Miller et al.,2010),通常被用来反映生育需求(Bongaarts,1990),一般通过问题"您希望要/

再要孩子吗?"来测量。期望生育水平一般会随着社会经济的整体发展而变化,也会受夫妻自身的生命周期和特征所影响,因而并不直接等同于生育结果(Bachrach & Morgan, 2013)。计划生育子女数(intended family size)是指人们在考虑生育的各类因素后实际的生育意图和打算(intention),也与实际生育行为关系最为密切(Ryder & Westoff, 1971),更可能在短期内转化为实际的生育行为(郑真真,2014),通常用问题"您打算要几个孩子?"来测量。但存在的问题是它更多是刻画人们短期的生育意愿,因而会受到当前社会经济条件的制约,对长期的生育期望较难进行预测。关于以上三者之间的关系,相关研究显示生育数量由理想子女数、期望子女数和计划生育子女数共同构成并出现递减趋势(郑真真,2011)。虽然生育意愿与实际的生育行为存在一定的偏差,但通过对生育意愿的调查和分析,我们能够了解人们的生育需求和影响生育意愿的各类因素,从而能够为制定和调整生育政策提供参考(吴帆,2020)。

结合以上分析,本书认为,生育是一个审慎、理性的决策和选择的过程,但同时也受到情感和社会维度的影响,因此生育价值观是一个综合性概念。本书将生育价值观视为人们对待生育的基本立场、普遍态度和基础看法,它能影响和塑造人们的生育行为,并包括以下四个层面的内容:一是"为什么要生",即生育目标,也可称为生育的目的或意义,这是一种价值定位。二是"生什么",主要对应对子女的性别期待,是生男还是生女,或是希望儿女双全。三是"生多少"和"什么时间生",主要对应生育的期望子女数和生育时间,换句话说是期望以量为主、单纯希望多生,还是希望优生、讲究子女的质量,同时也包含了是希望早生还是晚生,这一点与生育数量息息相关。四是"孩子以后干什么",即对生育子女的未来期望。在这四个层面的观念上,"为什么要生"这一问题涉及生育价值目标,是几个问题中最为核心的部分,因为它能影响,甚至支配其他几方面的选择,直至影响最后的生育行为。因此可以说,生育价值观的改变,其本质是生育目的的改变。我们将生育价值观的四个层面分别称为生育目的,性别偏好,期望子女数、期望生育时间,以及养育期待,其中生育目的又是本书的关注重点。

(二)农村的生育价值观及其变迁

生育是与人口繁衍、生计发展息息相关的人类行为,国内外对生育目的、生育观念的探究可谓浩如烟海、种类繁多,也有很多研究者关注到农民的生育价值观,并做出极具意义的探索。

有的研究将生育与经济发展和生产方式联系起来,并认为在历史阶段不同、地域不同、经济发展状况不同、家庭背景不同的情况下,人们对生育的看法各有不同。比如在经济比较发达的国家、地区和家庭里,人们对生育的看法更多倾向于"享乐主义",孩子的精神价值、子女带给家庭的快乐和乐趣被强调。在经济相对落后的国家、地区和家庭里,生育的"功利主义"凸显,孩子和家庭的经济利益密切相关,人们更在意生育的经济价值。比如以小农经济为主的中国古代,生育是发展生产、继承财产、继承身份、继承宗祧、赡养父母等必需的行为与过程,因此,"多子多福""妇凭夫贵、母凭子贵""传宗接代""养儿防老"等观念盛行,在生育偏好上,生育男孩能获得尊重,如若是男孩就多多益善;在生育数量上期望"多子多福",希望生下来的子女,尤其是男性能担负起家业发展、传递宗祠、赡养父母的责任。这种生育价值观建立在自然经济和农业文明的小农生产方式之上,是一种以多、男为基础的"多子多福"的价值观。

有的研究将文明起源与生育目的联系在一起,比如张光直(2013)认为,以中国和美洲为代表的亚美古代文明在信仰体系上属于萨满教式的(Shamanistic)宇宙观,天人之间是一个可以逐渐过渡的连续性有机整体;而西方文明则在这种连续性的体系里做了宗教上的突破,建立了以一元神宗教为核心的宇宙观体系。这种宇宙观的差异,使得在基督教成为西方主要信仰后,对上帝的信仰就与人生的终极意义联系在一起,而在中国,萨满教式的信仰结构使得大家认为求神拜佛主要是为了换取俗世的幸福,人生的意义需要经由世系的延续,通过成为子孙的祖宗,以一种非常世俗化的方式得到实现,也就是"生育"。对此,冯友兰先生曾经有很好的解释,他认为:"从生物学的观点看,一个人的生命,是一个千万年生命的一个环节。结婚生子就是要继续千万年以来的生命('万世之嗣'),也是要使自己的生命延长至千万年('万世之始')。这真正可以说是'继往开来'的任务。"(冯友兰,1985)《礼记》中,对"永生"问题就有了生命哲学上的解决办法,那就是赋予生育以特殊的意义,如"一个人所生的子女,确切就是他身体的延伸"(冯友兰,1985)。而这又是通过婚姻来得以实现的,所以《礼记·哀公问》说"天地不合,万物不生。大昏,万物之嗣也……";《礼记·郊特牲》又说"天地合,而后万物兴焉。夫昏礼,万世之始也"。

有的研究以一种比较综合和统整的观点来研究农民的生育价值观。对传统的农民而言,幸福观是一种"生育幸福观"(袁银传,1996),儿孙满堂、儿孙绕膝,是人生终极意义得到实现的形象表现,生育是人生圆满的必然环节,充满了农民对经济利益的理性考量和社会性的强烈动机。在微观层次,农民的生育需求内化是一个有着丰富层次的内在结构化动机体系,这个体系由社会文化价值、制度规范,以及个人、家庭情感与实际利益内化而成,包含了终极意义需求、情感需求、继嗣需求、社会性需求、生存性需求(陈俊杰、穆光宗,1996)。总的来说,从意识深处的观念到日常现实的社会经济活动,这些方面构成了一般农民的"生活世界",而这五个层面的需求构成了农民生育行为的内在动因,它使得农民在生育态度与生育偏好上呈现出以下的特征:在生育态度上,是一定要"生"孩子的。在生育偏好上,分别从性别偏好、时间偏好和数量偏好三方面呈现:性别上,最好是男孩;时间上,尽可能早婚早育;数量上,倾向于多胎多生,尤其要一直生到有男孩为止。因此,可以做出这样的判断:对农民而言,生育中最核心的事是生男孩,其次才是生育的时机和数量,早生、多生、晚生都是为了男孩的出生(陈俊杰、穆光宗,1996)。

更多的研究认为农民的生育价值观在发生改变,并将持续影响今后农村的生育状况。李永萍(2023)在研究中认为,农民的生育价值观受到其他价值的影响,是一种跳出单一视角,需要在多元价值交织中去理解的现象。她将农民的生育价值观分成了"以满足传宗接代为核心的终极性价值、以满足养老和社会性面子为核心的功能性价值和以满足当下家庭生活为核心的情感性价值"三个层次,并认为不同时期占据主导地位的生育价值观存在差异,进而导致农民产生不同的生育行为和生育意愿。伴随着城镇化和现代化的不断发展,中国生育主体呈现自主性增强的状况,生育价值中的个体本位得到彰显,生育所带来的情感满足被大家日益重视(贾忠科,1991;马妍、刘爽,2011),传统文化对青年生育行为的影响逐渐式微,青年夫妻不再将生育视为一种家庭职责和刚性任务,而是一种个体主动的选择(杨宝琰、吴霜,2021),孩子更多以满足父母的情感性需求为主(郑真真,2021)。孩子能为自己个人和家庭生活带来幸福、快乐和意义,生育的情感性价值得到前所未有的凸显。这就能解释为何新生代农民青年夫妻往往一孩生育意愿高,却不愿意生育二孩,因为即使只生育一个孩子,也能获得情感性价值,而终极性价值和功能性价值需要生育多个子女才能实现(李树茁、闫绍华、李卫东,2011)。当代的农村青年有很强的自我实现意义,他们重视自我价值的实现,因为他们追求的生活方式是个体化的和现代化的(赵文琛,2001;罗天莹,2008),对资源和时间投入都有很高的要求,因此对农村育龄期的青年而言,生育更多子女,意味着他们需要压缩自我的生活空间,改变对理想生活的追求方式,因此他们在生育上较为犹豫,难以做出生育二孩的决定(宋健、周宇香,2016)。

可以说,农村生育价值观发生改变已是学界共识,社会经济发展是农村生育价值观改变的先决条件,现代化和城市化带来的生活方式冲击了农村人口的生活世界,冲击了他们以"传宗接代"为核心的生育价值观。目前,农村的生育价值观逐渐转变,向以情感慰藉为核心的现代生育价值观转化,生育价值观呈现个体化、多元化和现代化的趋势,人们的生育决策更为理性。

三、生育转变的理论解释

在20世纪末,欧美国家人口增长趋势出现了大转折,即在和平环境中出现了人口零增长或负增长的现象,这让学界大为不解。在这之前,马尔萨斯人口增长的经典理论一直被人口学奉为圭臬,这种世界人口增长趋势的大转变促使各个领域的研究者开始运用新的观点来进行解释,各类人口理论由此应运而生。

(一)效用最大化的理性经济人假说

这种解释主要从经济学视角出发,主张从效用最大化的层面来看待生育问题。这类理论主要来源于西方人口经济学与新家庭经济学理论,其代表性观点有贝克尔的家庭劳动—闲暇选择理论、莱宾斯坦关于孩子的成本—效用理论、考德威尔关于生育率下降的财富流理论等。

贝克尔是芝加哥学派的代表人物之一,他和刘易斯(Becker & Lewis,1973)一同扩展了经典的生育经济模型,认为孩子是为父母提供效用的耐用消费品,因此父母在决定是否生育时会主要考虑两个维度:在孩子的数量和质量之间做出效用最大化的权衡,这也被称为"量—质理论模型"。其中,数量指的是养育孩子的个数,质量指的是教育孩子所需要的人力资本。他们解释,经济技术发展导致人力资本需求增加,从而家庭会权衡孩子的质量与数量,这一过程导致了生育率的降低,即家庭收入水平的提高通过替代效应导致了生育率的下降。莱宾斯坦(Leibenstein,1975)主要用成本和效用分析生育问题,并运用边际孩子成本—效用理论来做解释。莱宾斯坦认为,家庭投入在孩子养育中的资金和时间都是孩子成本(child's cost),直接成本指将孩子生育和抚养直至成人独立所花费的所有费用,间接成本指为生育和抚养孩子所需要牺牲的工作发展机会和相关收入等,孩子效用指的是父母从生养孩子过程中所获的收益,包括经济、情感、社会等多维度效用,边际孩子效用(marginal child utility)则代表生育最后一个孩子的效用。莱宾斯坦认为,生育孩子也遵循效用最大化原则,当边际成本小于边际效用时则决定生育小孩,反之则不生。生育孩子的成本与人均收入增加呈正相关,孩子的边际效用则随人均收入的提高而递减。考德威尔(Caldwell,1976)在财富流理论模型中认为生育率变动的原因是家庭内部经济结构的变化,即代际财富流在不同社会的差别。考德威尔认为历史上存在着两种财富流,分别存在于传统社会(原始社会)和现代社会(工业社会),当人类进入现代社会后,财富流动方向发生逆转。在传统社会,财富流是从子辈流向长辈,其方向是单向向上的,即孩子的价值在于年幼时的劳作和成年后对家庭的支撑照料;在现代社会,父母对子女的物质和感情投入大大增加，净财富由长辈流向子辈，所以人们通常选择少生育，由此导致生育率降低。

总之，经济学范式将家庭视为一个理性经济人，在面临生育决策时会进行充分的衡量和计算，对解释国际生育率降低具有一定的影响力。然而，很多学者也认为，生育是一个多因素作用体，而不仅仅是一种完全理性行为，社会结构、文化习俗等都对生育有重要影响，我们需要更为全面的思考视角。虽然人口经济学的各个理论在研究视角和框架上有所不同，但是都把做生育决策的个体视为理性的人，他们精细地计量包括收入和时间在内的家庭资源，对其进行理性的分配和安排，以实现家庭效用最大化这一目标。可以说，人口经济学的这些理论对国内的人口研究产生了深刻的影响，尤其是"成本—效用"分析框架，成为现在很多研究和政策的支撑性理论（田雪原，1993）。

（二）生育研究的社会学角度

经济学的人口研究很难解释现实生活中很多非理性的生育行为，而社会学采用更为宏观和互动的视角探索和分析家庭的生育选择，弥补了经济学视角的不足，主要代表人物有阿森·杜蒙特、瓦特肯斯特、邦加斯、戴维斯等。

阿森·杜蒙特是法国的哲学家和社会学家，针对19世纪末法国出现的出生率降低、人口增长停滞的现象，他提出了"社会毛细管作用"这一理论。他认为（Dumont，1890），人口增长是缓慢的和不规则的，人们都有追求高社会地位和改善经济状况的欲望，这种欲望对生育起到了抑制作用，也就是"社会毛细管作用"。杜蒙特认为，一个人渴望拥有更多的财富和权力，希望能有更多的知识、更美好的生活，这就是追求进步的伟大力量，也是社会得以发展的主要动力。家庭规模往往会妨碍一个人提高社会地位，因此人们会主动限制家庭规模，这就是法国等一些西欧国家出生率下降的原因。杜蒙特认为，一些国家充满了为居民们提高地位的机会，倾向于构建政治、经济和社会平等的现代社会，总是能激发这种社会毛细管作用，其直接结果就是小家庭的普及。与之相反，另一些等级森严、阶层固化的国家，人们提高社会地位的愿望都会遭遇难以逾越的障碍，人们缺乏改善其生活的动力，其社会是僵硬、停滞的，社会毛细血管作用是无效的，出生率必定猛增。

社会网络和社会互动理论关注到了宏观环境对生育决策和生育行为的影响，将个体视为在社会互动中的主体，个体在和他人互动交往的过程中会相互观察和模仿，就使得"社会互动"成为影响个体生育意愿和生育选择最重要的因素之一。瓦特肯斯特与邦加斯就把社会互动视为发展中国家生育率下降的重要原因，他们认为社会文化与生产生活方式会作用于生育意愿和生育模式，且在文化习俗传播和思想观念转变的影响下，一个地域或者一个阶层的生育模式会成为其成员效仿的对象。社会网络说认为社会环境、规范和社会期望会影响到个人行为(Weber,1978)和生育行为(Bühler & Fratczak,2007)。具体来说,社会压力、社会濡染、社会规范和社会支持等因素都属于社会网络机制的范畴(吴帆,2020),社会网络通过社会学习、社会支持和社会影响三个机制对生育意愿发挥正向积极影响(Rossier & Bernardi,2009;Lois & Becker,2014)。因为社会网络成员要追求强烈的归属感和认同感,会对群体经验给予更多的认同,并遵循群体的基本信仰和规范,所以当个人与群体规范不一致时,个人就会处于压力情境中(Lois & Becker,2014),群体的主流生育观念会对个体产生重要影响(吴帆,2020)。同时,因为群体成员的互动可以形成参照效应,个人能通过社会学习的方式,在决策不定时寻求群体的帮助。例如,一个人的同事的兄弟姐妹或者兄弟姐妹的同事成为父母,这本来是个体生命历程中的事件,但是这些事件会在发生后对群体其他个体的生育产生正向促进作用,这种影响被称为"溢出效应"。生育犹如连锁反应般在同事的兄弟姐妹与同事再到个体之间发生传递,从而鼓励更多的人采取相同的行为和生育决策(Keim, et al.,2009)。文化代际传递假说认为父辈的生育文化会影响到子辈的生育价值观。子辈在感受到了父辈的低生育意愿后,也会受其影响而减少自我的生育意愿(Goldstein, et al.,2003),即子辈在生育意愿减少的社会环境中也形成了低生育意愿(Sobotka,2009)。个别研究者在实地调查基础上做出了倾向于社会—文化因素的解释(李银河、陈俊杰,1993;李涌平,1995),尤其从传统生育文化层面来剖析文化惯习对生育的影响作用(董辉,1992;朱国宏,1992),比如认为中国的香火观念的主要根源在于中国传统文化中的生殖崇拜(赵国华,1990;李竞能,1991)。

显然,理性经济人和效用最大化的分析无法充分解释生育观念的改变,从社会学视角的理论解释充分考虑了人们生活的时代背景和互动关系,更多地对影响人们的社会规范和价值观进行了考量,与经济学范式形成了较好的互补。

(三)生育研究的心理学角度

人类的生育行为涉及人的心理意愿和行为决定,因而与人的心理密切相关。对生育意愿和生育行为的心理因素的研究最早可以追溯到20世纪70年代,其中主要形成了三种重要理论,分别是计划行为理论、接合行动理论和动机序列理论。

计划行为理论(theory of planned behavior)和莱宾斯坦的成本—效用理论较为相似,主要认为生育行为受到对生育孩子的成本效益估计、对家庭和社会成员的看法、个人控制生育的主客观能力(Ajzen & Klobas,2013)三个因素的影响,是被计划所影响的行为。这个理论强调理性计算,认为生育是经过审慎思考后的理性行为。接合行动理论(theory of conjunctural action)认为不仅仅个人的生育行为遵循个人心理意愿,同时潜意识或习惯性意识也会影响生育行为(Balbo, et al.,2013)。该理论强调个体的大脑神经特质,认为生育行为是宏观结构性因素与微观个人心理的相互作用的结果,生育行为不仅受特定的社会环境规范的影响,也受到个人生命历程的影响,具有路径依赖性。动机序列理论(traits-desires-intentions-behavior framework)主要是强调个人性格对生育意愿的作用,并将生育决策拆分成与动机相关的三个步骤:首先是生育的一般动机,即关于是否生育的倾向;随后是中间动机,是一般动机的具体形式,主要指激励一般动机转换为生育或者不生育的意愿;最后是特定动机,即生育价值观,直接与生育期望密切相关(Miller & Pasta, 1993)。米勒等人(Miller, et al., 2010)认为,生育主体从一般动机到实际的生育行为需要完成三个转化:一是由性别角色特质转化到生育的愿望,二是由生育愿望转化为生育意愿,三是由生育意愿转化为生育行为。这一解释遵循了人做决策的相关规律,比较符合现代人的生育理念,成为很多解释生育行为和生育意愿相互关联的指导理论,但因该理论对影响生育意愿的宏观结构性因素关注较少,往往需要结合结构性的视角才能更为全面地看到生育的影响因素。

在心理学和社会学的框架下,生育决策被视为个体和社会两种因素相互作用的结果,生育动机和生育行为等折射出了个体意愿、家庭因素与制度规范交织和影响的过程。因此,生育研究需要采用多元的理论研究视角,把个体和家庭放到社会互动、行动网络和制度背景的脉络中去,综合考察了解生育行为背后的内在机制。

(四)"女性赋权论"与性别平等红利说

女性赋权论认为现代化和经济发展带来的女性经济独立、女性受教育程度的提高以及平等的政治权利共同促进了女性赋权,这是导致女性生育意愿下降的重要影响因素(McDonald, 2000)。该理论认为女性地位的独立和个人主义倾向会使其更多地进行自我考虑,相比于以家庭为中心的传统性别角色的女性,她们的生育意愿更低(Miller & Pasta, 1993)。这一理论与家庭/劳动力供给理论有一致性,Galor和Weil(1999, 2000)认为在工业革命的第二阶段,生育率与人力资本需求之间会出现内生关系。具体来看,经济发展导致工人人均资本的增加,也带来了女性工资的增长,女性相对工资的增加会降低生育率,因为生育会增加女性花在孩子身上的时间。低生育率导致工人资本进一步增加,进而会强化这一过程。因此,低生育率和收入增长相互加强。这一理论充分考虑了女性生育的机会成本和母职成本,具有一定的解释力。但受到经济危机、公卫事件等一系列不可控因素的影响,低生育率并不必然导致工人资本的增加,因而这可能并不是一个无限循环。寇尔(Coale, 1996)的理论更加综合和全面,他认为,生育率下降需要满足三个前提条件:其一是节育是被社会规范所接受的,夫妻之间可以就生育问题进行商议,即生育并不是自然发生,而是在夫妻双方理性商量的前提下产生的。其二是夫妻双方都认识到了控制生育会带来的社会和经济效益,有充分的理由控制生育。其三是节育技术较为普遍,夫妻双方都掌握了相关避孕技术或者能享受相应的避孕服务,且有能力支付这类技术或服务的费用。仔细考量寇尔所提出的三个条件,虽然每个条件都和经济发展水平相关,但是各个条件都需要夫妻协商,即女性平等的社会地位也是重要的因素。

然而,"性别平等红利"学说往往建议从更长时段来看生育率的提升或降低现象,该学说认为,当一个社会采用的家庭政策倾向于去提升女性的社会地位和发展女性的职业,反而会提高出生率,促进社会生育。其原因在于这类家庭政策会努力降低女性生育所付出的机会成本,给予女性足够的自主权和尊重,同时也创造平等的条件,鼓励丈夫承担家庭照顾和子女抚育的责任。一个关于17个欧洲国家的家庭政策与生育率之间的关系的研究就发现,只有具有促进女性发展和性别平等取向的家庭政策才能更有效地促进生育率的提升,Anderson和Kohler(2015)就用"性别平等红利"解释了一部分国家走出超低生育模式而另一些国家则无法摆脱的原因,认为应从更长期的视角来审视各个国家生育发生转变的原因,因为近年来人类发展指数所反映的发展并不是扭转下降的生育率的驱动力量,应该把关注点放到发展的起始年代和性别平等历程上。具体而言,对于第一批发展国家,即社会经济发展始于19世纪末20世纪初的国家,其生育率之所以能在21世纪有所回升,是因为从20世纪后半叶开始深化的性别平等和工作家庭平衡措施具有显著成效,这就可以被称为半个世纪以来,在性别平等方面的努力所创造出来的"性别平等红利"。然而,对于第二批发展国家,即社会经济发展起步相对较晚的国家,如东亚和欧洲东南部的一些国家,虽然也达到了和第一批发展国家相似的高人类发展指数,但因为社会整体的性别平等程度差距仍然较大,社会性别平等红利未能凸显,生育水平难以实现转变和提升(Anderson & Kohler,2015)。

世界范围内,与中国在传统习俗和家庭制度上较为接近的东亚、东南亚国家和地区,长期处于极低生育水平,虽然部分政府下定决心,力图改变生育形势,并大力出台各类政策措施,但收效并不显著,甚至有更颓弱的表现。其中日本就是最典型的国家,也是本书重点关注的国家。日本在20世纪90年代总和生育率就低于1.6,为了促进生育,使年轻人没有后顾之忧,日本政府自1994年开始出台了支持育儿措施的"天使计划"等一系列社会经济对策、计划和实施办法,其中包括大力发展托育机构、父母带薪假、儿童津贴等。这些政策在很大程度上改善了日本的生育环境,但是日本的生育率却没有因此得以提升(周云,2008),直至今日,日本仍然是全世界生育率最低的国家之一。日本的女性现阶段分成了两种类别,一类是决定回归家庭的女性,她们退出了劳动力市场;另一类是想要继续追求事业的女性,她们又不得不推迟婚育,甚至选择不婚。这种状况与经济社会发展相关,可能是因为年轻女性工作或收入不够稳定,或收入低下,或工作时间过长,也可能与年轻人难以找到婚恋对象有关,但是,更为重要的原因是传统家庭的角色分工仍然存在,女性结婚和生育的成本太高,导致年轻女性在做生育决策之时进退两难(计迎春、郑真真,2018)。可以说,这些研究对中国制定生育政策有极强的指导作用。

在对生育的理论有一定的梳理后,本书有以下的几个认识:

一是需要采用一种整全和综合的方式来定义生育价值观。我国关于生育转变和生育价值观的研究集中在生育意愿方面,很多研究将国家政策、经济能力、女性受教育程度等作为影响生育率和生育意愿的主要因素。首先,本书认为生育价值观是一种文化产物,植根于各地文化传统和信仰体系;其次,经济发展状况是生育价值观的决定要素,生育价值观与经济发展水平和生活方式息息相关;再次,生育价值观受到制度和政策的影响,会随着制度和政策的发展而不断演变;最后,生育价值观影响生育决策主要还是通过对个人认知和心理的影响来发挥作用。因此,本书将会采用一种整全和综合的研究视角,不是仅仅用一个理论、一种解释,而是从多维的角度来阐述中国农村生育价值观。

二是宏观视角和微观因素结合的视角才能更好地解释生育的变化。回顾中国人口的发展历程,会清楚地意识到我们对人口问题的认识和发现具有相当大的复杂性和滞后性,生育观念的改变及人口规模、性别比例的变化都是多重因素和多重机制作用的结果,准确的研判和解释需要宏观和微观研究视角的结合。宏观指数因为过于简单或高度总和,在解释其对生育水平的影响时难免有滞后性。一方面,宏观制度和社会结构也需要与个体生育决策结合在一起来全面考虑,另一方面,在个体经历复杂的社会情景、做出生育决策的时候,社会政策的影响和生育价值观的变化需要在微观层面来加以验证。因此,在研究方法和研究过程中,本书将宏观的调研和微观的访谈结合,在对策建议方面,也要尤其考虑到个体化视角,注重宏观与微观之间的关联。

三是性别视角是重要的分析视角,我们尤其需要关注中国农村女性在社会、职场和家庭内的性别平等。在我国的人口研究中,虽然像阎云翔(2006)就提到在妻子做主的家庭中,夫妻双方更容易接受新的生育观念,但是中国生育率的下降往往与1971年后开展的计划生育工作挂钩,而女性视角和女性在生育中的作用鲜少被提及。然而,自20世纪60年代以来,中国女性的劳动参与率居于全球首位,女性学历得到提升,并通过工作获得收入,提升了社会地位;而在家庭内部,尤其是农村家庭中仍然延续着传统的性别角色分工,女性不仅需要承担职场中的工作压力,也需要完成家庭中大量的无酬劳动。这两种劳动形成的竞争、挤压,乃至冲突,可能让女性产生耗竭之感,难以产生生育意愿。本书将性别视角作为主要的研究视角,在原因分析和对策建议中融入性别和家庭元素,以期构建更适宜低生育率社会和中国现代化道路中生育价值观的建议框架。

第三节 研究问题与研究思路

一、研究问题

人口问题,百年大计。我国是一个农业大国,农业农村农民问题一直是关系到国计民生的根本性问题,在我国人口负增长的背景下,农村生育问题直接关系到农业劳动力供给、乡村振兴、农业农村现代化进程和职业农民队伍建设。改革开放40多年来,我国人口形势发生了重大变化,农村生育率一直维持在较低水平,并难以在短时间内回弹,这代表我国农村生育价值观发生了变化,并为我国经济社会发展带来了巨大挑战。这一转变必将影响我国农村人口战略和人口政策的制定与落实。

因此,本书意在回答三个问题:一是改革开放以来,我国农村生育价值观发生了什么样的改变;二是我国农村生育价值观变化发生的原因是什么,为我国带来了怎样的挑战;三是面对农村生育价值观的巨大变化,为了我国乡村振兴目标的实现和农业农村的持续发展,我国该做怎样的人口战略谋划和政策准备。

二、研究思路

以党的二十大和习近平总书记关于人口与计划生育的重要论述为理论指导,紧扣改革开放以来中国农村生育价值观变迁这一主题,梳理中国生育价值观的历史断代史和生育政策史,运用社会学、人口学和心理学等理论搭建起本书的理论分析框架,综合测度中国中西部地区农村育龄人口的生育观现状,实证调研农村生育价值观变迁机理,在此背景和基础上深入剖析党和国家在实行乡村振兴战略、人口发展战略过程中面临的挑战和困境,为党和国家提供相应的政策建议。

在此思路下,本书分成了十章,内容分别如下:

第一章是中国农村传统生育文化。这部分意在为本书找到起点,主要揭示中国农村传统的生育文化的形态和特征,在对相关文献的梳理和回顾后,本书认为中国农村传统生育文化植根于生殖崇拜,并逐步形成了"多子多福""好男轻女""养儿防老"等生育理念和文化,且处于不断的演变和发展过程中。

第二章是新中国成立后中国农村生育政策演变与生育行为转变趋势。这部分主要围绕新中国成立以来我国经历的四次人口政策调整,回顾每一次政策调整背后的经济社会根源,以及对人口生育产生的影响。在和城市的对比下,农村生育政策呈现更加宽松、更为灵活的特点,政策也折射了农村生育发生的演变特征。

第三章是中国农村生育价值观现状及影响因素分析。为深入了解我国农村生育价值观的现状,本书的研究者在全国16个省区市的农村地区,通过随机抽样的方式,发放问卷1200份,最后回收有效问卷1103份。通过调研,深入了解不同地区农村的生育意愿、性别偏好、数量期待、生育期望、生育困境等问题,获取了大量的一手资料,为深入探讨农村生育价值观提供了宝贵的数据。本书发现,农村生育价值观日趋"现代",且制约农村人口生育的因素呈现多维倾向,需要对婚恋、生育、子女教育、养老等进行全周期考虑,才能回应农村生育的现实需要。

第四章是青年农民工婚育观现状的定性分析。本书采用了更大范围的农村人口概念,将外出务工人员也视作农村人口的重要部分。为深入了解该群体的生育价值观,研究者扎根重庆市某产业园区,开展了2个月的田野观察,对近50位进城务工人员进行质性访谈,并将范围延伸至该群体的婚恋观。研究发现,农民工群体与城市群体的生育价值观趋于一致,且职业发展和生育行为之间互为影响,男性农民工在婚恋市场中处于弱势地位,需特别关注。

第五章是农村籍高职院校大学生生育价值观及其影响因素分析。农村籍高职院校学生进入了本书的关注视野。中职毕业的农村户籍学生,其人生脉络与外出务工的农村人口有一致性。农村户籍的本科生可能拥有更多机会留在城市,而农村户籍的高职学生是徘徊于城市和农村的一代人,在力图"扎根城市"的过程中,他们面临高额的生活成本、专升本、就业困难等多重压力。因此,通过抽样调查,在重庆高职院校发放问卷,并调研1051名农村籍高职学生,其中男性373名,女性678名,发现他们的生育观念与城市年轻人较为一致,城市的生活方式消解了农村传统生育价值观的影响力,他们的生育力需要得到更多的关注。

第六章是亚洲国家生育政策实施情况及综合效果评价。本书主要选取了日本和印度两个国家。日本是现阶段世界生育水平最低的国家之一,深陷"低生育率陷阱"之中,其生育政策实施成效不甚明显。印度目前是全世界人口最多的国家,其生育政策具有很强的本土性和特殊性。这两个国家在人口生育政策方面的经验和教训有很重要的参考价值。

第七章是欧洲国家生育政策实施情况及综合效果评价。本书主要选取了瑞典、意大利和俄罗斯三个国家。在经历20世纪末明显的生育率下降后,瑞典是欧洲国家中总和生育率回升幅度最大的国家,其生育政策值得仔细探究。意大利有注重家庭的传统,与瑞典同时期采取了激励生育的相关政策,却没有取得较大的成效。俄罗斯地域横跨欧亚,因为其主要城市在欧洲,所以本书将之划分为欧洲国家,该国生育形势不容乐观,其原因也颇为复杂,俄罗斯在生育激励方面的经验和教训也很有借鉴意义。

第八章是国际生育状况对比与经验借鉴。通过上述五个国家的横向比较,本书对各国的生育状况、应对策略、成效不足等方面进行对比分析,归纳出生育水平的影响机制,并从中汲取经验教训,为我国优化生育理念、制定生育政策和配套措施、创建中国生育友好型社会提供借鉴和参考。

第九章是中国农村生育价值观的变迁特点与理论解释。本书认为,我国农村地区中的生育观念已经发生改变,生育目的由"公"转向"私",并带来性别偏好、生育数量、生育时间和育儿期待等多方面的变化,代表着农村生育观念由传统生育观念逐渐向现代生育观念转变,生育趋于理性,中国农村生育已经进入内生性低生育阶段,伴随着农村家庭的变迁,具有典型的马赛克特征。农村生育及生育价值观的改变是多种因素交织、互为作用的结果,本书分别从经济理性、社会互动、个体化、女性主义等视角来分析这些改变。

第十章是人口高质量发展背景下中国生育友好型社会的建设路径与政策建议。农村人口转变也为农村人口高质量发展带来了挑战,比如农村底层青年的婚姻挤压问题、农村老人的养老问题、留守儿童和流动儿童的发展教育问题等,为了应对这一挑战,我国需要建立中国特色的生育友好型社会。本章从生育友好型社会的价值理念、制度设计、具体政策等多方面构建了生育友好型社会的模型,以此促使我国人口高质量发展目标的实现。

研究路线如图1。

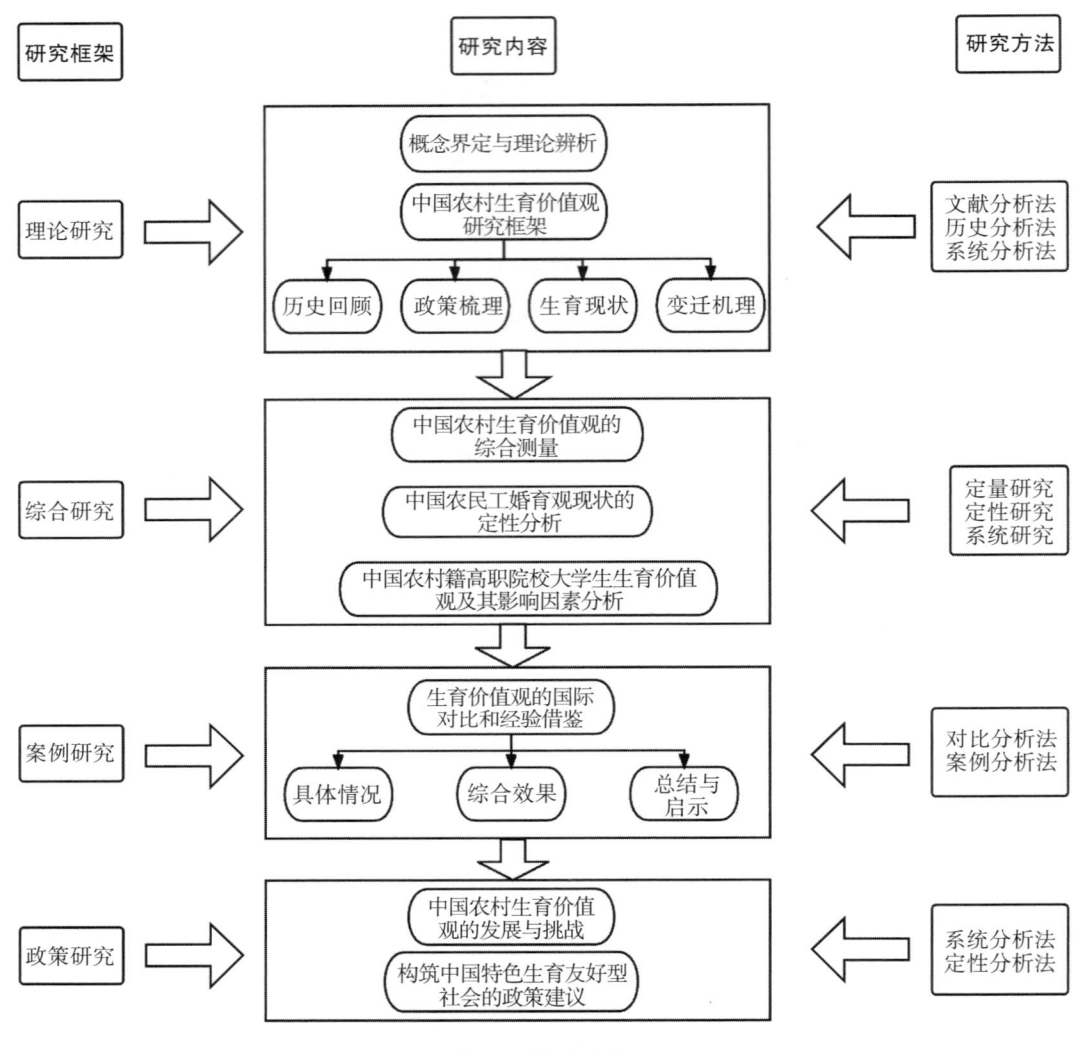

图1 研究路线图

三、研究方法

（一）文献资料研究与实地研究相结合

在广泛收集中外文献资料，掌握国内外研究现状、前沿动态和研究方法的基础上，通过发放调查问卷，对全国16个省区市的1103位农村居民、重庆市4所高职院校的1051名农村户籍学生开展实地调研，深入西部最大产业园区，开展为期2个月的田野观察，并对近50名进城务工人员进行深度访谈等，以获得翔实数据。

（二）案例研究与对比研究相结合

选取日本、印度、瑞典、意大利和俄罗斯五个国家进行深入剖析，对比分析不同国家之间在生育形势、政策应对和政策效果等方面的差异，以期为我国农村人口生育战略和政策制定提供指引。

（三）历史分析与系统分析相结合

从时间维度上梳理生育断代史和生育政策史，在此基础上，综合社会学、心理学、人口学等理论对农村生育价值观变迁的内外影响因素、生育价值观表现形态及发展趋势等要素进行系统分析，避免研究视角的单一性和片面性。

（四）定性研究与定量研究相结合

综合运用定性和定量的研究方法，探讨中西部育龄人口现状、生育价值观变迁内外因素和农村生育趋势及存在的问题，结合1103份农村地区的数据样本、1051份农村户籍高职学生数据样本和近50份进城务工人员的访谈资料，将定量分析与深度访谈相结合，探寻中国农村生育价值观的演变趋势和影响因素。

第四节 研究的重点、难点和创新点

一、研究的重点

（一）生育转变的理论体系和课题研究框架的建立

这一部分涉及本书的理论分析框架，包括对国内外相关理论研究的梳理，分析我国农村生育变迁阶段，归纳总结我国生育文化的特征，是本书的基础和支撑，也是本书的重点。

（二）当代中国农村生育价值观的现状与特点

为了直观、清楚地呈现我国农村生育价值观的现状，本书对生育价值观这一概念进行了深入剖析，并编制《改革开放40年来农村生育价值观问卷调查》《青年农民工婚育观现状访谈提纲》《农村籍高职大学生生育价值观及其影响因素调查问卷》等材料,通过抽样调查和定性访谈的形式,力图全面客观地展现我国农村生育价值观的现状。这一部分是本书的重点。

(三)中国生育友好型社会的建构体系

中国式现代化既有各国现代化的共同特征,又有基于自己国情的中国特色。中国生育友好型社会的建构体系是本书的落脚点。要结合各国生育制度的经验,在对中国国情进行深入体察的基础上,进行具有中国特色的体系建构,是本书为我国生育政策和百年人口大计所作出的政策建议,这一部分是本书的重点。

二、研究的难点

(一)对农村和农村人口的概念界定

概念是研究的起点,农村和农村人口是本书的两个重要概念,也是本书的难点。农村的概念说法较为统一,但因为生育是生育主体的主观决策行为,所以需要清楚拟定研究对象。一开始本书选择的对象为在农村居住的育龄人口,但在调研过程中发现,农村空心化严重,大量育龄期青年男女外出务工,很多农村的参研对象年龄较大,影响本书对未来农村生育趋势的研判;还有部分为在农村居住的非农户籍人口,从事非农产业,因为考虑到工作发展和子女教育的问题,有很强的迁移到城镇的愿望。为了使研究数据更加准确、全面,本书使用了"大农村人口"的概念,不仅仅包括居住在农村的人口,还把外出务工人员、农村户籍的职业院校学生等群体也囊括其中,也同时将研究的对象扩展为包括农村人口、农业人口、农村户籍人口等的多重概念,研究对象内涵的扩大使得本书难度加大。

(二)中国农村生育理论体系的梳理

生育研究一直是国内外的热点,欧美、东亚地区的部分国家早在20世纪末已经有大量研究关注生育转变的问题,也形成了大量的理论成果,其范围涵盖社会学、经济学、文化学、人类学、心理学等领域,内容丰富、种类众多。为对中国的生育状况进行更好的解释,不仅需要掌握各理论的基本观点,还要厘清理论产生的背景渊源,使之能更好运用到中国农村生育价值观的分析中,这一部分是本书的难点。

(三)中国生育友好型社会体系的建构

生育友好型社会涉及价值理念、制度设计和具体措施。我们需要立足本土经验,在借鉴国际国内经验的基础上,探索生育友好型社会的维度框架,这具有原创性和本土性。这一部分既是本书的重点,也是难点。

三、研究的创新点

(一)在学术思想方面的特色和创新

本书将农村视为一个整体,统合在农村居住的人口、农村流动人口、农村籍青年学生,基于不同区域特点、不同人群特点,将农村生育价值观的变迁放置于中国现代化和城镇化的背景中,进行系统性探究,整合经济视角、社会视角、心理视角、文化视角等多重维度对变迁原因进行系统性的深入探究,并提出构建以生育价值观为核心的生育友好型社会,围绕人和家庭的生命周期,从生育、抚育、教育、就业、养老等方面出发,全方位构建生育友好型社会制度体系,展现出本书对国家生育问题的现实关怀和理论探索。

(二)在学术观点方面的特色和创新

一是,中国生育友好型社会的建立核心在于构建中国特色的生育价值观,这种价值观应该是在社会主义核心价值观的统领之下,以尊重个体、尊重家庭为基本原则,鼓励生育、尊老爱幼、夫妻和谐,把个体生命放置于人类、国家和民族的延续中,看到代际传承和文化传承的重要性,整合传统和现代、个体和集体、个性和共性的生育价值观。二是,中国农村人口已经进入了内生性低生育阶段,中国农村生育目前仍然呈现出现代性与传统性杂糅的马赛克特性,但是现代生育观和生育行为已成为主流,需要正视的是,农村养老问题严峻、男性婚姻挤压形势严峻、留守儿童和流动儿童成长教育问题严峻,这些问题都是伴随我国城镇化历程,发生在农村生育转变过程中的。三是,生育友好型社会建立是整体的制度设计,是结合生育、教育、就业、养老于一体的综合性制度,任何一方的偏废都会影响制度目标的实现,需要把这样的制度设计与家庭生命周期、个体生命周期整合起来,找到多方共性,破解矛盾,才能真正产生制度效果。

(三)在研究方法方面的特色和创新

一是,多学科理论结合的研究方法。本书基于社会学、人口学、公共政策、心理学等多学科理论与统计方法,以探索中国农村生育价值观的变迁为核心目的,兼顾全面和局部、整体和个体,体现出宏观的立意、中观的构架和微观的落地等特色。二是,多种研究方法有机结合。将实证研究、规范研究与比较分析相结合、文献研究法与内容分析法相结合、定性分析与定量分析相结合,突出了方法和工具使用的多元化特色。

第一章 中国农村传统生育文化

人类的生育观念是在特定的社会文化背景下产生并发展起来的,生育和文化融合成了相应的生育文化。生育文化是指与人类生育活动相关的各种社会文化现象,即人们在婚姻、家庭、生育和节育等行为中形成的思想观念、社会价值、风俗习惯、伦理道德以及相应的法规制度的总和。在我国,农村传统生育文化主要表现为早婚早育、多子多福以及重男轻女三个基本特征。很多的研究已经揭示了农民生育观念向现代化转变的现实,但部分地区和群体依然呈现出较为"顽固"的农村传统生育观念,使得农民生育充满了传统性与现代性交织的特点。基于此,本章将详细探讨中国农村传统生育文化的产生与维系、传统生育文化的表现形式及其在我国人口转变过程中发挥的作用,以期更好地理解新生代农民的生育观念和生育行为。

第一节 生育与传统生育文化

生育成就了人类种族的延续:百万年蒙昧,数万年游牧,几千年农耕,几百年农商,以及如今的信息时代,都是以人类的生殖繁衍作为前提条件的(王冬梅,2003)。费孝通(2008)说:"生殖本是一种生物现象,但是为了要使每个出世的孩子都能有被育的机会,在人类里,这基本的生物现象,生殖,也受到了文化的干涉。"生育文化随着人类对生育行为的认识而产生和发展,可谓源远流长;眺望未来,我们也可以推断,生育文化是一种恒久的不断延续和发展的文化(王冬梅,2003)。从广义上来说,生育文化是指人类在生育及相关活动中创造的与生育有关的物质基础、生育观念和制度规范形式等的总和,狭义的生育文化则特指与生育行为有关的意识形态范畴。原始社会的生殖崇拜是中国传统生育文化的源头,其始于夏商周时期,进入封建社会之后,则逐步形成了系统的传统生育文化。传统生育文化的产生和发展有其厚重的政治、经济、文化背景,并形成了以"早婚早育,多生偏男"为核心的生育价值体系。

一、中国传统生育文化及其范式

所谓传统,一般是相对于现代而言的。在讨论传统生育文化时,以1949年新中国成立开始为现代,在此之前均为传统。也就是说,可以将新中国成立前的生育文化一概视为传统生育文化(朱国宏,1992)。传统生育文化是人类文化的重要组成部分,它一方面是人类社会经过长期政治、经济和文化的变迁而沿袭下来的与生育相关的文化习惯、民间风俗以及生育观念和意愿的抽象总和,另一方面又是人类通过家庭和社会在物质生产过程中构成的对人类生育需求的主客观认识以及反映在社会生活中的具体体现。通俗地说,传统生育文化主要包括在传统社会的政治、经济、文化背景下,长期形成的有关生育的思想观念体系、婚姻家庭制度及相应的风俗习惯等(李涌平,1996)。

生育文化在人口转变和发展过程中起着不可替代的作用,是制约人口再生产的重要因素。要充分理解传统生育文化在人口发展史上的作用,还必须对传统生育文化的特征和范式加以研究,掌握传统生育文化的规律。一般认为,传统生育文化的范式可归结为两条:一是传统生育文化的规范性;二是传统生育文化的历史性。

(一)规范性

传统生育文化或传统生育文化的任何一个组成部分,都有着其特定的内涵和外延,规定着应该还是不应该,提倡还是反对,善与恶、美与丑的界限,起到规范和限制的作用。从孔子的"庶矣哉"宣扬众民思想,孟子的"不孝有三,无后为大"宣扬传宗接代,到程朱理学"三纲五常""三从四德"宣扬男尊女卑,这些文化定式在无形之中形成一条思想的锁链,规范着人们的生育行为。生育文化规范性的实现,主要依靠社会舆论与行政胁迫的力量。舆论具有鲜明的民众性,形成一种约定俗成的道德准则,制约着民众的行为举止。例如,在包办婚姻制度下,女性只能"嫁鸡随鸡,嫁狗随狗",从一而终,严守妇道,没有主动选择婚姻的权利;在封建宗法制度下,妇女不能为丈夫孕育子嗣被视为不可饶恕的罪过,会遭受夫家的谴责和羞辱,只能扮演被抛弃的角色。舆论对文化的传播起着导向和监督作用,维系着某种特定的文化。在特定历史条件下占统治地位的生育文化,有着鲜明的导向性,崇尚特定的生育观念,同时对有悖于占统治地位的主流生育文化的思想、道德、观念及其行为进行舆论监督,保证主流生育文化的支配性地位(田雪原、陈胜利,2006)。行政胁迫力量在维系生育文化方面的作用,同样不可忽视。生育文化作为观念上的文化,属于意识形态范畴。对于意识形态,首先,应当运用宣传、教育、规劝等方式维系,宣传符合统治阶级利益的主流生育文化,摒弃与统治阶级利益相抵触的生育文化;其次,社会也可根据需要,用行政性手段维系某种生育文化。例如,中国历史上很多朝代出于休养生息、增强国力和应付战争的需要,都实行过鼓励早婚多生的政策,甚至发布强制性早婚律令,对逾龄未婚女子进行强制性婚配。

(二)历史性

任何一种生育文化的形成,都是特定历史条件下生产力发展、社会变迁的必然结果。生育文化具有历史性,为适应不同的社会生产力发展水平,每个发展阶段都有着与本阶段相适应的生育文化。占主导地位的经济业态决定着人们的谋生方式、劳动方式和财富创造方式,进而决定着对劳动力的数量要求和质量偏好,同时在不同的产业阶段,由于医疗卫生水平和营养水平的差异,人口死亡率有很大不同,人口数量变动也有显著差异,这些都将导致不同主体产业阶段生育文化的差异。

结合生育文化的基本特征,将传统生育文化划分为原始社会生育文化和农业社会生育文化两个历史时期。第一个时期,原始社会人们生育的主要目的是实现种族的延续。由于大脑的逐步进化,人类的意识活动不断增强,在实践中人类有针对性地选择能带来较强体力和智力的后代的生育方式。从母系氏族过渡到父系氏族,从群婚的初级形式血婚制过渡到高级形式"普那路亚"伙婚制(吴科达、侯德彤,2004),人类生育的本质是由自然界生物繁衍本能向有目的的生育行为过渡,由自然婚育的方式向先进婚育的方式过渡。第二个时期,农业社会的生育文化主要体现在"多子多福"上,两者紧密相连,"多子"是手段,"多福"是目的。在农耕时代,由于劳动工具简陋,生产主要依靠劳动力,多子具有明显优越性,是谋求老有所养、老有所终的必然选择。而在现代社会,由于生产力水平的提高以及生产方式的改变,人们的生育观念逐渐由数量型转为质量型,生育文化也从"多子多福"转为"少生优育"。

二、传统生育文化的产生与维系

中国传统生育文化的诞生依托于其特殊的时代背景,只有深入地了解传统生育文化产生与维系的社会条件,才能深刻地剖析它,探讨其内核。传统生育文化发源于原始社会的生殖崇拜,在秦汉之后形成规范的体系,至今仍对人们的生育观念产生重要影响。传统社会的婚姻制度、生育政策以及家庭法规是传统生育文化产生与发展的源头,体现了封建王朝统治阶级的生育意志以及民间百姓的生育意愿。

(一)婚姻制度

婚姻可以界定为男女两性之间基于社会文化认可的社会和经济关系的结合而产生互惠性权利和义务的夫妻关系。它具有两方面的特点:第一,婚姻需要男女双方具有建立家庭和生育子女的意向;第二,婚姻的性关系符合社会道德和法律认可的两性性行为准则(杨建毅、唐黎辉,2006)。

在史前社会,婚姻其实是一种生物性的结合,是人类性欲的释放。从古至今,人类经历了群婚制、对偶婚制和个体婚制(即一夫一妻制),这三种婚姻制度分别对应愚昧时代、野蛮时代和文明时代。进入文明时代以来,对男女双方来说,婚姻开始意味着义务和责任,婚姻的社会性体现了人类婚姻制度的本质。《礼记》记载:"昏礼者,将合二姓之好,上以事宗庙,而下以继后世也。故君子重之。"(胡平生、张萌,2017)传统的婚姻目的就是要使男女双方建立一种生育契约关系,为家族和社会利益服务。婚姻是实现生育的前提,并且这个前提至今依旧存在,越是古老的文明,越是要依靠婚姻的力量来实现人类对生育的追求。因为生育涉及姓氏和财产的继承,所以婚姻可以理解为文明社会人类生育的制度保障。妇女的历史角色越是简单指向"生育工具",婚姻的工具性就越强。

1. 初婚年龄的确立

在传统农业社会,受瘟疫、饥荒和战乱等的影响,人口出生预期寿命不足30岁。在高死亡率的威胁下,统治阶级通过早婚政策延长已婚男女的生育时间,增加家庭生育数量,进而扩大国家青壮年人口规模。因此,自春秋战国以来,政策性的婚龄都有"早"的特征。其中又分为一般性早婚律令、强制性早婚律令两种类型。一般性早婚律令是指国家制定了较低的婚龄标准,以此引导民众的婚姻行为,但对超过规定年龄未婚者并无明确的处罚措施。而强制性早婚律令多实行于王朝内外战乱频发的阶段,或者王朝初创、经济恢复时期,以此实现人口的快速增长,表现出国家对民众婚姻行为的强烈干预。历史上强制性早婚律令最早可追溯到先秦时期。《墨子》中记载:"昔者圣王为法曰:'丈夫年二十,毋敢不处家;女子年十五,毋敢不事人'。此圣王之法也。"(方勇,2015)由此可见,商周时期就已经有带强制性的婚嫁法令。越王勾践在其"十年生聚"期间规定:"女子十七不嫁,其父母有罪;丈夫二十不娶,其父母有罪。"同时还特别强调,男女婚配年龄要相当,即"令壮者无取老妇,令老者无取壮妻",意在通过推动民众早婚达到早育、多育的目的,提高人口增长水平,进而获得充足的劳动力和兵力资源。这一法令之所以将适龄男女的父母作为处罚对象,是因为当时社会的婚姻是建立在"父母之命,媒妁之言"的基础上的,父母掌握着子女的婚嫁,只有对父母施压才能起到督促效果。此外,传统社会还有对逾龄未婚女子实行强制性婚配的法令,比如《晋书》中曾写道:"女年十七,父母不嫁者,长吏配之。"(孙晓,2016)官方对逾龄未婚女子强制性分配婚约,意味着女性失去自由选择配偶的权利,这一做法无异于将女性视为生育机器。根据男女婚嫁年龄特征分析,男性16岁、女性14岁的婚姻年龄标准在中国传统社会中占据主导地位。从现代生理科学角度看,这一年龄段并非人体性器官发育成熟的年龄段,只是具备了基本的生殖能力。但同时也能看出,传统社会的早婚政策是与当时的政治、经济环境以及社会发展要求相契合的,是符合民众的普遍生育意愿的。法令为早婚行为提供了保障,民俗为早婚行为培植了土壤,由此,民众的早婚愿望被进一步强化。

2.婚姻秩序的维护

不同朝代的政府依据该朝代的道德标准、伦理观念、价值法则等来确定人们的通婚范围,这实际是对民众的婚嫁行为做出限制,以此防止社会秩序混乱。中国传统社会是一个伦理观念深厚、贵贱等级分明的社会,伦理秩序直接影响和制约着统治者对通婚范围所做出的规定,进而成为规范人们婚姻行为的重要因素。

(1)婚配的伦理原则

在婚配的伦理原则上,中国传统社会对婚姻的伦理限制主要表现为禁止有血缘关系、亲属关系的人群通婚,以防人伦关系的扭曲,其中主要针对同母异父姊妹或前夫所生子女之间通婚。《唐律》记载:"若外姻有服属而尊卑共为婚姻,及娶同母异父姊妹若妻前夫之女者,亦各以奸论。其父母之姑、舅、两姨姊妹及姨若堂姨、母之姑、堂姑、己之堂姨及再从姨、堂外甥女、女婿姊妹,并不得为婚姻,违者各杖一百,并离之。"政府对与同母异父姊妹缔结婚姻的行为明令禁止,其根本旨在防止家庭伦理关系的混乱,但于客观上也抑制了类似近亲结婚的行为,从而实现人口的优育。而对娶前夫所生之女这类婚姻行为的禁令则完全是为了保持家庭人伦关系的正常。

(2)同姓婚姻之禁

在我国历史发展过程中,对同姓婚姻的禁止逐渐由风俗观念演变为法律条文。早至先秦时期,同姓不婚就已经成为社会通行做法。《魏书·高祖纪》记载:"夏殷不嫌一姓之婚,周制始绝同姓之娶。"《太平御览》记载:"夏殷五世之后则通婚姻。周公制礼,百世不通,所以别禽兽也。"唐宋时期对于同姓结婚的禁律最为严苛,《唐律》规定:"诸同姓为婚者,各徒二年;缌麻以上,以奸论。"虽然禁止同姓为婚的法令在一定程度上具有抑制近亲结婚的客观效果,但其主要目的还是维持家族内的伦理关系;对近亲结婚的限制也仅限于同宗族的婚姻行为,即只对父系亲属的近亲结婚行为做出了限制,而对母系表亲的约束较少。与此同时,以姓氏为标志的人口群体在数量和地域分配上相差悬殊,同姓婚姻在民间并未得到彻底禁止。

(3)中表婚姻之禁

中表之间的婚姻是异姓婚姻,属于母系亲属之间的近亲结婚,且一般都在同辈之间进行,在较长的历史时期中官方都没有明确禁止。据记载,直至金元时期才有中表婚之禁,明代开始有了具体的法令。《大明律》规定:"若娶己之姑舅两姨姊妹者,杖八十,并离异。"至清代,初期仍沿用明代禁令;中期以后则废除了这一规定:"其姑舅两姨姊妹为婚者,听从民便。"从传统社会统治者对中表婚姻不做限制到予以禁止、再到解禁这一过程中,不难发现古人对近亲结婚的危害意识仅仅只是停留在伦理层面。不仅如此,统治阶级为实现"亲上加亲"以保持其权力的稳定,往往率先成为中表婚姻的实践者,平民也以中表婚姻作为相互依托的手段。所以即使政府有禁令,民众也难以自觉遵守,中表婚姻禁令真正维系的时间较为短暂。

(4)重婚的限制

重婚在传统社会被称为"有妻更娶"。中国传统社会虽然在形式上存在一夫多妻制,但实际上奉行的是一夫一妻制,即一个丈夫只能有一个与其地位相匹配的正妻,除此之外,只能纳妾,妻子去世后才可续弦。从秦代到清代,历代法律都对此有明确的规定和严厉的惩罚。战国时期法律规定"夫有二妻则诛,妻有外夫则宫";唐代政府规定"诸有妻更娶妻者,徒一年;女家,减一等。若欺妄而娶者,徒一年半,女家不坐。各离之";到了清朝,"若有妻更娶妻者,亦杖九十,(后娶之妻)离异(归宗)"。不仅如此,后娶之妻所生的所有子女都会被剥夺原有的继承权,这在家产"诸子均分"的传统社会可谓是一项重罚。对重婚的限制是维持婚姻秩序的重要措施,由此可避免家庭嫡庶关系的混乱。

3. 离婚与再婚

中国传统社会是一个重结婚而轻离婚和再婚的社会。在具体的法律制度和民间习俗中,还表现出了强烈的性别歧视,即离婚仅仅是男性的特权,否定和削弱了女性离婚和再婚的主动权。严格意义上来说,中国传统社会中的离婚法律体系并不健全,在离婚过程中,男性掌握更多主动权,而妇女在多数情况下只能被动地接受丈夫的休弃。《大戴礼记·本命》:"妇有七去:不顺父母去,无子去,淫去,妒去,有恶疾去,多言去,窃盗去。不顺父母,为其逆德也;无子,为其绝世也;淫,为其乱族也;妒,为其乱家也;有恶疾,为其不可与共粲盛也;口多言,为其离亲也;盗窃,为其反义也。""七出"是封建社会丈夫休弃妻子的七种理由。结合"七出"规定的具体内容不难看出,"七出"是以夫家整体家族的利益为离婚考量的关键,凡是妻子的行为或者身体状况不契合夫家的心意,丈夫就可以用这种带有羞辱性质的休书方式将妻子赶出家门。而妻子要主动离婚则需要满足条件更为苛刻的"义绝",即丈夫对妻子一定范围内的亲属有殴、杀等行为时,妻子才可以主动与丈夫离异。不仅如此,在中国传统社会,政府对于男性再婚没有任何限制,却对离异和丧偶女性的再婚实行诸多禁令,鼓励和表彰丧偶女性守节不婚成为宋元以后的主流政策。《周易》中说"妇女贞吉,从一而终也",《礼记》中也有提及"一与之齐,终身不改"。这种对女性婚姻行为的限制实际上是私有制观念的扩大化,即把女性视为男性的附属物,"在家从父、出嫁从夫"是父系社会男权主义的一种表现。

(二)生育政策

封建社会统治者对生育行为的干预,主要体现为通过生育政策来促使民众的生育行为朝着官方设定的目标发展,以此来服务于他们的政治需求。传统社会的生育政策包括"生"和"育"两项内容,"生"主要体现为人口孕育过程中的政策法规;"育"则包括对婴幼儿的养育和保护措施。

1.鼓励人口增长的生育政策

从总体上看,中国传统社会生育政策的主线是沿着鼓励人口增长的轨迹运行的。同时,在具体的鼓励政策上有明显的性别偏好,即更偏向于奖励生育男孩的家庭。在农耕社会,男子是繁重农业劳动以及国家徭役的承担者,同时也是社会财富的主要创造者,因而养育男子能为国家带来最直接、最实际的利益。历朝历代普遍都会实行对生育男孩家庭的奖励以及对"一产三男"家庭的嘉赏,这种鼓励概括起来主要包括以下几种:

(1)免除徭役

这一政策最早实行于西汉。西汉初年,承秦末大乱,农民死伤严重,史载当时全国"户口减半"。因此在当时的社会环境下,增加人口、发展经济的任务异常繁重,《汉书》曾记载汉高祖时期"民产子,复勿事二岁"。所谓"勿事二岁"主要是指免除生男孩家庭父亲所应承担的徭役。在当时徭役繁重的环境下,免除这一苛政是一项极大的优待,由此可见汉政府推动人口增长的决心。

(2)免除赋税

各朝代对税赋免除的方式不尽相同。有的是免除婴幼儿的赋税,有的则是免除生儿家庭的赋税。汉代有人口税,即算赋,面向国家所有人口(包括婴儿)征收税款。而向婴幼儿征税实际上是向其家庭征税,这将直接加重婴幼儿父母的负担,进而引起民众杀婴和溺婴,而只有免税才能使家庭的生育要求与政府增长人口的目标相一致。而需要明确的是,历朝历代的免税举措都只针对生育男孩的家庭进行奖励,生育女孩的家庭并不在其列,因此,各朝代溺毙女婴的现象屡见不鲜。

(3)赏赐物品

某些朝代对于生子家庭有固定的赏赐。比如南朝民产子"赐米十斛"、北朝"生两男者,赏羊五口,不然则绢十匹"等。

从整体看,古代统治阶级并没有把对生男家庭的嘉奖作为一项长期且固定的政策,民众从这些政策中得到的实际帮助并不大,奖励的真正意义在于借此表现出政府的关心,显示出政策的男性偏好导向。生子家庭因而得到鼓舞,整个社会重男轻女的观念得到进一步强化。

(4)其他奖励

其他奖励主要针对"一产三男"家庭。对"一产三男"家庭的嘉赏在大部分朝代都得到了实施。尽管封建王朝的统治者采取这一措施是将"一产三男"视为祥瑞之兆,他们将"一产三男"看作国运昌盛的标志,所谓"一产三男甚多,是户口广裕之征",而该政策也体现了政府对人口兴旺,特别是男丁兴旺状态的向往,对其进行奖励无疑也包含着推动人口增长的目的。金代规定"民或一产三男,内有才行可用者,可令察举,量才叙用;其驱婢所生,旧制官给钱百贯,以资乳哺。尚书省请给钱四十贯,赎以为良"。这种做法意在改变生三男者的身份和地位,即平民有可能被授以官职,而奴婢则会因此脱贱入良。明朝规定对于一产三男家庭,官府"循例给粮至八岁",这种照顾对减轻一产三男家庭的抚养负担有很大帮助。清代明确规定:"一产三男俱存者,给布十匹,米五石";"若男女并产及三女,不准行。"

客观上讲,一产三男在现实生活中是非常稀少的生育现象,况且是由先天因素决定的,所以对此予以奖励在当时社会只能起到一种宣传作用。但此项赏赐中的排女做法,无疑加重了民众的崇男心理。

2. 婴幼儿保护政策

中国传统社会对婴幼儿的保护政策主要体现为对溺婴(男称孩,女称婴)行为的制止和处罚,以及鼓励官方和私人收养弃婴。这种行为对于减少婴幼儿死亡,特别是女婴的死亡,以及促进人口增长具有积极作用。政府禁止溺婴行为的真正目的,除了防止人口减少以外,更暗含伦理和道德方面的因素。在中国传统社会,政府尤为注重纲常伦理,这种伦理的中心就是父母与子女的关系,其基本要求是父慈子孝(包括母慈子孝),而溺弃亲生子女则是对这种伦理的最大冲击。在政府看来,这种恶性行为如不予以制止,会造成整个社会礼崩乐坏、残酷暴虐,增加国家治理的不稳定因素。《三国志》记载"天则生之,而父母杀之,既惧干逆和气,感动阴阳"。统治者将此与天道联系在一起,足见该行为的严重程度。历朝历代都有对溺弃婴儿行为的惩罚措施:宋朝"严民间生子弃杀之禁",但没有处罚方面的具体规定;元朝"诸生女而溺死者,没其家财之半以劳军;首者为奴,即以为良;有司失举者罪之";明朝"所产女子如仍溺死者,许邻里举首,发戍长远方"。在此,政府把对溺婴家长的惩罚与告发者的奖励、失职官员的治罪等结合起来,有奴婢身份的举报者甚至可以因此赦免为良民,奖罚分明。由此可见,这种纠告系统对欲溺婴者会起到一定的震慑作用。同时,封建王朝统治者还鼓励对弃婴的收养,包括政府直接参与收养,设置"慈幼局""育婴堂"等官方收养机构以及政府支持和协助的各种民间收养行为。总而言之,传统社会政府对溺婴所采取的惩处政策和收养措施尽管力量有限,但也使得部分婴儿获得了生存的机会,增加了婴幼儿特别是女婴的存活率。

(三)家庭法规

家庭是人口的基本生活单位,也是社会构成的基本单位。中国传统社会作为一个以自给自足的小农生产为经济特征和以血缘纽带为人际关系特征的社会,家庭的地位显得更加重要。在家庭与生育的关系方面,费孝通明确指出:"家庭这概念在人类学上有明确的界说:这是个亲子所构成的生育社群。亲子指它的结构,生育指它的功能。……这社群的结合是为了子女的生和育。"家庭是人口再生产的基本单位,它使得社会学意义上的生育有了文化的归宿。从古至今,家庭都强调了代际之间的互助和互惠,在人类的文化安排上,它是实现生育和养老相连接的枢纽。基于此,历代统治者需要维系和鼓励某种符合统治阶级利益的家庭范式,用正统的道德规范原则来指导家庭成员的行为,防止不利于家庭和谐因素的产生,进而维持社会的稳定。

1.家庭的维系法规

在中国传统社会,维系家庭的法规主要表现为:政府通过政策和法律的形式,努力维系以父母为中心的家庭形态。需要说明的是,这里的以父母为中心,也包含以祖父母为中心。在多代共同居住的家庭中,祖父母往往是家庭权力的实际掌握者,是家庭地位最高的成员。从法律制度看,隋唐至明清时期各朝政府都严格限制父母和祖父母在世时,子女分家异居的行为。在政府看来,这种行为是子女对其应尽赡养责任的逃避,同时会使得家庭成员的感情疏远,影响社会和谐稳定,所以必须加以制止。唐代规定:"诸祖父母、父母在而子孙别籍、异财者,徒三年。"但同时,"若祖父母、父母令别籍及以子孙妄继人后者,徒二年,子孙不坐。"很明显,这是一种双向惩罚。政府不仅强调子孙对祖父母、父母的照料,而且也要求长辈对子女尽管教之责,以达到在全社会维持大家庭形态的目的。

不仅如此,传统社会以"孝道"作为维系家庭的手段。"孝子"实际上是"孝行"的代名词,它包括孝子、孝女乃至孝孙等。孔子言:"故自天子至于庶人,孝无终始,而患不及者,未之有也。"(汪受宽,2016)历代封建王朝的统治者都会从文化宣传、行政法规等各个层面对孝行进行大张旗鼓的宣扬,通过免除徭役、旌表赏赐等方式表彰孝子,从而维护以父母为核心的家庭形态,最终达到稳定社会的目的。《孟子》中说"不得乎亲,不可以为人;不顺乎亲,不可以为子"(方勇,2015)。孝首先是对父母、祖父母的顺从,具体表现就是与父母同居共财,分财移居者被排除在孝行之外。同时,为了防止家庭可能出现的分裂倾向,只有男性家长(家主)才能处置家庭财产,其他家庭成员不得积聚私产和擅自挪用家产。《礼记》记载:"父母在,不敢有其身,不敢私其财。"(胡平生、张萌,2017)基于此,父母的绝对权威通过财产权获得物质层面的保证,而不仅仅限于伦理与道德层面。

2. 家庭的继承法规

财产和权力是家庭存在并维系的物质基础,家庭财产与权力的分配、继承直接关系到每一位家庭成员的切身利益,极易导致家庭成员之间产生纠纷和矛盾。因此,各朝政府都依据家庭伦理准则,对这一过程加以干预。具体来说,封建王朝的统治阶级对于家产的继承有以下几种政策倾向:

(1)维系兄弟均分财产的政策

兄弟均分家庭财产是中国传统社会的基本原则。从理想角度看,家庭聚居的规模越大越好,因为只有如此,才能显示出人与人之间,特别是家庭成员之间的和睦气氛。然而在实际生活中,由于主客观条件的限制,兄弟分家不可避免。对于家族内部来说,既然诸子之间合灶共食的局面不能保持,那么分异时也不应使得兄弟骨肉情谊受到伤害,而"诸子均分制度"是实现这一目标的主要手段,这也集中体现了儒家的"仁政"思想。需要特别说明的是,在中国传统社会中,嫡庶等级制度在家庭中也有深刻的反映,特别是一些官宦家庭。妻子有嫡庶之分,因而子弟在家中的地位也以此作为区分标准,然而这一等级制度在家庭财产分配上表现得却并不明显。明代规定:"凡嫡庶子男,除有官荫袭先尽嫡长子孙,其分析家财田产,不问妻妾婢生,止依子数均分。"清代进一步规定:"如别无子,立应继之人为嗣,与奸生子均分;无应继之人方许承继全分。"奸生子虽然没有嫡庶子的地位高,在某种情况下却能均分甚至全分家产,这种做法体现出传统社会在伦理和血缘关系上的谨慎态度。但这种均分家产的政策也仅针对家庭中的男性成员,女性成员依旧没有继承权。

(2)立嫡立嗣法规

在传统社会,嫡长子是一个家庭嗣续的正统代表。统治阶级推崇的"诸子均分",并不是官方对嫡庶子女不同地位的忽视,而是将财产分配与嫡庶地位分开处理的表现。传统社会施行以诸子均分为特征的财产分配制度,意在减少家庭矛盾,使得每位男性家庭成员都能获得基本的、以物质条件为依托的生存权利。而嫡长子继承制度则重在家庭正统地位的延续上,特别体现在贵族和官宦世家中。这种正统地位意味着官爵、对外交往的权利,以及在家族中对其他分房的管制能力。而立嗣则是在家主没有嫡系男性子弟承担家业的情况下从庶出或分房子弟中选择一人继承家庭的所有物质财富和社会关系。立嗣在传统社会中往往是以血缘关系的亲疏而次第进行的,其原则是:若嫡妻年五十以上无子,"得立庶长子"。然而,"亦不得乞养异姓为子",收养的义男也不得立嗣,即如果有"遗弃小儿年三岁以下,虽异姓,听收养,即从其姓"。这也体现了传统社会对于血统继承和香火延续的极端重视。

3. 对大家庭的嘉赏

中国传统社会中的大家庭实际上是指四世以上同居共财、同灶同食的家庭。在形式上,它更像一个直系复合型家庭。政府不仅极力推崇大家庭,而且还给予其不同形式的帮助和表彰,几十、上百口共食的宗族式大家庭作为"义居"甚至被载入各朝正史。《新唐书》记载"……皆数世同居者。天子皆旌表其门闾,赐粟帛,州县存问,复赋税",甚至给大家庭的家主授予官爵,表彰其治家有方。清代把对累世同居家庭的奖励载入法典:"民有屡世同居,和睦无间者,建坊里门,题名忠义孝弟祠。"奉行教化政策的历代政府试图以此激励大家庭,感召其他百姓共同遵守传统家庭伦理道德准则。虽然不可能做到人人效法、家家模仿,但其潜移默化的作用是不可低估的,至少对一般直系家庭、复合家庭的关系维系方面起到加强作用。

第二节 传统生育文化的表现形式

中国的传统生育文化,其源头是原始社会的生殖崇拜,形成并发展于宗法制度下的奴隶社会,而传统生育文化的成熟期则出现在春秋战国后的儒家封建社会(路遇,2002)。因此,本书所阐述的传统生育文化主要是指封建社会的传统生育文化。无论是生育文化的内核还是外延,其本质反映的都是民众生育观念,生育观念决定了生育文化的表现形式。那么,在封建社会延续了上千年的传统生育文化,其表现形式是什么呢?或者说作为传统生育文化核心的传统生育观念,其基本特征是什么呢?简单来说,就是以早婚早育多生和重男轻女为特征的"早、多、男"生育价值体系,并以传统数量生育文化、传统性别结构生育文化和传统质量生育文化三种形式表现出来。

一、传统数量生育文化

中国传统社会是一个"以农为本"的小农社会,出于扩大农业生产规模、增加资本积累从而实现社会再生产的目的,更多的劳动力成为每个家庭的必然需求(勾承益,1993)。孔子言:"地有余而民不足,君子耻之。"(胡平生、张萌,2017)《荀子》中也有记载:"故土之与人也,道之与法也者,国家之本作也。"(方勇、李波,2015)这些古代思想家的言论反映了传统观念中劳动者数量对于农业生产的重要意义。基于此,人口增殖成为个体家庭乃至整个社会得以巩固和发展的必由之路,各朝代的统治阶级也都将人丁兴旺作为国力强盛的一个重要标志。

(一)生殖崇拜

生殖崇拜是传统生育文化的源头。生殖崇拜构成生育文化的基本形态,其功能反映了生育文化服务于社会原始人口观和生存观的状况。生殖崇拜是存在于世界各地原始居民中的一种普遍现象,体现了人类对生物界繁殖能力的一种赞美和向往。在原始时期,面临恶劣的自然环境以及自身有限的医疗水平的挑战,氏族部落的婴儿存活率极低,加之持续不断的部落战争以及各种不可抗御的自然灾害,成员伤亡率极高。为了保持足够的人力投入生产和战争,必须不断增殖人口。只有多产多育、人口众多的部落才能长久生存;反之,将导致族群的衰败甚至灭亡。生殖被视为神圣义务,是群体对个人的强制性要求。但由于当时的人类并不清楚生育背后的生理知识,往往认为生育是外力鬼神所致,进而产生了生殖崇拜。在我国原始宗教、神话、艺术乃至如今的民间习俗中随处可见生殖崇拜的痕迹,例如:民间"三月三"上巳节是汉族传统节日,"上"通"尚","巳"与"子"意同,因而"求子"是上巳节的主要内容,在上巳节活动中,最主要的活动是祭祀高禖,即管理婚姻和生育之神;河南淮阳地区至今还会举行"人祖庙会",并在庙会期间进行各种求子仪式,这些民间风俗正是华夏先民的生殖崇拜意识在现代社会中的遗存(李爱云,2010)。根据大量的古代文献和考古资料,华夏先民的生殖崇拜大致经过一个过程:从崇拜女阴、女性,到崇拜男根、男性,最后到崇拜男女的结合及生育。

1.女阴崇拜

女阴崇拜源于母系氏族社会时代。远古时代的群婚制度导致了部落成员"只知其母,不知其父",《春秋公羊传》中记载"圣人无父,感天而生"(孙晓,2016)。在原始初民的眼中,人类生殖繁衍的直接承担者是女性,男性与其子女虽然在生理上存在血缘关系,但这种关系在原始社会条件下却是间接的、不明确的和难以见证的。虽然女性生育了孩子,但在原始先民的观念里孩子是神鬼的恩赐,与男性并无关系。因此,生殖崇拜最早表现为女阴崇拜。《道德经》记载:"谷神不死,是谓玄牝。玄牝之门,是谓天地根。"(张景、张松辉,2021)"玄牝"意为女性生殖器官,先民将女性生殖器官比作"天地之根",可见远古时代对女阴的崇拜。女性生殖能力被原始初民视作伟大而神秘的超自然力量,而这种能力集中体现在母系社会中对生育子女数量的追求,但对性别并无明显偏爱。

2.男根崇拜

在父系氏族社会时代,女阴崇拜逐渐转化为对男性生殖器的崇拜,即男根崇拜。在对我国新石器时代中晚期的考古挖掘中就发现大量有关先民们对石祖、木祖以及陶祖的原始崇拜的遗迹。石祖,即形态颇似男性生殖器的自然石。根据原始宗教的记载,鬼神就是死去的祖先,而祖先用男性生殖器来作为象征,在这种情况下,石祖也就具备了"神"的含义。郭沫若在《甲骨文字研究·释祖妣》一文中明确指出:"祖妣者,牡牝之初字也。"这也说明了原始人类祭祀祖宗的宗教活动,实则源于对男性生殖器的崇拜。石祖的出现反映了人们在生育认知上的进步,先民开始意识到男性与女性生育之间的关系,这种认识又进一步促进了男性在婚姻生活中地位的提升,加之男性在保卫家园和劳动生产中的重要性逐渐凸显,女性在社会生产活动中被边缘化,母系社会逐渐向父系社会转变,重男轻女思想初现端倪。

男根崇拜与女阴崇拜一样,都是人类历史上对种族繁衍的一种渴望的宣扬。两性生殖器崇拜是原始人类进步的标志,它标志着先人已经开始逐渐认识到人类繁衍后代不是依靠神鬼的赠予而是男女两性交配繁殖,人类因而从自然崇拜迈向图腾崇拜(祖先崇拜)。

(二)传统数量生育文化的主要内涵

早在先秦时期,墨子便提出"(皆欲)国家之富,人民之众,刑政之治"(方勇,2015)的治国主张;《孟子》中则有"广土众民,君子欲之"(方勇,2015)的说法,各个封建王朝为了达到巩固统治地位的目的,基本上都制定了鼓励人口增长的政策。从政治角度看,家本位的宗族制度对民众的生育数量起着刺激和保证的作用。重家族、轻个人,这是中华文化区别于西方文化的一个显著特征。在乡土中国,社会的基本单位是家庭,国家是千千万万个家庭的集合,个人必须在家庭的组织框架内活动。这种重家庭(家族)、轻个人的传统观念,对民众的生育行为产生了极其重要的影响。为了维护和扩大家族的势力和利益,家族长辈都会鼓励其子孙后代早婚多育,子孙们也有责任和义务为实现这一愿望尽职尽力。不仅如此,在家本位制度下,家长有着至高无上的权利和地位,对长辈尽孝是晚辈义不容辞的使命。"百善孝为先""不孝有三,无后为大"的社会风气孕育了以早婚、早育、多育、密育为基本特征的传统数量生育文化。具体来说,我国传统数量生育文化的主要内涵分为以下几个方面:

1. 延续香火

传统农业对土地的严重依赖推动产生了世代聚居的中国传统村庄模式的发展,每个自然村庄几乎都是一个宗法严谨的传统大家族,家族内的每一位成员都需要承担起维护家族集体利益的责任与义务。为了建立牢固的家庭组织,人们建立了以姓氏为徽号、以排行论尊卑的组织形式,利用人们从小形成的对血缘关系的神圣感情把整个宗族团结在一起(勾承益,1993)。为了让祖先的灵魂得到安宁,人们必须不断地延续他们灵前的香火,在这种前提下,生子便获得了"延续香火"的意义,子孙越多,香火越旺,而"娶妻本为继嗣"便成了逻辑的必然。《尔雅·释亲》中提及"云孙"的概念,"子之子为孙,孙之子为曾孙,曾子之子为玄孙,玄孙之子为来孙,来孙之子为昆孙,昆孙之子为仍孙,仍孙之子为云孙"(管锡华,2014)。而这一概念,正是先祖们对子子孙孙无穷尽理想的生动诠释。正是基于这一点,人们在生育数量上选择"多多益善",认为只有多生育,才能对得起祖宗,才能使家族的链条延续得更长。延续香火观念是传统数量生育文化的思想基础,对人们的生育行为起着鼓励作用。

2. 养儿防老

传统社会的重要特征就是家庭经济的封闭性,父母承担着养育儿女的责任,子女则有赡养父母的义务,因此"养儿防老"是私有制产生以后家庭具有的基本功能所决定的。有无子女以及子女的多少,对老年人的晚年生活至关重要。不仅如此,"诸子均分"的财产继承制度决定了只有儿子才会在老来承欢膝下,陪伴父母左右,而女儿出嫁后就是婆家的人,当然也就不需要承担赡养父母的责任和义务。家庭养老功能的唯男性化要求人们通过多生多育来实现"多子"的目标,同时,这也是增加养老保险系数的唯一途径(田雪原、陈胜利,2006)。因而可以说,养儿防老是传统数量生育文化的经济动因,对人们生育数量的选择起着很大的刺激作用。

3. 多子多福

多子多福中的"福",并不单单具有"福泽延绵"的文化意义,实际上它还包含着复杂而深刻的经济和政治内涵。从经济角度看,在靠天吃饭的传统农耕经济条件下,发展生产主要依靠劳动力在数量上的投入。对于自给自足的农户来说,劳动力(主要指男性劳动力)

越多,便越能扩大生产,获得越好的经济收益。从政治地位看,宗族势力的大小是和子孙的多少成正比的,子孙越多,家族势力越大,而家族势力越大则意味着其家族成员科举进士、加官晋爵的可能性也更大,家族的社会地位节节攀升。不仅如此,在宗族与外族人员发生纠纷或冲突时,人多势众的宗族往往能获得更多的内外部支持,人丁孤单的宗族则处于弱势地位。

二、传统性别结构生育文化

在自然状态下,人口的性别结构是基本平衡的,这是人类延续和发展的先决条件。在传统性别结构生育文化阶段,人们往往从自身利益出发认识生育性别,并将性别意识反映到生育实践中,从而对生育性别造成实际影响,其极端结果就是造成出生人口性别比例的失调,婴儿生存环境性别差异显著。

(一)原始社会的性别生育文化

1.母系时代性别生育文化的差异

这一时期的性别差异主要体现在自然生理差异上,男女两性呈现一种自然分工模式,男性以狩猎为主,女性以采集为主。女性的采集依赖于大自然提供的丰富资源,可以作为人类生存的主要食物来源,而男性的狩猎收获很不稳定,因此女性是部落食物的实际提供者。不仅如此,从氏族部落的生存来看,氏族部落能否长久生存取决于成员的多寡,而成员的多寡又和部落女性的生育能力直接挂钩。一方面,由于当时的人类对生育缺乏基本的生理认识,认为生育完全归功于女性生殖器,进而由生殖器崇拜发展为生殖崇拜,以及对生命力的崇拜,进一步形成了尊重女性的意识,女性也拥有了较高的社会地位;另一方面,群婚制度导致了氏族成员们"只知其母,不知其父",成员们在氏族中只能以母亲和母系亲属为轴心。此时的性别地位差异表现为女性在物质生产、社会生活和自身繁衍中均处于支配地位,而男性则处于附属地位。在这一时期,尽管人们在社会生活中普遍崇拜母亲、尊重女性,但并未因此轻视和歧视男性,男性并不是女性的奴隶。即性别关系的"重女不轻男"决定了性别生育文化中的无偏好特征。

2.母系时代向父系时代过渡时期性别生育文化的差异

在母系社会向父系社会过渡时期,人类生产力发展水平有了显著提高,出现了第一次社会大分工,畜牧业与农业相分离,人们的生产方式和劳动场所相对固定下来,部落之间出现了为抢夺资源、人口而斗争的现象。男性不仅在劳动生产中占据了主要位置,在部落战争中的作用也日益显现出来。同时,人类的婚姻形式也从群婚制向偶婚制过渡,人们开始意识到生殖繁衍并非女性单方面的贡献,而是男女两性结合的产物,男性在生育和生产中的地位日益得到提高。这些变化导致母系氏族所建立起来的社会秩序和性别观念受到挑战,两性关系格局发生重大变化,女性在社会中的作用和地位逐渐被男性所替代。这一时间段虽然出现了生育上的男性偏好,但并没有因此产生轻视和歧视女性的现象,即"重男不轻女",母系时代建立起来的性别规范还在一定程度上影响着人们的性别价值取向和性别生育文化。

(二)农业社会的性别生育文化

1."男尊女卑"性别关系格局的形成

随着社会分工和两性关系的变迁,与新的社会分工相契合的性别文化及其衍生出的生育性别价值取向逐渐形成,并发展成了主流社会价值理念。小农经济是农业社会的主要生产方式,家庭成为社会的基本生产单位,与封建社会的生产力水平和社会制度、意识形态相适应,两性分工更多地受到社会文化的影响。性别关系很大程度上在社会中再次分化,男女两性在物质生产、社会交往、家庭财产继承等领域出现了明显的地位差距。传统社会的父权制度从夏商周的宗法文化中孕育,经过秦汉之后封建礼教的一次又一次巩固,形成了庞大和牢固的伦理链条,女性日益沦为社会的边缘和底层。封建王朝的历代统治者通过各种法规政策,为"男尊女卑"性别关系格局的形成提供强硬的制度保障,束缚女性的身心。早至商周时期就已经出现了男尊女卑的意识和女性"三从四德"的规范,"三从"指"未嫁从父,既嫁从夫,夫死从子","四德"指"妇德、妇言、妇容、妇功",以此来约束妇女的一切言谈举止。到了汉代,董仲舒对两性关系作了本体化的处理,他在《春秋繁露·天辨在人》中提及"阳贵而阴贱,天之制也",认为"丈夫虽贱皆为阳,妇人虽贵皆为阴"。至此,传统妇德已经定型,"三纲五常"成为中国封建社会至上的伦理原则和道德规范(吴晓红,2004)。"男尊女卑"完全替代了"重男不轻女"的性别观念,成为农业社会的主流性别价值观念。

2."重男轻女"社会意识强化了性别生育文化的形成与发展

传统社会中的性别价值取向必然会反映到民众的生育观念和生育实践中来,它对性别生育文化的影响集中体现为重男轻女思想所导致的生育男孩偏好。随着父权制及宗法制的建立,子嗣传承日渐成为传统生育文化的重心,女性的社会地位通过"生子"得到巩固和提升,"母凭子贵""娶妻本为继嗣"等俗语无一不体现了女性的附庸性身份。从古至今,为了生出儿子延续香火、传宗接代,民间衍生出了许多"送子信仰",其主要表现就是对有送子功能的神灵的供奉,即通过祈求神灵和施展巫术的方式来达到"求子"目的。民间所信奉的女性神灵如女娲娘娘、碧霞元君、观音菩萨等都有送子护子的象征含义。由于封建社会还不具备主动选择生育性别的条件,所以,这种男性偏好主要通过两种行为方式反映出来。一是养育过程中的性别差异。《诗经·小雅·斯干》中写道:"乃生男子,载寝之床,载衣之裳,载弄之璋。其泣喤喤,朱芾斯皇,室家君王。乃生女子,载寝之地,载衣之裼,载弄之瓦。无非无仪,唯酒食是议,无父母诒罹。"生儿子被称为弄璋之喜,生女儿则是弄瓦之喜,男子和女子自出生起,就被父母按照高低贵贱进行分类并施以截然不同的待遇,反映出人们对生育子女性别的不同态度。二是溺弃女婴的现象。受重男轻女思想观念的影响和家庭抚养能力的限制,民众为了生育男孩或者更好地抚养男孩,还出现了普遍性的溺弃女婴现象,剥夺了女婴的生存权利。《韩非子·六反》中即有"产男则相贺,产女则杀之"的记载(高华平等,2010)。宋代《司马氏书仪》也有记载,"是以世俗生男则喜,生女则戚,至有不举其女者"。即使有政府的严厉禁律,也只能在一定程度上对溺女风气予以限制,不能将其彻底革除。因而,在清朝直至近代的历史中,民间仍有"所产女子虑日后婚嫁之费,往往溺死"的现象。

三、传统质量生育文化

"生育"包含"生殖"和"培育"两层意思。人类之所以用"生育"来表示自身的繁衍行为,是因为人类除了满足延续生命需要而繁衍后代外,更有按照社会发展的要求培育后代的愿望。因此,"质量生育文化"实际上是"生"的质量文化和"育"的质量文化的总称。按照人口素质三要素论,人口质量包括身体素质、文化素质和道德素质。所以,质量生育文化,就是人们在生产、养育孩子的过程中对后代健康、智力、道德的追求所反映出来的思想、道德、观念、宗教、伦理和行为规范。

(一)"生"的质量文化

现代科学充分证明,祖先对父母的素质和环境会影响子孙先天素质的认识是符合优生原理的,前人对近亲结婚有害子孙的看法以及由此形成的同姓不婚和禁止血缘婚的生育观念、婚姻规范和婚育制度,对于现代社会仍有其积极意义。先秦时期禁止同姓婚姻就已经形成国家法令以及民间通行的做法;北魏以后的王朝对同姓结婚的限制和处罚逐渐严格,孝文帝将同姓婚姻之禁载入国家律令;唐代以后至明清时期,国家对同姓婚配的禁止已上升到法律的高度,《唐律》规定"诸同姓为婚者,各徒二年;缌麻以上,以奸论"。政府以更为明确的法律条文限制和禁止同姓婚姻的行为以及与之相关的操作。

但也需要意识到，在我国古代"同姓不婚"的婚育习俗上升到政府的法律制度层面时，其中维持人伦关系的成分更为浓重。《左传》中记载："不娶同姓者，重人伦，防淫佚与禽兽同也。"孔子指出："系之以姓而弗别，缀之以食而弗殊，虽百世而昏姻不通者，周道然也。"（孙晓，2016）禁止同一血统的人互通婚姻，以区别于禽兽，这是基于自然选择法则而逐渐形成的一种习俗，是文化的进步。《左传》提及的"男女同姓，其生不蕃"只是前人对客观事实的一种直观感觉，其中可能蕴含着更复杂的因素，包括伦理因素、道德因素以及某种难以解释的宗教因素，并没有真正意识到"其生不蕃"是近亲婚配所导致的。这一推论可以从历代王朝对中表婚姻不加任何限制的做法中得到佐证。相反，统治阶级和上层阶级往往成为中表婚姻的实践者和拥护者，其在民间也广为流行，俗话说"姑表亲，姨表亲，打断骨头连着筋"，中表之间的通婚历来被视为"亲上加亲"的美事。然而，亲表婚的危害已为现代医学所证实，其后代将成为各种遗传性疾病的高发人群和高危人群。这种违反科学的传统婚姻陋俗所导致的后果给无数个家庭带来巨大的痛苦和沉重的负担。

传统社会在关注父母遗传因素对孩子先天影响的同时，也意识到胎教，即胎儿的宫内发育环境对婴幼儿健康的重要性。在我国，胎教的历史久远，最早可追溯到周代。《颜氏家训》记载："古者，圣王有'胎教'之法：怀子三月，出居别宫，目不邪视，耳不妄听，音声滋味，以礼节之。书之玉版，藏诸金匮。"西汉韩婴的《韩诗外传》记载了孟母怀孕期间对腹中胎儿——孟轲进行胎教的故事："席不正不坐，割不正不食。"（孙晓，2016）唐朝著名医学家孙思邈在其著作《千金要方》中总结了关于胎教的经验，不仅要求孕妇根据胎儿生长发育特点注意饮食起居，而且还提出孕妇"弹琴瑟，调心神，和情性，节嗜欲。庶事清净，生子皆良，长寿忠孝，仁义聪惠，无疾，斯盖文王胎教者也"。胎教是古人对妇女怀孕时保气养胎的探索，多有迷信色彩，但其中也有科学成分，是现代优生优育理论可以借鉴参考的。

（二）"育"的质量文化

在我国传统社会，家庭子孙后代能否健康平安、能否成龙成凤、能否有所作为，将直接关系到家庭幸福生活的实现以及社会的长治久安和可持续发展。因此，历朝历代统治者都密切关注儿童的成长质量，民间为实现"优育"而风靡的种种观念、习俗和行为都倾注了父母、家庭乃至整个国家对孩童健康成长、成梁成才的美好期许。

据教育史研究，早至原始社会，就有对儿童实施社会公育的做法。由于生产资料公有，没有阶级和等级的划分，氏族是基本的经济单位，所有成员以血缘关系为纽带组成氏族集团,在平等互助的基础上进行集体劳动。儿童的教育内容均与其今后将要参加的集团内生产与生活实际密切相关,包括道德教育和宗教教育。通过道德教育,可以让儿童学会遵守氏族成员间待人接物的规范,养成照顾、赡养老人的行为观念和敬重、服从部落长辈的思想理念;通过宗教教育,不仅可以使得新生一代养成宗教意识和情感,而且能使儿童在参加宗教祭祀活动的过程中学会生产知识、历史传说和自然常识等,例如让孩童参加自然崇拜性质的祭日活动,孩童不仅能培养自然崇拜意识,还能学习到太阳与万物生长之间的关系以及日常生产生活中依靠太阳定时定向的知识。从文物考古中可以发现,人类在原始社会就已经产生了体育教学意识,先民们把原始歌舞视为宗教祭祀活动中的重要组成部分,部落内的儿童也会参与其中,并接受形式化的军事体育训练,培养尚武精神和健康体魄。

进入奴隶社会后,教育被贵族阶级垄断,宫廷高度关注太子、世子的启蒙教育,并形成了专门的保傅教育制度和乳保教育制度。保傅教育制度是指朝廷中设有专门的师、保、傅官对王位继承人进行教谕的制度。太保、太傅、太师合称"三公",其中,太保负责太子的身体保育;太傅负责太子的道德培养;太师负责对太子进行文化知识和统治经验的传授。而乳保教育制度则是指在后宫中挑选品德优良的女子担任乳母和保母等,以承担保育和教导太子、世子事务的制度。据《礼记·内则》中记载,太子、世子出生不久后,即"异为孺子室于宫中。择于诸母与可者,必求其宽裕、慈惠、温良、恭敬、慎而寡言者,使为子师,其次为慈母,其次为保母,皆居子室。他人无事不往"(胡平生、张萌,2017)。子师、慈母、保母合称"三母",她们共同负责对太子、世子德行的培养与日常起居的照护。奴隶社会时期建立的保傅教育制度和乳保教育制度,为王位继承人提供了良好的教育环境,使其自幼陶冶情操、修身养性,这常被后人视为殷商、西周社稷长治久安的重要原因,并为封建社会的统治者所继承,作为君主教育的有效制度。

封建社会时期,新兴地主阶级登上政治舞台,士阶层壮大,私学大兴,更多的人掌握了原本被贵族垄断的文化与礼仪方面的知识,这为家庭教育的实施提供可能。"学而优则仕"是对孩童日后入仕、加官晋爵的最好启蒙,传统社会常将齐家和治国相联系。《礼记·大学》中写道:"古之欲明明德于天下者,先治其国;欲治其国者,先齐其家;欲齐其家者,先修其身;欲修其身者,先正其心;欲正其心者,先诚其意;欲诚其意者,先致其知,致知在格物。物格而后知至,知至而后意诚,意诚而后心正,心正而后身修,身修而后家齐,家齐而后国治,国治而后天下平。"(胡平生、张萌,2017)国家最高统治者以君权实施"家天下"的统治,家庭内部实行父权家长制管理,父权与君权名异实同。政权和族权相结合的统治模式使得国家的统治归根结底还是需要依靠家族组织的力量。因此,家族教育被看作是为孩子日后出仕、治国安邦打基础的重要阶段。家长视子辈为私有财产,盼望子孙早日"成龙",以达到振兴家业、光宗耀祖的目的。《太公家教》中记载:"己欲立身,先立于人,己欲达者,先达于人。立身行道,始于事亲;孝无终始,不离其身。修身慎行,恐辱先人;己所不欲,勿施于人。近鲍者臭,近兰者香;近愚者暗,近智者良。明珠不莹,焉放其光;人生不学,言不成章。"其中,"孝悌忠信礼义廉耻"等一整套关于君臣父子礼仪的德行教育构成了宗法家族社会的家庭教育核心,规范着子孙的言谈举止、礼仪修养。

第三节 传统生育文化对人口转变的影响

人口转变是指人口再生产类型从"高出生率、高死亡率、低自然增长率"向"低出生率、低死亡率、低自然增长率"的变迁。这种变迁,从表面上看是一种人口指标的变化,实质上是社会诸因素变化及整合效应的结果。在人口转变过程中,生产力发展的经济因素、政策制约的制度因素、生育观念的文化因素以及家庭和夫妻对生育成本和生育效益等问题的价值判断等,都会直接或间接地影响到人口转变过程的范围和力度。系统论认为,尽管人口转变受到多种因素的影响,但这些因素在人口转变过程中的地位和作用是完全不同的。如果说政策和制度的作用是短期的、即时的,那么,文化和经济的作用就是长期的、持久的。本节将集中分析传统生育文化在人口转变过程中的地位和作用,对于这一问题的观察,一是以当代社会发展水平去认识传统生育文化的积极意义和消极影响;二是着眼于历史环境本身去评价。通过对传统生育文化的分析和讨论,我们将会看到,人口转变的实质是一个生育文化更新和转变的深层次问题。

一、传统生育文化对古代人口发展的主导作用

(一)传统生育文化对古代人口发展的积极意义

传统生育文化中所包含的鼓励早婚早育的内容以及对大家庭的提倡,都在人口发展过程中产生了某种程度的影响。中国传统社会基本上处于农耕文明状态下,人口的高出生率、高死亡率、低自然增长率贯穿于封建王朝大部分时期。传统生育文化的产生与维系

同这种人口发展环境有密切关系。中国传统社会有高度成熟的中央集权政治制度,为了满足军队和行政管理的需要,税收和徭役征兵都是必不可少的政治手段,而这又需要建立在一定的人口数量基础之上。因而鼓励人口增长,进而将人口控制在国家赋税册籍之内就成为中国历代王朝奉行不替的人口政策。总体来说,传统生育文化在以下几个方面对古代人口发展产生的作用最为明显:

1.促进战乱灾害后的人口恢复和增长

传统生育文化在战乱和灾害之后,人口损失严重之时,对国家人口的恢复和增长起到明显的促进作用。纵观中国人口发展史,和平环境下的人口增长与战乱阶段的人口衰减相伴随,春秋战国时期、秦末汉初、魏晋南北朝等战乱年代,人口数量锐减。可以说,越是动荡的历史时期,人口数量下降越剧烈,社会对人口的需求也越大。因此,偏离常规的极端早婚政策多是王朝建立初期或是王朝经历战乱后所采取的临时性手段,而实行这些政策的目的也非常明确,就是借此达到促使家庭生育、加快人口增长的目的;以轻徭薄税来优待新生人口或有生育行为的家庭,也是促进人口恢复和增长的有力措施。例如,越王勾践在夫椒之战后深感人口的极端重要性,开始实施增殖人口的生育政策;在"十年生聚"期间,一方面,他积极引进人口,吸引四方士人、邻国劳动力以及部族移民前来越国;另一方面,他制定严格的法令来鼓励生育,实行强制早婚,同时"将免者以告,公令医守之。生丈夫,二壶酒,一犬;生女子,二壶酒,一豚"。这些举措有效制止了杀婴陋习,提高了新生儿的出生率和存活率,极大提高了越国人口数量,为实现灭吴称霸提供了人口基础。

2.实现中华文明的传承和血脉的延续

中国人口数量经历了一个漫长的发展时期。在中华文明发展史上,伴随着社会的发展与进步,中国人口数量也在不断扩增,实现了炎黄子孙的生生不息。虽然由于战乱和饥荒、瘟疫等灾害的影响,人口发展受到诸多限制,甚至出现人口数量下降的历史时期,但纵观整个历史,中国人口发展的总趋势是曲折向上的。世界五大文明古国中,美索不达米亚文明历经古巴比伦和新巴比伦两个朝代最终被波斯帝国所灭;古埃及文明和古希腊文明被罗马帝国所灭;古印度文明被雅利安人入侵消灭;只有中华文明历经劫难延续至今,这很大程度上依赖于中国庞大的人口基数。在生存条件艰难的环境下,中国历代王朝都普遍奉行鼓励生育的人口政策,保证了国家机器的正常运作,尤其是遇到外来侵略时,国家能组织起足够的人力进行抵抗,维护种族生存的权利。即使发生塞外民族入侵,比如五胡乱华等危机,拥有众多人口的中华文明主体民族也具有较强的同化他族的能力,能够实现中华文明的传承和血脉的延续。

3.提高我国人口素质和维持伦理秩序

历史的研究充分证明,我们祖先对子孙的先天素质受其父母素质和环境影响的认知是符合优生原理的,前人对近亲结婚危害子孙的认识以及由此产生的同姓不婚以及禁止血缘婚的观念、婚姻规范和婚育制度,对于现代社会仍有其积极意义,为我国人口素质的提高创造了条件。但是,我们也应该意识到当民间"同姓不婚"的婚育习俗上升到法律制度时,维持人伦的成分变得更为浓重,因为它并未限制女系近亲结婚的可能,反而鼓励"亲上加亲",这是现代生育文化所需要剔除的糟粕。同时,传统生育文化还重视对家庭伦理秩序的维持,儒家以"孝道"治天下,倡导子孙对父母、祖父母的奉养。在中国传统社会的法律条规中,不孝是主要的定罪事由。在政府看来:"五刑之属三千,而罪莫大于不孝。"《孟子》中记载:"世俗所谓不孝者五:惰其四支,不顾父母之养,一不孝也;博弈好饮酒,不顾父母之养,二不孝也;好货财,私妻子,不顾父母之养,三不孝也;从耳目之欲,以为父母戮,四不孝也;好勇斗很,以危父母,五不孝也。"(方勇,2015)其中,"不顾父母之养"的内容占了三项,可见,赡养父母是孝行最重要的内容。这使得家庭能直接获得养育子女的收益,从而进一步刺激了父母养育子女的愿望,对全社会人口的增长产生推动作用。

(二)传统生育文化对古代人口发展的负面意义

1.重男轻女被封建制度系统性强化

在农耕社会,繁重的农业生产和徭役劳动都需要男子来承担,而女子在其中的作用微乎其微,或者说,传统观念认为妇女不能为家庭财富创造和国家利益捍卫做出直接贡献。因而,国家所制定的有关婚姻、生育和家庭的法令法规等都倾向于维护男性利益,由此导致了传统生育文化也表现出了强烈的性别偏好。如果说个别朝代对生育男孩家庭的物质奖赏、徭役免除只是一时的激励措施,那么这两种延续了上千年的家庭法规就是赤裸裸的女性歧视:一是将"诸子均分"的家庭财产继承制度以法律形式固定下来;二是无子家庭的立嗣制度将女儿排除在外。这两项制度将民间重男轻女的思想观念和道德伦理具象化,进而在传统社会中形成了约定俗成的行为准则,并影响到民众的生育意愿,使得追求男孩的生育偏好有了广泛而深刻的社会基础。妇女由于不具有对财产的支配权,在家庭中的地位被极大削弱,"七出""七弃"的制度化对夫权意识也起到重要的培植和加强作用,妇女被认为是丈夫的附庸。这种家庭地位的极端不平等与传统社会从夫居的婚姻模式以及家庭财产的男性继承制度有密切关系,是重男轻女观念在婚姻家庭中的具象化体现。

在宗法制度和封建礼教的双重压迫下,不仅女性被家庭排除在主要生产活动之外,而且社会也将女性定位在被动和顺从的社会地位上。《春秋穀梁传》中:"妇人谓嫁曰'归',反曰'来归',从人者也。妇人在家,制于父;既嫁,制于夫;夫死从长子。妇人不专行,必有从也。"(承载,2016)《礼记》中也有论述:"公庭不言妇女。"(胡平生、张萌,2017)女子生下来就是从人的,没有独立的人格和思想,所以不能参与社会政治活动。在男权制社会中,女性意识被压抑和束缚,女性处于历史的幕后,保持着历史的缄默。在男性的历史视角中,女性的自主意识被扭曲,经过男性改造的女性形象要么是遵守社会伦理的贞洁模范,要么是违背社会伦理的狐媚罪人。在中国古代的书写体系中,大多"女"字偏旁的汉字都具有贬义,例如奴、嫉、奸、妖、娼、妓等。《论语》中:"唯女子与小人为难养也,近之则不逊,远之则怨。"将女性与小人等同,女性在传统社会中的地位可见一斑。

2.宗族观念限制了人口大规模迁移

在乡土中国,同一祖先的族人都是同宗,聚居一地,世称"聚族而居",这是宗法社会基本的文化安排。宗族的职能是祭拜祖先、裁定是非、治安自卫、宗族教育、农业生产、生活互助、经营族产等,职能完备,自成体系。宗族的核心就是亲属网络,亲属以父系宗亲为主,还包括外亲和妻亲,外亲是指母系亲属,妻亲是指妻系亲属,血缘关系的亲疏远近形成"差序格局"。以"差序格局"为中心概念,费孝通概括了中国传统社会的主要特征:一是血缘关系的重要性;二是公私、群己关系的相对性;三是自我中心的伦理价值观;四是礼治秩序,即利用传统的人际关系和伦理维持社会秩序;五是长老统治的政治机制。其中,宗族观念是差序格局的核心(阎云翔,2006)。

中国的宗族文化滥觞于西周宗法制度,历经朝代更迭而长盛不衰,其分布呈现出"南盛于北、东强于西"的特征。宗族文化是中国传统文化的标志,并且成为一种重要的文化与经济形态(潘越等,2019)。以血缘为纽带聚合而成的亲属团体,是中国最重要、最稳定的社会组织之一。理学家张载说道:"管摄天下人心,收宗族,厚风俗,使人不忘本,须是明谱系世族与立宗子法。宗法不立,则人不知统系来处。古人亦鲜有不知来处者,宗子法废,后世尚谱牒,犹有遗风。谱牒又废,人家不知来处,无百年之家,骨肉无统,虽至亲,恩亦薄。"随着宗族在长期的历史发展过程中不断壮大,最早开始基业的祖先迁移到只有几户人家的村落,而后逐渐发展出人口,以血缘关系为纽带聚族而居的单姓家族慢慢发展成血缘填满地缘,或者说血缘边界与地缘边界高度重合的形式,最后形成当下的中国农村,尤其是华南地区自然村落中单姓聚族而居的社会组织形态。宗族内部有着极强的组织凝聚力,无论是集体祭祖、宗族办学还是族田耕种都需要族人协力合作进行,即使宗族子弟科举进士后去异地做官,也讲求退休后落叶归根、魂归故里,因此可以说,传统社会的宗族观念极大限制了人口的迁移流动,人们的行为方式受到很大限制,进而对民众思维观念的更新产生不利影响。

二、传统生育文化对农村人口转变的潜在作用

传统生育文化的维系很大程度上依赖于封建王朝政府机构对其的贯彻落实。在当代，制定、运作和宣传传统生育文化的机构已不复存在，但这并不意味着传统文化的影响力已彻底消失。传统生育文化既是一种政府的生育意志，也是政府对民众生育观念的迎合，民众的生育观念由于获得政府的支持和保护，变得更加牢固，以致在日常行为中表现出来，成为一种深厚的文化积淀。所以，支持这种生育文化的有形力量即使在消失之后，其潜在作用依然存在。尤其是在宗族观念根深蒂固的华南农村地区，农民根本没有真正从观念和文化层面接受现有的生育政策，而是依然深受传统生育文化影响。马寅初曾表示："(中国)宗嗣继承观念太深，只要生活好一些，便想娶女子，便患无后代，便畏出远门，便安土重迁……'早生贵子'、'儿孙满堂'、'五世同堂'、'五世其昌'、'多福多寿多男子'等等，支配着他们的行动，所以在妇女心理中，以生子为天职，以不育为大耻。"经过30余年计划生育政策的贯彻落实、国家的改革开放以及市场经济的发展，中国农民已经不再完全遵循着传统生育观念去安排自己的生育行为，与传统相异的现代生育文化已初步形成（邢成举，2012）。但是在现阶段，我国部分农村地区依旧存在着早婚早育、多胎多育以及男性偏好等生育现象，这些都是传统生育文化因素阻碍生育观念现代化的具象表现，是传统生育文化在地域文化的交织下继续发挥惯性作用所导致的。

(一)传统生育文化对农村婚姻缔结的影响

传统生育文化对农村婚姻缔结的影响主要体现在婚姻的目的性上，结婚是为了传宗接代，女性被视为生育工具。在乡土社会，宗族对每个家庭都有庇护作用，尤其是在人多拳头重的时代，宗族人丁兴旺就意味着本宗族在地方社会的势力可以不断增强。在宗族之间为了生存经常发生竞争的社会环境下，每个宗族都想要达到主导地方社会的目的，就要通过设置宗族文化制度来激励人们生儿子，如在宗族内部，没有儿子的男性被拒绝参与红事；没有儿子的父母在去世时不能在祠堂举行庄严隆重的葬礼，不能进入祖坟地；因为没有完成传宗接代的任务因此没有资格成为子孙永远尊崇和祭祀的对象，在自己的墓碑上只能雕刻"父"字而不能升格为"公"。由于宗族的血缘流淌历史是十分清晰的，每个人死后都有超越现实的想象，死后都要永远活在另一个世界保佑子孙后代，人们的福祸与祖先的灵魂之间存在着一种超自然联系。因此，在这样的宗族文化激励下，每个家庭都要努力完成人口再生产的任务，而宗族人口不断进行再生产的根本途径，就是积极利用宗族社会关系网络来完成每个男丁的婚姻大事。

从婚姻缔结方式看,大部分农村地区一直以来都是"男娶女嫁"的从夫居模式为主。宗族本身就是以"男系继嗣"为核心内涵的,男丁对宗族血缘的纯洁性非常重要,因此男丁在宗族发展过程中一直都是不可或缺的力量,每个男丁都有着传宗接代的使命。同时,宗族之间相互排斥,即使是现在的南方农村,也鲜少有年轻男性做上门女婿。在传统而古老的村落,上门女婿的后代是不允许写在族谱上的,因为外来上门女婿不是祖先血脉传递下来的,即使其后代是男性,也不符合父子一体伦理结构。上门女婿会遭受宗族社会的强烈打压和排斥,做上门女婿的男性会被侮辱性地叫作"撑门狗"。

总而言之,在传统生育文化和宗族观念的双重影响下,农民的婚姻是以家族和家庭为本位的,而非个人本位,婚姻当事人是通过完成宗族传宗接代的任务来实现自己人生价值的,这种基于家族价值基础的婚姻带有浓厚的伦理特征。

(二)传统生育文化对农村家庭延续的影响

传统生育文化对农村家庭延续的影响主要体现在男性继承权制度的延续。在农民的观念里,一个男性结婚只能叫"成家",还不能算"立户",成家只是意味着男性完成了婚姻缔结的人生任务,只有生了儿子才算是成功组建了小家庭,实现"立户"。如果自己家庭是纯女户,那么就无法获得祖上的财产继承,并会遭到宗族文化的强烈排斥,也就不能成为熟人社会的行动单位。陶自祥(2022)在江西南康调研时发现:"妇女主任的父亲家庭生9个女儿,但她的父母一生的生活都是非常凄惨的,自己对生活完全丧失了动力,同时自己在熟人社会中,也遭受宗族文化的强烈排斥,如每年的元宵节宗族舞龙灯时,龙灯队伍都不经过自己的家门口,宗族喝龙灯酒时,没有生育儿子的家庭是不会被邀请的。用当地农民的话说:'不生儿子的家庭,父母在村落走路,都不敢挺直腰杆,在公众场合都不敢大声说话。'"农民们认为没有儿子的家庭是没有任何意义的家庭,可见在农村里只生女儿的家庭仅仅是在家庭结构(或组织层面)上构成了"三角结构",而在文化层面没有构成独立的家庭,家庭的意义以儿子为中心逐渐展开。女儿一旦出嫁,她就不再具备家族祭祀的资格,如女儿在正月初一祭祖时,只能给夫家的祖宗上坟,是绝对不能回娘家上坟的。由于女儿不能参与祭祀活动,纯女户的家庭财产要分一半给自己的堂兄弟,让其承担起纯女户家庭宗祧祭祀的责任。不仅如此,没有儿子的家庭,每年上坟时家长都要在祖先坟前先大哭一场,大哭行为背后的逻辑是对自己死后不能埋在祖坟地,没有后人祭祀的一种恐惧心理。

综上所述,从农民的家庭价值基础来看,他们的家庭是以儿子为中心来实现人生价值的,生儿子除了具有人口再生产和养儿防老的现实意义之外,还具有本体性价值,家庭里的男性继承权制度,造成了明显的重男轻女倾向。俗话说"嫁出去的女儿泼出去的水",父母不会把家庭资源浪费在女儿身上,女儿出嫁时父母不仅要收彩礼,所有的婚礼费用也是由女婿承担,只有儿子才会永远守在自己身边,传承宗族姓氏。这正是杨懋春(2012)所述的"中国农民最关心的事情是家庭的延续"。

(三)传统生育文化对农村生育意愿的影响

传统生育文化作为一种无形的笼罩性力量对农民的生育观念和生育行为存在着潜移默化的影响,其最终结果就是,农村地区的生育意愿普遍高于城市。李银河(2009)认为,传统生育文化对农村生育行为的影响表现在三个方面:一是"人多"可成"势众",人口多特别是男丁多的家庭在争夺村庄资源时可占优势;二是"竞争"的规则,使得村落中的人全力以赴,投入生育的竞赛;三是"趋同"的规则以及对公平的追求,使得村民自觉遵守传统生育观念,形成一种相互制约的力量。农民的生育行为和生育决策主要受两个因素影响:一是主观上想不想生,二是客观上能不能生。"能不能生"主要是取决于生育政策的强度,在当前我国已经全面放开三孩政策的背景下,农民家庭已经不用再考虑"能不能生"的问题(李永萍,2023)。因此,当前农民的生育行为和生育决策主要取决于"想不想生",即生育意愿。而生育意愿又分为生育数量意愿和生育性别意愿。

1.传统生育文化对农民生育性别意愿的影响

我国生育文化中的男性偏好现象一直存在,华南农村地区尤为严重。以江西省为例,自1982年人口普查以来,江西省的出生人口性别比就一直呈现持续上升的态势。1982年江西省出生人口性别比为107.9,到1989年时这一数字上升为110.5,到2000年时达到了惊人的130.4,2010年和2020年也都保持在120以上,重男轻女现象极其严重。对于村民来讲,要保证孩子的性别为自己偏爱的男性,他们就必须借助现代科技手段,这导致不少的小诊所和黑诊所成为村民鉴定孩子性别的主要场所。尽管有关部门严禁性别鉴定,但是在村民性别鉴定期望与诊所赢利动机的驱使下,性别鉴定现象在江西省农村地区仍时有发生。在科技进步以及经济发达的现代社会,技术作为文化的"工具",为传统生育文化注入了新的内涵,也使得作为生育动力的制度、精神层面的价值实现有更多、选择性更大的途径(刘爽,2009)。

江西省人均GDP位于全国中列,位于长江中下游平原,算不上落后地区,为何男性偏好现象如此严重?其根源在于宗族文化中的传统生育观念根深蒂固。江西省农村多宗族性村落,其性质决定了江西省农村地区的传统和守旧,生育行为对整个宗族的发展以及村庄内部不同宗族间的竞争意义重大。因为村落内宗族对个体有权威性影响,个体的行动往往是在考虑宗族发展的情况下做出的,尽管由于时代的发展宗族的影响有所削弱,但个体生育行动中的宗族烙印仍十分明显。大部分南方地区会在大年初一举行宗族集体祭祀活动、祭祖仪式来强化宗族内部成员的宗族意识,让每个人都意识到大家都是由一个共同的老祖宗传承下来的,都是活在祖荫下并拥有相同血脉的子孙后代,都有着共同的责任和使命把家族姓氏不断传承下去。传宗接代是宗族发展的首要前提,宗族不能生儿子,就意味着宗族开始衰败,也就将会遭受外宗的沉重打击。只有祖祖辈辈而去、子子孙孙而来的宗族血脉链条不断裂,家的香火才能永恒不绝,这就是经济发达的华南地区为何男性偏好尤为严重的根本原因。

2.传统生育文化对农民生育数量意愿的影响

"多子多福"和"养儿防老"的传统生育文化使得农民生育数量倾向于多生,但其影响力在逐渐消散。以江西省为例,1982年江西省常住人口出生率19.2‰,2000年降低至15.6‰,2010年为13.7‰,2020年为9.5‰。虽然江西省人口出生率一直高于国家平均水平,但依旧可以直观地看出江西省民众的生育意愿是逐步下降的。而这正是因为现代社会养育子女成本的大幅度提升,削弱了养育子女的动机,导致农民生育意愿降低,所以可以说,传统生育文化中的"多子多福"观念对农民生育行为的影响是在慢慢减弱的。不仅如此,社会化养老保险的普及导致"养儿防老"观念逐渐式微,养老保障功能的社会化打破了长期以来形成的代际互惠式平衡以及反哺式的养老模式,构建了单向的、顺哺式的代际关系(穆光宗,2020)。其直接结果就是减少了父母对子女的经济依赖和心理依赖,改变了传统社会生育数量与家庭发展相互促进的双向关系,农民的生育意愿从"求量"变成了"求质"。

但是我们也应当看到,农民生育意愿中的"质"是有明显的男性偏好的,即虽然倾向于少生但仍旧希望生出来的是男孩,尤其是在经济发达的东南沿海地区,"独生子"倾向尤为明显,传统生育文化中的"传宗接代"观念仍根深蒂固。生育意愿不单单是生育主体所进行的简单选择和主观愿望,更是社会价值体系和生产力发展水平左右下基于现实的选择。因此,国家和政府需要进一步建立健全男女平等的社会价值体系,只有从根本上提升女性的社会经济地位,才能彻底改变人们重男轻女的落后生育观念,推进新型生育文化建设,实现我国人口的高质量发展。

本章小结

　　生育文化实际上是一种人类为满足自身繁衍欲望而衍生出来的文化。生育文化形成之后,人们的生育行为不再是出于动物本能,而是在一定生育价值观基础之上,产生的有意识有目的的社会行为。对生育数量的追求、对生育性别的偏好、对生育质量的注重以及为满足这些要求而形成的婚姻家庭规范和制度,都是生育文化发生作用的结果。从远古时期为了追求氏族繁衍而形成的生殖崇拜,封建王朝为了传宗接代而形成的送子信仰,到现如今为实现人口高质量发展而推行的优生优育,种族延绵既是生育的目的,也是生育的动机。伴随着生育文化的不断发展,人类的生育活动从盲目到有意识,从本能行为到文化行为,人口的增殖繁衍逐渐成为能够按照人类意愿进行的事情。

　　生育文化作为一种社会意识形态,在特定的历史文化氛围里,一直是影响人口变动的重要因素。在以"早、多、男"为核心生育价值的传统生育文化的长期影响下,中国人口发展的总趋势一直是曲折向上的。可以说,在生产力水平相对落后的乡土社会,传统生育文化中"多子多福""养儿防老"等观念对我国人口再生产是起到了积极的推动作用的。但近代以来,由于经济、科技、文化以及教育的深度改革,农村传统生育文化中的部分生育观念对中国特色社会主义现代化建设产生了不利影响,并具有顽强的惯性作用,具体表现为新中国成立后小农经济基础被摧毁,家族制度和宗法组织在明面上被废除,但生育观念并未发生明显转变,不仅如此,"重男轻女""传宗接代"等传统生育观念在新的社会环境中以新的形式表现出来,衍生出了"扶弟魔""独生子偏好"等不良风气。生育文化能否顺利转型,将直接影响中国人口转变成果的巩固,特别是在国际形势风云变幻以及国内经济社会快速转型的当下,我国迫切需要牢牢把握人口发展规律,建设具有中国特色的社会主义新型生育文化,以期实现人口的高质量发展。

第二章

新中国成立后中国农村生育政策演变与生育行为转变趋势

生育观念是人们在日常特定的生活环境中逐步形成的有关生育的主观思想与态度，是关于生育意愿、价值、知识、行为等的观点、看法与认识的总和，人们的生育观念直接影响着其生育行为（周长洪，2007）。从历史的角度来看，人类的生育文明发源于生殖崇拜。在自然生育文化时期，原始社会中的自然生育成为人们"适者生存"的仅有选择，女性生育功能被过度放大而掩盖了其他社会功能。在新中国成立前，中国农业社会生产方式落后，生产力水平低下，生活环境恶劣，人均寿命偏低，劳动力尤其是男性劳动力成为生产与经济发展的"刚需"。从生育目的而言，"不孝有三，无后为大""养儿防老"是主要的生育观念；从生育数量而言，形成了"多子多福""子孙满堂"的生育观念；在生育性别偏好上，具有"有子万事足，无儿万事休""三千之责，莫大无后"的男孩偏向；在生育方式选择上崇尚"早生贵子、人丁兴旺"等"早"且"密"的生育观念（王慧、叶文振，2023）。这些传统的生育观念直到新中国成立后仍然对国人的生育行为有着深远影响。

新中国成立后，国民从战争的苦海中脱离出来，致力于恢复生产和发展经济，随着医疗水平提高、死亡率降低，加上受传统生育观念影响，崇尚和鼓励多生开始变为主流趋势，生育呈现出自主选择下的多胎生育特征。从1949年到1978年，中国人口生育水平一直保持在较高的水平上，具有大幅波动的特点（刘卓、王学义，2020）。改革开放后，随着生育政策的逐步趋紧与完善、生育技术及生育文化等方面的变革，我国生育由少生优生的政策控制开始逐步转向群众自我的理性抉择（李建民，2004）。在我国生育转变过程中，生育政策发挥着重要作用。本章旨在通过对新中国成立后中国农村生育政策的历史回顾及特点归纳，分析总结中国农村生育行为的演进趋势，以为我国当代生育政策提出相应建议和借鉴参考。

第一节　新中国成立后中国农村生育政策的演变分析

受经济、政治和文化等多方因素影响,在不同时期,我国生育政策有所不同。根据生育政策变化的大致特征,可将改革开放以来我国的生育政策划分为以下六个阶段:鼓励与补偿性生育时期(1949—1953年)、控制生育的曲折发展时期(1954—1970年)、全面推进计划生育时期(1970—1980年)、生育政策逐步趋紧时期(1978—1984年)、稳定低生育水平时期(1984—2013年)、不断调整未来走向时期(2013年至今)。随着生育政策在不同阶段发展,我国生育政策尤其是农村生育政策存在一些显著特点,农村居民的生育行为也在逐步发生转变。

一、鼓励与补偿性生育时期(1949—1953年)

1949年新中国成立,国民生活水平较战争时代发生了翻天覆地的变化,在摆脱了战火动荡、疾病困扰、穷困潦倒的生活状况后,生产逐步恢复,医疗卫生事业得到一定发展,这为人们生儿育女提供了更好的现实条件。

受国际环境的影响,我国采取"一边倒"的外交方针,加之我国和苏联都是社会主义国家,在某些方面具有相似性,因而苏联鼓励人口增长、奖励多子女母亲的政策和做法在我国广为提倡与流传(冯立天、马瀛通、冷眸,1999),"人多是社会主义制度的优越性"的思想观念在当时深入人心。国家卫生部为了维护妇女的健康权益,亦于1950年相继颁发了《机关部队妇女干部打胎限制的办法》与《限制节育及人工流产暂行办法》,该类政策对女性打胎、节育及流产行为进行了严格限定,从而形成了"限制避孕、限制节育"的政策特色,我国在理论与实践上均在执行鼓励人口增长的规定(汤兆云,2019),却在根本上忽略了中国的特殊实情。

1949年到1953年期间,由于新中国刚成立,还遗留大量的战后"创伤",需要中国政府着力进行"医治",以促进工农业的恢复和发展,推动民主革命任务顺利完成和收官。但当时较为落后的社会实践还难以明确为相应的人口和生育政策提供进一步的指导,再加上补偿性生育导致人口迅猛增长,给社会经济带来的负面影响也具有滞后性,未能在社会经济中同步反映出来。而人口的增长一方面促进了生产关系的变革,同时也加速了生产力的解放,在表面上印证了"革命加生产能够解决吃饭问题"是正确的,得到毛泽东的极力支持。当时毛泽东认为"世间一切事物中,人是第一可贵的",该观点成为该时期有关人口发展的主流思想。另一方面,土地改革极大调动了农民的生产积极性,在生产力水平较低的情况下生产劳动以简单的体力劳动为主,家庭劳动力的多少直接关系家庭经济收益,这也在很大程度上刺激着农民的生育欲望,导致农民多子多福的生育观念膨胀,形成了中国农村生育的第一个高峰。

二、控制生育的曲折发展时期(1954—1970年)

(一)1954—1957年以节制生育为人口政策主流

1953年,我国首次全国人口普查结果公报得出中国人口总数已达到六亿,远远超出1949年毛泽东在新政协一届会议上所谈及的"四万万七千五百万人口",有限的耕地资源与庞大的人口数量形成严重矛盾,人均耕地只能维持低温饱水平,住房紧张、教育受限,这给社会政策决策者造成了始料未及的沉重压力。

由于节育的相关政策措施使众多居民、机关干部、工人因生育子女饱受生活水平低下、工作压力大、教育受限的种种困扰,并且不当节育方式已经严重危害到女性身心健康,育龄女性的避孕意识随之加强,群众纷纷希望政府能够改变态度。1953年8月邓小平质疑卫生部反对节育的相关政策,对卫生部通知海关查禁避孕药具表示反对(汤兆云,2010),并屡次指示卫生部加以改进,但均未得到贯彻落实。1954年5月,邓颖超代表广大干部主动向邓小平来信说明要求节育的意愿,因为不当的节育方式已经危及广大干部的身心健康。邓小平翌日就来信做出批示,肯定了避孕的必要性和有益性,提出采取一些措施来有效解决该问题。同年11月卫生部发布了《关于改进避孕及人工流产问题的通报》,并于次年向中央起草报告,检讨过去草率反对节育的态度(彭珮云,1997)。1956年,周恩来再次申明要提倡节育方针,并在《1956年到1967年全国农业发展纲要(修正草案)》中主张将计划生育政策推行普及至农村,除了少数民族外的所有人口密集的地方都需要宣传、推广和节制生育,主张有计划地生儿育女。随后,刘少奇在1957年也发表了要义无反顾地搞好避孕问题的节育主张(彭珮云,1997)。同期,毛泽东也在不同场合反复强调要"有计划的生育",至此计划生育的概念得以明确。

1956年,"双百方针"的提出拉开了关于人口问题讨论的序幕。一些著名的社会学家、经济学家、医学家和民主派人士分别在两会上发表要控制人口增长、实行计划生育的言论,后被《人民日报》《光明日报》《文汇报》刊登发表,引发了关于人口问题讨论的大高潮。1957年,马寅初在《人民日报》发表了《新人口论》,将关于人口问题的大讨论推向高峰。1954—1957年这场关于人口问题的大讨论积极宣传避孕、营造节制生育的氛围,为后期控制人口、实行计划生育奠定了坚实思想基础。

(二)1958—1961年人口控制思想与战略受到严重干扰

1958年受"大跃进""左"倾主义思想影响,集体劳动方式掩盖了劳动力过剩事实,进而产生劳动力供不应求的虚假表象,给农村剩余劳动力找到了"出路",这种极其"左"倾主义的激进思想制造出来的虚假繁荣严重干扰了国家领导人对人口问题的认识,将党和国家领导人对人口发展战略的认识又拉回到50年代,使原本孕育起来的控制人口和计划生育思想被动摇,各城市中蓬勃兴起的节育和计划生育活动被迫中止并最终偃旗息鼓,人口控制的战略遭到重创。

1961年之前,我国的人口控制战略和计划生育思想还处于酝酿萌芽状态,人口政策的相关主张多为领导人个人意志,还未上升到国家的法律法规,缺乏连贯性和可操作性,具有主观随意性和不稳定性,容易受到各种因素干扰,因而在"大跃进"浮夸风的干扰下,领导人的主张很快便发生变化,人口控制战略被迫中断。

正当我国人口政策逐步迈上正轨时,1957年,开启了全国范围内的整风运动,其中的反右派斗争、"大跃进"运动阻断了已经孕育起来的人口发展政策。马寅初在这场整风运动中被打为右派,其《新人口论》被误认为是"马尔萨斯人口理论"的"翻版",与其具有一致思想主张的有志之士均被打成右派,学者们控制人口的主张被认为是反党反社会的言论,且被教条主义束缚的人口理论存在偏颇,尚待清除,人口政策被迫中断。

(三)1962—1966年人口控制战略重新复苏

"大跃进"和人民公社化运动给国民经济造成了严重损失,1960年全国粮食产量跌至1435亿公斤,比1957年减少26.4%,低于1951年的产量水平。由于食品供应短缺,人口死亡率在1959—1962年期间一直处于稳步上升的状态,其中,1958年、1959年、1960年三年的死亡率分别高达11.98‰、14.5‰和25.4‰,甚至超出当时的出生率,出现了历史上惊人的人口负增长。由于死亡率过高,1963年的出生率上升至43.37‰,掀起了历史上所谓的"婴儿潮"(翟振武,2001)。人口与粮食之间尖锐的矛盾让当时一部分头脑发热的人沉着冷静下来,同时也让国家领导人开始反思并决定重新主张已被摒弃的人口控制思想和战略。

1962年12月,由于严重受挫的国民经济与迅猛增长的人口之间矛盾突出,中共中央、国务院颁布《关于认真提倡计划生育的指示》,文件宣布要在城市以及人口稠密的农村地区提倡节制生育,适当控制人口增长,促进我国无序的生育问题逐步向有计划的状态转变(杨魁孚、梁济民、张凡,2001)。该文件实际上是政府重申控制人口和计划生育的动员令,对应具体措施,表明了政府重拾计划生育的态度和决心,计划生育逐步从城市过渡到农村,以城带乡推动计划生育工作稳步实施。此外,对人口增长率、生育率、生育间隔、初婚初育年龄等做出明确规定,表明中国人口发展战略的具体框架逐步形成,中国有计划的节制生育的人口政策至此开始起步。1964年国务院计划生育委员会的成立也预示着从通过宣传来节制生育的人口控制政策正在转向国家调控的"计划生育"政策(张翼,2006)。

"大跃进"的失败教训让人清醒,也唤醒了国人人口控制和计划生育的意识。在1954—1957年关于人口问题的大讨论中,学术界有志之士关于有计划的节制生育的思想主张也为人口控制奠定了坚实基础,此前被严厉批判和中止的与《新人口论》有关的节育宣传活动再次兴起,马寅初得以正名,人口控制与计划生育思想得到复苏。

(四)1966年至70年代初人口发展战略实施再次中断

"文化大革命"期间,中国人口生育数量的控制虽取得一定进展,而国家和地方各级计划生育委员会却受到了剧烈冲击,已经不再具备实施计划生育的社会环境,计划生育工作实际已接近瘫痪。紧接着计划生育组织机构在1968年被撤销,计划生育即相关工作交由其他领导,各级各区的计划生育机构处于被迫停止状态,无法继续推进工作,导致无序生育高峰的出现。1906—1970年期间,每年出生人口数量一直稳步保持在2500万人至2700万人范围内,人口出生率均已超过33.0‰,而人口自然增长率则在26.0‰左右,中国净增人口多于1亿。1969年,中国人口总量突破8亿人,1970年达到8亿2992万人,而其中我国占全国人口的比重为82.62%,高达68568万人(国家统计局,1993)。人口数量的迅猛增长给人民生活水平的提升造成严重负担。

三、全面推进计划生育时期(1970—1978年)

(一)动乱使人口剧增和经济滑坡间的矛盾空前尖锐

"文化大革命"动乱使国民经济严重滑坡乃至崩溃,计划生育工作也因此被迫中断,在人口与经济比例严重失调且每况愈下的情况下,政府只能继续推行"文化大革命",并在此期间借以"抓革命、促生产"来挽救几近崩溃的国民经济,通过批判孔子运动借机来重新开展计生工作。周恩来在1970年的全国计划会议上谈及70年代人口需要计划生育的主张,并在同年指出计划生育是国家计划问题,亟须引起高度重视(汤兆云,2019)。此后,在第四个五年国民经济发展计划中便将人口计划正式纳入进来,也明确了城乡人口控制的具体目标。

(二)从"晚、稀、少"到"晚婚、晚育、少生、优生"人口政策

早在1971年国务院就曾强调,除开少数民族地区及人口稀少地区,其余地区都需要加强人口控制,把晚婚、有计划的生育培养成城乡群众自愿践行的行为举动(彭珮云,1997),这是我国政府发动所有城乡人民普遍推动、落实计划生育的号召。随后,国务院计划生育领导小组于1973年顺利成立,各地区纷纷建立起计划生育机构,计划生育工作也在全国范围内相应开展,至此"有计划地增长人口"成为我国既定的人口政策(季龙,1973)。由于计划生育是为了控制人口增长过快,必然要对结婚、生育早晚、生育间隔和生育数量做出明确规定,结合国家利益、家庭利益、必要性、可行性几个方面,明确了计划生育政策的具体要求,并于1973年12月提出"晚、稀、少"的计划生育方针(张纯元,2000)。1978年中央批转《关于国务院计划生育领导小组第一次会议的报告》,进一步明确"晚、稀、少"具体内涵(汤兆云,2019),此后便形成了"控制人口数量与提高人口素质"的科学表述,计划生育中"晚、稀、少"便相应发展成了"晚婚、晚育、少生、优生"的提法,标志着具体全面的人口和计划生育政策在我国已经形成。

四、生育政策逐步趋紧时期(1978—1984年)

(一)《新人口论》主张控制人口增长提高劳动生产率

"文化大革命"后,我国百废待兴、百业待举,首要任务是恢复经济,但人口持续增长不下,经济压力越来越重,人口快速增长与生产率的提高、人民生活水平的提高、科技进步等各方面矛盾突出,马寅初的《新人口论》和马克思主义"两种生产"理论成为该时期的指导理论。

1978年后,我国进行经济体制改革,计划经济开始向市场经济转变,国际上的"可持续发展"理念也开始在我国传播,党的十一届三中全会也提出了要在2000年左右实现人均GDP800美元的富国强国目标,因而需要控制人口数量,提高人均收入。1957年7月5日马寅初通过抽样调查后在《人民日报》上发表了自己的论文《新人口论》,文章旗帜鲜明地阐述了他关于人口的观点,指出我国人口过快增长从而引发出的一系列社会矛盾,同时提出

"一个前提、五大问题、三项建议"的解决办法来控制人口数量,主张提高劳动生产率,以改善人民物质、文化生活水平,为改革开放初期我国生育政策的制定与实施提供了有益指导。《新人口论》通过估计当时的人口增长作为后续新人口论的出发点、立足点,主张大力发展经济,通过再次人口普查掌握人口增长实情、破除封建传统观念践行晚婚、主张节育反对人工流产三项建议来限制人口的数量增长(田雪原,2009)。但由于马寅初提到的人口学术问题讨论很快被政治化,控制人口、节制生育的主张也纷纷受到批判,节制人口的主张在此后十几年使人望而生畏,无人触及。党的十一届三中全会后,人口科学繁荣发展,马寅初终得平反,《新人口论》顺利翻案正名,人口理论被拨乱反正,为我国在改革开放后顺利实施人口控制战略、计划生育国策做足舆论准备,同时为我国经济发展奠定了基础。

(二)马克思主义"两种生产"理论强调人口生产要适应物质再生产

20世纪80年代初"两种生产"理论构建完成,为我国计划生育实施提供了科学理论指导。马克思的"两种生产"理论包括生活资料的生产和人类自身的生产,论证了"物质资料生产"和"人类自身生产"相统一的历史作用,同时揭示了这"两种生产"之间的相互关系特点和"相适应"的规律(王胜泉,1980)。他认为在物质资料生产和人类自身生产之间,人类自身的生产即人类自身的繁衍对物质资料生产具有反作用,强调人口生产要适应物质再生产,因而需要实行有计划的生育政策,适当控制人口数量。人作为社会主义社会中的生产与消费者,需要遵循社会主义经济活动按计划按比例生产与发展的客观要求,这就需要有计划地调节社会上"物的生产"和"人的生产",否则就难以维持生产与需求的平衡(郭倩,2015)。

(三)人口控制策略由较为宽松到明显趋紧

20世纪七十年代初,我国人口处于平均五年增长1亿人口的失控局面,当时的低生产力发展水平难以与迅速扩张的人口规模相适应,急剧增长的人口与经济社会发展的矛盾迅速凸显,因而人口政策的核心问题是要降低人口自然增长率,控制人口增长,进而有计划地增长人口成为我国既定的人口政策,也涉及影响和制约人口再生产过程中的一些具体政策性问题,人口政策经历了由"晚、稀、少"到"一对夫妇只生育一个孩子",农村稍宽松到农村与城市一刀切的发展过程。

鉴于1973年12月的"晚、稀、少"的生育方针充满弹性,并未对家庭的结婚与生育年龄、生育间隔、生育数量等做详细规定,因而在传统文化多子多福、多世同堂、男孩偏向等价值观念的影响下,该生育政策对生育的约束较为有限,且在农村尤为明显。1978年10月中央进一步明确了"晚、稀、少"方针的具体内涵:男女晚婚年龄分别为25和23周岁,一对夫妇最好只生育1个子女、最多2个,生育间隔不低于3年,并规定了一些福利待遇来鼓励职工和农民接受节育手术,促进计划生育工作的顺利开展(汤兆云,2003)。此时以"晚、稀、少"为主要内容、明确而全面的人口政策形成,相继在全国城乡范围内得到贯彻落实,总和生育率水平从1970年的5.81迅速降至1980年的2.31(张纯元,2000),有效地控制了人口数量,一定程度上提高了人口素质,该政策一直执行到了1980年秋初。

为有计划地控制人口增长,80年代的人口政策在70年代"晚、少、稀"人口政策的基础上得到了进一步发展,提倡"一对夫妇只生育一个孩子",农村与城市均一刀切。1980年9月《中共中央关于控制我国人口增长问题致全体共产党员、共青团员的公开信》要求所有共产党员、共青团员特别是各级干部,用实际行动带头响应国务院的号召,提倡一对夫妇只生育一个孩子,这成为"独生子女政策"的起点与源头。一方面,在十年的短期过渡时间内要从根本上改变人们的生育观念,让人们从习惯多生到政策要求下只生一个孩子,是难以实现的,只能在生育行为上强加约束,计划生育工作推行寸步难行;另一方面,在改革开放后,家庭联产承包责任制正在农村如火如荼地开展,农民需要劳动力,集体经济是农民仅有的社会保障,家庭中子女养老是其主要养老方式,农民的生育欲望处于扩张状态,再加上教育、医疗、养老制度等的不完善,发展水平也还较低,现代生育文化缺乏生存的土壤(钟逢干,2010)。计划生育在农村难以贯彻实施,独生子女政策与农村家庭尤其是农村独女家庭发展之间产生尖锐矛盾,而当时计划在2000年把人口控制在12亿以内的目标与人民群众特别是广大农民群体的生育意愿严重冲突。计划生育工作使党群、干群关系严重对立,部分干部觉得独生子女政策存在不合理性,直接放任不管反而助长多生现象。

面对此类情况,中央和国务院重新实事求是地对农村人口政策展开研究。1981年9月,中央书记处会议决定:除经过特殊批准和审批的情况,其余普遍提倡一对夫妇只生育1个孩子,杜绝3胎。同年10月,中央又列出了十种特殊情况来照顾生一胎的农民,但并未真正解决其想要生育二胎的实际难题,"独生子女"政策只能步履维艰地在农村推进。鉴于"独生子女"人口政策在农村陷入困境,产生许多始料未及的负面效应。1982年,中共十二大报告便把实行"计划生育"确定我国的基本国策,国家推行计划生育被纳入《中华人民共和国宪法》(谈琰,2011),助推计划生育法制化,进而严格控制人口增长。

五、稳定低生育水平时期(1984—2013年)

(一)现代适度人口理论指导人口、资源、环境、经济协调发展

这一时期我国人口政策受现代适度理论的指导,追求保持适度的人口增长率,寻求人口与资源之间存在的平衡点,以实现经济效益的最大化,增强我国的综合国力,提高国民素质、优化人口结构。阿尔弗雷·索维主张的现代适度人口理论较早期适度人口论涉及的范围更广,确定标准更为多元化,从静态迈向了动态。他认为可以通过探索人口数量与经济变量间最适宜的关系以寻求人口增长与经济增长间的适宜关系,适度人口即以最令人满意的方式达到某项特定目标的人口数量(贾志科、刘光宇,2006),同时强调了目标和达到目标的方式。他希望通过提升适度人口规模和适当控制人口增长两个方面来提高社会经济系统对人口增长的适应能力。

现代适度人口理论还把适度人口规模的研究延伸到适度人口增长率的领域(贾志科、刘光宇,2006)。适度人口规模指一定国土范围内适度的人口数量,而适度人口增长率与适度人口规模相似,对达到既定的目标来说总有一种不快不慢的适度人口增长率(彭松建,1987)。索维认为人口增长会同时给家庭带来负担和经济效益,因而可以寻找二者的均衡点来确定适度人口增长率,通过追求这一增长率来促进人口、资源、环境、经济协调发展,适度人口增长率是动态变化的,不能将其简单归结为一种永恒不变的适度增长率(彭松建,1987)。

(二)农村实行"开口子"策略

为缓解"独生子女"人口政策在农村的实施窘境与负面影响,缩小生育政策与意愿之间的差距、缓解干部和群众之间的矛盾,农村实行了"开口子"策略,不再固守一孩政策。1984年2月全国计划生育会议决定进一步完善计划生育工作,实行"开小口、堵大口、刹歪口"的生育政策调整措施,适当放宽农村生育为"一孩半政策",即第一胎是女孩可以再生育二胎这类情形。至此形成了城镇一孩、农村"一孩半"、少数民族适当放宽的计划生育政策局面(原新,2015)。"开口子"人口政策的实施,标志着我国开始对"独生子女"人口政策工作进行调整(汤兆云,2003)。为了促使"开小口、堵大口、刹歪口"策略在农村实施,切实控制人口过快增长,国家计生委总结出来的山东经验获得了中央肯定。1986年12月中央明确指出,除过去规定的特殊情形可生二胎外,其他要求生育第二胎的独女户在间隔若干

年后可生二胎,希望以此在农村建立长期、稳定且能得到多数农民拥护的计生人口政策(汤兆云,2003)。

(三)计划生育基本国策明确与稳定、人口法制化

1988年3月中央政治局常委会对我国生育政策做出规定:提倡晚婚晚育、少生优生,国家干部和职工、城镇居民除经过批准的特殊情况均提倡一对夫妇只生育一个孩子(国家计划生育委员会,1992)。该规定有利于我国生育政策的明确与稳定。1991年5月中共中央、国务院根据生育控制实情与政策间的差距做出《关于加强计划生育工作严格控制人口增长的决定》,强调需要刻不容缓地抓紧与落实计划生育,确保在2000年末将我国总人口数量控制在13亿内(国家计划生育委员会政策法规司,1992)。

新世纪初,我国人口政策迈上法制化轨道。2000年3月中共中央、国务院《关于加强人口与计划生育工作稳定低生育水平的决定》指出"在实现了人口再生产类型的转变之后,人口与计划生育工作的主要任务将转向稳定低生育水平,提高出生人口素质"(何蕾蕾,2015)。为了从法制层面明确我国计划生育国策,促进当下人口政策的稳定性、连续性,2001年12月出台的《中华人民共和国人口与计划生育法》第十八条规定:要鼓励晚婚晚育,提倡一对夫妇只生育一个孩子;符合法律、法规规定条件的,可以要求安排生育第二个子女;少数民族实行计划生育具体办法由省、自治区、直辖市人民代表大会或者其常务委员会规定。我国人口与计生法的颁布标志着国家在法律层面对计划生育基本国策地位的确立。2003年胡锦涛谈及人口和计划生育工作时表示,该阶段的主要任务是要稳定低生育水平,提高出生人口素质和改善性别比,以积极应对各类挑战。2006年中国人口和计划生育工作进入统筹解决人口问题的新阶段,独女户在间隔几年后可生二胎,这基本确定了中国的现行计划生育的人口政策框架(何蕾蕾,2015)。

六、不断调整未来走向时期(2013年至今)

(一)以人口与可持续发展理论改善人口结构并减轻人口负担

2013年以来我国处于城市化中期快速发展阶段,大部分地区仍在继续城市化的过程中,但北上广深等一线城市由于住房、教育、医疗、养老等压力已经相继出现了逆城市化现象。有必要实施低成本可持续的城市化战略,建设包容便利城市,鼓励生育,实现人口的再生产,以调整我国人口的年龄结构,减轻生育政策的"推绳效应",规避"马尔萨斯陷阱",

通过人口再生产实现人口的可持续发展。2013年11月12日,《国务院印发关于全国资源型城市可持续发展规划(2013—2020年)的通知》强调,必须顺应经济规律,加快转变经济发展方式,节省经济发展和城市建设的成本,节约资源,实施低成本、可持续的城市化发展战略,建设包容便利性城市,缓解人们住房、教育、医疗、养老等生活负担,提升人们的生育意愿,实现人口的再生产,以调整我国人口的年龄结构,缓解人口老龄化带来的劳动力结构性短缺和"城市空心化"问题,促进人口的可持续发展。同时,要实行稳健的城乡人口迁移政策,通过调整人口空间布局等来减轻人口承载力的压力,实现城乡统筹发展(中华人民共和国民政部,2021)。2017年10月习近平总书记在党的十九大报告中提出乡村振兴战略,旨在进一步调整城乡人口结构,优化我国人口空间布局,巩固人口可持续发展成果。

(二)"关爱女孩行动"与"小步走策略"

1."关爱女孩行动"实施

人口问题关系到国家长远发展和民族未来,人口性别比失衡将不利于国家的整体发展。20世纪80年代以来,由于家庭看重男孩背后的家庭经济动机,我国性别比失衡越来越严重(张劲松、樊文涛,2017),为改变家庭的男孩偏好思想,原国家人口计生委在2003年启动了"关爱女孩行动",通过一系列经济政策和社会保障制度引导家庭改变生育行为(范子英、顾晓敏,2017)。2000—2003年世界第一个"改善女孩生活环境实验区"建立,此成功经验随后发展成安徽省的"关爱女孩工程"。原国家人口计生委于2003—2005年在全国24个省份中分别挑选出每个省份出生性别比最高的一个县区开展"关爱女孩行动",最终评估监测报告显示出生性别比总体呈下降趋势(席小平、陈胜利,2005)。基于试点县区的成功经验,2005年国务院办公厅决定将"关爱女孩行动"扩展为全国性的战略行动和公共政策,从目前性别比改善状况来看,"关爱女孩行动"取得了显著成效(李树茁、孟阳,2018)。第七次全国人口普查数据显示,2020年我国总人口性别比为105.07,而2021年下降到104.88,从全国普遍状况来说,我国"男多女少"的人口性别比态势正在逐步向"男女平衡"转变。

2."小步走"策略与制订相应的配套措施

受成本收益论以及长期以来计划生育政策的影响,"四二一"家庭结构成为主导,失独、代际冲突与养老问题等相继产生。一方面,人们的生育观念随着社会政策的调整不断发生变化,生育的收益成本分析在家庭与社会两方面成为人们进行生育决策时的主要影响因素。生育孩子的生活、教育等成本对家庭社会来说都是一笔极其庞大的经济支出,并且由于社会福利还未能实现全覆盖,生育成本总体偏高。另一方面,生育孩子的心理收益远高于经济收益(吴永梅、武谷云燕,2018),我国坚持教育为本,加大在教育上的资金投入,但在2013年后随着我国人口红利的消失,计划生育的弊端也逐渐显现。2000—2013年间,我国人口持续处于较低增长状态,人口结构快速转变使人口老龄化、生育率降低、劳动力短缺等方面的负面效应逐渐凸显。

为积极应对人口结构发展瓶颈,国家竭力转变我国的人口政策发展思路,着力实行更为宽松的生育政策以促进生育和增加人口数量。2011年我国全面实施"双独二孩"政策,允许双方都是独生子女的夫妇生育两个孩子(王凯,2021),为单独两孩政策进行"试点"。

2013年11月12日,党和政府提出了"单独两孩"政策,鼓励夫妻双方一方为独生子女的家庭生育两个孩子,力图解决我国劳动力结构性短缺的问题,创造经济发展动力。但"单独两孩"政策出台两年后,收效甚微,并未显著改善我国失衡的人口结构(沈澈、王玲,2019)。

为进一步鼓励生育,2015年10月党的十八届五中全会提出实施"全面两孩"政策,即一对夫妇可生育两个孩子,同年12月十二届全国人大常务委员会第十八次会议表决通过,明确政策于2016年1月1日起正式实施,同时也标志着我国"独生子女"生育政策正式告终(沈笛、张金荣,2018)。为推进政策和鼓励生育,党和政府及时调整生育保障制度,降低女性的生育成本和生育风险(沈澈、王玲,2019)。在各种生育保障措施下,"全面两孩政策"对提升生育率和增加人口数量有一定作用,但从长远观之情况仍不容乐观,由于我国生育水平仍在下行,人口少子老龄化、劳动力人口萎缩产生的社会经济问题,依旧是我国人口发展面临的重要风险和挑战。2020年第七次全国人口普查结果显示,低生育率仍是我国面临的现实问题。

在此背景下,迎来了"三孩"时代。2021年《关于优化生育政策促进人口长期均衡发展的决定》提出实施一对夫妻可生育三个子女的政策及配套支持措施,表明国家对提高生育率和改善人口结构的高度重视(赵旭凡,2022)。随后,政策端频繁发力,"双减"等政策迅速出台;取消社会抚养费,并采取一系列支持措施以减轻家庭生育、养育、教育压力,保障计划生育家庭合法权益。虽然2021年修正的《中华人民共和国人口与计划生育法》对现行的计划生育法条文改动不大,但体现了国家优化生育政策的决心和力度。

新中国成立以来的生育政策演变历史可总结为表2-1。

表2-1 新中国成立以来生育政策演变历史

时期		背景	生育政策及相关主张	主要内容及特点
鼓励与补偿性生育时期（1949—1953年）		战后亟须恢复生产生活、医疗卫生事业有所发展；受国际形势及苏联鼓励人口增长的影响大力鼓励生育	《机关妇女干部打胎限制的办法》(1950)、《限制节育及人工流产暂行办法》(1952)	对女性打胎、节育及流产行为进行了严格限定，形成了"限制避孕、限制节育"的政策特色
控制生育的曲折发展时期（1954—1970年）	节制生育（1954—1957年）	有限的耕地资源与庞大人口数量形成严重矛盾；住房紧张、教育受限、工作压力大；不当节育方式危害女性身心健康，育龄女性避孕意识强烈	邓小平肯定避孕节育；周恩来提出节育方针；刘少奇发表搞好避孕问题的节育主张；毛泽东强调要"有计划的节育"的主张	邓小平、周恩来、刘少奇、毛泽东均主张有计划的节制生育；学者在"双百方针"关于人口问题的大讨论中普遍宣传节育，为实行计划生育奠定了基础
	人口控制思想与战略被干扰(1958—1961年)	"大跃进"中的"左"倾思想和集体劳动方式掩盖劳动力过剩事实；生育政策为领导者个人主张，未上升到国家法律法规	已经酝酿和萌芽的人口和生育政策在整风运动中被迫中断	生育政策被反右派斗争、"大跃进"运动阻断；与马寅初具有一致人口思想主张的学者均被打成右派
	人口控制战略重新复苏(1962—1966年)	"大跃进"和人民公社化运动给国民经济造成严重损失；人口与粮食矛盾尖锐唤醒了国人人口控制和计划生育的意识；1954—1957年关于人口问题的大讨论所奠定的基础使节育宣传活动再次兴起	中共中央、国务院颁布《关于认真提倡计划生育的指示》文件	在城市以及人口稠密的农村地区提倡节制生育，适当控制人口增长，促进我国生育问题从无序转向有计划的状态
	人口发展战略实施再次中断(1966—70年初)	"文化大革命"使实施计划生育的社会环境不复存在；计划生育组织机构被撤销，各级各区的计划生育机构被迫停止	/	出现无序生育高峰
全面推进计划生育时期（1970—1978年）		动乱使人口剧增，和经济滑坡间的矛盾空前尖锐；周恩来指出计划生育是国家计划问题需引起高度重视	从"晚、稀、少"到"晚婚、晚育、少生、优生"人口政策	鼓励晚婚晚育，生育间隔至少三年，一对夫妻最多生两个孩子

续表

时期	背景	生育政策及相关主张	主要内容及特点
生育政策逐步趋紧时期（1978—1984年）	《新人口论》主张控制人口增长提高劳动生产率；马克思主义"两种生产"理论强调人口生产要适应物质再生产	由"晚、稀、少"政策到"一孩"计划生育政策；1982年把"计划生育"确定为我国的基本国策，国家推行计划生育被纳入《中华人民共和国宪法》	一对夫妇只生育一个孩子；农村稍宽松到农村与城市实行一刀切；计划生育法制化，严格控制人口增长
稳定低生育水平时期（1984—2013年）	现代适度人口理论指导人口、资源、环境、经济协调发展	1984年农村实行"开口子"策略；计划生育基本国策明确与稳定、人口政策法制化	适当放宽农村生育为"一孩半政策"，即第一胎是女孩可以再生育二胎这类情形，形成了城镇一孩、农村"一孩半"、少数民族适当放宽的计划生育政策局面；1988年对我国现行生育政策做出规定：提倡晚婚晚育、少生优生，国家干部和职工、城镇居民除经过批准的特殊情况均提倡一对夫妇只生育一个孩子
不断调整未来走向时期（2013年至今）	以人口与可持续发展理论改善人口结构并减轻人口负担	实施"关爱女孩行动"；"双独二孩"→"单独两孩"→"全面两孩"→"三孩"的"小步走策略"	通过一系列经济政策和社会保障制度治理偏高的出生性别比、改善女孩生活环境、促进性别平等，诱导家庭改变生育行为；允许双方均为独生子女的可生育二孩→允许其中一方为独生子女的夫妇可生育二孩→一对夫妇可生育两个孩子→一对夫妇可生育三个孩子

第二节　中国农村生育政策的特点总结

受不同时代的经济、政治、文化等发展状况的影响,新中国成立至今,我国的人口控制战略经历了漫长的发展历程,生育政策也在随之逐步发生转变,在此过程中,我国生育政策在总体上呈现出一些显著特征,且在不同时期,我国生育政策呈现出来的特征也在发展变化,城乡之间的生育政策特征在各方面也呈现出一些显著差异。

一、中国生育政策的总体特点

(一)生育政策具有适应性

为适应不同时期的经济社会发展,我国生育政策也在不同时期经历了不断调整与完善的发展过程,总体上呈现出由宽松到趋紧再到宽松的转变趋势。

新中国成立以来,我国亟须医治战后创伤,恢复生产和发展经济,此时需要大量劳动力,加上我国深受"传宗接代、多子多福、养儿防老、男性偏好"等悠久传统文化以及国际形势和文化等的影响,人们倾向于多生,因而国家推行宽松的生育政策以适应经济社会发展,颁布了一系列限制避孕节育的人口措施来鼓励生育。1954—1958年关于人口问题的大讨论虽酝酿并萌发出一些节育思想,得到诸位领导人的肯定,但该思想仅停留于个人层面,未上升到国家法律层面,因而未被很好地贯彻落实,人口控制思想也经历了曲折发展过程。

直至改革开放前夕,为促进人口发展与经济社会发展相适应,受《新人口论》、马克思主义两种生产理论和现代适度人口理论的指导,我国的生育政策逐渐稳定并收紧。马寅初《新人口论》和两种生产理论强调,要控制人口以提高劳动生产率以及人口生产要适应物质的再生产,形成以"晚、稀、少"为主要内容,旨在限制人口增殖的人口政策,有效控制人口数量,提高人口素质。为了进一步控制人口增长,在20世纪70年代"晚、少、稀"人口政策的基础上,80年代的人口政策呼吁农村、城市的夫妇均实行"独生子女政策",但在农村的推进过程中陷入窘境。为严格控制人口增长,1982年中共十二大报告便把实行"计划生育"确定为我国的基本国策,国家推行计划生育被纳入《中华人民共和国宪法》(谈琤,2011),人口政策法制化。由于生育政策在农村地区的实行过程中导致干部与群众、政策实施与群众生育意愿之间均产生尖锐矛盾,全国计划生育会议决定于1984年2月进一步完善计划生育工作,在农村实行了"开小口、堵大口、刹歪口"的生育政策,有效控制了人口增长。2000年后,中共中央、国务院《关于加强人口与计划生育工作稳定低生育水平的决定》标志着我国人口与计生工作任务将转向稳定低生育水平(何蕾蕾,2015)。次年12月我国又颁布了《中华人民共和国人口与计划生育法》,从法制高度明确计划生育国策,促进人口政策的连续、稳定(汤兆云,2003)。2006年中国人口和计划生育工作进入统筹解决人口问题的新阶段,同意独女户间隔几年可生育二胎,确定了计划生育的人口政策框架(何蕾蕾,2015)。

2013年以来,随着西方思想的传入,传统文化对生育的影响逐步弱化,受人口与可持续收益理论的影响,收益成本论也为当代人的生育行为提供了更多理论借鉴。

随着"四二一"家庭结构的普遍出现,失独、养老等问题产生,少子老龄化问题日益加剧,性别比失调,人口红利逐渐消失,不利于经济社会发展,因而我国的生育政策进一步优化调整,逐渐走向宽松进而鼓励生育。2011年,我国各地全面实施"双独二孩"政策,为单独两孩政策进行有效试水。2013年11月12日,党和政府正式提出了"单独两孩"的政策,力图以此解决我国劳动力结构性短缺的问题,为我国经济的发展创造动力,但收效甚微。为进一步鼓励生育,"全面两孩"政策出台并于2016年起正式施行,党和政府及时调整生育保障制度,降低女性的生育成本和生育风险,但由于人口结构原因,我国生育水平仍存在下行压力,人口少子老龄化、劳动力不足带来的社会经济问题,仍是我国人口发展面临的重要风险和挑战。在此背景下,2021年7月,"三孩"时代到来,进一步优化生育政策和改善配套措施以鼓励生育适应经济社会发展。

(二)生育政策具有多元性

为稳定现行生育政策和综合考虑各地少数民族实情,根据《中华人民共和国人口与计划生育法》对生育数量所作规定,在总体上反映出我国生育政策兼具"城乡二元"和"民族多元"的特征。

1.生育政策的多元性体现在城乡二元差异上

城乡二元的差异主要体现在生育数量的限制和违反生育政策的处罚差异上。从生育数量来看,实行计划生育政策后,城镇家庭基本严格推进计划生育,实行"一孩政策",但考虑到某些特殊情况,部分省、自治区、直辖市又规定了可以再生育一个子女的若干条件(张正云,2016)。农村地区则受传统观念和农村生产生活的影响,大多数地区则为"一孩半政策"和"二孩政策",以缓和人地与干群矛盾。具体生育子女数量可分为三类:(1)基本政策是提倡一对夫妇只生育一个子女,按照规定的条件经过批准可生育第二个孩子;(2)河北等19个省、自治区独女户家庭生育两个孩子;(3)海南等5个省、自治区农业人口家庭普遍生育两个孩子(国家人口和计划生育委员会,2007)。从违反生育政策的处罚差异来看,农村居民以本乡(镇)上年度农村居民人均纯收入为基准计算,城市居民以本市、县上年度城镇居民人均可支配收入为基准计算,按倍数处罚,由于城镇居民人均可支配收入高出农村较多,在违反生育政策时被处罚的金额也相应地高出农村很多,处罚更为严重。

2.生育政策的多元性还体现在民族多元上

汉族在推行计划生育政策时严格推进,而少数民族则相对宽松。其中具体的办法由省、自治区、直辖市人民代表大会或其常务委员会规定,民族自治地区的少数民族可以按照《中华人民共和国民族区域自治法》自行制定生育政策,在立法技术上采取"原则+授权"的立法模式,但多为城镇可生二胎,农村家庭可生三胎;无论城乡、民族都有5—10条人性化规定,只要满足规定条件之一的就可以多生一个孩子;部分少数民族(如藏族)没有生育限制政策;鼓励极少人口数量的少数民族多生育孩子(王冰,1985)。总体而言,国家在推行计划生育政策时,始终照顾我国少数民族的实际情况,无论是民族自治区域,还是散居的少数民族,均实行宽于汉族的生育政策。

(三)生育政策具有动态性

我国的生育政策具有动态性,随社会经济形势而变,受国际人口形势和文化的影响而不断发展完善,反映了经济社会发展的要求。在新中国成立初期,我国社会生产力水平较低,受苏联影响且由于社会经济的发展需要更多劳动力,采取鼓励人口增长的政策。随着社会生产力的迅速发展,生产力水平得到质的飞跃,我国社会经济的发展对劳动力的需求也逐渐从数量转变向质量,因而社会经济的发展就必然要求减少整个社会的人口数量、提高人口质量(王冰,1985)。

我国生育政策所包含的内容非常广泛并且经历了一个不断调整的动态发展过程。其中,国家根据不同历史时期人口与经济社会发展的特点对家庭可生育孩子的数量进行了调整。从20世纪70年代初期实行"晚、稀、少"的柔性生育政策,到70年代中期推行"最多三个,最好两个"的刚柔并济生育政策,再到70年代末期的"两个不少,一个正好"的刚性生育政策。1980年提倡的"独生子女政策"在很长一段时间内成为我国生育政策的历史主流,但家庭联产承包责任制实施后,一孩政策与农民生产生活矛盾凸显,因而在1984年采取了"开小口、堵大口、刹歪口"的微调政策,以更好顺应农村经济社会的发展形势。随着人口结构快速转变的各种负面效应显现,2013年党和政府提出了"单独两孩"的政策,鼓励夫妻双方一方为独生子女的家庭可生两个孩子,但收效甚微。2015年国家加大鼓励力度,明确于2016年起正式施行"全面两孩"政策(王军、李向梅,2021)。四年后的全国人口普查结果显示,我国人口发展态势总体向好,但低生育率仍是我国面临的现实问题(江宇,2021)。为进一步优化生育政策,2021年"三孩政策"来临,紧接着各政策频繁发力助推"三孩政策"实施,以进一步鼓励生育。

(四)生育政策由行政性到市场性再到包容性

1970年到2000年,我国生育政策具有显著的行政性特征,经济逐步实现从计划到市场的转变,经济增速快且教育普及率持续提高,该时期人口增速快,70年代早期人口自然增长率超过20‰,即便到90年代中期,人口自然增长率仍超过10‰。为促进人口和社会经济发展相适应,该阶段以两种生产理论为支撑控制人口数量,生育政策目标明确,政府作为唯一的政策主体,瞄准潜在或事实的"超生对象",通过行政手段自上而下推动人口控制政策落实(石人炳,2021)。

2000到2013年间我国生育政策的市场性明显,随着市场经济走向成熟,经济实现快速增长,教育逐步普及并呈现大众化教育发展趋势,该时期我国人口增速减缓,自然增长率从2000年的7.98‰降到2013年的4.52‰(张翼,2019)。有学者在解读2000年颁布的《关于加强人口与计划生育工作稳定低生育水平的决定》时强调"低生育率"和"稳定"两个提法,认为国家已经认可我国进入低生育水平且需要"稳定"的状态(石人炳,2021),但控制数量、建立和完善计划生育利益导向机制却是重中之重,因为我国需要在2010年末将人口控制于14亿内,人口过多问题依然严峻。同时,国家认识到"市场"在人口再生产和物质资料生产中都具有同样的优化调配作用,因而开始转变政策理念和手段,优化人口再生产。2004年国务院办公厅转发的人口和计划生育委员会、财政部《关于开展对农村部分计划生育家庭实行奖励扶助制度试点工作意见》在一定程度上标志着我国计划生育政策正在从处罚多生到奖励少生转变。随后各地不断完善各种奖励、优待、保险、扶助等利益导向政策,充分发挥市场作用来调控人口数量(李欣欣、石人炳,2010)。

2013年后,我国经济发展进入新常态,生育政策的包容性逐渐凸显,妇女总和生育水平降至1.5~1.7,"低生育率"成为学界基本共识(王军、刘军强,2019)。2015年提出实施"全面两孩"政策,从此生育政策向包容性方向发展,且包容性不断增强。该阶段生育政策的执政理念、目标、主体、对象和内容都发生了变化,强调以人为本、兼顾人口与家庭,政策主体也由单一政府转变为以政府为主导的多元主体参与,且从之前对育龄妇女的行政管控、超生处罚转变成面向全体国民提供家庭支持类公共服务。

二、中国农村生育政策的特点

(一)农村生育政策较城市生育政策总体更具宽松性

纵观改革开放以来,我国农村的生育政策较城市而言更为宽松。一方面是从生育政策规定的生育数量来看农村更为宽松。1973年12月提出的"晚、稀、少"生育政策是一个弹性的生育政策,并未对家庭的结婚与生育年龄、生育间隔、数量等做详细规定,因而在传统文化多子多福、多世同堂、男孩偏向等价值观念的影响下,弹性生育政策对生育的约束有限,农村的生育行为并未被有效约束,生育人口数量仍在大幅增加。1978年10月中央进一步明确了"晚、稀、少"方针的内涵,对晚婚年龄、生育数量及间隔时间做出具体要求(汤兆云,2003),形成了以"晚、稀、少"为主要内容、旨在限制人口增殖的人口政策,在全国城乡范围内贯彻落实,总和生育率水平迅速下降。在此基础上,1980年9月"独生子女政策"到来,在城市地区严格贯彻实施,收获较好效果,但农村在实施过程中却陷入了窘境。由于"独生子女政策"与农村人口长期固化形成的"养儿防老""多子多福""男性偏向"等生育观念相违背,与当时家庭联产承包责任制等生产生活方式相冲突,产生了许多负面效应,因而"独生子女政策"在农村难以为继。为缓和种种矛盾,1984年2月全国计划生育会议决定进一步完善计划生育工作,实行"开小口、堵大口、刹歪口"的生育政策调整措施,适当放宽农村为"一孩半政策"。1986年12月,农村生育政策进一步宽松,中央明确指出除曾经规定特殊情形可生育二胎外,独女户生在间隔若干年后可生二胎,此举使得我国计划生育政策相对稳定下来,在城市长期普遍实行"独生子女政策",农村实行"一孩半政策"。而这种局面一直持续到2015年出台"全面两孩"政策后才发生转变。

另一方面,农村在生育政策实施过程中更为宽松,违反生育政策时的处罚更轻,从而更有可能违法多生。以湖南为例,根据《湖南省人口与计划生育条例》规定,违法多生一个子女按照上年度总收入的2至6倍征收,其中重婚生育或与配偶之外的人生育按照6至8倍征收;每再多生一个子女依次增加3倍征收。相较农村地区而言,对城镇居民违反生育政策的处罚力度更大。单从征收费用来说,农村地区人口一般按照本乡(镇)上年度的居民人均纯收入为基准来计算,城市居民则是以本市、县的年度人均可支配收入为标准进行征收。在城乡收入差距巨大的前提下,农村人口违反生育政策的可能性远大于城市居民。

(二)农村生育政策较城市生育政策存在滞后性

城市生育政策发展与推进速度较快,而农村在执行计划生育政策过程中受到重重阻碍,发展进程较为滞后。"文化大革命"之前,我国有计划的控制人口的节育思想得以酝酿萌芽,后历经波折,直至在"文化大革命"期间,迅猛增长的人口态势以及受挫的经济现实才倒逼政府肯定并重申计划生育方针,主张实行从城市到农村由点到面开展节育工作,此后节育工作被党和国家政府正式提上日程。我国人口控制战略和计划生育工作最先在城市展开,主张通过以城市带动农村,循序渐进,以点带面推行计划生育工作以控制人口数量,因而计划生育工作在城市先行推进且速度较快,农村则相对滞后。此外,农村生产力水平低,需要劳动力,加上"多子多福"等传统观念的深远影响,生育政策在农村推进无异于逆流而上,受到重重阻碍,因而我国农村的计划生育政策推进更具难度。农村计划生育政策在实际执行过程中也经历了一些调整适应,例如农村实施"开口子"政策,少数民族地区按照当地实情制定与实施相应的生育政策规定等。

(三)农村生育政策比城市生育政策更具受阻性

生育政策在整体推进过程中,在城市较为顺利,在农村却受到较大阻力。从人口控制战略实施以来,我国计划生育工作开展的重点、难点工作都在农村,一方面,人口数量直接决定生产力多少,孩子养育成本低,受养儿防老、多子多福等传统观念因素的影响,农村习惯性多生,生育意愿处于膨胀状态,因而计划生育在城市地区推行过程中较为顺利,而在农村地区推进过程中受到重重阻碍,工作难度较大。政府为促进计划生育的顺利实施,着力针对农村制定了一系列优厚的扶助奖励政策以限制生育,例如,对独生子女的优待和保障措施方面:各地对独生子女户给予城镇分配住房、土地承包、农村安排宅基地等方面都会给予优先照顾(张正云,2016)。又如在计划生育奖励责任主体的规定上的差异:城市独生子女奖励责任的承担主体主要是父母所在单位,或从个体工商户管理费中扣除,或按国家有关规定解决,而农村独生子女奖励责任的承担主体是父母所在乡镇人民政府,主要从乡镇统筹费或乡镇集体企业利润提成中开支(国家人口和计划生育委员会,2007)。再如政府对农村计生家庭在经济扶贫等方面的优先照顾措施也存在差异:为确保计划生育政策顺利推进,政府通过制定奖励和优待政策,引入奖励、补偿、优惠等利益导向机制以助推计划生育实施,从而引导广大农民自觉践行计划生育政策(张正云,2016)。

第三节　新中国成立后中国农村生育转变

一、生育数量：由"多生"转而"少生"

由于"传宗接代、养儿防老、多子多福"等传统生育文化理念在农村根深蒂固，人们习惯性地多生。首先，在新中国成立前，我国是以小农经济为主的传统社会，在生产力水平低下的年代，子女数量多少直接与整个家庭的经济收益高低挂钩，人口中尤其是男孩，是生产力的象征，人们往往倾向于多生男孩，生育具有显著的男性偏好倾向。拥有更多的劳动力能促进家庭生产和增加经济收益，这刺激着农村的生育意愿，人们生育意愿膨胀，倾向于多生。其次，农村社会保障程度低，子女就是父母年迈时的保障和依靠，因而"养儿防老"观念深入人心，人们也希望多生。再次，农村对养育孩子的要求较低，农村从事农业生产，在生活上能够自给自足，孩子的养育质量较低，普遍只需吃饱穿暖，养育成本也低，但却能收获新的劳动力，养育孩子的收益显著大于成本支出。此外，新中国成立以来，受国际形势以及苏联主张鼓励人口增长、奖励多子女母亲做法的影响，"人多是社会主义制度的优越性"的观念深入人心，我国随即效仿，颁布了一系列政策鼓励生育，促进人口增长。

新的生育政策、新思想的出现，民众受教育程度的普遍提高增强了人们对生育收益的成本分析能力，少生意愿随之产生。随着人口控制战略的提出与1971年以来计划生育政策的实施推进，生育数量的明确规定与违反生育政策的处罚约束着人们的生育行为，"晚、稀、少"的生育方针也推动着人们的生育意愿转变，到后来发展为"晚婚、晚育、少生、优生"的提法，直到1982年计划生育被确定为我国的基本国策并被写入宪法，从法律层面更加严格和有计划地控制人口增长。计划生育的严格实施与推进随着时间的推移逐渐被理解、接受并深入人心，形成了"少生"的生育惯性，潜移默化影响着人们的生育观念和行为。同时，随着我国社会保障制度逐渐完善，社会化养老程度提高，养儿防老已经不再是人们年迈时的唯一保障和依靠。再者，由于生育成本和受教育程度提高、西方思想文化流入与传统思想产生碰撞，城市第二、三产业迅速发展，为了追求更好的生活，大量的农村人口涌入城市生活与发展，产生大量的农村流动人口。2020年第七次全国人口普查显示：人户分离人口将近4.9亿，市辖区内占1亿有余，而其与十年前的第六次人口普查相比，增长率高达192.66%，2010年至2020年中国流动人口增长了69.73%（中华人民共和国民政部，2021），这十年农村人口大量涌入城市，导致城市人口数量狂飙。我国经济社会的持续发展为人口迁移流动创造了条件，我国人口流动趋势更加明显，流动人口规模不断扩大。

农村青年涌入城市后在潜移默化中受到新思想文化的影响,传统生育观念发生变迁,传宗接代的生育观念正在逐步被取代,出现了除主干家庭、核心家庭、联合家庭之外的丁克家庭等(刘舒晗,2017)。随着受教育程度提高,人们的思想觉悟、法治观念、人权意识增强,妇女在各领域各方面的地位也在逐步提高,生育观念越来越趋于现代化,"少生、优生、优育、不生"成为绝大多数家庭认可接受的生育观念。女性开始逐步摆脱生育工具的标签与传统束缚,更加注重自我的发展和价值创造,开始从事各种职业,成为社会经济生活中的重要一员,发挥着不可低估的作用。女性参与政治生活、女性领导者的相继出现、女性投身于农村的日常管理之中等,女性地位的不断提高也给予了农村女性最强有力的信心,生育不再是农村女性的唯一选择。此外,生育的收益成本分析也是人们选择"少生"子女的重要原因之一,随着生育观念的转变,人们越来越重视成人教育、职业培训、生育子女的质量、子女的受教育水平,抚养子女的时间成本、机会成本、教育费用大幅度提升,要求父母具有更高的抚养能力,需要投入更多的养育资源。养育孩子需要投入的成本大幅上升,而生育子女的预期收益却在显著降低,因而对当下很多家庭而言,生育孩子的心理收益远高于经济收益(吴永梅、武谷云燕,2018),"少生"也成为人们理性思考后的必然选择。人们更加注重少生优生,讲究在自己力所能及的范围内生育,包括自我是否具有生育的心理准备、身体健康状况、经济能力、养育教育孩子的能力等一系列因素。

二、生育性别:由"男性偏好"走向"男女平等"

新中国成立以来,由于传统生育观念的固化影响,男孩被看作家族的继承人,具有延续香火的作用。同时,"养儿防老"也是人们重要的生育目的之一。在"男娶女嫁"的婚姻方式下,人们认为只有儿子才能够尽孝养老,养育儿子对人们有着养老保险的重要作用。同时男性作为家中生产力的代表,为创造更多的家庭财富和满足自身养老的需要,人们势必追求生育儿子、多生多育(郭倩,2015)。因而"男孩传宗接代""早生多生""多子多福"等传统生育观念长期影响着人们的生育行为,进而影响人口控制和计划生育实施。有学者研究发现,20世纪90年代的农村居民仍有强烈的男孩偏好,但在城市中已不明显(郭亚楠,2011)。新中国成立到20世纪初,农村在生育时仍具有明显的男性偏向,导致我国性别比长期严重失衡。

为了能够从根源上纠正家庭的男孩偏好,国家人口计生委在2003年启动了"关爱女孩行动",通过一系列经济政策和社会保障制度,引导家庭改变生育行为(范子英、顾晓敏,

2017),在经过三年的努力后取得了明显成效,性别比显著下降,在一定程度上也在慢慢实现从"男孩偏向"到"男女平等"的转变。此外,随着移风易俗以及女性受教育程度的提高,一些地方出现男方入赘女方的婚居形式,"养儿防老"中"儿"的意义有所变化,"儿"不仅仅指儿子也指女儿,一些农村家庭出现"养女防老"的生育动机(郭亚楠,2011)。并且女性在受教育程度提高后拥有属于自己的职业,社会身份和地位逐步提高,不仅能传统地"主内",还能"主外",自我价值得到彰显,社会开始认为女孩子也可以承担起传宗接代、家庭赡养、照顾老人的职责,使得男性偏向的观念逐渐被扭转,男女平等的观念慢慢被接受。

三、生育结果:从追求"数量"偏向"质量"

从新中国成立到改革开放前,受国际形势及苏联鼓励人口增长的影响,为了恢复战后生产,国家大力鼓励生育并取消了一系列"避孕节育"政策,加上人们长期以来受"多子多福"等传统观念影响,家庭劳动力多少直接关系家庭整体收益多少,因而人们倾向于通过多生子女为家庭创造和积累更多财富,注重追求生育的"数量"。同时,在社会保障水平较低的年代,家庭养老为绝大多数家庭普遍认可与采取的养老方式,子女就是父母的保障,"养儿防老"的观念深烙人心,生育子女数量多成为人们安享晚年的信心和底气。此外,在医疗水平低下的年代,人们难免担心子女的成活率,抱有"以防万一"的预防心理,以尽可能减轻子女折损对家庭造成的沉重打击与负面效应,多生对于人们而言具有保险作用。同时当年迈的父母需要赡养或生病时,生育子女数量多也具有人多力量大的显著特点和优势,每个子女承担分摊后的养老与医疗负担更为轻松,因此从减轻子女的养老负担方面考虑,人们倾向于多生、追求生育数量的考虑可以理解。

改革开放后,我国的生育政策逐步趋紧,严格推行计划生育,对生育的数量进行严格限制并制定了违反政策的相应处罚规定,对人们生育的数量起到了一定限制作用。加上改革开放后,我国生产力逐步提高,生产方式从简单的体力劳动逐步变为体力劳动与脑力劳动两种方式,人们开始意识到知识能够创造财富,因而选择少生而加大对子女的教育投入等,人们逐步放弃追求"多而糙"的生育"数量"结果转而注重追求"少而精"的生育"质量"结果。同时,由于在望子成龙、望女成凤等思想观念、生育政策限制及其惯性作用影响下,生育数量在逐步减少且趋于稳定,少生越来越成为人们的理性选择,绝大多数家庭倾向于将所有的希望都投掷于一个或两个小孩身上,竭尽全力为孩子提供家庭能力范围内最为优秀的资源以供其成长成才,生育的质量越来越被重视。

四、生育时间：由"早婚早育"走向"晚婚晚育"

新中国成立到20世纪70年代之前，人们受到"早生贵子，早得富"等传统观念影响容易"早婚早育"，并且由于当时生产力水平低下，人们多从事简单的体力劳动来开展生产活动，对知识的追求不迫切，多数人受教育程度低甚至从未接受过教育，接受教育所花费的时间精力较短，为人们早婚早育提供了现实条件。再者，在生产力水平低下的年代，劳动以简单体力劳动为主，生育子女数量的多少直接关系家庭的整体收益，"早婚早育"可以缩短整个家庭的生育周期，加速生产力的再生产，增加劳动力的数量，从而增强家庭的生产能力，提高家庭的整体经济收益，创造和积累更多的家庭财富。此外，由于农村受传统观念的影响更为深刻且农业生产更需要体力劳动者从事生产，农村的结婚生育时间普遍早于城市。

70年代以后，随着生产力水平的提高和生产方式的多元化，体力劳动已经不再是农村人口从事生产、创造财富的唯一选择，脑力劳动也成为人们普遍追求与崇尚的生产方式之一，由于生产需要知识，随着教育的发展，越来越多的人普遍享有更多的教育机会，也希望接受更多的教育，人们的受教育程度得以提高、收获更多知识也为其走出农村、从事知识生产、创造知识财富创造了机会，因而人们倾向于接受更高程度的教育，自然而然地延迟了结婚生育时间。此外，受长期执行计划生育产生的理念惯性影响以及由于结婚生育成本的提高，家庭需要更多的时间去获取结婚生育所需要的财富，评估自己是否具备结婚生育的各方面能力和条件，加上西方思想的流入也使人们在思想上越来越现代化，大家越来越关注自我能力的提升，注重在自我能力范围内进行生育，追求生育的质量，"早婚早育"的传统观念逐渐被摒弃，"晚婚晚育"逐步在人们理性选择后被推崇。

五、生育目的：从"养儿防老"转向"情感支持"

虽然人们的生育目的开始改变，但养儿防老和传宗接代仍然是农村居民最主要的生育目的（贾志科，2009）。在新中国成立后的相当一段时间内，由于社会化养老程度低，养老方式单一，人们的养老方式普遍以家庭养老为主，"养儿防老"的传统文化观念深入人心，人们生育的主要目的之一就是子女能够为父母养老送终，子女成为父母在年迈时的依靠和保障，有了子女父母才能够更好颐养天年。2002年一项调查结果显示城市大多数的居民主要是出于"情感需要"而生育，而农村大多数居民主要是为了"传宗接代"，其次才是"养儿防老"（郭亚楠，2011）。

近年来,随着社会保障体系逐步完善与社会福利水平的提高,社会化养老方式的出现在很大程度上能够为人们提供一部分养老保障。并且随着新型养老方式的出现,人们养老的方式也越来越多元化,主要包括机构养老、居家养老、社区养老、智慧养老等多种养老方式,家庭养老已经不再是人们养老时的唯一选择,这也使得人们"养儿防老"的生育子女观念逐渐削弱。并且,随着生育子女的成本大幅提升而相应收益显著下降,越来越多的家庭开始逐步转向考虑生育的情感因素,看重子女对父母的情感支持功能。对于父母而言,子女在其一生的成长发展过程中能给父母带来的情感支持、陪伴安抚等心理收益是完全无法用金钱衡量的,而且子女作为夫妻之间的情感纽带,还可以在家庭产生矛盾冲突时起到"润滑"与"柔顺"的作用,培养和谐与温馨的家庭氛围。

六、生育偏好:"性别偏好"转变滞后于"数量偏好"

从新中国成立到20世纪70年代,"多子多福"等传统文化观念留下了深刻烙印,加上生产力水平低下,生产方式以简单体力劳动为主,家庭生产力的水平在很大程度上取决于生育子女的数量多少,因而传统生育观念与生产方式都在主导着人们生育的"数量偏好"前行。并且新中国成立初期我国的生育政策在很大程度上也受到了国际形势及苏联鼓励生育等人口政策的影响,采取了一系列的措施来鼓励生育,因而这种追求生育数量的偏好也使得我国人口在总体上基本呈现出一种无序的增长状态。直到70年代计划生育被明确提出以来,我国明确了人口控制思想和战略。改革开放后,生产力水平提高,我国的生育政策逐步趋紧,人口增长态势得到控制,增速逐步放缓。在此之后,1982年的计划生育成为基本国策被纳入宪法以严格控制人口增长,计划生育中"晚婚、晚育、少生、优生"等观念在潜移默化中为群众所接受,人们的"数量偏好"逐步被改变,转而倾向于注重"生育质量"。

在传统上,男孩作为家族的继承人,具有传宗接代、延续香火的意义,同时,由于传统婚俗影响,存在"嫁出去的女儿泼出去的水"等说法与思想观念,人们大多认为只有儿子才能尽孝,才具有"养儿防老"的保险功能,人们倾向于生育男孩,存在明显的男孩倾向,有学者研究发现,20世纪90年代的农村居民仍有强烈的男孩偏好(风笑天、张青松,2002)。直至21世纪初,农村在生育时仍存在明显的性别偏向,这种男孩偏向的生育观念导致我国性别比长期严重失衡。随着移风易俗的出现,一些地区在进行传统婚俗改革后出现男方入赘女方的婚居形式,同时"养女防老"现象也开始出现,女子的传宗接代作用开始凸显,人们的性别偏好有所改变。并且2003年"关爱女孩行动"兴起后发展为"关爱女孩工程",在2005年国家将"关爱女孩行动"进一步发展为全国性的战略行动和公共政策,通过一系列经济政策和社会保障制度进一步引导家庭改善生育性别偏向和生育行为,我国性别比终得显著下降,性别偏好逐步得到改善。

本章小结

　　本章以时间为阶段划分,对新中国成立后中国农村生育政策的历史演进展开了回顾分析,得出中国农村生育政策大致经历了鼓励与补偿性生育时期、控制生育的曲折发展时期、全面推进计划生育时期、生育政策逐步趋紧时期、稳定低生育水平时期、不断调整未来走向时期的历史演进与优化发展历程。中国农村生育政策总体具有适应性、多元性、动态性、由行政性到市场性再到包容性的特点,而农村生育政策较城市生育政策而言,总体更具宽松性、存在一定滞后性,且在推行过程中更具受阻性。通过对中国农村生育政策的历史发展和特点的剖析,可以看出中国农村生育行为在经历着由"多生"转而"少生"、由"男性偏好"走向"男女平等"、从追求"数量"到偏向"质量"、由"早婚早育"变为"晚婚晚育"、从"养儿防老"转向"情感支持",且"性别偏好"的改变滞后于"数量偏好"的转变,农村生育模式的转变与当下中国城市的生育模式转变呈现出趋同性。因此,充分认识和了解我国农村生育状况的发展态势,积极把握当下的黄金时机,为促进我国农村生育政策的实施优化提供符合农村实情且行之有效的相应建议,急需大量研究关注。

第三章

中国农村生育价值观现状及影响因素分析

　　自1991年到2021年，我国的人口发展处于平稳增长阶段[①]，但长期实行的计划生育政策使得我国人口结构出现巨大转变，出生率下降、人口老龄化问题逐渐显现，居民整体的生育观念、生育意愿呈现"少生优生"等特征。尽管从"独生子女"政策到"双独二孩""单独两孩""全面两孩"和"三孩"政策，政府层面推出了一系列生育鼓励政策，但居民的生育意愿、生育行为并没有显著提高，反而从2018年开始出生人口数量持续下降，人口增长惯性减弱。农村一直都是我国生育的中坚力量，计划生育政策时期农村家庭受"传宗接代""多子多福"等传统文化观念的影响，生育孩子数量相较于城市家庭偏多。但随着城镇化建设，经济基础迅速发展，农村劳动人口不断外流，农村居民的生育观念受到现代消费主义、网络媒体引导等因素的影响，呈现出独特的时代特征与群体特征，生育意愿呈现下降趋势。如何精准研判农村人口发展形势，把握农村育龄人口生育价值观，预测农村育龄人口的生育行为，是学术领域和社会各界关注的热点。本章力图通过实证调研，厘清农村生育价值观表现形态、衍生问题与困境，为更好地制定人口战略和人口政策提供数据支持。

[①] 此阶段划分依据来源于国家统计局。

第一节 研究设计及样本构成

一、研究方法与设计

(一)研究方法

本书所用数据来源于2019—2020年间对全国多个地区的部分农村居民进行的"改革开放40多年来农村生育价值观问卷调查"。在综合考虑我国农村地区地理位置分布和地区经济发展水平的基础上,本项目组采用问卷调查法,提前编制问卷,通过统计抽样等方式确定抽样框,在全国抽取东、中、西部的16个省(自治区、直辖市)进行实地问卷调查资料收集,分别是:上海、广东、湖北、贵州、重庆、四川、山西、河南、辽宁、西藏、云南、山东、河北、吉林、北京、天津。根据实地调查情况,在每个省(自治区、直辖市)中选择1—3个村作为调研地区,在村庄内部采用随机抽样的研究方法选取调查对象,进行问卷资料的收集。调查对象为15—65岁劳动年龄人口(国家统计局的年龄划分标准),本项目组根据所在区域、职业、受教育程度、年龄因素进行分层取样,共收集有效问卷1103份,并对收集到的问卷数据运用统计软件SPSS26.0进行分析。

(二)问卷设计

问卷总共分为三个部分,第一个部分是对调查对象的个人基本情况信息进行收集,主要包括其出生年份、兄弟姐妹个数、性别、户口、受教育程度、职业、民族、家庭收入、家庭规模、婚姻子女状况等多个方面,第二个部分是收集调查对象的生育价值观相关信息,包括孩子是否重要及其原因、生育目的、生育数量、性别偏好、生育困难等方面,第三个部分是收集调查对象的生育期待和政策建议,主要包括养育孩子的客观条件、意愿生育方式、社会保险、政策支持需求等方面。

二、样本基本情况

本书的调查样本覆盖全国多个农村地区,包括上海、广东、湖北、贵州、重庆、四川等16个地区,样本总数为1103份。调查对象的年龄集中在20—59岁,平均年龄33(33.65)岁,其中男性470人,占比42.6%,女性633人,占比57.4%;户籍为农业户口的样本占比70.5%;受教育程度为高中及以下的调查对象占比62.4%,大学及以上的占比37.6%;是独生子女的研究对象占比19.1%；未婚研究对象占比29.9%。根据问卷收集到的资料内容，将生育价值观有关的解释变量分成人口学变量（地区、性别、年龄等）、家庭因素变量（家庭关系状况、与配偶相处的时间等）、社会因素变量（生育政策、生育资源、社会保险等）三个部分，具体样本构成情况如下。

（一）人口学变量

1.地区

研究样本的地区分布如表3-1所示，在1103个样本中，收集到问卷数量最多的地区是四川120份（占比10.9%），其次是贵州、重庆和云南各100份（占比9.1%），数量最少的是上海、广东、湖北、京津地区（各占比4.5%）。总体来看，各个地区的样本量足够体现本项调研的全国性。将此16个地区根据地理位置分为东、中、西部三类，分别占比39.1%、15.3%、45.6%，东部包括上海、广东、辽宁、山东、河北、吉林、京津（北京和天津），中部包括湖北、山西、河南，西部包括贵州、重庆、四川、西藏、云南。

表3-1 农村生育价值观样本地区分布

地区		频数	频率	总计
东部	上海	50	4.5%	39.1%
	广东	50	4.5%	
	辽宁	83	7.5%	
	山东	60	5.4%	
	河北	60	5.4%	
	吉林	80	7.3%	
	京津 北京	41	3.7%	
	天津	9	0.8%	
中部	湖北	50	4.5%	15.3%
	山西	60	5.4%	
	河南	60	5.4%	
西部	贵州	100	9.1%	45.6%
	重庆	100	9.1%	
	四川	120	10.9%	
	西藏	80	7.4%	
	云南	100	9.1%	
总计		1103	100%	100%

2.年龄

根据问卷问题"出生年份"推算研究对象的年龄,采用"问卷调查年份2020年-出生年份"的计算方式得出结果,本项目的样本年龄集中在20—59岁,去除一个异常值,共1102份有效数据,平均年龄为34(33.65)岁,中位数32,标准偏差8.141,方差66.273,见表3-2。对所有样本的年龄进行分段汇总,从表3-3可以看出,研究对象三个年龄段的人数占比相差不太大,且从年龄上看,均为成年人,基本已经形成较为成熟的生育价值观。

表3-2 农村生育价值观样本年龄描述性统计

	最小值	最大值	平均值	中位数	众数	标准偏差	方差
年龄	20	59	33.65	32	30	8.141	66.273

表3-3 农村生育价值观样本年龄段分布

年龄段	频数	频率
20—30岁	446	40.4%
31—40岁	373	33.8%
41岁及以上	283	25.7%
总计	1102	100%

3.兄弟姐妹个数

对研究对象的兄弟姐妹个数进行频率分析,个数为0个即独生子女的研究对象占比19.1%,非独生子女占比80.9%。其中兄弟姐妹个数占比最多的为1个和2个,分别为29.8%和27.7%,个数超过2个的占比23.4%,见表3-4和图3-1。兄弟姐妹个数平均值为1.70,中位数2,标准偏差1.367,方差1.868,最小值0个,最大值10个。见表3-5。

表3-4 农村生育价值观样本是否独生子女分布

兄弟姐妹个数		频数	频率
独生子女	0个	211	19.1%
非独生子女	1个	329	29.8%
	2个	306	27.7%
	2个以上	257	23.3%
总计		1103	100%

注:总计的频率统一为"100%"(忽略该列数据的四舍五入情况),后同。

表3-5 农村生育价值观样本兄弟姐妹个数描述分布

	最小值	最大值	平均值	中位数	众数	标准偏差	方差
兄弟姐妹个数	0	10	1.70	2	1	1.367	1.868

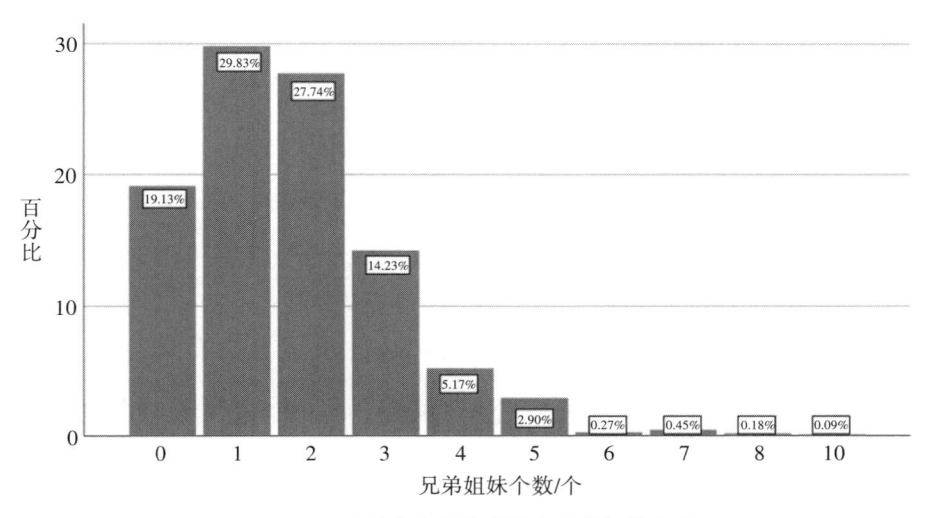

图3-1 农村生育价值观样本兄弟姐妹个数

4.性别

样本中男性470人,占比42.6%,女性633人,占比57.4%,性别分布上大致平衡,见表3-6。

表3-6 农村生育价值观样本性别分布

性别	频数	频率
男	470	42.6%
女	633	57.4%
总计	1103	100%

5.户籍类型

本书将农村居民的户籍分为农业、非农业、农转非三种类型。户籍状态为农业户口的样本共有777人,占比70.5%;非农业户口的样本233人,占比21.1%;农转非户口的样本93人,占比8.4%,见表3-7。

表3-7 农村生育价值观样本户籍状态分布

户籍状态	频数	频率
农业户口	777	70.5%
非农业户口	233	21.1%
农转非户口	93	8.4%
总计	1103	100%

6.居住地区类型

本问卷对农村居民的居住地类型根据是否为少数民族地区以及距离城市的距离(地

区城镇化水平)两个标准来划分,居住在少数民族地区的样本占比22.2%,非少数民族地区的样本占比77.8%;居住在近郊地区、远郊地区以及偏远地区的样本分别占比56.3%、33.3%、10.4%,见表3-8。

表3-8 农村生育价值观样本居住地类型分布

居住地类型		频数	频率	总计
民族	少数民族地区	245	22.2%	1103
	非少数民族地区	858	77.8%	
地区城镇化水平	近郊地区	621	56.3%	1103
	远郊地区	367	33.3%	
	偏远地区	115	10.4%	

7.受教育程度

问卷中受教育程度共分为小学及以下、初中、高中、中专或高职技校、大学专科、大学本科、研究生及以上七个层级,根据已有的对生育意愿影响因素中学历分类的研究文献,将其归类为初中及以下、高中、大学及以上三类(风笑天,2017),分别占比35.0%、27.4%、37.6%,见表3-9。

表3-9 农村生育价值观样本受教育程度分布

受教育程度		频数	频率
初中及以下(35.0%)	小学及以下	121	11.0%
	初中	265	24.0%
高中(27.4%)	高中	136	12.3%
	中专或高职技校	167	15.1%
大学及以上(37.6%)	大学专科	151	13.7%
	大学本科	241	21.9%
	研究生及以上	22	2.0%
总计		1103	100%

8.宗教信仰

将居民的宗教信仰分为无宗教信仰与有宗教信仰,有宗教信仰的具体包括天主教、基督教、伊斯兰教、佛教、道教、民间信仰以及其他七种类型,其中农村居民选择占比最高的为无宗教信仰,占比85.9%,有宗教信仰的居民占比14.1%,见表3-10。

表3-10　农村生育价值观样本宗教信仰类型分布

宗教信仰		频数	频率
无宗教信仰		947	85.9%
有宗教信仰	基督教	3	0.3%
	天主教	18	1.6%
	伊斯兰教	1	0.1%
	道教	111	10.1%
	佛教	3	0.3%
	民间信仰	12	1.1%
	其他	8	0.7%
总计		1103	100%

9.职业类型

统计研究对象当前从事的职业类型时,收集到的有效问卷份数为1101份,研究对象从事职业类型占比最多的是自由职业者(包括兼职农业),占比16.5%,其次是专业技术人员(医生,教师,工程技术人员等),占比13.7%,见表3-11。根据已有研究职业与生育意愿的文献,将职业分为了"时间自由型""收入低无精力型""工作稳定型""薪酬高工作忙型"四种类型(朱文婷、王梅,2022),以此为基础对研究涉及的职业进行分类,并相应赋值为4、3、2、1,以表示四种类型职业的大致职业自由度。

表3-11　农村生育价值观样本职业分布

职业类型	职业	频数(频率)	总计
时间自由型	自由职业者(包括兼职农业)	182(16.5%)	58.3%
	商业人员(个体老板,营业员等)	145(13.1%)	
	全职务农	90(8.2%)	
	在校学生	140(12.7%)	
	无业	75(6.8%)	
	退休	11(1%)	
收入低无精力型	服务业人员(保姆,司机,服务员,厨师,修理人员,清洁工等)	112(10.2%)	19.10%
	生产、运输设备操作人员(搬运工等)	50(4.5%)	
	办事人员(后勤工作人员,保卫人员,秘书助理等)	48(4.4%)	
工作稳定型	国家机关工作人员(政府机关,司法机关等)	52(4.7%)	19.50%
	专业技术人员(医生,教师,工程技术人员等)	151(13.7%)	
	军人及警察(公安,交警等)	12(1.1%)	

续表

职业类型	职业	频数(频率)	总计
薪酬高工作忙型	企业单位负责人(董事长,经理,厂长,部门主管等)	27(2.4%)	2.90%
	事业单位负责人(院长,校长,局长等)	6(0.5%)	
总计		1101(100%)	100%

10. 就业地点

研究对象的就业地点位于户籍所在地乡镇的占比最高,为38.3%,第二为户籍所在市,占比21.7%,户籍所在区县的占比21.1%,市外就业的研究对象占比较小。根据就业地点距家的大致距离进行就业地点合并,将"户籍所在省的其他市县、外省"划入"户籍所在市以外"这一类型中,占比18.9%。总体来看,研究对象基本上在家乡市级以内地区就业,离家较近,见表3-12。

表3-12 农村生育价值观样本就业地点分布

就业地点		频数	频率
户籍所在地乡镇		422	38.3%
户籍所在区县		233	21.1%
户籍所在市		239	21.7%
户籍所在市以外	户籍所在省的其他市县	157	14.2%
	外省	52	4.7%
总计		1103	100%

11. 家庭月收入

将家庭月收入分为如表3-13所示的六个等级,家庭月收入为3000~<5000元的样本最多,374人,占比33.9%;其次是家庭月收入5000~<7000元以及1000~<3000元的样本,分别为211人(19.1%),209人(19.0%)。

表3-13 农村生育价值观样本家庭月收入状况分布

家庭月收入	频数	频率
1000元及以下	43	3.9%
1000~<3000元	209	19.0%
3000~<5000元	374	33.9%
5000~<7000元	211	19.1%
7000~<10000元	156	14.2%
10000元及以上	108	9.8%
总计	1101	100%

12.婚姻状况

从表3-14可以看出，收集到的样本中未婚占比29.9%，归入没有婚姻经历分组；已婚人员占比最大，为65.5%，其余三种类型总共占比4.6%，将此四种类型归入有婚姻经历分组。总样本能够进行相关统计分析。

表3-14　农村生育价值观样本婚姻状况分布

婚姻状况		频数	频率
没有婚姻经历（未婚）		330	29.9%
有婚姻经历	已婚	723	65.5%
	离婚	35	3.2%
	再婚	11	1.0%
	丧偶	4	0.4%
总计		1103	100%

13.结婚年龄

样本中有婚姻经历的研究对象有773人，对其结婚年龄进行统计，发现在22—27岁结婚的农村居民占比最高，为73.1%，其次为22岁以下，占比15.8%，其余个案汇总为"28岁及以上"结婚类型，占比11.1%见表3-15。

表3-15　农村生育价值观样本结婚年龄分布

结婚年龄		频数	频率
22岁以下		122	15.8%
22—27岁		565	73.1%
28岁及以上	28—33岁	80	10.4%
	34—39岁	4	0.5%
	40—45岁	1	0.1%
	45岁以上	1	0.1%
总计		773	100%

（二）家庭因素变量

1.与配偶相处时间

对农村居民一年中与其配偶相处的时间进行统计，有效样本数为766份，如表3-16所示，选择相处频率为"经常一起"的研究对象占比最高，为45.0%，其次为选择"一直一起"的占比为27.4%，结合频率分布，将"偶尔一起""很少一起""基本不一起"归类为"较少一起",占比27.5%。总体来看,农村居民大部分夫妻均有较长时间生活在一起,夫妻之间交流密度较高。

表3-16 农村生育价值观样本与配偶相处时间频率分布

与配偶相处时间		频数	频率
一直一起		210	27.4%
经常一起		345	45.0%
较少一起	偶尔一起	165	21.5%
	很少一起	36	4.7%
	基本不一起	10	1.3%
总计		766	100%

2.父母提供的照顾支持状况

统计农村居民生育孩子时期是否有父母提供的照顾支持,除去当时没有孩子的377个个案,共726个有效回答,根据问题"您的孩子年幼时主要由谁照顾",结果如表3-17所示。孩子年幼时主要由双方父母照顾的即为"有父母提供的照顾支持",占比38.6%;将由其他人照顾孩子的归类为"没有父母提供的照顾支持",占比61.4%。

表3-17 农村生育价值观样本父母提供的照顾支持状况分布

父母提供的照顾支持状况	孩子年幼时的照顾者	频数	频率
有父母提供的照顾支持(38.6%)	男方父母	191	26.3%
	女方父母	89	12.3%
没有父母提供的照顾支持(61.4%)	自己	298	41.0%
	配偶	137	18.9%
	亲戚	3	0.4%
	保姆	7	1.0%
	孩子自己	1	0.1%
总计		726	100%

3.同龄人孩子数量

调查农村居民同辈群体生育状况,通过调查研究对象的同龄亲戚或朋友拥有的孩子数量来操作化,调查结果如表3-18所示。统计显示,同龄亲戚或朋友有2个孩子的农村居民占比最高,为42.3%,其次为同龄亲戚或朋友有1个孩子的占比37.7%,其余选择占比较少。总体来看,农村居民同辈群体几乎均生育1个或2个孩子,且生育2个孩子的比例相对较高。

表3-18　农村生育价值观样本同龄人拥有孩子数量分布

同龄人孩子数量		频数	频率
0个		144	13.2%
1个		413	37.7%
2个		464	42.3%
3个及以上	3个	61	5.5%
	4个及以上	13	1.2%
总计		1095	100%

4. 家中老人的赡养人

通过问题"家中老人最主要由谁赡养"调查农村居民家中老人的主要赡养人，以此作为观察父母提供的照顾支持状况的一个参考维度。如表3-19所示，有55.2%的调查对象选择"父母自己生活"，家里老人主要由自己、兄弟姐妹赡养的样本分别占比21.9%、13.5%。这反映出当前农村老人大部分均为自己生活，子女不在身边。根据家中老人是否由自己赡养这一标准（作为是否有父母提供的照顾支持状况的操作化维度），将父母的赡养人分为"自己"与"其他"两类，由"自己"赡养老人一类占比29.0%，分为"自己"与"子女轮流赡养"两个选项，非"自己"赡养的其他类型归为"其他"类，占比71.0%。

表3-19　农村生育价值观样本父母主要赡养人分布

家中老人的赡养人		频数	频率
自己(29.0%)	自己	241	21.9%
	子女轮流赡养	78	7.1%
其他(71.0%)	父母自己生活	607	55.2%
	兄弟姐妹	148	13.5%
	其他	12	1.1%
	亲戚帮忙	3	0.3%
	保姆	2	0.2%
	不确定	8	0.7%
总计		1099	100%

5. 家庭关系状况

通过研究对象对家庭关系、和伴侣或配偶的关系、和伴侣或配偶的父母的关系、和孩子的关系的满意程度四个维度来评价其总体的家庭氛围。通过表3-20中数据可以看出，总体来说农村居民的四种关系的满意程度都比较高，选择基本覆盖"非常满意"与"比较满意"两个选项。将研究对象的关系满意程度从"非常不满意"到"非常满意"分别赋值为1—5分,分数越高代表满意程度越高。表3-21显示,根据关系满意程度分数的平均值,发现研究对象和伴侣或配偶的父母的关系满意度相对最低,对和孩子的关系满意度相对最高,但总体来看差异不大。对样本中的家庭关系状况的四个量表问题进行信效度检验(见表3-22),所得结果信度Cronbach's alpha系数值为0.843,信度效果非常好。效度分析中巴特利特球形度检验显著性$p=0.000<0.05$,说明此问卷数据适用于做因子分析,KMO值为0.802,说明效度高;提取的公因子方差均大于0.5,可以比较好地解释问卷数据;四个变量中仅有第一个公因子特征值大于1,解释整体问卷数据的比例为68.48%。

表3-20 农村生育价值观样本家庭关系状况分布

家庭关系状况	选项	频数	频率
家庭关系满意程度(n=1102人)	非常满意	468	42.5%
	比较满意	519	47.1%
	一般	97	8.8%
	不太满意	14	1.3%
	非常不满意	4	0.4%
和伴侣或配偶的关系满意程度(n=826人)	非常满意	313	37.9%
	比较满意	409	49.5%
	一般	90	10.9%
	不太满意	10	1.2%
	非常不满意	4	0.5%
和伴侣或配偶的父母的关系满意程度(n=817人)	非常满意	233	28.5%
	比较满意	394	48.2%
	一般	159	19.5%
	不太满意	28	3.4%
	非常不满意	3	0.4%
和孩子的关系满意程度(n=729人)	非常满意	355	48.7%
	比较满意	324	44.4%
	一般	43	5.9%
	不太满意	5	0.7%
	非常不满意	2	0.3%

表3-21 农村生育价值观样本家庭关系状况描述性统计

家庭关系状况	个案数	平均值	中位数	众数	标准偏差	方差	最小值	最大值
家庭关系满意程度	1102	4.300	4	4	0.712	0.506	1	5
和伴侣或配偶的关系满意度	826	4.231	4	4	0.726	0.527	1	5
和伴侣或配偶的父母关系满意度	817	4.011	4	4	0.807	0.651	1	5
和孩子的关系满意度	729	4.406	4	5	0.659	0.434	1	5

表3-22 农村生育价值观样本家庭关系状况信效度检验

统计量		系数值
可靠性统计	Cronbach's alpha	0.843
KMO和巴特利特球形度检验	KMO取样适切性量数	0.802
	巴特利特球形度检验显著性	0.000
公因子方差	家庭关系满意程度	0.752
	和伴侣或配偶的关系满意度	0.772
	和伴侣或配偶的父母关系满意度	0.676
	和孩子的关系满意度	0.539
提取的公因子	特征值	2.739
	公因子解释比例	68.48%

(三)社会因素变量

1.政策允许生育数量

通过问题"目前当地政策允许生育孩子的数量"收集农村居民主观判断的可允许生育数量的状况分布数据,设置如表3-23显示的六个选项。数据显示,有88.2%的农村居民主观认为当地政策允许生育数量为2个,其次有8.0%的居民认为政策没有生育数量的限制,其余选项占比非常少。生育政策没有限制也可表示为允许生育数量最多的选项——"3个孩子及以上",进行重新赋值,最终认为政策允许生育3个孩子及以上的个案122个,占比11.1%。

表3-23　农村生育价值观样本居住地政策允许生育数量分布

政策允许生育数量		频数	频率
1个孩子		8	0.7%
2个孩子		972	88.2%
3个孩子及以上	3个孩子	4	0.4%
	4个孩子及以上	0	0
	没有限制	88	8.0%
	不清楚	30	2.7%
总计		1102	100%

2.医疗资源与教育资源

通过调查农村居民距离家最近的医院类型与学校类型,收集农村居民的医疗、教育资源状况数据,如表3-24所示,在医疗方面,农村居民距离家最近的医院类型为村卫生室/社区卫生服务站,占比最高,为38.0%,等级更高的就近医院类型占比逐渐减少;在教育方面,农村居民距家最近的学校类型为乡镇学校,占比33.8%,其次为村办学校,这体现出农村的教育资源相对薄弱,村中有学校的地区不多。同时我们测量了农村居民对家附近的学校的满意程度,选择"比较满意"与"一般"的农村居民分别占比39.9%、37.4%。

表3-24　农村生育价值观样本就近医院、学校类型、学校满意度分布

	选项		频数	频率	总计
就近医院类型	村卫生室/社区卫生服务站		419	38.0%	1103
	乡镇卫生院		280	25.4%	
	农村县级医院		139	12.6%	
	市级医院(24%)	城市一级医院	93	8.5%	
		城市二级医院	61	5.5%	
		城市三级医院	60	5.4%	
	私人诊所/医院		51	4.6%	
就近学校类型	村办学校		349	31.6%	1103
	乡镇学校		373	33.8%	
	本县学校		253	22.9%	
	本市学校		128	11.6%	
对附近学校的满意度	非常满意		90	8.2%	1103
	比较满意		440	39.9%	
	一般		412	37.4%	
	不太满意		129	11.7%	
	非常不满意		32	2.9%	

3.参与保险情况

统计农村居民参与各项社会保险、商业保险的情况,社会保险主要分为医疗保险、养

老保险、失业保险、工伤保险、生育保险以及城乡低保或建档贫困户六个方面,选项为"是""否""不清楚",如表3-25所示,参与医疗保险的农村居民占比最高,为97.2%,第二为养老保险,占比54.2%,其余保险参保人数占比相对较少。

表3-25 农村生育价值观样本社会保险参保情况分布

社会保险类型	参保情况	频数	频率	总计
医疗保险	是	1072	97.2%	1103
	否	15	1.4%	
	不清楚	16	1.4%	
养老保险	是	596	54.2%	1100
	否	475	43.2%	
	不清楚	29	2.6%	
失业保险	是	221	20.0%	1103
	否	818	74.2%	
	不清楚	64	5.8%	
工伤保险	是	233	21.1%	1103
	否	818	74.2%	
	不清楚	52	4.7%	
生育保险	是	168	15.2%	1102
	否	805	73.0%	
	不清楚	129	11.7%	
城乡低保或建档贫困户	是	92	8.3%	1103
	否	955	86.6%	
	不清楚	56	5.1%	

本书调查的商业保险包括意外伤害保险、养老保险、医疗保险、子女教育金保险、家庭财产保险、机动车辆或第三者责任保险、贷款保证保险七种子保险,根据研究对象是否购买这七种子保险进行赋值,"否"赋值为0,"是"赋值为1,将七种子保险变量的赋值相加得到商业保险指数变量,具体分布如表3-26所示。未购买商业保险的研究对象占比55.2%,购买一种保险的占比20.7%,购买2种及以上的农村居民占比24.1%。

表3-26 农村生育价值观样本购买商业保险种数分布

购买保险种数		频数	频率
商业保险	0	609	55.2%
	1	228	20.7%
	2	134	12.1%
	3	82	7.4%

续表

购买保险种数		频数	频率
商业保险	4	37	3.4%
	5	10	0.9%
	6	3	0.3%

第二节　农村居民生育价值观现状

本书对生育价值观的定义是:"生育价值观是个体对生育重要性的看法或认知评价的心理倾向性,其内容包括对'生'和'育'这两种行为意义和重要性的判断与评价。"根据定义,将农村居民的生育价值观现状分为生育观与养育观两部分内容进行统计描述。具体的分析维度如图3-2所示。

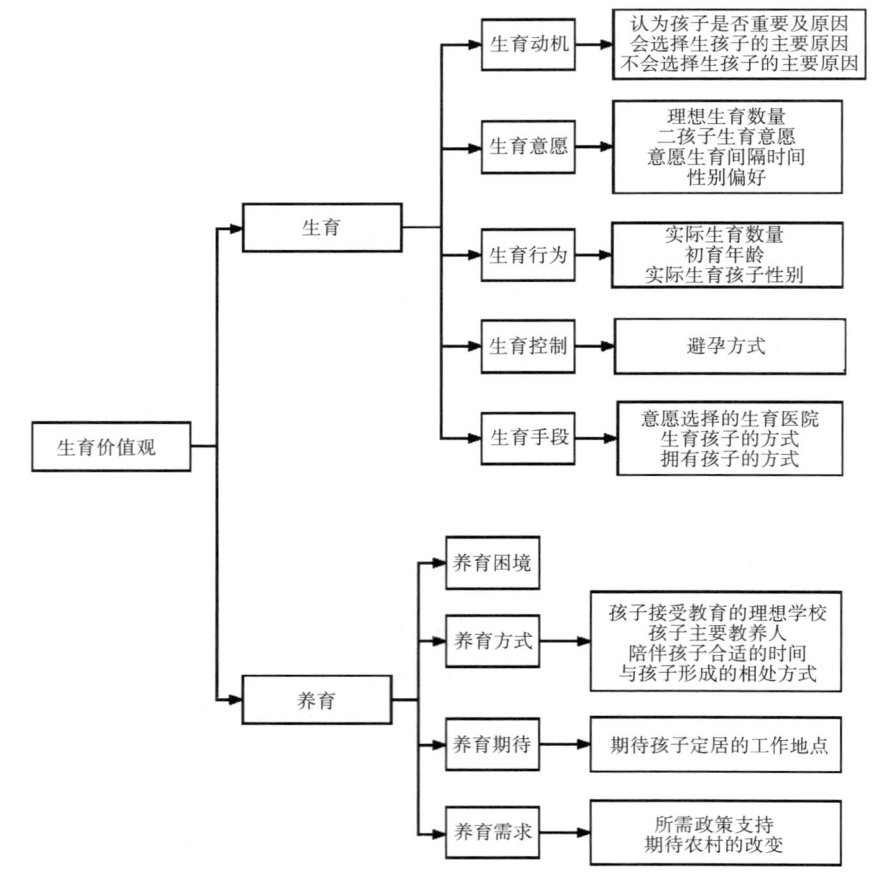

```
生育价值观
├── 生育
│   ├── 生育动机 ── 认为孩子是否重要及原因 / 会选择生孩子的主要原因 / 不会选择生孩子的主要原因
│   ├── 生育意愿 ── 理想生育数量 / 二孩子生育意愿 / 意愿生育间隔时间 / 性别偏好
│   ├── 生育行为 ── 实际生育数量 / 初育年龄 / 实际生育孩子性别
│   ├── 生育控制 ── 避孕方式
│   └── 生育手段 ── 意愿选择的生育医院 / 生育孩子的方式 / 拥有孩子的方式
└── 养育
    ├── 养育困境
    ├── 养育方式 ── 孩子接受教育的理想学校 / 孩子主要教养人 / 陪伴孩子合适的时间 / 与孩子形成的相处方式
    ├── 养育期待 ── 期待孩子定居的工作地点
    └── 养育需求 ── 所需政策支持 / 期待农村的改变
```

图3-2　农村居民生育价值观指标体系

一、生育观

根据问卷的问题设置,将农民的生育价值观中"生"这一方面的有关问题主要分成生育动机、生育意愿、生育行为(生育数量)、生育控制以及生育手段五个部分。

(一)生育动机

本书对生育动机的问卷调查主要包括认为孩子是否重要及原因、会选择生孩子的主要原因、不会选择生孩子的主要原因三个方面,主要体现农村居民对孩子重要性的认识,以及生育的重要意义与制约因素。

1.第一个方面:孩子是否重要及原因

调查农村居民认为孩子是否重要,回答如表3-27所示,87.4%的调查对象认为孩子重要,12.6%的调查对象认为孩子不重要或说不清。总体来说农村居民仍旧是非常重视孩子的。

表3-27 农村居民认为孩子是否重要

孩子是否重要	频数	频率
重要	964	87.4%
不重要	47	4.3%
说不清	92	8.3%
总计	1103	100%

(1)孩子重要的原因

对已有研究孩子重要性的相关原因进行分析汇总后,本问卷对认为"孩子重要的主要原因"设置了如表3-28所示的13个备选答案,并允许调查对象最多选择其中三个。对所有的选项被选择的次数进行分析汇总,结果显示,认为孩子重要的964人调查对象中,选择原因频率最高的是"传宗接代",占比15.3%;其次是"人生更圆满",占比13.5%。将此13个选项分类为情感因素、物质因素、文化制度因素三个类型,情感因素包括"家庭稳定""爱情的结晶""人生更圆满""有乐趣""喜欢孩子""情感寄托";物质因素包括"养儿防老""增加收入""已有孩子";文化制度因素包括"传宗接代""孩子多有面子""约定俗成的观念,一个家庭是有父母,有孩子";其他包括"没有为什么"。各个类型被选择次数分别占比59.9%、12.9%、26.0%、1.2%,即是说,当前农村居民认为孩子重要的原因更偏向于情感因素。

表3-28 农村居民认为孩子重要的原因

重要的原因		选择次数/次	频率	总计
情感因素	人生更圆满	307	13.5%	59.9%
	爱情的结晶	287	12.6%	
	家庭稳定	276	12.1%	
	喜欢孩子	244	10.7%	
	情感寄托	187	8.2%	
	有乐趣	63	2.8%	
物质因素	养儿防老	231	10.2%	12.9%
	已有孩子	52	2.3%	
	增加收入	9	0.4%	
文化制度因素	传宗接代	349	15.3%	26.0%
	约定俗成的观念,一个家庭应有父母,有孩子	225	9.9%	
	孩子多有面子	18	0.8%	
其他	没有为什么	28	1.2%	1.2%
总计		2276	100%	

分析不同性别的农村居民养育孩子动机的差异,根据表3-29中结果可知,在养育孩子的动机上,男性与女性的情感因素均占比最高,其次为文化制度因素,物质因素占比最少。在情感因素方面,男性的选择占比要明显低于女性,物质因素方面差异不明显,而在文化制度因素方面的选择频率比女性更高。这表明,农村居民在生育孩子的动机上,女性相比于男性会更倾向于情感因素,而男性相对于女性来说更倾向于文化制度因素。

表3-29 农村居民性别与认为孩子重要的原因列联表分析

选项		男性		女性	
		次数	频率	次数	频率
情感因素	家庭稳定	118	11.9%	158	12.3%
	爱情的结晶	102	10.3%	185	14.4%
	人生更圆满	120	12.1%	187	14.5%
	乐趣	25	2.5%	38	3.0%
	喜欢孩子	85	8.6%	159	12.3%
	情感寄托	68	6.9%	119	9.2%
	总计	518	52.4%	846	65.7%
物质因素	养儿防老	114	11.5%	117	9.1%
	增加收入	5	0.5%	4	0.3%

续表

选项		男性		女性	
		次数	频率	次数	频率
物质因素	已有孩子	23	2.3%	29	2.3%
	总计	142	14.3%	150	11.6%
文化制度因素	传宗接代	197	19.9%	152	11.8%
	孩子多有面子	5	0.5%	13	1.0%
	约定俗成的观念,一个家庭应有父母,有孩子	112	11.3%	113	8.8%
	总计	314	31.8%	278	21.6%
其他	没有为什么	14	1.4%	14	1.1%

(2)孩子不重要的原因

针对"孩子不重要的原因"这一问题设置了如表3-30所示的8个备选答案,允许最多可选三个选项。认为孩子"不重要"的47个调查对象中,选择最多的原因是"没有孩子,没有感觉",占比25.6%;其次是认为生孩子会"改变自己的生活方式",占比23.0%。

表3-30 农村居民认为孩子不重要的原因

不重要的原因	选择次数/次	频率
没有孩子,没有感觉	20	25.6%
改变自己的生活方式	18	23.0%
影响工作和事业	15	19.2%
影响夫妻感情	9	11.5%
受到丁克家庭等观念的影响	6	7.7%
没有为什么	5	6.4%
自己养老已经有了保障	4	5.1%
其他	1	1.3%
总计	78	100%

(3)说不清的原因

认为"说不清"孩子是否重要的92个调查对象中,选择原因最多的是"暂时没有孩子,不好判断",占比45%;其次是"各种原因综合,难以抉择",占比25%,见表3-31。总体来说,农村居民对孩子是否重要都抱有慎重的态度,因为没有相关经历不好做判断的心理仍占大多数。

表3-31 农村居民认为说不清的原因

说不清的原因	选择次数/次	频率
暂时没有孩子,不好判断	63	45.0%
各种原因综合,难以抉择	35	25.0%

续表

说不清的原因	选择次数/次	频率
不思考相关问题	15	10.7%
从来没有想过	14	10.0%
婚前体检麻烦	0	0
没有为什么	12	8.6%
其他	1	0.7%
总计	140	100.0%

2.第二个方面:会选择生孩子的主要原因

收集农村居民的生育目的方面的信息,分为会选择生育第一个(第二、三、四、五个)孩子的主要原因,并设置最多可选三个答案。

将被调查者所选的分别针对第一到第五个孩子的"会选择生育孩子的主要原因",进行多重响应分析,即将所有选项的选择次数汇总,结果如表3-32所示。调查对象(1040人做出选择)选择生育孩子的频率最高的六个主要原因主要包括"人生更圆满""传宗接代""家庭稳定""爱情的结晶""到了生育年龄自然生育""养儿防老",占比分别为:14.4%、12.8%、11.2%、10.8%、9.4%、7.8%。

表3-32 农村居民会选择生孩子的主要原因分布

选择生孩子主要原因	选择次数/次	频率
人生更圆满	627	14.4%
传宗接代	557	12.8%
家庭稳定	490	11.2%
爱情的结晶	470	10.8%
到了生育年龄自然生育	412	9.4%
养儿防老	342	7.8%
父辈期望	257	5.9%
没有动机,偶然因素	158	3.6%
生育政策宽松	151	3.5%
喜欢孩子	148	3.4%
两个孩子更保险,预防意外情况发生	144	3.3%
家庭经济条件好转	116	2.7%
孩子想要一个弟弟或妹妹	106	2.4%
一定要有一个男孩	106	2.4%
有人帮助带小孩	66	1.5%
一定要有一个女孩	47	1.1%

续表

选择生孩子主要原因	选择次数/次	频率
孩子多有面子	29	0.7%
增加收入	25	0.6%
劳动力增加	25	0.6%
生病有人照顾	25	0.6%
医疗条件改善	13	0.3%
好奇	11	0.3%
继承家业	11	0.3%
身体状况改善	10	0.2%
已生育的孩子身体状况不佳	5	0.1%
其他	14	0.3%
总计	4365	100%

调查对象（共1040人做出选择）在选择生育第一个孩子的原因时频率前六由高到低分别是"传宗接代""人生更圆满""爱情的结晶""家庭稳定""到了生育年龄自然生育""养儿防老"，见表3-33。与总体五个孩子的选择频次结果有部分差异，选择第一个孩子的原因更加偏向于文化制度因素影响，"传宗接代"为选择频次最高的原因。总体来看，传统型的生育观念仍然在农村居民中占据主导，认为生育的主要目的仍然是对家庭的延续。

表3-33 农村居民选择生育第一个孩子的原因

生育第一个孩子原因	选择次数/次	频率
传宗接代	481	17.4%
人生更圆满	431	15.6%
爱情的结晶	403	14.6%
家庭稳定	352	12.8%
到了生育年龄自然生育	347	12.6%
养儿防老	273	9.9%
父辈期望	133	4.8%
喜欢孩子	104	3.8%
没有动机，偶然因素	74	2.7%
家庭经济条件好转	44	1.6%
有人帮助带小孩	19	0.7%
孩子多有面子	17	0.6%
劳动力增加	16	0.6%
生病有人照顾	13	0.5%
增加收入	12	0.4%

续表

生育第一个孩子原因	选择次数/次	频率
好奇	11	0.4%
生育政策宽松	10	0.4%
一定要有一个女孩	9	0.3%
一定要有一个男孩	7	0.3%
继承家业	7	0.3%
医疗条件改善	6	0.2%
其他	4	0.1%
身体状况改善	2	0.1%
总计	2775	100%

调查对象(共597人做出选择)在选择生育第二个孩子的原因时,见表3-34,频率前六由高到低分别是"人生更圆满""两个孩子更保险,预防意外情况发生""家庭稳定""生育政策宽松""父辈期望""孩子想要一个弟弟或妹妹"。农村居民生二胎与生第一胎相比,不再重点关注传宗接代方面,而对人生的圆满和意外预防方面更加关注。

表3-34 农村居民选择生育第二个孩子的原因

生育第二个孩子原因	选择次数/次	频率
人生更圆满	184	13.0%
两个孩子更保险,预防意外情况发生	144	10.1%
家庭稳定	132	9.3%
生育政策宽松	123	8.7%
父辈期望	110	7.7%
孩子想要一个弟弟或妹妹	103	7.3%
一定要有一个男孩	82	5.8%
传宗接代	65	4.6%
爱情的结晶	63	4.4%
到了生育年龄自然生育	63	4.4%
养儿防老	62	4.4%
家庭经济条件好转	57	4.0%
没有动机,偶然因素	53	3.7%
有人帮助带小孩	42	2.9%
喜欢孩子	42	2.9%
一定要有一个女孩	35	2.5%
生病有人照顾	12	0.8%
增加收入	8	0.6%

续表

生育第二个孩子原因	选择次数/次	频率
身体状况改善	7	0.5%
劳动力增加	6	0.4%
孩子多有面子	5	0.4%
医疗条件改善	5	0.4%
已生育的孩子身体状况不佳	5	0.4%
继承家业	3	0.2%
其他	9	0.6%
总计	1420	100%

生育第三、四、五个孩子的原因选择频次更集中在"没有动机,偶然因素""生育政策宽松""一定要有一个男孩"三个方面(见表3-35)。这表明农村居民在选择生育多个孩子时,客观因素主要是政策的限制和偶然因素,例如意外怀孕等,主观因素主要体现在对男孩的生育偏好上。

表3-35　农村居民选择生育第三、四、五个孩子的原因

选择生育孩子原因	第三个孩子(63人)选择次数(频率)	第四个孩子(13人)选择次数(频率)	第五个孩子(4人)选择次数(频率)
传宗接代	8(5.8%)	3(12.0%)	1(12.5%)
养儿防老	4(2.9%)	2(8.0%)	0
家庭稳定	5(3.6%)	1(4.0%)	0
增加收入	5(3.6%)	0	0
劳动力增加	1(0.7%)	2(8.0%)	0
爱情的结晶	3(2.2%)	1(4.0%)	0
孩子多有面子	6(4.3%)	1(4.0%)	0
人生更圆满	8(5.8%)	3(12.0%)	1(12.5%)
到了生育年龄自然生育	2(1.4%)	0	0
家庭经济条件好转	15(10.9%)	0	0
医疗条件改善	1(0.7%)	0	1(12.5%)
生育政策宽松	15(10.9%)	2(8.0%)	1(12.5%)
没有动机,偶然因素	23(16.8%)	7(28.0%)	1(12.5%)
一定要有一个男孩	15(10.9%)	1(4.0%)	1(12.5%)
一定要有一个女孩	3(2.2%)	0	0
有人帮助带小孩	4(2.9%)	1(4.0%)	0
已生育的孩子身体状况不佳	0	0	0

续表

选择生育孩子原因	第三个孩子(63人)选择次数(频率)	第四个孩子(13人)选择次数(频率)	第五个孩子(4人)选择次数(频率)
父辈期望	13(9.5%)	1(4.0%)	0
身体状况改善	1(0.7%)	0	0
喜欢孩子	2(1.4%)	0	0
好奇	0	0	0
孩子想要一个弟弟或妹妹	2(1.4%)	0	1(12.5%)
生病有人照顾	0	0	0
继承家业	1(0.7%)	0	0
其他	0	0	1(12.5%)
总计	137(100%)	25(100%)	8(100%)

3. 第三个方面：不会选择生孩子的主要原因

收集农村居民的生育意愿制约原因方面的信息，分为不会选择生育第一个（第二、三、四、五个）孩子的主要原因，并设置最多可选三个答案。

通过对调查对象不会选择生育孩子的信息收集结果表3-36来看，选择不会生第二个和第三个孩子的调查对象占主体，即仅准备生一个、两个孩子。将不会选择生育第一到第五个孩子的原因进行选择频次的汇总，发现不会选择生育更多孩子的主要原因集中于经济压力、孩子养育质量和个人精力时间三方面，其中经济压力占主体。选择原因为："经济压力大（养育孩子、婚礼和彩礼费用高）""孩子养育质量难以保障""个人精力和时间不够"，分别占比29.1%、14.7%、12.2%。

表3-36 农村居民不会选择生育孩子的原因

不会选择生孩子的主要原因	选择次数/次	频率
经济压力大（养育孩子、婚礼和彩礼费用高）	696	29.1%
孩子养育质量难以保障	351	14.7%
个人精力和时间不够	292	12.2%
生育政策不允许	218	9.1%
没有人帮忙带孩子	149	6.2%
过了生育年龄	88	3.7%
心态没有准备好	82	3.4%
没有原因	74	3.1%
工作事业不允许	71	3.0%
身体条件不允许	69	2.9%

续表

不会选择生孩子的主要原因	选择次数/次	频率
怀孕太难受	68	2.8%
担心已有孩子的感受	42	1.8%
生育过程风险大（如剖宫产多了生孩子很危险）	42	1.8%
只想要儿女双全	36	1.5%
教育条件落后	24	1.0%
没有结婚对象或另一半	22	0.9%
医疗条件落后	20	0.8%
家庭关系不和谐	16	0.7%
婚姻不稳定	11	0.5%
不喜欢孩子	11	0.5%
孩子不想要弟弟妹妹	7	0.3%
总计	2389	100.0%

从表3-37可以看出，调查对象在选择"不会生育孩子的原因"时，针对不生育第一个孩子的原因选择频次由高到低主要是"经济压力大""孩子养育质量难以保障""心态没有准备好"以及"个人精力和时间不够"，仅62人选择了不会生育第一个孩子，总体来说客观因素是经济压力，主观因素是生育心态的准备不充分。而不生育第二个孩子的调查对象共416人，主要原因相较于不生育第一个孩子来说，"心态没有准备好"的选择频次更低，经济压力大成为不会生育第二个孩子的主要因素。

表3-37 农村居民不会选择生育第一、二个孩子的原因

不会选择生孩子的主要原因	不生第一个孩子(62人) 选择次数(次)频率	不生第二个孩子(416人) 选择次数(次)频率
经济压力大（养育孩子、婚礼和彩礼费用高）	31(25.8%)	283(28.4%)
孩子养育质量难以保障	20(16.7%)	166(16.7%)
没有人帮忙带孩子	6(5.0%)	78(7.8%)
个人精力和时间不够	12(10.0%)	118(11.9%)
生育政策不允许	0	39(3.9%)
医疗条件落后	0	16(1.6%)
教育条件落后	1(0.8%)	13(1.3%)
过了生育年龄	1(0.8%)	44(4.4%)
身体条件不允许	7(5.8%)	33(3.3%)
家庭关系不和谐	1(0.8%)	8(0.8%)

续表

不会选择生孩子的主要原因	不生第一个孩子(62人)选择次数(次)频率	不生第二个孩子(416人)选择次数(次)频率
工作事业不允许	2(1.7%)	35(3.5%)
心态没有准备好	13(10.8%)	42(4.2%)
婚姻不稳定	0	8(0.8%)
只想要儿女双全	0	0
不喜欢孩子	6(5.0%)	4(0.4%)
担心已有孩子的感受	0	23(2.3%)
怀孕太难受	4(3.3%)	25(2.5%)
没有结婚对象或另一半	11(9.2%)	6(0.6%)
孩子不想要弟弟妹妹	0	3(0.3%)
没有原因	2(1.7%)	30(3.0%)
因为生育过程风险大(如剖宫产多了生孩子很危险)	3(2.5%)	21(2.1%)
总计	120(100.0%)	995(100.0%)

相较于不会选择生育第一、二个孩子,调查对象不会选择生育第三、四、五个孩子的原因仍旧主要集中在经济压力大、养育质量难以保障、个人精力时间不够这三点上。另外,生育政策限制也有一定的影响,见表3-38。

表3-38 农村居民不会选择生育第三、四、五个孩子的原因

不会选择生孩子的主要原因	不生第三个孩子(498人)选择次数(次)频率	不生第四个孩子(38人)选择次数(次)频率	不生第五个孩子(14人)选择次数(次)频率
经济压力大(养育孩子、婚礼和彩礼费用高)	348(29.9%)	30(33.3%)	4(19.0%)
孩子养育质量难以保障	154(13.2%)	9(10.0%)	2(9.5%)
没有人帮忙带孩子	61(5.3%)	3(3.3%)	1(4.8%)
个人精力和时间不够	145(12.4%)	14(15.6%)	3(14.3%)
生育政策不允许	166(14.3%)	12(13.3%)	1(4.8%)
医疗条件落后	3(0.3%)	1(1.1%)	0
教育条件落后	8(0.7%)	0	2(9.5%)
过了生育年龄	35(3.0%)	7(7.8%)	1(4.8%)
身体条件不允许	25(2.2%)	3(3.3%)	1(4.8%)
家庭关系不和谐	7(0.6%)	0	0
工作事业不允许	30(2.6%)	4(4.4%)	0
心态没有准备好	27(2.3%)	0	0
婚姻不稳定	2(0.2%)	0	1(4.8%)

续表

不会选择生孩子的主要原因	不生第三个孩子(498人)选择次数(次)频率	不生第四个孩子(38人)选择次数(次)频率	不生第五个孩子(14人)选择次数(次)频率
只想要儿女双全	33(2.8%)	2(2.2%)	1(4.8%)
不喜欢孩子	1(0.1%)	0	0
担心已有孩子的感受	17(1.5%)	1(1.1%)	1(4.8%)
怀孕太难受	39(3.4%)	0	0
没有结婚对象或另一半	5(0.4%)	0	0
孩子不想要弟弟妹妹	4(0.3%)	0	0
没有原因	37(3.2%)	3(3.3%)	2(9.5%)
因为生育过程风险大(如剖宫产多了生孩子很危险)	16(1.4%)	1(1.1%)	1(4.8%)
总计	1163(100.0%)	90(100.0%)	21(100.0%)

(二)生育意愿

本书对农村居民的生育意愿现状统计主要集中于理想生育数量、二孩生育意愿、意愿生育间隔时间以及性别偏好四个方面。

1.理想生育数量

针对1103个调查对象的样本收集情况,除去1个缺失值,且将43个选择"无所谓""不清楚"的样本赋值为意愿生育数量的众数"2个",由此得到有效样本1102个。在此基础上得出农村居民的理想生育数量分布在0—5个范围内,理想生育数量的平均值为1.73,中位数2,标准偏差0.653,方差0.427,农村居民的意愿生育数量较为集中,见表3-39。

表3-39 农村居民理想生育数量描述性统计

调查项	有效个案数	平均值	中位数	众数	标准偏差	方差	偏度	峰度
理想生育数量	1102	1.73	2	2	0.653	0.427	-0.061	2.116

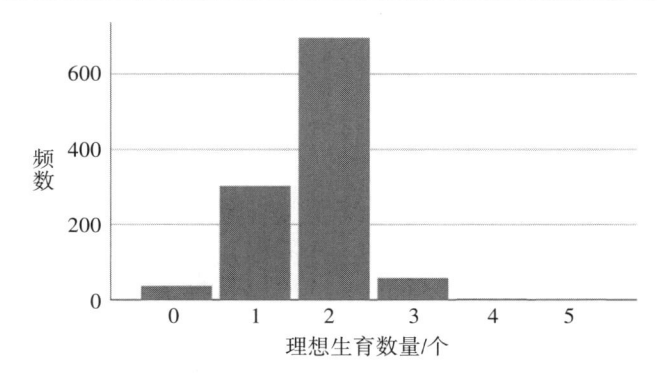

图3-3 农村生育价值观样本理想生育数量

根据农村居民的理想生育数量分布图(图3-3),理想生育4个、5个的个案数过少,将理想生育4个、5个的个案归入理想生育4个的个案组中,最终分布如表3-40所示。理想生育0个、1个、2个、3个孩子的农村居民分别占比3.4%、27.6%、63.2%、5.3%,理想生育4个及以上孩子的占比0.7%。从问卷结果来看,农村居民的理想生育数量为2个的最多,其次是1个。理想生育数量为0、3、4以及5个的样本总共占比不足10%。

表3-40 农村居民理想生育孩子数量分类

理想生育数量		频数	频率
0个		37	3.4%
1个		304	27.6%
2个		696	63.2%
3个		58	5.3%
4个及以上	4个	4	0.4%
	5个	3	0.3%
总计		1102	100%

将农村居民的理想生育数量分为"生0个""生1个""生2个""生3个""生4个及以上"5种类型,对其进行不同亚群的差异分析,从表3-41的结果来看,不同性别的调查对象之间在理想生育数量上没有显著差异,而是否独生、不同地区类型、不同户籍、不同居住地区类型(民族)、不同职业、不同受教育程度、不同婚姻状况的调查对象在理想生育数量上有显著差异。

地区为中部与西部的农村居民理想生育数量更高。为独生子女的农村居民理想生育数量相对更少,主要集中在1个和2个,非独生子女的理想生育数量主要集中在2个。户籍状态为农业户口的农村居民理想生育数量相对更多,生2个及以上的占比比非农业户口和农转非更高。处于少数民族地区的农村居民相对非少数民族地区,理想生育数量为3个及以上的占比更高。职业为薪酬高工作忙型的农村居民理想生育数量更偏向于1个及以下,其他三个类型更偏向于2个及以上。受教育程度为初中及以下的农村居民理想生育数量集中在2个,而高中与大学及以上学历的农村居民理想生育数量更偏向于1个。未婚的农村居民理想生育数量为1个与2个的占比差不多,已婚的农村居民更倾向于生2个。

表3-41 农村居民理想生育数量不同亚群差异分析

类型	亚群(频数)	生0个	生1个	生2个	生3个	生4个及以上	卡方检验 p值
地区	东部(432)	4.4%	35.6%	57.4%	2.3%	0.2%	0.000
	中部(170)	2.9%	31.8%	56.5%	7.6%	1.2%	

续表

类型	亚群(频数)	生0个	生1个	生2个	生3个	生4个及以上	卡方检验p值
地区	西部(500)	2.6%	19.2%	70.4%	7.0%	0.8%	0.000
性别	男(470)	1.7%	27.2%	64.9%	5.7%	0.4%	0.090
	女(632)	4.6%	27.8%	61.9%	4.9%	0.8%	
是否独生子女	非独生子女(892)	2.8%	24.8%	65.4%	6.3%	0.8%	0.000
	独生子女(210)	5.7%	39.5%	53.8%	1.0%	0.0%	
户籍	农业户口(777)	2.3%	25.5%	65.3%	6.3%	0.6%	0.002
	非农业户口(233)	6.9%	33.2%	56.9%	2.2%	0.9%	
	农转非户口(93)	3.2%	31.2%	61.3%	4.3%	0.0%	
居住地类型(民族)	少数民族地区(245)	1.2%	21.2%	65.3%	10.2%	2.0%	0.000
	非少数民族地区(857)	4.0%	29.4%	62.5%	3.9%	0.2%	
职业	薪酬高工作忙型(33)	6.1%	42.4%	51.5%	0.0%	0.0%	0.008
	工作稳定型(214)	6.1%	29.4%	62.1%	1.9%	0.5%	
	收入低无精力型(210)	1.4%	25.7%	69.0%	3.3%	0.5%	
	时间自由型(643)	2.9%	26.8%	62.2%	7.3%	0.8%	
受教育程度	初中及以下(386)	0.8%	15.8%	71.8%	10.1%	1.6%	0.000
	高中(303)	3.0%	29.0%	64.0%	3.6%	0.3%	
	大学及以上(413)	6.1%	37.5%	54.5%	1.9%	0.0%	
婚姻状况	未婚(329)	6.7%	43.8%	48.9%	0.6%	0.0%	0.000
	已婚(773)	1.9%	20.7%	69.2%	7.2%	0.9%	

2.二孩生育意愿

本书另一重要的生育意愿测量变量是二孩生育意愿。国内学术界对于二孩生育意愿的定义尚未统一,这里借鉴甘雪慧、风笑天、甘月文等人研究育龄知识分子二孩生育意愿时采用的操作化定义:"是否打算生育二孩"(甘雪慧、风笑天、甘月文,2021),以及李婉鑫、杨小军等人对二孩生育意愿的分类(李婉鑫、杨小军、杨雪燕,2021)。结合本书的问卷问题"理想生孩子的数量",将其分为想生育二孩(理想生育数量为2个及以上)与不想生育二孩(理想生育数量为2个以下)两类,见表3-42。

表3-42 农村居民是否有二孩生育意愿分布

是否有二孩生育意愿	频数	频率
无二孩生育意愿	341	30.9%
有二孩生育意愿	761	69.1%
总计	1102	100%

通过交叉列联表对农村居民二孩生育意愿进行不同亚群(人口学变量)的差异分析,见表3-43,有关变量均为人口学变量,共14个。从表中结果来看,不同性别、有无宗教信仰以及不同结婚年龄段的调查对象之间在是否有二孩生育意愿上没有显著差异,而是否独生、地区、年龄段、户籍、居住地区类型(民族)、地区城镇化水平、受教育程度、婚姻状况、职业、家庭月收入、就业地点这11个变量与二孩生育意愿有显著相关性。

从东部地区到中部地区再到西部地区,农村居民的二孩生育意愿越来越高。调查期间处于20—30岁的农村居民二孩生育意愿要低于30岁及以上的。独生子女的二孩生育意愿更低。农业户口的农村居民相比于非农户口的居民,有二孩生育意愿的占比更高。处于少数民族地区的农村居民更倾向有二孩生育意愿。远郊地区的居民更倾向于有二孩生育意愿,而近郊和偏远地区有二孩生育意愿的占比相对更低。从初中学历到高中学历再到大学及以上学历,即受教育程度越高,农村居民有二孩生育意愿的占比越低。将农村居民根据是否有过婚姻经验分为已婚和未婚两种婚姻状况,结果显示未婚的农村居民相比于已婚,更倾向于无二孩生育意愿。职业类型为时间自由型、收入低无精力型的农村居民有更强的二孩生育意愿,而工作稳定型、薪酬高工作忙型职业的农村居民二孩生育意愿更弱。家庭月收入越高的农村居民二孩生育意愿越弱,但到了收入最高的层级二孩生育意愿又开始增加。就业地点越是靠近城市,农村居民的二孩生育意愿就越低。

表3-43　农村居民二孩生育意愿不同亚群差异分析

亚群		无二孩生育意愿频数(频率)	有二孩生育意愿频数(频率)	卡方值	p值
地区	东部	173(40.0%)	259(60.0%)	37.440	0.000
	中部	59(34.7%)	111(65.3%)		
	西部	109(21.8%)	391(78.2%)		
年龄段	20—30岁	186(41.8%)	259(58.2%)	41.228	0.000
	31—40岁	85(22.8%)	288(77.2%)		
	41—59岁	70(24.7%)	213(75.3%)		
性别	男	136(28.9%)	334(71.1%)	1.546	0.214
	女	205(32.4%)	427(67.6%)		
是否独生子女	非独生子女	246(27.6%)	646(72.4%)	24.808	0.000
	独生子女	95(45.2%)	115(54.8%)		
户籍状态	农业户口	216(27.8%)	561(72.2%)	13.193	0.001
	农转非户口	32(34.4%)	61(65.6%)		
	非农业户口	93(40.1%)	139(59.9%)		

续表

亚群		无二孩生育意愿频数(频率)	有二孩生育意愿频数(频率)	卡方值	p值
居住地类型(民族)	少数民族地区	55(22.4%)	190(77.6%)	10.639	0.001
	非少数民族地区	286(33.4%)	571(66.6%)		
地区城镇化水平	近郊地区	212(34.2%)	408(65.8%)	9.075	0.011
	远郊地区	92(25.1%)	275(74.9%)		
	偏远地区	37(32.2%)	78(67.8%)		
受教育程度	初中及以下	64(16.6%)	322(83.4%)	68.308	0.000
	高中	97(32.0%)	206(68.0%)		
	大学及以上	180(43.6%)	233(56.4%)		
婚姻状况	未婚	166(50.5%)	163(49.5%)	83.567	0.000
	已婚	175(22.6%)	598(77.4%)		
宗教信仰	无宗教信仰	42(26.9%)	114(73.1%)	1.375	0.241
	有宗教信仰	299(31.6%)	647(68.4%)		
职业	薪酬高工作忙型	16(48.5%)	17(51.5%)	8.681	0.034
	工作稳定型	76(35.5%)	138(64.5%)		
	收入低无精力型	57(27.1%)	153(72.9%)		
	时间自由型	192(29.8%)	453(70.2%)		
家庭月收入	1000元以下	16(37.2%)	27(62.8%)	19.092	0.002
	1000~<3000元	52(24.9%)	157(75.1%)		
	3000~<5000元	99(26.5%)	275(73.5%)		
	5000~<7000元	69(32.9%)	141(67.1%)		
	7000~<10000元	67(42.9%)	89(57.1%)		
	10000元及以上	36(33.3%)	72(66.7%)		
就业地点	户籍所在乡镇	91(21.6%)	330(78.4%)	28.700	0.000
	户籍所在区县	80(34.3%)	153(65.7%)		
	户籍所在市	90(37.7%)	149(62.3%)		
	户籍所在市以外	80(38.3%)	129(61.7%)		
结婚年龄段	22岁以下	21(17.2%)	101(82.8%)	2.719	0.2577
	22—27岁	133(23.5%)	432(76.5%)		
	28岁及以上	22(25.6%)	64(77.2%)		

从图3-4可以看出,在调研的16个地区中,可以把农村居民有无二孩生育意愿占比差异分为4个层级。第一个层级为有二孩生育意愿占比相对更高的地区,主要包括贵州、河南、西藏、云南和山东。重庆、四川、山西、京津地区的农村居民有无二孩生育意愿占比的差距相对更小,为第二层级。第三层级的广东、湖北、河北、吉林四个地区的农村居民有

无二孩生育意愿的占比差距不大。而上海相对比较特殊，位于第四层级，上海地区无二孩生育意愿的农村居民比有二孩生育意愿的占比更高。

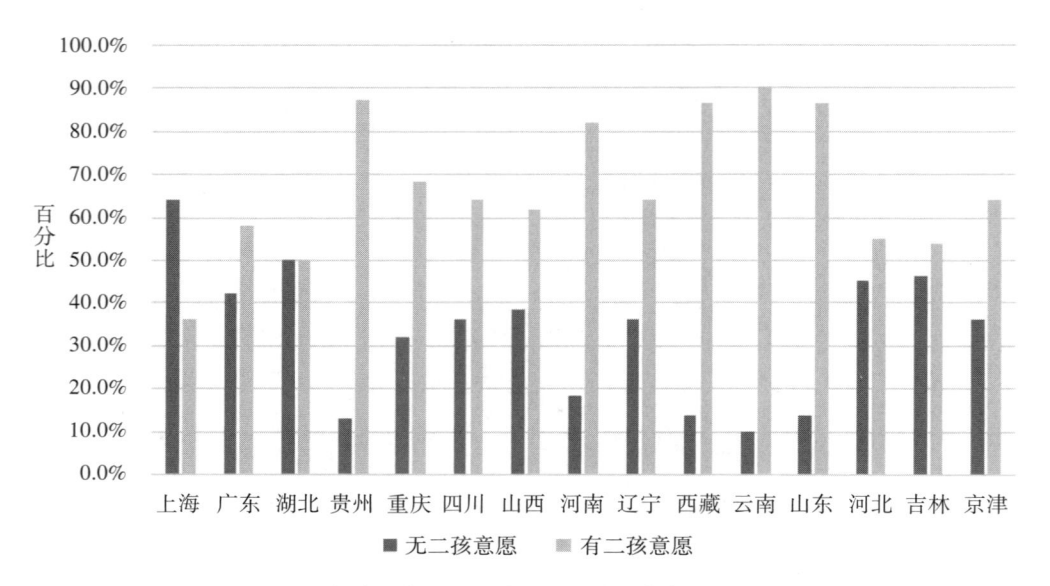

图3-4 各地区农村居民是否有二孩生育意愿百分比分布

3.意愿生育间隔时间

通过问题"您认为孩子之间差多大比较合适"来收集农村居民的意愿生育间隔时间。根据调查结果显示，见表3-44，有42.6%的调查对象认为，孩子之间差3—4年是最合适的；其次是认为1—2年的生育间隔时间最合适，占比24.8%；16.6%的农村居民认为5—6年的生育间隔时间最合适。同时，有14.8%的农村居民认为如果要生多个孩子，孩子之间没有特定的时间差。

表3-44 农村居民意愿生育孩子间隔时间

意愿生育间隔时间		频数	频率
2年及以下	1年以下	13	1.2%
	1—2年	273	24.8%
3—4年		470	42.6%
5年及以上	5—6年	145	13.1%
	7—9年	38	3.4%
	10年及以上	1	0.1%
没有特定的时间差		163	14.8%
总计		1103	100%

4.性别偏好

对有效样本的农村居民生育孩子性别的意愿进行分析,从表3-45可以看出,针对第一个孩子,有52.2%的农村居民想要生育男孩,想要生育女孩的农村居民占比36%,不在乎孩子性别的仅占11.8%。对于生育的第二个孩子,希望是女孩的占比更高,达到了54.5%。结果显示,农村居民对于生育的第一个孩子的性别依旧有着男孩性别偏好,而对于第二个孩子的性别则更希望是女孩,对第三个及以后的孩子没有明显的性别偏好。

表3-45 农村居民理想生育孩子性别偏好

性别偏好	第一个孩子频数(频率)	第二个孩子频数(频率)	第三个孩子频数(频率)	第四个孩子频数(频率)	第五个孩子频数(频率)
男孩	536(52.2%)	271(38.1%)	30(45.5%)	0	2(66.7%)
女孩	369(36.0%)	388(54.5%)	29(43.9%)	5(71.4%)	0
无所谓	121(11.8%)	53(7.4%)	7(10.6%)	2(28.6%)	1(33.3%)
总计(有效值)	1026	712	66	7	3

因为选择生育三个及以上孩子的农村居民样本不多,这里在分析性别组合偏好时将仅集中在有效的意愿生育一个和两个孩子的样本,见表3-46。在仅意愿生育一个孩子的农村居民中,想要生男孩的占比42.8%,想生女孩的占比36.7%,认为男女都可以的占比20.5%,男女的性别偏好不明显。在意愿生育两个孩子的农村居民中,性别偏好组合为一男一女的占比最高,大多数想生两个孩子的农村居民都更偏向于儿女双全。其中生育第一个为男孩、第二个为女孩的组合选择占比最高,为52.9%;想要生育第一个为女孩、第二个为男孩的组合选择占比32%。

表3-46 农村居民理想生育孩子性别组合偏好

性别组合偏好		频数	频率
仅生1个(n=311人)	男	133	42.8%
	女	114	36.7%
	无所谓	64	20.5%
生2个(n=626人)	两个都是男孩	27	4.3%
	两个都是女孩	24	3.8%
	先男后女	331	52.9%
	先女后男	200	32.0%
	无所谓	44	7.0%

(三)生育行为

在生育行为部分,主要分为实际生育数量、初育年龄以及实际生育孩子性别三个方面。

1.实际生育数量

对农村居民的实际生育孩子数量进行统计,由表3-47、表3-48和图3-5可以看出,其实际生育数量范围为0—6个,分别有34.9%和33.5%的农村居民的实际生育孩子数为0和1个,生育2个孩子的农村居民占比27%,生育3个孩子及以上的农村居民占比很少,实际生育孩子数量平均值为1.03,中位数1,标准偏差0.943,方差0.888。

表3-47 农村居民实际生育孩子数量描述性分析

	有效个案数	平均值	中位数	众数	标准偏差	方差	偏度	峰度
实际生育数量	1103	1.03	1	0	0.943	0.888	0.698	0.585

表3-48 农村居民实际生育孩子数量分类

实际生育数量		频数	频率
0个		385	34.9%
1个		369	33.5%
2个		297	26.9%
3个		40	3.6%
4个及以上	4个	9	0.8%
	5个	2	0.2%
	6个	1	0.1%
总计		1103	100%

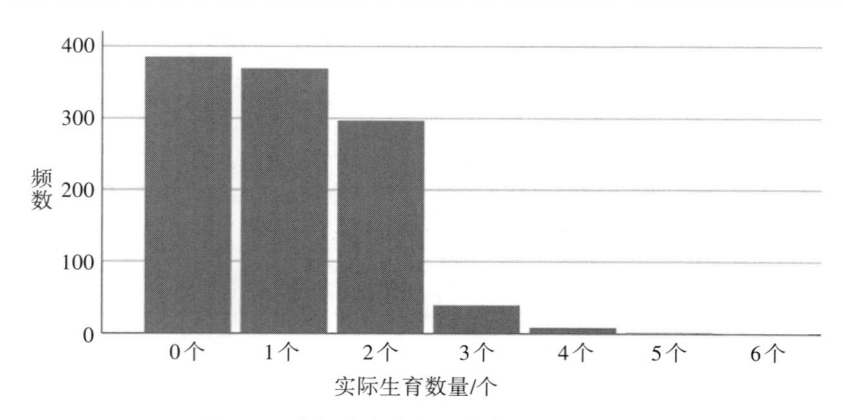

图3-5 农村生育价值观样本实际生育数量

将农村居民的实际生育数量分为"生0个""生1个""生2个""生3个""生4个及以上"五种类型,对其进行不同亚群的差异分析,从表3-49的结果来看,不同性别的调查对象之间在实际生育数量上没有显著差异,而不同地区、是否独生、不同年龄段、不同户籍、不同居住地区类型(民族)、不同受教育程度的调查对象在实际生育数量上有显著差异。处于不同地区时,东部地区的农村居民实际生育数量为1个的相对更多,生育数量相对更低;中部、西部地区实际生育数量为2个及以上的相对更多,生育数量更高。为独生子女的农村居民实际生育数量相对更少,主要集中在0个和1个,非独生子女的实际生育数量主要集中在1个和2个。年龄在20—30岁的农村居民生育数量集中在0个,31—40岁与41—59岁的农村居民实际生育数量集中在1个和2个,且相对于其他两组,41—59岁的农村居民高生育数量的概率更高。户籍状态为农业户口的农村居民实际生育数量相对更多,生2个及以上的占比相对非农业户口和农转非户口更高。处于少数民族地区的农村居民相对非少数民族地区,实际生育数量为2个及以上的占比更高,生育1个的占比更低。职业为薪酬高工作忙型、工作稳定型的农村居民的实际生育数量相对更少,而收入低无精力型、时间自由型职业的农村居民的实际生育数量相对更高。受教育程度为初中以下的农村居民实际生育数量集中在1个和2个,高中学历的农村居民生育数量集中在1个,而大学及以上学历的农村居民实际生育数量集中在0个,即还未生育或者是不想生。

表3-49 农村居民实际生育数量不同亚群差异分析

类型	亚群(频数)	生0个	生1个	生2个	生3个	生4个及以上	卡方检验显著性
性别	男(470)	37.2%	34.3%	24.3%	3.0%	1.3%	0.307
	女(633)	33.2%	32.9%	28.9%	4.1%	0.9%	
地区	东部(433)	37.0%	43.4%	18.0%	1.6%	0%	0.000
	中部(170)	31.8%	30.0%	29.4%	8.2%	0.6%	
	西部(500)	34.2%	26.0%	33.8%	3.8%	2.2%	
是否独生子女	非独生子女(892)	29.8%	34.3%	30.6%	3.9%	1.3%	0.000
	独生子女(211)	56.4%	29.9%	11.4%	2.4%	0%	
年龄段	20—30岁(446)	74.0%	17.9%	8.1%	0.0%	0%	0.000
	31—40岁(373)	12.6%	43.2%	38.3%	5.4%	0.5%	
	41—59岁(283)	2.8%	44.9%	41.7%	7.1%	3.5%	
户籍状态	农业户口(777)	32.8%	30.1%	31.0%	4.6%	1.4%	0.000
	非农业户口(233)	43.8%	39.9%	14.6%	1.3%	0.4%	
	农转非户口(93)	30.1%	45.2%	23.7%	1.1%	0%	

续表

类型	亚群(频数)	生0个	生1个	生2个	生3个	生4个及以上	卡方检验显著性
地区类型（民族）	少数民族地区(245)	34.7%	26.5%	30.6%	4.5%	3.7%	0.000
	非少数民族地区(858)	35.0%	35.4%	25.9%	3.4%	0.3%	
职业	薪酬高工作忙型(33)	33.3%	39.4%	24.2%	3.0%	0	0.000
	工作稳定型(215)	38.1%	43.3%	17.7%	0.9%	0	
	收入低无精力型(210)	26.2%	42.4%	28.1%	2.9%	0.5%	
	时间自由型(643)	36.7%	27.0%	29.8%	4.8%	1.7%	
受教育程度	初中及以下(386)	9.6%	32.9%	46.9%	8.3%	2.3%	0.000
	高中(303)	29.7%	42.9%	25.1%	2.0%	0.3%	
	大学及以上(414)	62.3%	27.1%	9.7%	0.5%	0.5%	

2.初育年龄

以问题"生育第一个孩子的年龄"对农村居民的初育年龄进行统计,除去还没有生育过的样本377个,对剩下的726个样本进行统计。由表3-50可以看出,在已经生育过孩子的农村居民中,初育年龄为22—25岁的样本有436人,占比最高60.0%,其次为26—29岁,占比22.2%。从1990年至2017年,我国育龄妇女平均初婚年龄推迟4岁多,从21.4岁提高到25.7岁,并有继续走高趋势;平均初育年龄也从23.4岁提高到26.8岁。①有将近70%的农村居民初育年龄比2017年我国平均初育年龄要早,说明农村居民相对全国总体水平生育第一个孩子的年龄更小。

表3-50 农村居民初育年龄

初育年龄		频数	频率
22岁以下		84	11.6%
22—25岁		436	60.0%
26—29岁		161	22.2%
30岁及以上	30—33岁	41	5.7%
	34—37岁	4	0.5%
总计		726	100%

对不同亚群的农村居民初育年龄进行分析,将初育年龄分为22岁以下、22—25岁、26—29岁、30岁及以上四个类别。如表3-51结果所示,东部地区的农村居民初育年龄更

①数据来源于国家统计局。

集中在22—25岁,中部、西部地区相对东部地区农村居民初育年龄在22岁以下、26—29岁的占比更高。年龄处于20—30岁的农村居民初育年龄更小,30岁及以上的居民初育年龄相对更大。男性相比于女性在高初育年龄段的占比更高。少数民族地区农村居民初育年龄相对更高。受教育程度在大学及以上的农村居民初育年龄要高于大学以下学历的农村居民,初育年龄在26岁及以上的占比更高。职业为薪酬高工作忙型、工作稳定型的农村居民初育年龄相对于收入低无精力型、时间自由型的更高,更倾向于在26岁及以后生育。

表3-51 农村居民初育年龄不同亚群差异分析

	亚群	22岁以下	22—25岁	26—29岁	30岁及以上	频数总计	p值
地区	东部	8.3%	65.6%	18.1%	8.0%	276	0.029
	中部	15.5%	56.0%	25.9%	2.6%	116	
	西部	12.9%	56.9%	24.3%	6.0%	334	
年龄段	20—30岁	20.8%	65.0%	13.3%	0.8%	120	0.000
	31—40岁	9.1%	56.7%	26.5%	7.6%	328	
	41—59岁	10.5%	62.1%	20.9%	6.5%	277	
性别	男	8.4%	57.7%	26.8%	7.0%	298	0.015
	女	13.8%	61.7%	18.9%	5.6%	428	
居住地区	少数民族地区	5.6%	59.4%	32.5%	2.5%	160	0.000
	非少数民族地区	13.3%	60.2%	19.3%	7.2%	566	
受教育程度	初中及以下	16.1%	60.3%	20.4%	3.1%	353	0.000
	高中	9.9%	65.3%	17.8%	7.0%	213	
	大学及以上	3.8%	52.5%	31.9%	11.9%	160	
职业类型	薪酬高工作忙型	4.5%	54.5%	36.4%	4.5%	22	0.000
	工作稳定型	5.1%	50.0%	35.3%	9.6%	136	
	收入低无精力型	9.6%	64.1%	20.5%	5.8%	156	
	时间自由型	14.8%	62.1%	17.7%	5.3%	412	

3.实际生育孩子性别

对农村居民当时的实际生育状况进行分析,见表3-52,农村居民的第一(二、三、四、五)个孩子的性别占比没有显著差异,男女比例均呈大致相等的状态,理想生育孩子的性别偏好并没有明显地表现出来。

表3-52 农村居民实际生育孩子性别

孩子性别	第一个孩子频数(频率)	第二个孩子频数(频率)	第三个孩子频数(频率)	第四个孩子频数(频率)	第五个孩子频数(频率)
男	370(51.5%)	197(56.1%)	29(55.8%)	5(41.7%)	2(66.7%)
女	348(48.5%)	154(43.9%)	23(44.2%)	7(58.3%)	1(33.3%)
总计(有效值)	718	351	52	12	3

(四)生育控制

调查农村居民为控制生育行为所采取的措施,通过问卷问题"通常使用的避孕方式"来收集信息,收集到有效回答799份。将避孕方式分为长效避孕、短效避孕及不避孕三种类型(赵思博、丁志宏,2021),从表中可以看出,农村居民使用频率最高的避孕方式为短效避孕,占比65.4%,其中包括使用避孕套、体外射精、口服避孕药、使用安全期法推算等类型。其次为长效避孕方式,占比25.7%,包括使用子宫内避孕器(避孕环)、结扎避孕两个类型。不采取措施避孕的被调查者占比较低,见表3-53。

表3-53 农村居民避孕方式

避孕方式		频数	频率	总计
短效避孕	避孕套	375	46.9%	65.4%
	体外射精	84	10.5%	
	口服避孕药	40	5.0%	
	使用安全期法推算	24	3.0%	
长效避孕	使用子宫内避孕器(避孕环)	143	17.9%	25.7%
	结扎避孕	62	7.8%	
不避孕		15	1.9%	1.9%
其他		56	7.0%	7.0%
总计		799	100%	100%

(五)生育手段

将农村居民的意愿选择的生育医院、生育孩子的方式、拥有孩子的方式三个方面归类为生育手段。对调查对象认为的"人们一般会选择的生育医院"结果进行统计,将问卷中的多个类型生育医院(在家生育、村卫生室/社区卫生服务站、乡镇卫生院、农村县级医院、城市一级医院、城市二级医院、城市三级医院、私人诊所/医院、其他)分为如表3-54所示四个类型,选择频率最高的是市级医院,占比57.3%,其次是农村县级医院,占比32.7%,说明农村居民非常重视生育时的医疗条件,有将近九成的居民在生育时选择县级以上的医院作为生育医院。关于农村居民"已经选择或将会生育孩子的方式",将近一半的农村居民选择顺产的生育方式,选择剖宫产的农村居民较少,占比16.4%。收集农村居民关于选择拥有孩子的方式的数据,35.5%的农村居民认为"如果身体不适合生孩子,人们一般选择的拥有孩子的方式"是领养,占比35.5%,其次是采用试管婴儿的方式,占比26.2%。

表3-54 农村居民生育方式选择

类型		频数	频率
生育医院选择 (n=1103人)	乡镇及以下医院诊所	84	7.6%
	农村县级医院	361	32.7%
	市级医院	632	57.3%
	其他	26	2.4%
生育孩子方式 (n=1103人)	顺产	537	48.7%
	剖宫产	181	16.4%
	不确定	249	22.6%
	都有	108	9.8%
	不打算生育	28	2.5%
拥有孩子的方式 (n=1103人)	领养	392	35.5%
	试管婴儿	289	26.2%
	不要孩子	188	17.0%
	人工受孕	108	9.8%
	其他	126	11.4%

二、养育观

根据问卷的问题设置,将农民的生育价值观中"育"这一方面的有关问题主要分成养育困境、养育方式、养育期待、养育需求四个部分。

(一)养育困境

将养育孩子的困难分为如表3-55所示八个方面,将其操作化为问题"您认为人们养育孩子最大的困难在于?",对农村居民认为养育孩子最大的困难进行分析汇总。有56.6%的农村居民认为养育孩子最大的困难在于"经济压力大",包括孩子的教育、生活费用、未来的结婚费用等,也即养育孩子的经济成本仍然是农村居民养育孩子的主要衡量维度。同时也有不少的农村居民(17%)已经意识到,养育孩子的困难也同样会出现在"缺乏科学的教养方式"上,开始注重孩子的质量。同时也有部分农村居民认为"照顾孩子缺乏人手""隔代养育观念差异,长辈的干预""教育条件缺乏,择校困难"是养育孩子最大的困难。

表3-55 农村居民养育孩子最大的困难

养育孩子最大的困难	频数	频率
经济压力大(如教育费用、生活费用、彩礼婚礼等)	624	56.6%
缺乏科学的教养方式	188	17.0%
照顾孩子缺乏人手	91	8.3%
隔代养育观念差异,长辈的干预	68	6.2%
教育条件缺乏,择校困难	60	5.4%
怕与孩子有代沟,关系疏远	35	3.2%
孩子在家庭中会受到性别歧视	16	1.5%
不清楚	21	1.9%
总计	1103	100%

(二)养育方式

考察农村居民对孩子的养育方式情况,本问卷将分为孩子接受教育的理想学校、孩子主要教养人、陪伴孩子合适的时间、与孩子形成的相处方式四个方面,见表3-56。

有47.8%的农村居民认为"人们一般会将孩子送去接受基础教育的学校"是县级学校(含本县一般学校、本县重点学校),其次28.2%的农村居民认为是市级学校(含本市一般学校、本市重点学校),认为是市外(含本省其他市县一般学校、本省其他市县重点学校、外省一般学校、外省重点学校)及乡镇以下的学校占比不高,表明当前农村居民认为农村学生的教育资源集中在县级地区与市级地区,体现出农村教育资源的城镇化,乡镇、村办的学校已经不是农村居民的教育首选,城乡教育资源的差距是首要原因。

对于问题"您认为孩子主要由谁来教养比较合适",也即孩子的主要教养人,83.4%的农村居民认为自己或配偶来教养最合适,其次是选择自己的父母来教养,占比11.8%,体现出农村居民对于孩子养育的重视。

农村居民在选择陪伴孩子最合适的时间时,64.2%选择了处于第二层级的"经常陪伴",仅25.1%的农村居民选择了第一层级的"一直陪伴",很少有农村居民认为"偶尔陪伴、很少陪伴"是合适的同子女相处频率的方式,归类为"较少陪伴"类型,占比10.7%。

农村居民与孩子的相处形式方面,通过问题"大多数时候,您打算或已与孩子形成的相处方式"了解农村居民与其孩子的家庭相处模式,76.5%的农村居民认为"父母与孩子一起商量"是自己会选择或已经形成的方式,比较注重家庭之间的平等交流,仍有10.4%的农村居民认为家庭中应该由父母说了算,注重父母的权威。

表3-56 农村居民孩子养育方式选择

类型			频数	频率
孩子接受教育理想学校 (n=1103人)	村办学校		91	8.3%
	乡镇学校		149	13.5%
	县级学校		527	47.8%
	市级学校	市级学校	311	28.2%
		本市以外学校	25	2.3%
孩子主要教养人 (n=1103人)	自己或配偶		920	83.4%
	父母		130	11.8%
	学校		39	3.5%
	其他		14	1.3%
陪伴孩子合适时间 (n=1103人)	一直陪伴		277	25.1%
	经常陪伴		708	64.2%
	较少陪伴	偶尔陪伴	104	9.4%
		很少陪伴	14	1.3%
与孩子相处方式 (n=1103人)	父母都顺着孩子		19	1.7%
	父母与孩子一起商量		844	76.5%
	孩子说了算		6	0.5%
	父母说了算		115	10.4%
	不一定		119	10.8%

(三)养育期待

农村居民对孩子的养育期待主要通过"认为父母一般期望孩子以后定居和工作的地方"这一问题了解其现状,如表3-57所示,绝大多数农村居民都期待孩子能够在城市里工作、定居,占比90%左右,其中大城市占比52%,中小城市占比38.3%。总体来看,农村居民对孩子未来的发展抱有较高的期望,绝大多数研究对象都期望孩子能在城市中定居。这也说明，在农村居民看来，城市是比农村更适合工作、定居的地方。

表3-57 农村居民对孩子未来定居工作地点期待

期待孩子未来定居的工作地点		频数	频率
县及以下	农村	4	0.4%
	镇	20	1.8%
	县	83	7.5%
中小城市		422	38.3%
大城市		572	52.0%
总计		1101	100%

（四）养育需求

本问卷对农村居民在养育孩子方面的需求通过所需政策支持与期待农村的改变两个方面了解具体信息，见表3-58。对农村居民认为的生育孩子所需政策支持进行统计，将政策支持分为经济、教育、医疗、家庭教养、心理、社保、婚介、托管八个方面，不设置选择次数，最终得到如表3-58所示农村居民所需政策支持分布表。农村居民选择频次最高的也即认为当前最需要的是经济方面，"增加经济收入，提供生育经济援助"，占比36.6%；其次是教育方面，"提高农村教育资源的投入与帮助"，占比24.5%；再次为医疗需求，"提高农村医疗资源投入与帮助"，占比12.9%。

以"当农村有什么改变，你认为父母会建议孩子回到农村生活"统计当前农村居民期待农村会有的改变，选择频率最高的三项分别为"农村收入变高""农村有自己的产业""农村教育质量变好"，分别占比26.4%、20.0%、16.0%，也即集中在经济、教育两方面的发展上。农村居民认为要想建议孩子回农村生活，需要农村的经济、教育两方面取得发展，这与农村居民所需的政策支持相对应，表现出农村居民养育需求方面对经济和教育投入最大的关注。

表3-58 农村居民生育所需政策支持

	选项	频数	频率
所需政策支持（n=1103人）	增加经济收入，提供生育经济援助	630	36.6%
	提高农村教育资源的投入与帮助	422	24.5%
	提高农村医疗资源投入与帮助	222	12.9%
	提供家庭教养指导	139	8.1%
	提供多种社会保险方式	133	7.7%

续表

	选项	频数	频率
所需政策支持 (n=1103人)	提供生育期男女的心理健康援助	90	5.2%
	提供正规的婚介服务	34	2.0%
	孩子托管	49	2.9%
	总计	1719	100%
期待农村的改变 (n=1103人)	农村收入变高	291	26.4%
	农村有自己的产业	221	20.0%
	农村教育质量变好	177	16.0%
	农村医疗完善且成本低	89	8.1%
	农村交通便捷	77	7.0%
	自然环境得到改善	76	6.9%
	农村的邻里关系友好,文化氛围浓	44	4.0%
	其他	36	3.3%
	不清楚	92	8.3%
	总计	1103	100%

第三节　农村生育价值观影响因素分析

本部分将结合已有生育价值观相关研究文献结论与本书问卷数据,利用统计分析工具,通过变量相关性分析与建立回归模型,探析农村居民生育价值观的影响因素。

一、相关性分析

本书对生育价值观的影响因素测量主要集中在生育意愿、生育行为两方面,以二孩生育意愿、理想子女数量、意愿生育间隔时间、实际生育数量为核心被解释变量,结合已有相关研究中的影响因素以及问卷部分变量作为解释变量,对解释、被解释的相关变量进行相关性分析,以便后续做影响因素分析。根据不同被解释变量,将以下相关分析分为生育意愿(二孩生育意愿、理想子女数量、意愿生育间隔时间)相关变量分析以及生育行为(实际生育数量)相关变量分析两个部分,具体结果如下。

(一)生育意愿相关变量

目前生育意愿的影响因素在社会学、经济学、人口学等诸多领域都是研究热点,在微观、中观、宏观的角度都有相当多的研究成果。有研究指出,受访者的性别对其二孩生育意愿有显著影响(钟晓华,2016);农村居民的"兄弟姐妹数、月收入"对其二孩生育意愿有正向作用;"受教育程度、一孩年龄"对其二孩生育意愿有负向作用;一胎孩子为女孩的居民比一胎孩子为男孩的居民二孩生育意愿更强(田立法等,2017);隔代照料孩子能够提高二孩生育意愿(田艳芳、卢诗语、张苹,2020);母亲的年龄、学历、职业,一孩的性别、夫妻二人迁移经历都会对家庭的二孩生育意愿产生影响(张勇、尹秀芳、徐玮,2014)。社会保障制度的逐步完善会通过降低居民对子女养老的依赖程度而减弱其生育意愿(黄秀女、徐鹏,2019);此外,宏观层面的生育政策也会影响个人的生育意愿(贾志科,2009)。

对于生育间隔影响因素方面的研究指出,不同出生地域、年龄、文化程度和是否独生子女的在职青年,在理想二孩生育间隔和打算二孩生育间隔等指标上均存在不同程度的差异(贾志科、罗志华、王思嘉,2023);越有经济实力以及在工作中担任重要职位的女性越有可能扩大生育间隔(赵昕东、李翔,2018)。

结合已有理论基础,对生育意愿的操作化变量"二孩生育意愿""理想生育数量""意愿生育间隔时间"进行相关变量的相关性分析。

1.二孩生育意愿相关变量分析

(1)二孩生育意愿与定类、定序变量

前文在描述不同亚群二孩生育意愿分布部分已经将14个人口学变量与二孩生育意愿的相关性进行分析,得到有显著相关性的变量包括:是否独生、地区、年龄段、户籍、地区类型(民族)、地区城镇化水平、受教育程度、婚姻状况、职业、家庭月收入、就业地点11个。

这里将家庭因素变量与社会因素变量同二孩生育意愿做相关性分析,同时加入"生育第一个孩子性别""是否有孩子""性别(已育一女)"三个变量。是否有孩子通过变量"实际生育数量"中生育数量为0个、1个及以上进行操作化,分别赋值0和1;变量"性别(已育一女)"考察已经生育一个女儿的农村男性与女性是否有二孩生育意愿差异,将研究对象限定在生育第一个孩子是女孩的样本中,提取出348个有效样本。

据表3-59中结果可得,与配偶相处时间、父母提供的照顾支持状况、家中老人的赡养人、政策允许生育数量、养老保险、生育第一个孩子性别、性别(已育一女)7个变量同二孩生育意愿做显著性检验的 p 值分别为0.275、0.853、0.366、0.316、0.882、0.252、0.783,均大于0.05,即变量间相关性不显著;其余变量与二孩生育意愿的相关性显著,包括同龄人孩子数量、医疗资源、教育资源、医疗保险、是否有孩子、对附近学校满意程度6个变量,$p<0.05$,差

异具有统计学意义,可以进行后续回归分析。所以,在与二孩生育意愿做相关性分析的所有26个变量中,有显著相关性的变量共有17个。

从表3-59中可以大致看出,农村居民的二孩生育意愿会随着同龄人孩子个数的增加而提高。在医疗资源、教育资源方面,距离家中最近的医院与学校的行政级别越高(从村级到市级),二孩生育意愿大致上就越弱,即医疗、教育资源越好农村居民的二孩生育意愿越弱。医疗保险选择不清楚,即明确是否有医疗保险的农村居民二孩生育意愿更强,但有医疗保险的农村居民与没有保险的二孩生育意愿占比相近。已经有孩子的农村居民有二孩生育意愿比率要显著高于没有孩子的居民。

表3-59 农村居民二孩生育意愿与分类、有序变量相关性分析

变量	亚群	无二孩生育意愿频数(频率)	有二孩生育意愿频数(频率)	卡方值	p值
与配偶相处时间	一直一起	48(22.9%)	162(77.1%)	2.580	0.275
	经常一起	89(25.8%)	256(74.2%)		
	较少一起	42(19.9%)	169(80.1%)		
父母提供的照顾支持状况	没有	93(20.9%)	353(79.1%)	0.034	0.853
	有	60(21.4%)	220(78.6%)		
同龄人孩子数量	0个	79(54.9%)	65(45.1%)	88.549	0.000
	1个	158(38.3%)	255(61.7%)		
	2个	90(19.4%)	373(80.6%)		
	3个及以上	10(13.5%)	64(86.5%)		
家中老人的赡养人	自己	105(32.9%)	214(67.1%)	0.817	0.366
	其他人	236(30.1%)	547(69.9%)		
政策允许生育数量	1个	2(25.0%)	6(75.0%)	2.303	0.316
	2个	308(31.7%)	663(68.3%)		
	3个及以上	31(25.2%)	92(74.8%)		
医疗资源	村卫生室	106(25.3%)	313(74.7%)	19.650	0.000
	乡镇卫生院	85(30.4%)	195(69.6%)		
	农村县级医院	41(29.5%)	98(70.5%)		
	市级医院	109(41.3%)	155(58.7%)		
教育资源	村办学校	93(26.6%)	256(73.4%)	27.327	0.000
	乡镇学校	102(27.3%)	271(72.7%)		
	本县学校	82(32.5%)	170(67.5%)		
	本市学校	64(50.0%)	64(50.0%)		

续表

变量	亚群	无二孩生育意愿频数(频率)	有二孩生育意愿频数(频率)	卡方值	p值
医疗保险	是	327(30.5%)	744(69.5%)	7.669	0.022
	否	4(26.7%)	11(73.3%)		
	不清楚	10(62.5%)	6(37.5%)		
养老保险	是	181(30.4%)	414(69.6%)	0.252	0.882
	否	148(31.2%)	327(68.8%)		
	不清楚	10(34.5%)	19(65.5%)		
生育第一个孩子性别	男	83(22.4%)	287(77.6%)	1.311	0.252
	女	66(19.0%)	282(81.0%)		
是否有孩子	没有孩子	192(50.0%)	192(50.0%)	100.159	0.000
	有孩子	149(20.8%)	569(79.2%)		
性别(已育一女)	男	25(18.2%)	112(81.8%)	0.076	0.783
	女	41(19.4%)	170(80.6%)		

(2)二孩生育意愿与定距变量

这一部分主要是分析二孩生育意愿的相关定距变量,将可能对农村居民二孩生育意愿有影响的因素,包括家庭关系满意度、与伴侣关系满意度、与伴侣父母关系满意度、与孩子关系满意度、商业保险种数、对附近学校满意程度6个因素,采用Eta系数,与二孩生育意愿进行相关性分析。结果显示(表3-60),家庭关系满意度、与伴侣关系满意度、与伴侣父母关系满意度、与孩子关系满意度、商业保险种数5个变量与二孩生育意愿都没有显著相关性,$p>0.05$,Eta系数非常小。仅有对附近学校满意程度变量与二孩生育意愿显著相关,$p<0.001$。

表3-60 农村居民二孩生育意愿与有关定距变量相关性分析

被解释变量	解释变量	ANOVA系数值	显著性p	Eta系数
二孩生育意愿	家庭关系满意度	0.874	0.350	0.001
	与伴侣关系满意度	0.044	0.834	0.000
	与伴侣父母关系满意度	0.778	0.378	0.001
	与孩子关系满意度	0.984	0.321	0.001
	商业保险	1.725	0.189	0.002
	对附近学校满意程度	18.569	0.000	0.017

2.理想生育数量相关变量分析

对理想生育数量相关变量的定类与有序变量相关分析已经在前文生育意愿统计描述部分呈现,表3-61的结果显示,是否独生、不同地区类型、不同户籍、不同居住地区类型(民族)、不同职业、不同婚姻状况的调查对象在理想生育数量上有显著差异。

将理想生育数量操作化为有序变量,与相关的自变量进行相关性分析,两个有序变量、有序与定距变量间的相关性分析采用Spearman等级相关系数,具体结果如表3-61所示。

对可能对理想生育数量有影响的10个关键变量与其进行Spearman相关分析,包括受教育程度、地区城镇化水平、家庭月收入、与配偶相处时间、同龄人孩子数量、政策允许生育数量、家庭关系满意程度、与伴侣的关系满意程度、与伴侣父母的关系满意程度、与孩子的关系满意程度。从表中所得结果来看,与配偶相处时间、家庭关系满意程度、与伴侣的关系满意程度、与伴侣父母的关系满意程度、与孩子的关系满意程度与理想生育数量没有显著相关性,$p>0.05$。其他5个变量具有统计学意义,包括受教育程度、地区城镇化水平、家庭月收入、同龄人孩子数量、政策允许生育数量,$p<0.05$。

表3-61　农村居民理想生育数量与有序、定距相关变量相关性分析

被解释变量	解释变量	Spearman相关系数	Sig.(双尾)	n(频数)
理想生育数量	受教育程度	−0.278	0.000**	1102
	地区城镇化水平	0.082	0.006**	1102
	家庭月收入	−0.099	0.001**	1100
	与配偶相处时间	−0.002	0.963	766
	同龄人孩子数量	0.332	0.000**	1094
	政策允许生育孩子数量	0.084	0.005**	1101
	家庭关系满意程度	−0.011	0.706	1101
	和伴侣或配偶的关系满意度	−0.029	0.408	826
	和伴侣或配偶的父母关系满意度	−0.041	0.236	817
	和孩子的关系满意度	−0.009	0.799	729

注:**代表$p<0.05$。

3.意愿生育间隔时间相关变量分析

根据已有对生育间隔影响因素的研究结果,结合本书问卷数据,考察地区、城镇化水平、性别、职业类型、年龄段、受教育程度、是否独生7个变量与意愿生育间隔时间之间的相关关系。

对意愿生育间隔时间进行影响因素分析,将其划分为三类,"2年及以下、3—4年、5年及以上",将选择"没有特定的时间差"设定为缺失值,共得有效问卷940份。从相关性检验

结果来看,地区类型、性别、地区城镇化水平、是否独生子女与意愿生育间隔时间有显著相关性,见表3-62。

表3-62 意愿生育间隔时间与相关变量间的相关性分析

亚群(频数)		2年及以下	3—4年	5年及以上	卡方值	p值
地区	东部(342)	29.2%	48.5%	22.2%	18.035	0.001
	中部(157)	19.1%	56.7%	24.2%		
	西部(441)	35.4%	48.8%	15.9%		
性别	男(397)	34.3%	49.1%	16.6%	6.478	0.039
	女(543)	27.6%	50.6%	21.7%		
地区城镇化水平	近郊地区(526)	30.2%	47.1%	22.6%	10.921	0.027
	远郊地区(303)	28.7%	53.8%	17.5%		
	偏远地区(111)	36.0%	53.2%	10.8%		
受教育程度	初中及以下(343)	34.1%	50.4%	15.5%	9.198	0.056
	高中(265)	25.3%	51.7%	23.0%		
	大学及以上(332)	30.7%	48.2%	21.1%		
职业类型	薪酬高工作忙型(26)	15.4%	50.0%	34.6%	9.413	0.152
	工作稳定型(183)	25.7%	51.9%	22.4%		
	收入低无精力型(187)	34.2%	46.5%	19.3%		
	时间自由型(544)	31.4%	50.6%	18.0%		
年龄段	20—30岁(362)	28.7%	51.4%	19.9%	1.277	0.865
	31—40岁(333)	30.3%	50.5%	19.2%		
	41—59岁(245)	32.8%	47.5%	19.7%		
是否独生子女	非独生子女(768)	28.8%	52.3%	18.9%	9.398	0.009
	独生子女(172)	37.8%	39.5%	22.7%		

(二)生育行为与相关变量

对生育行为的影响因素探析主要以"实际生育数量"为核心变量。已有关于生育行为影响因素的研究显示,女性年龄、教育程度、党员身份,房价、收入对生育行为都有显著影响(邓浏睿、周子旋,2019),农村家庭教育、工作技能等智力资本对"两孩"生育行为存在显著的抑制作用(周快快、王染,2022)。结合本书问卷资料,检验如下12个变量与实际生育数量的相关关系。

1.实际生育数量与分类变量相关分析

在此部分检验父母提供的照顾支持状况、养老保险、医疗保险三个分类变量与实际生育数量的相关性,运用卡方检验,结果显示三者与实际生育数量均有显著相关性,$p<0.05$,见表3-63。

表3-63 农村居民实际生育数量与有关变量相关性分析

类型	亚群(频数)	生0个	生1个	生2个	生3个	生4个及以上	卡方检验显著性
父母提供的照顾支持状况	没有(446)	1.6%	46.0%	43.7%	6.5%	2.2%	0.012
	有(280)	0.7%	58.2%	36.4%	3.9%	0.7%	
养老保险	是(596)	22.7%	39.9%	32.0%	4.4%	1.0%	0.000
	否(475)	48.6%	25.9%	21.7%	2.5%	1.3%	
	不清楚(29)	58.6%	27.6%	6.9%	6.9%	0.0%	
医疗保险	是(1072)	33.8%	34.0%	27.4%	3.7%	1.1%	0.003
	否(15)	66.7%	13.3%	20.0%	0.0%	0.0%	
	不清楚(16)	81.3%	18.8%	0.0%	0.0%	0.0%	

2.实际生育数量与定序、定距变量相关分析

将实际生育数量操作为有序变量,与相关的自变量进行相关性分析,两个定序变量、定序与定距变量间的相关性分析采用Spearman等级相关系数,具体结果如表3-64所示。

将可能对实际生育数量有影响的9个关键定序变量与其进行Spearman相关分析,包括家庭月收入、年龄段、受教育程度、地区城镇化水平、同龄人生育数量、政策允许生育数量、医疗资源、教育资源、商业保险数量。结果显示,其中政策允许生育数量、商业保险数量与实际生育孩子数量没有显著相关性,$p=0.126>0.05$,$p=0.144>0.05$;其他7个变量(家庭月收入、年龄段、受教育程度、地区城镇化水平、同龄人生育数量、医疗资源、教育资源)与实际生育数量相关,在统计学上有意义,$p<0.05$。

表3-64 实际生育数量与定序、定距变量相关性分析

被解释变量	解释变量	Spearman相关系数	Sig.(双尾)	n(频数)
实际生育数量	家庭月收入	−0.132	0.000**	1101
	年龄段	0.618	0.000**	1102
	受教育程度	−0.523	0.000**	1103
	地区城镇化水平	0.124	0.000**	1101
	同龄人生育数量	0.519	0.000**	1095
	政策允许生育数量	0.046	0.126	1102
	医疗资源	−0.096	0.001**	1103
	教育资源	−0.075	0.013**	1103
	商业保险数量	−0.044	0.144	1103

注:**代表$p<0.05$。

二、回归分析

(一)二孩生育意愿的影响因素分析

为探讨农村居民的二孩生育意愿的影响因素,将前文已经验证过具有统计学意义的17个有关变量中的11个变量作为研究的重点,剩下的6个变量作为控制变量。以二孩生育意愿(无二孩生育意愿赋值为0,有二孩生育意愿赋值为1)为因变量,以已有研究假设中需验证的11个核心变量(是否独生、地区城镇化水平、受教育程度、职业、家庭月收入、同龄人孩子数量、医疗资源、教育资源、对附近学校满意程度、医疗保险、是否有孩子)作为自变量,同时控制与二孩生育意愿相关的人口学特征,包括地区、年龄段、户籍类型、地区类型(民族)、婚姻状况、就业地点6个控制变量,进行二项Logistic回归分析,如表3-65所示。

首先将控制变量纳入模型1,随后将自变量纳入模型2进行统计分析。

以6个控制变量构建的回归模型1如表3-66所示,地区、就业地点、婚姻状况、户籍类型4个变量对农村居民的二孩生育意愿有显著影响。由表3-66结果可得,模型1的建模中,模型系数的综合检验"模型"中输出的所有参数是否均为0的似然比检验结果,Chi-square=140.556, $p=0.000<0.05$,本次拟合的模型中至少有一个变量的OR值有统计学意义,模型总体有意义;霍斯默—莱梅肖检验中卡方值=38.263, $p=0.000<0.05$,模型拟合优度较低,模型1的预测正确率为69%。

随后将11个自变量一起纳入模型进行统计分析,互为控制变量,采取Enter强迫法,找出最显著的影响因素,构建模型2。根据表3-65回归模型检验结果,模型系数的综合检验中模型的显著性 $p=0.000<0.05$,表明模型总体有意义;霍斯默—莱梅肖检验即拟合优度检验, $p=0.996>0.05$,说明当前数据中的信息已经被充分提取,模型拟合优度较高。模型2相比于模型1,在加入核心变量之后模型的对数似然数值变大,模型拟合度也更高。同时如表3-67所示,构建的模型2结果显示,地区类型、年龄段、地区城镇化水平、受教育程度、同龄人孩子数量、教育资源、是否有孩子、家庭月收入8个变量是影响农村居民二孩生育意愿的主要因素($p<0.05$)。

表3-65 农村居民二孩生育意愿的二元Logistic回归模型检验

统计量		模型1	模型2
模型系数的综合检验(模型) Omnibus Tests of Model Coefficients	卡方	140.556	245.797
	自由度	11	40
	显著性	0.000	0.000

续表

统计量		模型1	模型2
霍斯默—莱梅肖检验 Hosmer and Lemeshow Test	卡方	38.263	1.220
	自由度	8	8
	显著性	0.000	0.996
模型预测正确率		69.0%	69.3%
模型摘要	−2对数似然值	1222.207	1099.899
	考克斯—斯奈尔R方(Cox&Snell R方)	0.120	0.202
	内戈尔科R方(Nagelkerke R方)	0.169	0.285

表3-66 农村居民二孩生育意愿影响因素二元Logistic回归模型1

变量	B	标准误 S.E.	瓦尔德 Wald	显著性 p	Exp(B)	Exp(B)的95% 置信区间 下限	上限
地区(参照:东部)			28.361	0.000			
中部	0.055	0.212	0.066	0.797	0.957	0.697	1.602
西部	0.852***	0.173	24.183	0.000	2.125	1.669	3.291
就业地点(参照:户籍所在乡镇)			13.524	0.004			
户籍所在区县	−0.648***	0.194	11.110	0.001	0.879	0.358	0.766
户籍所在市	−0.417*	0.197	4.459	0.035	0.648	0.448	0.971
户籍所在市以外	−0.076	0.215	0.125	0.724	1.400	0.609	1.412
婚姻状况(参照:未婚)	1.171***	0.205	32.760	0.000		2.159	4.814
地区类型(参照:少数民族地区)	−0.197	0.201	0.962	0.327	0.863	0.554	1.218
户籍类型(参照:农业户口)			4.878	0.087	1.070		
非农业户口	−0.370*	0.170	4.739	0.029	0.742	0.495	0.964
农转非户口	−0.017	0.259	0.004	0.947		0.592	1.632
年龄段(参照:20—30岁)			2.737	0.254	1.258		
31—40岁	0.278	0.210	1.751	0.186	0.651	0.875	1.991
41—59岁	0.003	0.228	0.000	0.988		0.642	1.569
常量	−0.895+	0.501	3.191	0.074	0.647		

注:+代表$p<0.1$,**代表$p<0.05$,***代表$p<0.01$,****代表$p<0.001$。

从表3-67的结果来看,地区类型、同龄人孩子数量、是否有孩子是这8个因素与二孩生育意愿影响关系最显著的。相较于东部的农村居民,地理位置位于西部地区的农村居民具有二孩生育意愿的概率上升108.4%,而东部地区与中部地区的农村居民二孩生育意愿概率没有显著差异,即西部地区的农村居民具有更高的二孩生育意愿。

观察同龄人孩子数量与二孩生育意愿的回归结果发现,同龄人孩子数量为0个以及1个的农村居民有二孩生育意愿的概率要显著低于孩子数量为2个及以上的农村居民,且农村居民的二孩生育意愿概率随着同龄人孩子数量的增加而升高,表明农村居民会因为同龄的亲戚或朋友一般有2个及以上的孩子而更愿意生育二孩。陆益龙(2001)认为个体在面对群体时的"压力—从众""趋同原则"是影响其生育观的重要因素,农村居民也会因为受到周围同龄人的影响来决定自己想要生育的数量。

是否已经有孩子也是影响农村居民二孩生育意愿的重要因素。已有孩子的农村居民二孩生育意愿生育概率显著高于没有孩子的居民,且其二孩生育意愿的概率是后者的2.984倍。

年龄对农村居民的二孩生育意愿有显著负向影响。年龄为20—40岁的农村居民有二孩生育意愿的概率要高于41—59岁的居民,20—30岁与31—40岁的农村居民二孩生育意愿概率相近。

居住地区根据距离城市的距离划分为近郊地区、远郊地区以及偏远地区三种类型,此变量同时代表着农村居民居住地的地区城镇化水平,处于远郊地区的农村居民具有二孩生育意愿的概率是处于近郊地区的1.108倍,意味着处于近郊、远郊地区的农村居民是否有二孩生育意愿的概率相似,两者差异不显著,$p=0.575>0.05$;而处于偏远地区的农村居民有二孩生育意愿的概率是近郊地区的51.6%,差异显著。从结果来看,城镇化水平更高的近郊、远郊地区农村居民二孩生育意愿更高,而城镇化水平更低的偏远地区二孩生育意愿更低。

受教育程度是研究二孩生育意愿的一个重要因素,受教育程度越高,二孩生育意愿越低。受教育程度为初中及以下的农村居民二孩生育意愿要显著高于高中、大学及以上学历的居民。大学及以上学历农村居民的二孩生育意愿概率仅为初中及以下学历的54.8%。

医疗资源会显著影响农村居民的二孩生育意愿。以距家最近的医院类型为衡量医疗资源的指标,回归结果显示距家最近的医院类型为村级卫生室的农村居民二孩生育意愿概率在5%水平下显著高于距家最近为乡镇卫生院的农村居民,在10%的水平下显著高于距家最近为市级医院的农村居民。

教育资源是影响农村居民二孩生育意愿的又一重要影响因素,这里用距家最近的学校类型表示,学校类型从村办层次到市级层次,教育资源随之更充足,教育质量更高。从表中结果来看,距家最近的学校类型等级越高,农村居民有二孩生育意愿的概率则越低,两者存在显著的负相关。距家最近的学校为村办、乡镇、县级时,农村居民的二孩生育意愿没有显著差异,但距家最近的学校为市级学校时农村居民的二孩生育意愿显著更低,其二孩生育意愿概率是村办学校类型的43.4%。所以,教育资源越丰富的地区,农村居民二孩生育意愿越低。

表3-67 农村居民二孩生育意愿影响因素二元Logistic回归模型2

变量	B	标准误 S.E.	瓦尔德 Wald	显著性 p	Exp(B)	Exp(B)的95%置信区间 下限	Exp(B)的95%置信区间 上限
地区(参照:东部)			18.069	0.000			
中部	−0.023	0.255	0.008	0.927	0.977	0.592	1.612
西部	0.734***	0.198	13.787	0.000	2.084	1.414	3.070
就业地点(参照:户籍所在乡镇)			7.617	0.055			
户籍所在区县	−0.352	0.226	2.418	0.120	0.703	0.451	1.096
户籍所在市	−0.049	0.234	0.043	0.835	0.953	0.602	1.506
户籍所在市以外	0.366	0.259	2.008	0.157	1.443	0.869	2.395
婚姻状况(参照:未婚)	0.205	0.306	0.448	0.503	1.228	0.673	2.238
地区类型(参照:少数民族地区)	−0.366	0.241	2.308	0.129	0.693	0.432	1.112
户籍类型(参照:农业户口)			0.055	0.973			
非农业户口	0.044	0.200	0.048	0.827	1.045	0.706	1.547
农转非户口	0.037	0.283	0.017	0.896	1.038	0.596	1.807
年龄段(参照:20—30岁)			8.217	0.016			
31—40岁	−0.015	0.242	0.004	0.951	0.985	0.614	1.582
41—59岁	−0.640*	0.285	5.047	0.025	0.527	0.302	0.922
是否独生子女(参照:否)	−0.163	0.199	0.677	0.411	0.849	0.576	1.253
地区城镇化水平(参照:近郊地区)			6.330	0.042			
远郊地区	0.103	0.184	0.314	0.575	1.108	0.773	1.589
偏远地区	−0.662*	0.304	4.727	0.030	0.516	0.284	0.937
受教育程度(参照:初中及以下)			5.501	0.064			

续表

变量	B	标准误 S.E.	瓦尔德 Wald	显著性 p	Exp(B)	Exp(B)的95%置信区间 下限	上限
高中	−0.469*	0.240	3.826	0.050	0.626	0.391	1.001
大学及以上	−0.602*	0.264	5.207	0.022	0.548	0.326	0.919
职业类型(参照:薪酬高工作忙型)			1.198	0.754			
工作稳定型	0.422	0.418	1.018	0.313	1.525	0.672	3.463
收入低无精力型	0.273	0.432	0.400	0.527	1.314	0.564	3.064
时间自由型	0.266	0.409	0.424	0.515	1.305	0.586	2.910
同龄人孩子数量(参照:0个)			18.832	0.000			
1个	0.250	0.247	1.026	0.311	1.284	0.792	2.083
2个	0.895***	0.271	10.878	0.001	2.446	1.438	4.163
3个及以上	1.124*	0.440	6.525	0.011	3.078	1.299	7.292
医疗资源(参照:村级卫生室)			6.339	0.096			
乡镇卫生院	−0.560*	0.240	5.431	0.020	0.571	0.357	0.915
县级医院	−0.349	0.305	1.308	0.253	0.706	0.388	1.282
市级医院	−0.514+	0.264	3.778	0.052	0.598	0.357	1.004
教育资源(参照:村办学校)			8.937	0.030			
乡镇学校	0.074	0.251	0.087	0.769	1.077	0.658	1.761
本县学校	−0.180	0.286	0.397	0.528	0.835	0.477	1.462
本市学校	−0.835*	0.344	5.899	0.015	0.434	0.221	0.851
对附近学校满意程度(参照:非常满意)			6.593	0.159			
比较满意	0.388	0.288	1.810	0.179	1.473	0.838	2.592
一般	0.100	0.290	0.118	0.731	1.105	0.625	1.951
不太满意	0.180	0.347	0.269	0.604	1.197	0.606	2.364
非常不满意	−0.615	0.523	1.385	0.239	0.540	0.194	1.506
医疗保险(参照:有)			1.839	0.399			
没有	0.863	0.718	1.442	0.230	2.369	0.580	9.685
不清楚	−0.353	0.596	0.351	0.554	0.703	0.218	2.261
是否有孩子(参照:否)	1.093***	0.301	13.231	0.000	2.984	1.656	5.377
家庭月收入(参照:1000元及以下)			12.540	0.028			
1000~<3000元	0.394	0.427	0.853	0.356	1.483	0.642	3.425

续表

变量	B	标准误 S.E.	瓦尔德 Wald	显著性 p	Exp(B)	Exp(B)的95%置信区间 下限	上限
3000~<5000元	0.500	0.407	1.511	0.219	1.649	0.743	3.662
5000~<7000元	0.154	0.422	0.133	0.716	1.166	0.510	2.665
7000~<10000元	−0.234	0.437	0.288	0.592	0.791	0.336	1.863
10000元及以上	0.573	0.463	1.535	0.215	1.774	0.716	4.393
常量	−0.024	0.938	0.001	0.979	0.976		

注：*代表 $p<0.1$，**代表 $p<0.05$，***代表 $p<0.01$，****代表 $p<0.001$。

(二)理想生育数量的影响因素分析

生育意愿主要考察的是理想子女数，这里的被解释变量理想生育数量由问卷问题"您理想生孩子的数量"来衡量，理想生育数量取值0—5，前文已经将其划分为0个、1个、2个、3个、4个及以上五个类别，将其看作多元序次变量，进行多项有序Logistic回归检验。

综合考虑相关理论与问卷数据，针对农村居民的理想生育数量，主要考察其职业、性别、受教育程度、家庭月收入、同龄人孩子数量、政策允许生育数量、地区城镇化水平、夫妻陪伴时间、夫妻关系、与配偶父母关系、原生家庭中成员关系这11个变量。经过前文的相关性检验，加入地区类型、是否独生、居住地区类型(民族)3个人口学统计变量，剔除与理想生育数量没有显著相关性的夫妻陪伴时间、夫妻关系、与配偶父母关系、原生家庭中成员关系4个变量(性别为关注的核心变量，这里将其放入模型当中)。最终得到具有统计学意义的10个解释变量，包括性别、地区类型、是否独生、居住地区类型(民族)、地区城镇化水平、职业类型、受教育程度、家庭月收入、同龄人孩子数量、政策允许生育数量，以理想生育数量为被解释变量，构建多项有序Logistic回归模型3。

根据模型3的检验结果，如表3-68所示，平行线检验的 $p=0.128>0.05$，说明模型3的平行性检验通过，各回归模型的系数一致，可以使用此有序Logistic回归。模型拟合信息的似然比卡方检验中 $p=0.000$，模型有统计意义，自变量中至少有一个是有统计意义的变量。拟合优度表中皮尔逊卡方检验 $p=0.494>0.05$，模型的拟合度较好。

表3-68 农村居民理想生育数量的多项有序Logistic回归模型检验

		−2对数似然	卡方	自由度	显著性
模型拟合信息	仅截距	1735.322			
	最终	1512.526	222.796	21	0.000

续表

		−2对数似然	卡方	自由度	显著性
拟合优度	皮尔逊		2579.341	2579	0.494
	偏差		1305.482	2579	1.000
平行线检验	原假设	1512.526			
	常规	1436.651	75.874	63	0.128

构建的回归模型3见表3-69,结果显示,对农村居民理想生育数量有显著影响的因素为地区类型、受教育程度、家庭月收入、同龄人孩子数量四个因素。模型的回归系数反映的是对数发生比,负的系数表示与对照组相比,农村居民的生育意愿降低;正的系数表示与对照组相比,农村居民的生育意愿有所提升。

农村居民所在地区类型为东部与中部时,其生育意愿显著低于在西部地区的农村居民。东部地区与西部地区相比,东部的回归系数为−0.556,OR=Exp(−0.556)=0.573,即东部地区的农村居民理想生育数量大概为西部地区的0.573倍;中部地区的农村居民理想生育数量是西部地区的OR=Exp(−0.603)=0.547倍。这可能是由于不同地区的生育政策落实情况、经济发展状况以及生活环境不同,个体甚至不同地区群体之间的生育意愿表现出差异。

受教育程度对农村居民的理想生育数量有显著负向影响,受教育程度越高,理想生育数量越少,即更倾向于少生。受教育程度为初中及以下、高中的农村居民理想生育数量高于大学及以上,初中及以下的回归系数为0.993,OR=Exp(0.993)=2.699,说明受教育程度为初中及以下的农村居民理想生育数量高的概率是大学及以上的2.699倍;高中学历的回归系数为0.385,OR=Exp(0.385)=1.470,说明受教育程度为高中学历的农村居民理想生育数量高的概率是大学及以上的1.47倍。已有大部分理论与实证研究认为受教育水平的提高会带动人力资本的提升,推迟青年群体的初婚初育时间,降低其生育意愿(周晓蒙,2018)。

家庭月收入显著影响农村居民的理想生育数量。家庭月收入为5000~<7000元和7000~<10000元的农村居民均在10%水平下显著低于家庭月收入为10000元及以上的农村居民理想生育数量。从结果来看,农村居民的理想生育数量在家庭月收入5000以下理想生育数量随收入提高而增加,在5000~<10000元阶段理想生育数量随之减少,而在10000元及以上的阶段理想生育数量又随之增加。

同龄人孩子数量显著正向影响农村居民的理想生育数量,同辈生育孩子越多,农村居民的理想生育数量越高,具有同辈群体趋同效应。身边的同龄人一般有孩子的数量为0个时，其OR=EXP(−2.669)=0.069，意思是同龄人孩子数量为0个时，农村居民的理想生育数量更高的概率是同龄人孩子数量为3个及以上的概率的6.9%。同理，同龄人孩子数量为1个、2个的农村居民理想生育数量更高的概率比同龄人孩子数量为3个及以上的概率低。

表3-69 农村居民理想生育数量的多项有序Logistic回归模型3

变量			估算 B	标准误 S.E.	瓦尔德 Wald	显著性 p	Exp(B)的95%置信区间 下限	上限
截距	理想生育数量	0个	−5.006	0.538	86.432	0.000	−6.061	−3.950
		1个	−2.226	0.515	18.667	0.000	−3.236	−1.216
		2个	2.054	0.507	16.394	0.000	1.060	3.048
		3个	4.472	0.616	52.744	0.000	3.265	5.679
位置	地区类型	东部	−0.556***	0.164	11.465	0.001	−0.878	−0.234
		中部	−0.603**	0.199	9.188	0.002	−0.994	−0.213
		西部	0ª	.	.	.	.	.
	是否独生子女	非独生子女	0.263	0.171	2.371	0.124	−0.072	0.598
		独生子女	0ª	.	.	.	.	.
	居住地区类型	少数民族	0.298	0.206	2.097	0.148	−0.105	0.701
		非少数民族	0ª	.	.	.	.	.
	城镇化水平	近郊地区	0.234	0.250	0.876	0.349	−0.256	0.725
		远郊地区	0.401	0.249	2.603	0.107	−0.086	0.888
		偏远地区	0ª	.	.	.	.	.
	受教育程度	初中及以下	0.993***	0.193	26.366	0.000	0.614	1.372
		高中	0.385*	0.168	5.245	0.022	0.056	0.715
		大学及以上	0ª	.	.	.	.	.
	职业类型	薪酬高工作忙型	−0.450	0.366	1.512	0.219	−1.168	0.267
		工作稳定型	−0.088	0.183	0.230	0.631	−0.446	0.271
		收入低无精力型	−0.049	0.176	0.078	0.781	−0.395	0.296
		时间自由型	0ª	.	.	.	.	.
	家庭月收入	1000元以下	−0.442	0.397	1.237	0.266	−1.221	0.337
		1000~<3000元	−0.342	0.269	1.621	0.203	−0.869	0.185
		3000~<5000元	−0.271	0.244	1.228	0.268	−0.749	0.208
		5000~<7000元	−0.436⁺	0.256	2.908	0.088	−0.936	0.065
		7000~<10000元	−0.492⁺	0.264	3.480	0.062	−1.009	0.025
		10000元及以上	0ª	.	.	.	.	.

续表

变量			估算 B	标准误 S.E.	瓦尔德 Wald	显著性 p	Exp(B)的95%置信区间 下限	上限
位置	同龄人孩子数量	0个	−2.669***	0.362	54.227	0.000	−3.379	−1.958
		1个	−2.259***	0.327	47.827	0.000	−2.899	−1.618
		2个	−1.508***	0.310	23.582	0.000	−2.116	−0.899
		3个及以上	0ª	.	.	.	.	.
	政策允许生育数量	1个	1.061	0.846	1.574	0.210	−0.597	2.719
		2个	0.343	0.242	1.996	0.158	−0.133	0.818
		3个及以上	0ª					

注：⁺代表$p<0.1$，*代表$p<0.05$，**代表$p<0.01$，***代表$p<0.001$。

(三)意愿生育间隔时间影响因素分析

探析意愿生育间隔时间的影响因素,考察地区、城镇化水平、性别、职业类型、年龄段、受教育程度、是否独生7个变量是否对意愿生育间隔时间有显著影响,通过统计工具构建Logistic回归模型4。

根据模型4的检验结果,如表3-70所示,平行线检验的$p=0.086>0.05$,说明模型4的平行性检验通过,各回归模型的系数一致,可以使用此有序Logistic回归。模型拟合信息的似然比卡方检验中$p=0.000$,模型有统计意义,自变量中至少有一个是有统计意义的变量。拟合优度表中皮尔逊卡方检验$p=0.033$,模型的拟合度一般。

表3-70 农村居民意愿生育间隔时间的多项有序Logistic回归模型检验

		−2对数似然	卡方	自由度	显著性
模型拟合信息	仅截距	1205.390			
	最终	1156.457	48.933	13	0.000
拟合优度	皮尔逊		756.615	687	0.033
	偏差		805.339	687	0.001
平行线检验	原假设	1156.457			
	常规	1136.091	20.367	13	0.086

表3-71模型4的结果显示,对意愿生育间隔时间有显著影响的因素包括地区类型、是否独生子女、性别、地区城镇化水平、受教育程度以及职业类型6个变量。

处于中部地区的农村居民意愿生育间隔时间显著长于西部地区,$p=0.000<0.05$,其OR=Exp(0.804)=2.234。处于东部地区的农村居民意愿生育间隔时间也长于西部地区,$p=$

0.058。中部、东部地区经济条件更发达,物质基础相对更好,在考虑生育多个孩子时会倾向于延长间隔时间,在事业上升期利用更多的时间发展事业。

非独生子女的农村居民意愿生育间隔时间在10%水平下显著长于独生子女的农村居民,OR=Exp(0.332)=1.394,非独生子女更倾向于拉大子女之间的年龄差。

性别为男性的农村居民意愿生育间隔时间要显著短于女性,p=0.015<0.05。女性作为生育的主体,会亲身感受到生育对个人身体的影响,更倾向于计划更长的生育恢复期。

地区城镇化水平从近郊到远郊再到偏远地区,农村居民意愿生育间隔时间逐渐缩短,即城镇化水平更高的地区的农村居民意愿生育间隔时间更长。近郊地区OR=Exp(0.558)=1.747,远郊地区OR=Exp(0.452)=1.571。越偏远地区的居民具有越高的生育意愿,更倾向于在短时间内多生育。

受教育程度为高中的农村居民意愿生育间隔时间在10%水平上显著长于受教育程度为大学及以上的农村居民,OR=Exp(0.297)=1.346。受教育程度为初中的农村居民意愿生育间隔时间略微短于受教育程度为大学及以上的农村居民。

职业类型为薪酬高工作忙型和工作稳定型的农村居民意愿生育间隔时间显著长于时间自由型职业的农村居民,OR_1=Exp(0.912)=2.489,OR_2=Exp(0.312)=1.366。工作更加繁忙、稳定的居民更倾向于在年轻时期投入更多的时间成本、机会成本到事业中,积累到足够的社会资本、经济资本再考虑生育行为,意愿生育间隔时间也会更长。

表3-71 农村居民意愿生育间隔时间的多项有序Logistic回归模型4

变量			估算 B	标准误 S.E.	瓦尔德 Wald	显著性 p	Exp(B)的95% 置信区间	
							下限	上限
截距	生育意愿间隔时间	2年及以下	0.087	0.329	0.070	0.792	−0.557	0.731
		3—4年	2.425	0.340	50.925	0.000	1.759	3.091
位置	地区类型	东部	0.272	0.143	3.604	0.058	−0.009	0.553
		中部	0.804***	0.183	19.257	0.000	0.445	1.163
		西部	0ª	.	.	.	.	.
	年龄段	20—30岁	0.062	0.183	0.114	0.735	−0.296	0.420
		31—40岁	−0.072	0.168	0.183	0.669	−0.402	0.258
		41—59岁	0ª	.	.	.	.	.
	是否独生子女	非独生子女	0.332+	0.172	3.731	0.053	−0.005	0.669
		独生子女	0ª	.	.	.	.	.
	性别	男	−0.310*	0.128	5.896	0.015	−0.561	−0.060
		女	0ª	.	.	.	.	.

续表

变量			估算 B	标准误 S.E.	瓦尔德 Wald	显著性 p	Exp(B)的95%置信区间	
							下限	上限
位置	地区城镇化水平	近郊地区	0.558**	0.212	6.933	0.008	0.143	0.973
		远郊地区	0.452*	0.220	4.222	0.040	0.021	0.884
		偏远地区	0ᵃ	.	.	.	.	.
	受教育程度	初中及以下	−0.087	0.186	0.217	0.642	−0.451	0.278
		高中	0.297⁺	0.167	3.154	0.076	−0.031	0.625
		大学及以上	0ᵃ	.	.	.	.	.
	职业类型	薪酬高工作忙型	0.912*	0.394	5.352	0.021	0.139	1.684
		工作稳定型	0.312⁺	0.179	3.049	0.081	−0.038	0.663
		收入低无精力型	−0.089	0.165	0.287	0.592	−0.413	0.235
		时间自由型	0ᵃ	.	.	.	.	.

注：⁺代表$p<0.1$，**代表$p<0.05$，***代表$p<0.01$，****代表$p<0.001$。

(四)生育行为影响因素分析

生育行为主要考察的是育龄群体的实际生育孩子数。国家统计局一般将育龄妇女的年龄界定在15—49周岁，而在本书中，调查对象的年龄集中在20—59岁，为充分考虑农村地区居民总体的生育行为状况，这里将49—59岁的调查对象也纳入生育行为影响因素的分析样本中。

结合已有研究理论与问卷数据，剔除前文相关性分析中没有统计学意义的变量，筛选出解释变量14个，包括地区类型、是否独生、年龄段、民族地区类型、地区城镇化水平、受教育程度、职业、家庭月收入、同龄人孩子数量、医疗资源、教育资源、养老保险、医疗保险，以及虽与被解释变量没有显著相关性但为核心变量的性别，构建多项有序Logistic回归模型5。将变量"父母提供的照顾支持状况"放入模型之后发现没有显著性，且极大地缩小了模型的样本量，所以这里将其剔除。

根据模型5的检验结果，如表3-72所示，平行线检验的$p=1.000>0.05$，说明模型5的平行性检验通过，各回归模型的系数一致，可以使用此有序Logistic回归。模型拟合信息的似然比卡方检验中$p=0.000$，模型有统计意义，自变量中至少有一个是有统计意义的变量。拟合优度表中皮尔逊卡方检验$p=1.000>0.05$，模型的拟合度较好。

表3-72 农村居民实际生育数量的多项有序Logistic回归模型检验

		−2 对数似然	卡方	自由度	显著性
模型拟合信息	仅截距	2700.342			
	最终	1800.197	900.145	34	0.000
拟合优度	皮尔逊		3369.402	3986	1.000
	偏差		1305.482	2579	1.000
平行线检验	原假设	1800.197			
	常规	1747.608	52.589	102	1.000

构建的回归模型5见表3-73,结果显示,对农村居民实际生育数量有显著影响的因素为性别、地区类型、年龄、居住地区类型(民族)、受教育程度、同龄人孩子数量、医疗保险7个变量。

在其他变量都相同的条件下,男性农村居民的实际生育数量显著少于女性的实际生育数量,但在实际生活中,此变量显著没有实际意义。在控制其他变量的情况下,居住在少数民族地区的农村居民实际生育数量相对更少,OR=Exp(−0.609)=0.544。

东部与中部的农村居民实际生育数量显著少于西部地区的农村居民。与西部地区相比,东部的回归系数为−0.733,OR=Exp(−0.733)=0.480,即东部地区的农村居民实际生育数量大概为西部地区的0.573倍;中部地区的农村居民实际生育数量是西部地区的OR=Exp(−0.225)=0.799倍。大致可以看出,地理位置从东部到中部再到西部,农村居民的实际生育数量增多。从需求层次理论的角度来看,经济迅速发展会显著提升个体的需求层次,人们逐渐注重个人发展,追求自身的事业和自由,在生育方面也会更加注重孩子的质量而不是数量。有研究指出,经济发展水平与生育率之间具有显著相关关系,经济发展水平越高的省份,其生育率下降越早于和快于经济发展落后的省份(彭希哲,黄娟,1993)。东部地区相对来说经济发展更繁荣,农村居民的经济生活条件相对更好,农村居民更加注重生育质量,生育数量随之减少。

从年龄阶段来看,越年轻的农村居民实际生育孩子数量越低,存在代际差异。20—30岁[OR=Exp(−2.581)=0.076]的农村居民比41—59岁的实际生育数量显著更少,31—40岁的农村居民与41—59岁的农村居民实际生育数量没有显著差异。年轻一代实际生育数量更少的原因,其一可能是因为部分青年还没有结婚生育,所以生育数量为0的占比更高,其二是年轻一代的生育观念更具有现代性特征,将生育看作情感需求而不是必需品,更倾向于少生。

受教育程度越高,农村居民的实际生育数量反而减少,受教育程度为初中及以下、高中的农村居民实际生育数量要显著高于学历为大学及以上的居民。受教育程度更低的农村居民中,年纪比较大的农村老人相对其他学历组居民占比更多,老一代人受传宗接代等传统观念的影响更愿意生孩子;且受教育程度更高的农村居民在学业和事业上需要投入更多的精力和时间,尤其是年轻一代,晚婚晚育的现象突出,生育数量相对更少。

同辈的生育行为对农村居民的生育行为也有显著影响,其实际生育数量与同辈群体趋同。同龄人生育数量为0个、1个、2个时,农村居民的实际生育数量显著低于同龄人生育数量为3个及以上的居民,即是说,同龄的亲戚或朋友的孩子数量越多,农村居民的实际生育数量也越多。

清楚知道自己有没有医疗保险的农村居民实际生育数量更高,有医疗保险的农村居民实际生育数量显著高于不知道自己有没有医疗保险的居民。

表3-73 农村居民实际生育数量的多项有序Logistic回归模型5

变量			估算 B	标准误 S.E.	瓦尔德 Wald	显著性 p	Exp(B)的95%置信区间	
							下限	上限
截距	实际生育数量	0个	−1.421	0.981	2.098	0.147	−3.343	0.502
		1个	1.296	0.982	1.743	0.187	−0.628	3.220
		2个	4.394	0.986	19.840	0.000	2.460	6.327
		3个	6.025	1.018	35.033	0.000	4.030	8.020
位置	性别	男	−0.411**	0.138	8.881	0.003	−0.682	−0.141
		女	0[a]	.	.	.	.	.
	地区类型	东部	−0.733***	0.175	17.610	0.000	−1.075	−0.391
		中部	−0.225	0.204	1.208	0.272	−0.625	0.176
		西部	0[a]	.	.	.	.	.
	是否独生子女	非独生子女	0.023	0.197	0.014	0.905	−0.362	0.409
		独生子女	0[a]	.	.	.	.	.
	年龄段	20—30岁	−2.581***	0.216	143.383	0.000	−3.004	−2.159
		31—40岁	−0.089	0.168	0.281	0.596	−0.417	0.240
		41—59岁	0[a]	.	.	.	.	.
	居住地区类型	少数民族	−0.609**	0.212	8.279	0.004	−1.025	−0.194
		非少数民族	0[a]	.	.	.	.	.
	城镇化水平	近郊地区	−0.144	0.273	0.278	0.598	−0.679	0.391
		远郊地区	0.147	0.267	0.304	0.581	−0.376	0.671
		偏远地区	0[a]	.	.	.	.	.
	受教育程度	初中及以下	1.671***	0.216	59.791	0.000	1.247	2.094
		高中	0.991***	0.186	28.417	0.000	0.627	1.356

续表

变量			估算 B	标准误 S.E.	瓦尔德 Wald	显著性 p	Exp(B)的95% 置信区间	
							下限	上限
位置	受教育程度	大学及以上	0ᵃ	.	.	.	.	.
	职业类型	薪酬高工作忙型	0.252	0.389	0.420	0.517	−0.511	1.015
		工作稳定型	−0.299	0.209	2.042	0.153	−0.708	0.111
		收入低无精力型	−0.175	0.174	1.000	0.317	−0.517	0.167
		时间自由型	0ᵃ	.	.	.	.	.
	家庭月收入	1000元以下	−0.313	0.427	0.538	0.463	−1.150	0.523
		1000~<3000元	−0.387	0.280	1.918	0.166	−0.935	0.161
		3000~<5000元	−0.311	0.256	1.479	0.224	−0.813	0.190
		5000~<7000元	−0.242	0.268	0.815	0.367	−0.768	0.284
		7000~<10000元	0.222	0.277	0.646	0.422	−0.320	0.765
		10000元及以上	0ᵃ	.	.	.	.	.
	同龄人孩子数量	0个	−3.272***	0.421	60.306	0.000	−4.098	−2.446
		1个	−2.241***	0.307	53.365	0.000	−2.843	−1.640
		2个	−0.883**	0.284	9.636	0.002	−1.440	−0.325
		3个及以上	0ᵃ	.	.	.	.	.
	政策允许生育数量	1个	−0.199	0.792	0.063	0.801	−1.751	1.353
		2个	−0.140	0.255	0.300	0.584	−0.640	0.360
		3个及以上	0ᵃ	.	.	.	.	.
	医疗资源	村级卫生室	0.179	0.246	0.528	0.468	−0.303	0.661
		乡镇卫生院	0.154	0.238	0.421	0.516	−0.312	0.621
		县级医院	−0.253	0.264	0.923	0.337	−0.770	0.264
		市级医院	0ᵃ	.	.	.	.	.
	教育资源	村办学校	0.227	0.308	0.544	0.461	−0.376	0.830
		乡镇学校	−0.027	0.281	0.009	0.924	−0.577	0.524
		本县学校	−0.041	0.273	0.023	0.880	−0.577	0.494
		本市学校	0ᵃ	.	.	.	.	.
	医疗保险	是	1.906*	0.892	4.563	0.033	0.157	3.654
		否	1.575	1.092	2.079	0.149	−0.566	3.716
		不清楚	0ᵃ	.	.	.	.	.
	养老保险	是	0.832	0.520	2.553	0.110	−0.189	1.852
		否	0.368	0.515	0.510	0.475	−0.642	1.378
		不清楚	0ᵃ	.	.	.	.	.

注：⁺代表 $p<0.1$，**代表 $p<0.05$，***代表 $p<0.01$，****代表 $p<0.001$。

第四节　农村居民生育价值观特点

一、现代生育观形成、传统生育观弱化

随着工业化的发展,现代性生育观念逐渐覆盖了整个社会,但根据调研结果,农村居民的生育观念呈现出传统与现代特征共同存在的状态。

传统型生育观念与现代型生育观念之间并没有明确的区分标准,通常是靠两者有巨大差别的特征来进行表述。传统型生育观念存在于农村居民生育价值观中,主要体现在其生育动机、性别偏好、孩子教养方式方面,以传宗接代、养儿防老、男丁观念、家长权威等为理解关键词(何绍辉,2011):首先,在认为孩子重要的农村居民中,选择其认为孩子重要的原因以及选择生育第一个孩子的原因时"传宗接代"选择频率最高,说明在农村居民中,强调家庭利益及关系的传统主义生育动机仍占主流,传统的价值观念仍然具有潜在的决定意义;其次,在意愿生育性别偏好方面,农村居民对于第一个孩子更偏向于生育男孩,对第二个孩子更偏向于女孩,其中不乏存在传统型男孩偏好生育观念的影响;同时,在教养方式上面,有将近十分之一的农村居民认为家庭中应该由父母说了算,注重父母的权威。

现代型生育观念也在这几个方面体现其作用,男女平等、个人情感满足、科学避孕等是其理解关键词。在认为孩子重要的原因中"人生更圆满""爱情的结晶"等情感因素占比也很高,在选择生孩子的原因中"人生更圆满"更是成为选择频率最高的选项,说明农村居民当中强调个人情感满足的个体主义生育动机开始占据主流,自我价值追求在生育实践逻辑中发挥着更重要的作用。从性别偏好方面来看,农村居民总体的生育性别偏好并没有显著差异,且还有十分之一左右的农村居民并不在乎孩子的性别,重男轻女现象在农村的整体范围中不再显现。且有四分之一的农村居民选择长效避孕方式,包括避孕环、结扎等方式,通过科技手段进行生育控制,也正体现出现代科技手段已经融入农村的生育观念中。

有学者说:"最近的十多年来,中国农村正在发生着空前的巨变:村民正在日益理性化,共同体不断趋于解体,传统的地方性规范式微……"(董磊明,2008)。农村社会结构发生转变,村民的生育价值观也受到环境影响发生着潜移默化的改变。已有研究指出,摆脱、根除传统生育观而树立、强化现代生育观成为中国农民,尤其是年轻一代农民的生育选择(何绍辉,2011)。本书的全国性调查也表明,农村居民的生育观念体现出现代型与传统型共同存在的特征,总体上呈现家庭主义向个体化生育观念转变的趋势。

二、经济、教育问题是农村居民生育决策的考虑重点

从调查结果来看,有56.6%的农村居民认为养育孩子最大的困难在于经济压力大,包括孩子的教育、生活费用、未来的结婚费用等,同时有将近五分之一的农村居民已经意识到,养育孩子的困难也同样会体现在缺乏科学的教养方式上。在选择不会生孩子的原因中经济压力大、孩子养育质量难以保障成为当前农村居民生育行为被限制的主要原因。而在生育需求方面,农村居民认为当前最需要的是帮助也是经济和教育方面,"增加经济收入,提供生育经济援助","提高农村教育资源的投入与帮助"。农村居民认为年轻人会回到农村的前提,即期待农村会有的改变,也是集中在经济、教育两方面的发展上,希望"农村收入变高""农村有自己的产业""农村教育质量变好"。

经济和教育压力成为农村居民生育孩子的首要考虑问题以及养育难点所在。已有研究发现,教育压力与经济压力、时间压力位列生育养育困难的前三位,比例远高于其他方面的压力(田宏杰等,2022)。随着家庭教养观念变化,养育孩子也陷入私人化困境,农村居民在子女成长过程中要承担更多的教养责任与成本(李永萍,2023)。形成经济、教育压力的原因其一在于农村居民低收入与高支出的不平衡,其二在于网络发展的全社会覆盖。

首先,城乡差距是近些年来社会关注的热点问题,改革开放的红利促进整个社会的经济繁荣,也带来贫富差距、城乡差距的扩大,农村居民相对处于低收入状态。而育儿成本随着物价上涨而提高,受到消费主义的影响,生养孩子的经济投入持续增长,同时农村居民对孩子教育逐渐重视,但城乡教育资源不均衡,农村的孩子受教育环境限制必须去城市里上学,教育投入巨大。有学者提出,我国农村生均家庭教育支出为6444元/年,且每多养一个孩子家庭总支出就会增加71%—80%(刘娜、李小瑛、颜璐,2021)。也有学者基于中国生育率的转变历程,指出现代社会的生育率下降已经进入"生育成本约束驱动阶段",生育成本的提高导致人们的生育意愿不能完全实现(李建民,2009)。低收入与高支出成为农村居民面临的首要难题,经济帮助成为其生育需求的重点。

除此之外,网络社会的全覆盖为农村居民直观呈现出养育成本的增加趋势,带来经济压力。有研究发现,互联网的使用会通过强化生育客观条件约束、重塑生育主观价值观念,促使女性生育意愿的自发性转变,显著降低农村女性的生育意愿水平(蒲艳萍、张岚欣、袁柏惠,2023)。在人们普遍使用智能手机的时代,农村居民会通过网络途径了解到当下生育孩子所需的条件,更加直观地了解所需生育成本,由此产生巨大的经济压力、教育压力,在一定程度上影响了农村居民的生育观念。

三、生养计划实施地主要集中在城市

农村居民在生育方式、养育方式、养育期待等方面都体现出以城市为中心的特点。农村居民在选择生育方式时,生育医院主要选择的是县级医院与市级医院;养育方式方面,认为一般会将孩子送去接受基础教育的学校为县级学校与市级学校;养育期待方面,农村居民一般期望孩子以后定居和工作的地方集中在城市,其中将近一半选择大城市,另一小半选择中小城市,对孩子未来的发展抱有较高的期望。

农村居民的生养计划主要集中在城市范围,原因在于城乡资源配置的不均衡。在我国城镇化建设、城乡融合发展的进程中,城乡发展不平衡、城乡居民观念差异依然存在(鲁烨,2023)。农村的教育、医疗资源与城市存在非常大的差距,受地理位置等因素的影响,农村很少有学校,医疗方面一般仅设有村级卫生室,生养条件的限制成为农村居民生育的主要考虑因素。同时受到社会主流生养观念的引导,人们的生育观念从追求生育数量向追求生育质量转变(王丛雷、罗淳,2022),其生养相关的计划均会以城市为中心。而生养计划以城市为中心又会加重农村的空心化程度,由此造成恶性循环。第七次全国人口普查数据显示,2020年我国常住人口城镇化率达到63.9%,与2010年相比,城镇人口比重上升14.21%,表现为乡村人口的"单向输出"[①]。

四、农村居民生育观受同辈群体影响

通过对农村居民生育意愿、生育行为的回归分析发现,同辈群体的生育行为对农村居民的二孩生育意愿、生育意愿、生育行为都有正向显著影响,农村居民的生育观会相互影响。

个人的生育行为是在一定社会文化制度当中进行的,是一种社会的、文化的行为。农村的趋同性文化在农村居民的生产、生活方面形成一种社会规范,所以在生育选择方面,趋同的心理和行为特征尤为突出(陆益龙,2001)。迪尔凯姆认为机械团结的社会中,个人之间的同质性程度较高,集体意识成为制约村民行为的社会规范,社会对于个人违背集体意识的越轨行为接受度很低(秦启文,2011)。其同质性特征仍然适用于当前的中国农村社会,农村居民的趋同性文化观念会潜意识地影响个人生育观念,最终决定生育行为。

在农村这一特殊的时空场域中,农村居民所特有的聚居形式让他们在行为、情感上联

[①] 数据来源于:国家统计局,《第七次全国人口普查公报解读》,https://www.stats.gov.cn/sj/sjjd/202302/t20230202_1896484.html。

络紧密,互相合作而又互相竞争。当同辈群体形成相对稳定的生育行为模式,包括生几个、什么年龄生、去哪里生等,个体便会遵循这种生育模式,决定自己的生育价值观,同龄人生育数量越多,自己也会越愿意生,甚至多生。

本章小结

本章的研究重点是我国农村居民的生育价值观现状、影响因素及其主要特点。本书在全国16个省区市的部分农村地区进行"改革开放40年来农村生育价值观问卷调查",共计发放问卷1200份,回收到1103份有效问卷,通过统计软件对收集到的数据进行相应分析。本书认为生育价值观是个体对生育重要性的看法,所以在对农村居民的生育价值观进行测量时更加倾向于使用心理因素等方面的测量维度,并将其分为生育观与养育观两个方面。生育观方面,主要考察农村居民的生育动机、生育意愿、生育行为、生育控制以及生育手段,养育观方面主要包括农村居民的养育困难、养育方式、养育期待以及养育需求。

农村居民的生育动机更多偏向于情感因素,认为孩子重要的原因、会选择生孩子的原因都主要是"传宗接代""人生更圆满"。生育意愿方面,农村居民的理想生育数量为2个的占比最高,二孩生育意愿较强,总体上没有明显的性别偏好,但第一个孩子偏好男孩、第二个孩子偏向女孩,且认为生育多孩时孩子年龄差为3—4年最合适。生育行为方面,农村居民的实际生育数量基本为0个及1个,初次生育的年龄为22—25岁的占比最高,且生育的孩子性别没有明显差异。农村居民一般会选择使用避孕套这种短效避孕方式来进行生育控制;生育手段方面,选择的生育意愿大多为市级医院,生育孩子一般会选择顺产,在身体不适合生孩子的情况下愿意采用领养、试管婴儿的方式来拥有孩子。农村居民遇到的养育困难主要集中在经济压力方面。养育方式上,认为孩子接受教育最理想的学校为县级、市级的学校,且认为孩子主要由自己或配偶来教养比较合适,还需要经常陪伴孩子,形成父母与孩子一起商量的相处模式。养育期待方面,农村居民认为父母一般期望孩子在城市中工作定居。在政策建议方面,被调查对象所需的政策支持主要集中在经济与教育的帮助上,他们只有在农村能在经济、教育方面变得更好的前提下,才会建议自己的孩子回到农村。

在对农村居民生育价值观进行影响因素的分析时,以农村居民的二孩生育意愿、理想子女数量、意愿生育间隔时间以及实际生育数量为主要操作变量,结合已有研究文献与本书问卷资料,通过建立5个回归模型考察相应影响因素。本书得出4种主要操作变量的影响因素:对农村居民二孩生育意愿有显著影响的因素为地区类型、年龄段、地区城镇化水平、受教育程度、同龄人孩子数量、教育资源、是否有孩子、家庭月收入8个变量;对农村居民理想生育数量有显著影响的因素为地区类型、受教育程度、家庭月收入、同龄人孩子数量4个变量;对意愿生育间隔时间有显著影响的因素包括地区类型、是否独生子女、性别、地区城镇化水平、受教育程度以及职业类型6个变量;对农村居民实际生育数量有显著影响的因素为性别、地区类型、年龄、居住地区类型(民族)、受教育程度、同龄人孩子数量、医疗保险7个变量。

  结合农村居民的生育价值观现状与相关的影响因素分析,本书总结出四个突出的特点。首先,农村居民当下的生育价值观呈现出现代化特征,更注重自我价值追求,而传统型生育观特征弱化;其次,在进行生育有关决策时,农村居民考虑的重点主要是经济和教育问题,包括养育困难、养育需求等;再次,农村居民主要是围绕城市来安排自己家庭的生养计划,生育医院、学校等选择市级的占比最高;最后,农村居民的生育观会受到同辈群体的显著影响,同辈群体的生育意愿、生育行为显著正向影响农村居民的生育意愿。

第四章

青年农民工婚育观现状的定性分析

伴随我国社会转型进程的加快与区域经济一体化的不断推进,城乡之间的流动人口越来越活跃,催生出庞大的农民工群体。作为新时代零工经济与生育行为的主要承担者,农民工群体在外出务工的过程中通过体力劳动艰难融入城市,又因经济、文化条件的限制无法顺利完成成家、立业、生育等社会化任务。对农民工而言,婚姻与家庭不仅是个体的"归宿",还是保持工作稳定、应对社会环境变迁、建立社会信心等方面的重要载体,也是社会发展与存续必不可少的重要环节。当前,绝大多数农民工正处于育龄阶段,他们的生育水平变动显著影响我国人口的总体生育水平,因此,农民工的生育行为一直受到学界的密切关注。根据对现有文献的分析整理,发现我国目前对农民工婚恋观、生育价值观的研究论述视角单一,大都从定量研究出发,通过问卷与量表来探讨影响其婚恋生育的因素,而针对该群体生育行为与生育意愿的定性研究较少,缺乏细致深入的微观数据,亟须通过深度访谈,对该群体的生育价值、生育意愿等因素做出探究,丰富我国生育研究的内容与形式。

第一节　研究设计

一、研究思路

本书主要采用参与式观察法和深度访谈法对农民工群体的婚恋观与生育价值观进行分析。在具体研究方法上,通过实地调研并结合相关文献资料对婚恋观、生育价值观进行基本的解读与研究,并在此基础上从择偶行为、婚恋生活方面总结当前农民工婚恋观特质。从已有生育价值观的内涵出发,通过生育目标、生育手段、生育倾向、养育观念等切入点概括当前的农民工生育价值观现状及特点,分析探讨农民工生育价值观的影响因素,并分别纳入与农村人口生育价值观、城市人口生育价值观的对比分析范畴中。在对以上现状与特质进行分析后着手梳理从恋爱到婚嫁、从婚姻到生育这一动态联系过程,通过整体性的视角对婚姻、生育、教养等相关问题进行阐释,并指出当前青年农民工的婚育难题所在,为打造生育友好型社会提供现状参考,综合思考目前中国农民工生育价值观的发展趋势与短板,以及国家未来生育价值观建设的发展重点。

二、研究方法

本书主要采用田野观察与深度访谈相结合的质性研究方法,在农民工日常生活园区内进行实地追踪。通过为期两个月的观察与深度接触之后对部分农民工的年龄、学历、流动次数等条件进行筛选,将其中符合青年年龄标准,即年龄分布在17—45岁之间的44名样本(男性21人,女性23人)抽取出来作为研究对象,随后对筛选出来的研究对象进行面对面1—2个小时不等的半结构式访谈(见表4-1)。在访谈过程中,着重记录他们的情感经历与生活体验,从农民工的婚恋心理与情感状态入手,深入了解其在城市务工生活中的生存状态。对所有访谈信息进行全程录音,其中涉及家庭隐私与感情创伤部分均经受访者同意后进行转录用于本书分析,文中所有被访者已做匿名编码处理(陈纬、陈书妮、兰荷伊,2023)。

三、田野点概况

本书选取的调研地点是重庆市某工业园区。该园区是内陆第一个保税港区,作为重庆市打造的临空制造基地和国际物流分拨中心,是西部地区唯一集水、陆、空及轨道于一体的立体交通枢纽,共引进各类企业200余家,属于劳动密集型产业园区。在疫情时期,原本属于上海、广州等地的制造业订单被迫转至该园区,企业对产业工人的需求增大,园区内工人工作时长增加。在此情况下,园区迅速联系各类职业院校,开展学生实践实习活动,招聘大量实习的"学生工",并拓宽社会招聘渠道吸纳大量进城务工人员,青年农民工作为制造业工厂中必不可少的劳动力为该园区带来持续的人力供给。据统计,当前该园区内常住工人数量近4万人,男性占比60.02%,女性占比39.98%,年龄结构中17—25岁占比36.4%,26—35岁占比51.8%,35岁以上占比11.8%(陈纬、陈书妮、兰荷伊,2023)。

表4-1 受访青年农民工基本信息

编号	访谈日期	年龄（岁）	性别	职业	情感状态	进厂时间（月）	流动次数（次）	户籍地	学历	工资（元）
L1	2022/07/05	17	男	流水线工人	单身	2	2	农村	高中	3600
L2	2022/07/06	17	男	流水线管理层	单身	4	1	农村	中职	3000
L3	2022/07/06	17	男	流水线管理层	单身	4	1	农村	中职	3000
L4	2022/07/06	17	男	流水线管理层	单身	4	1	农村	中职	3000
L5	2022/07/08	17	男	流水线工人	单身	2	2	农村	中职	3000
L6	2022/07/14	17	女	流水线工人	单身	12	4	农村	中职	3000
L7	2022/07/09	18	女	流水线工人	恋爱中	1	2	农村	中职	2000
L8	2022/07/10	18	女	流水线工人	单身	1	2	农村	中职	2000
L9	2022/07/17	18	女	流水线工人	单身	2	1	农村	中职	3000
L10	2022/07/19	18	女	流水线工人	单身	1	2	农村	初中	2500
L11	2022/07/11	18	女	流水线工人	恋爱中	5	5	农村	初中	3000
L12	2022/07/19	18	女	流水线工人	单身	4	3	农村	初中	3000
L13	2022/07/21	19	男	流水线工人	单身	2	2	农村	中职	3000
L14	2022/07/24	20	女	流水线采购员	单身	33	2	农村	大专	3000
L15	2023/04/28	20	女	流水线工人	单身	12	3	农村	中职	3000
L16	2023/04/28	21	女	流水线工人	单身	1	2	农村	中职	3000
L17	2022/08/01	21	女	流水线工人	已婚已育	3	6	农村	初中	3000
L18	2022/07/22	21	男	流水线工人	单身	2	4	农村	高中	3000
L19	2022/08/19	22	男	流水线工人	恋爱中	5	3	农村	初中	3500
L20	2022/07/07	22	男	流水线工人	单身	1	3	农村	初中	3000
L21	2022/07/31	22	女	流水线工人	单身	3	2	农村	中职	3000
L22	2022/07/27	22	男	流水线工人	已婚已育	1	3	农村	初中	3000
L23	2022/08/14	22	女	流水线工人	单身	3	3	农村	中职	3000
L24	2023/04/28	23	女	流水线工人	恋爱中	2	2	农村	中职	3000
L25	2022/08/16	23	男	流水线工人	单身	4	4	农村	中职	3000
L26	2022/08/20	24	男	流水线工人	恋爱中	2	2	农村	高中	3500
L27	2022/08/03	25	男	流水线工人	恋爱中	1	1	农村	大专	4000
L28	2022/07/26	25	女	园区业务员	单身	12	2	农村	中职	4000
L29	2022/07/15	25	男	流水线工人	单身	13	4	农村	小学	2000
L30	2022/07/14	26	女	流水线工人	单身	60	3	农村	初中	2500
L31	2022/08/06	27	男	厂区保安	恋爱中	24	2	农村	大专	5000
L32	2022/07/17	27	男	园区宿管	恋爱中	24	6	农村	中职	3500
L33	2022/08/14	28	女	流水线工人	已婚已育	1	3	农村	初中	3000

续表

编号	访谈日期	年龄（岁）	性别	职业	情感状态	进厂时间（月）	流动次数（次）	户籍地	学历	工资（元）
L34	2022/07/17	28	男	园区宿管	单身	36	7	农村	初中	3500
L35	2022/07/14	31	女	专线管理员	单身	24	4	农村	初中	3500
L36	2023/04/28	32	男	流水线工人	单身	48	2	农村	初中	3000
L37	2022/08/26	33	女	仓库管理员	已婚已育	4	4	农村	中职	3500
L38	2022/08/11	33	男	流水线工人	已婚未育	1	3	农村	初中	3000
L39	2022/08/20	34	女	流水线工人	已婚未育	60	3	农村	初中	2500
L40	2022/08/21	37	女	流水线工人	单身	1	3	农村	初中	3000
L41	2022/08/20	37	男	流水线工人	已婚未育	18	4	农村	初中	3000
L42	2022/08/13	40	男	流水线工人	已婚已育	6	4	农村	中职	4000
L43	2022/08/10	40	女	流水线工人	已婚已育	6	4	农村	中职	4000
L44	2022/08/25	45	女	流水线工人	已婚已育	3	4	农村	小学	3000

注：此表中的工资为统计后的平均值，进厂时间、流动次数为大约值。

第二节 青年农民工婚恋观现状

一、访谈群体肖像描述

由于调研地点中农民工年龄大多分布在17—35岁之间，本书依据年龄将访谈样本归类为青年农民工群体。

青年农民工呈现低龄化、低学历、单身化的特点。从生理方面来看，他们的平均年龄分布在17—45岁。随着越来越多的女性农民工进入城市务工，青年农民工的男女比例差距开始缩小，女性占比四成左右。青年农民工在出生时生活条件已经得到一定改善，教育条件有所提升，文化程度主要以初高中、中专、大专为主。工作性质与时间限制了他们为了"归家"在城乡之间的多次往返，也无法实现在城市的定居与融入（陈丰，2007），因此大部分处于适婚适育年龄段的青年农民工仍是单身状态。

青年农民工的工作时间长、工作专业性不高、薪资报酬较低。大多数农民工在进城务工前基本没有经过职业技能培训就直接完成从以农为主的第一产业到第二、三产业的转变（贺飞，2007）。制造业产业园区主要以零部件加工、电子装配为主导产业，其中具体职业大致可以分为流水线员工、线外、万能工、领班、PE（电脑维修、分析人员）、AE（流水线问题机处理人员）、QC（机器外观检察人员）、SMT（产品稽核员）等几类工种。调研发现,工厂内基本实行"两班倒"的轮班制,白班是7:40到20:40,夜班则是20:40到第二天7:40。工厂内施行一周一天的休假制度,工人们需要在工作线上一直重复手动理线、螺丝稽核、贴标检查、装袋封验等固定动作12个小时以上,通过轮班交替,确保工厂流水线作业的24小时运转(陈纬、陈书妮、兰荷伊,2023)。10—12个小时超长的工作时间加速了他们体力与精神的消耗,而每月2000—3500元左右的薪资也无法支撑其除去个人正常生活开销后更高水平的消费。

青年农民工的活动空间小,生活环境逼仄。园区内的基础设施只配备了必要的员工食堂、生活超市与小型篮球场等,除工厂与宿舍区域外,可供农民工们自由活动区域较小。在居住条件上,企业将18㎡的宿舍空间分设6—8人上下铺、淋浴卫生间以及生活阳台,员工们的休息区域普遍狭小拥挤,基本没有个人隐私空间。

青年农民工社会交往范围小,社会网络薄弱。园区内的农民工大都来自重庆周边城市,社会关系难以从居住地延伸到工作地,社会交往大都局限于工厂内流水线上作业的同事与社交媒体上的好友。园区内巨大的人员流动性使得线下私人化的社会关系难以发展,无法构建紧密的社会网络,因此他们转而倾向于在网络上发展虚拟化关系。

无论是老一辈农民工还是新生代农民工,他们的生活状态都是流动且不稳定的,社会关系松散。劳动报酬是决定青年农民工是否长期留在一个地方的关键性因素,他们不断变化务工地点以获得工作经验与更高的工资,在休闲时间里既不会主动外出社交也不愿意深度巩固流水线上工友的情谊,文化生活与兴趣爱好的匮乏导致他们最大的娱乐活动是手机上网(陈纬、陈书妮、兰荷伊,2023),这很容易让农民工淡化生活中的现实交际活动,大多周而复始地过着"工作—吃饭—睡觉"的生活。综上所述,青年农民工是在市场关系下通过劳动展开社会关系并艰难寻求向上流动的不稳定发展群体。

二、农民工婚恋观现状

(一)择偶行为

择偶行为取决于个人的偏好与习惯,是对男女之间价值关系的主观反映,暗含男女双方进行恋爱和缔结婚姻前相互选择的主观评价标准。其中包括了择偶方式、择偶标准以及择偶动机等组成部分。择偶行为中的每一个环节都包含个体在特定婚恋观的支配下所产生的价值内涵,并受到社会氛围、文化风俗、家庭关系等因素的影响。在社会转型背景下,青年农民工的择偶行为产生了新的变化。

1. 择偶方式

择偶是婚姻的序幕,是未来家庭生活的基础(刘伟民,2009)。择偶是男女青年在恋爱和建立婚姻关系中认识伴侣的一种方法或途径。在青年农民工没有外出务工前的传统乡土社会中,婚姻往往与家族利益挂钩,大多遵循"父母之命,媒妁之言"的择偶方式(吴新慧,2011)。他们局限于完成由父母主导的包办式婚姻,择偶方式较为单一、择偶途径相对狭窄。而随着青年农民工在城市中受到青年男女交往多元化的浸染,他们认识异性的渠道从亲戚、老乡介绍扩展为自己接触、工作地认识与网络交友等现代性方式。

择偶方式的变化,首先体现在青年农民工自发组织的聚餐、联谊活动上。由于工作时间长,缺乏与他人沟通的时间,不同于利用为数不多的休息时间来恢复因工作消耗体力的年长农民工,青年农民工在下班后的放松时间里通过社交活动与老乡、同事一起聚餐喝酒、玩游戏,以此拓宽自己的地缘关系,在最短的时间内认识更多的异性,便于配偶的选择。"我在这儿有几个老乡,平常下班了就去附近夜市喝点酒耍耍,然后我老乡是在隔壁厂嘛,他就把他们线上的人也喊起,大家出来耍一圈就都认识了。"(2022/07/07,L2)另外一个曾经也通过朋友介绍认识异性的女生也表示:"出门在外就是要靠朋友的,我就是我朋友介绍过来(工作)的,前男友也是一起喝酒的时候认识的,毕竟大家都认识,也就都熟悉了,比较放心。"(2022/07/19,L12)

其次,择偶方式的多元化表现在青年农民工对网络社交平台的广泛使用。在信息社会发展的时代背景下,婚恋网站、交友软件、直播平台成为青年农民工流动过程中认识异性、寻找爱情的途径之一。正如L3所说:"我们每天都在这个工厂里面其实能认识的人真的很少,大家都上网,我就上网找了。"(2022/07/06,L3)L4也表示:"我的话,其实也不局限于只用微信、QQ这些嘛,还有陌陌啊、探探啊,这些都还是在用的,这些上面的女生要多点。"不仅如此,除主流交友软件以外,他们还在手机游戏中主动发出邀约。"我之前有个男朋友就是打游戏认识的,我们都打炫舞(一种手游),然后我就夸他的衣服好看,后面就加起微信聊了。"(2022/07/10,L8)网络媒体的匿名化让青年农民工们获得快速找到大量的异性单身群体的途径,甚至不用真实的个人信息就可以根据自己当前的择偶需求来寻找对象。

2. 择偶标准

青年农民工的择偶标准开始走向现代化,但依旧受到传统观念的影响。他们在对配偶的选择上有着自己独特的逻辑(戚迪明等,2017)。虽然已经走出改革开放初期"政治化"的阴影,从过去政治、物质等要素为先的择偶标准转化为以个人偏好、感情为先的多元化选择,但更多的还是关注对方的性格三观、外在条件、经济条件、家庭结构等因素。如图4-1。

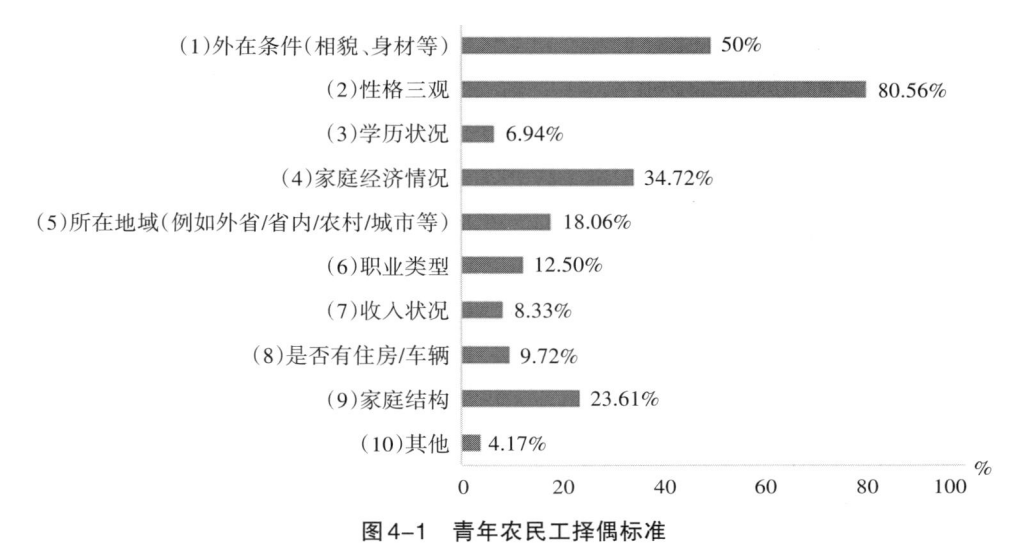

择偶标准	百分比
(1)外在条件(相貌、身材等)	50%
(2)性格三观	80.56%
(3)学历状况	6.94%
(4)家庭经济情况	34.72%
(5)所在地域(例如外省/省内/农村/城市等)	18.06%
(6)职业类型	12.50%
(7)收入状况	8.33%
(8)是否有住房/车辆	9.72%
(9)家庭结构	23.61%
(10)其他	4.17%

图4-1 青年农民工择偶标准

从恋爱距离上分析,地缘因素对于青年农民工而言占据重要地位。他们将本乡、本镇、本市的异性当作优先考虑的对象。在他们看来,同一个地方的人在生活习惯、生活饮食方面更具相似性,且相距较近也便于互相探查人品与家境,加之如果顺利缔结婚姻也能在亲戚来往方面更加便捷。来自陕西的女孩L7就说:"我和我男朋友是在老家的时候就在一起了的,出来打工也是一起约好了的,不然自己一个人出来觉得还是蛮孤独的,连个说话的人都没有。"(2022/07/09,L7)同时,有举办婚礼打算的女生L33也表示:"我们就是以前一个村里面读书认识的,我们家本来也不要我找很远的,那个时候我们都成绩差,就一起出来打工,感情就比较稳定。"(2022/08/14,L33)

从经济基础上分析,青年农民工在择偶过程中的择偶梯度呈现提高趋势,传统婚恋的"斜坡理论"已逐渐淡化。不论男性还是女性农民工都愿意选择比自身学历高、能力强、收入高的配偶,以便通过恋爱、婚姻这一方式顺利留城或得到阶层上的提升。下半年准备离开所在园区去往杭州务工的男生L18说:"我在这边待了这么久都没找到(女朋友),准备到那边了找找看那边的,那边的人普遍都比这边更有钱,到时候两个人挣得多了就能存点钱然后结婚。"(2022/07/22,L18)刚到园区开始新一轮流动的女生L40也表示,爱情一定是建立在物质基础之上的:"我也想找个有钱的,有车有房那种,到时候我就不用工作了,现在就是觉得遇到一个能帮我打螺丝的都好难哦,还不要说更有钱的了。"(2022/08/21,L40)

随着新思想与新观念的不断传入,青年农民工的择偶标准趋向多元化。前述的经济基础很大程度上包含了对另一半赚钱能力的考量,一些女性农民工的家庭甚至会考虑男方父母的年龄与劳作能力,以及其兄弟姐妹的人数,为的是在婚后得到另一方家庭的力量帮助,降低家庭负担、共同赡养老人。除此之外,"谈得来""互有好感"也是他们择偶的一大标准。个人品行是决定双方是否开启恋爱的前提,在"谈得来"的基础上,工作踏实、对未来有规划成为青年农民工择偶时优先考虑的因素。这种物质与精神双重契合的择偶标准,实际上也是对过去择偶只讲物质的形式的一种跨越。

3. 择偶动机

农民工的择偶动机可以分为以家庭和后代为主的传统动机、以个人和情感为主的现代动机、以生活和地位为主的功利动机三类(曹锐,2010)。青年农民工在城市工作生活,择偶地域被拓宽,求职、求学的经历增强了他们的独立意识,择偶过程中的恋爱氛围更加自主化,可以不用在征求父母的意见后再选择伴侣,最终的决策权回到了自己手里。

首先,择偶动机中以家庭和后代为主的传统目的依然被相当一部分青年农民工所认可。他们希望通过择偶、恋爱、婚姻、生育等行为摆脱自己的农民身份以实现融入城市的期望,组建家庭的意义在于能够给予他们情感支持。但乡村传统的制约,例如父辈的压力、与同辈群体间的比较又在无形之中给他们的精神施压,由此可见,农村的户籍与城市生活的双面性造成了青年农民工在婚恋选择上传统和现代的双重性。因家庭原因被迫外出务工的受访者L1在谈到自己的压力时说道:"我做什么都是一个人,也挺没意思的,身边的朋友都有对象,我现在就想也找个人一起努力。"(2022/07/05,L1)更为年长的L36则直接表达了自己的焦虑:"成家之前也有压力,但是成家之后压力就是两个人分摊嘛,而且如果说不成家的话,家里催得也很急的,就是我们那个村基本上都是结了婚的,你逢年过节这些回去,真的不好说的。"(2022/08/15,L36)。

其次,以个人和情感为主的现代婚恋动机主要与青年农民工漂泊不定、频繁流动的生活和工作经历相关。他们都曾渴望过美好、热烈的爱情,希望通过自己的努力在城市立足,拥有属于自己的天地,但现实中平淡如水的生活和提升空间不大的薪资让其中的一部分人放弃经营自己的感情,枯燥无味的生活更助长了其游戏人间的心态,逐渐形成"谈着玩玩"的局面。"就我们这个厂里面的,认识了几个,都聊聊耍耍,也没有多喜欢,就是各有各的好,具体后面咋个发展就后面再说了。"(2022/07/07,L20)流动经历丰富的女生L17说,"我之前也有个耍了很久的嘛,但是人家后面读书读了本科,就看不起我了然后分手了嘛,现在就看得开了,就谈着玩玩,我自己开心就好。"(2022/08/01,L17)

最后,青年农民工在城市艰难的生活状况与较低的地位决定了一部分人以生活和地位为主的功利性婚恋动机。比如L11就是通过和比自己大接近一轮但未婚的流水线干部领导在一起而获得更轻松的工作体验以及更快的晋升机会:"他又肥又丑,但他是领班的嘛,我跟他一起万一以后我也是领班呢?而且我上班的时候他还可以来帮我干我的事……"(2022/07/11,L11)高频度的漂泊和流动让青年农民工难以锚定自己的社会根基(黄斌欣、严航,2021),在不稳定的生活中逐渐面临家庭组建困境,同时产生通过婚恋获取经济利益和社会地位的择偶动机。

(二)婚恋生活

婚恋生活包括了婚恋过程中青年男女的思想、行为和风俗礼仪。随着社会的发展,不同群体和不同地域的婚恋生活衍生出了不同的表现形式,具体表现在青年农民工不同的婚恋行为模式中,其中包括了婚恋支出、婚恋仪式、婚恋现象。

1.婚恋支出

婚恋支出主要指的是人们在恋爱与婚姻的过程中为维系感情所产生的费用。其中恋爱费用主要包括了日常约会成本、纪念日/节日礼物、旅游开销等。对于婚姻费用的界定,李银河将结婚时的费用分为支付的金钱、置办结婚物品、婚宴、结婚的总费用(李银河,1991)。同样的,李守经也认为彩礼、聘金、请客的费用及建立新家的费用共同构成了农村的结婚费用(李守经,2000)。由此可见,在缔结婚姻过程中所产生的费用大致可以包括彩礼、婚宴、婚房等消费。

恋爱费用是男女双方在恋爱过程中互相了解、培养感情所必然会产生的一定支出。在当前经济飞速发展的阶段,农民工谈恋爱已经不同以往的含蓄,约会也从散步赏花变成了看电影、唱歌、逛街等形式,约会成本也由此上升。受到传统"男强女弱"思想的影响,男性通常作为发出邀约的那方默认为会承担外出约会的大部分费用,因此,恋爱费用成为部分男性农民工的主要支出。尤其是在女方生日、七夕、情人节等特殊节日里送礼物这一环节的花费,更不用提平日里微信红包、转账、购物等消费支出。"自从在一起之后,我们每天下班就不吃食堂了,那我肯定要带她出去吃点好的嘛,刚刚在一起肯定还是要联系一下感情,但是我们两个又都要喝酒,所以说每顿饭吃下来还是挺贵的。"(2022/08/06,L31)另一位受访农民工虽然只是与一位异性在网上互相了解,但也避免不了需要通过金钱来维持双方的关系:"我基本也就是跟她在网上聊聊,她说她是个很精致的人,就是要化妆啊那些的,我平时给她发个一两百块钱的红包她觉得还不够买化妆品的……"(2022/07/07,L20)同时也有部分女性农民工将外出约会项目、所收礼物等恋爱成本当成攀比的资本,以此来证明自己在亲密关系中的地位:"我多谈几个就好了,因为我们寝室上次情人节的时候,一整个寝室都是花,那我肯定不能没有嘛,我就喊他们(聊天对象)都给我发红包,基本上就是最少的也有50块。"（2023/04/28，L16）而恋爱费用的增加无疑体现了当今恋爱方式的多样化，但也给工资本来就不高的农民工们造成了不小的负担。"因为我们两个人不在一起上班嘛，有时候还是会给他买点东西，要让他感觉到还是有个女朋友在关心他，一个月下来东买西买的还是要花不少钱的。"（2022/07/24，L14）

在结婚的费用上，彩礼是我国传统的婚嫁习俗之一。在男女双方婚姻初步达成约定时，双方家庭会以互赠聘礼或聘金的形式来确保双方婚姻关系的建立，这一过程也是彩礼的出现过程。随着农村地区经济的发展与婚恋观的变迁，彩礼开始出现攀升态势，在部分地区甚至演变为"天价彩礼"现象，这导致原本彩礼所蕴含的美好意味也有所消散。部分青年农民工也因为彩礼问题陷入"婚不起"的困局。32岁未婚男性农民工L36就表示："重庆这边也有彩礼要十几万的，有些家庭条件比较贫困的感觉还要得多一点，就我晓得的，河南、湖北、江西、甘肃、宁夏这些地方好多都是要十万到二十万左右。"（2023/04/28，L36）另一位农民工表示，他曾经有一段快要步入婚姻的爱情，但是由于彩礼问题最终没能走到最后："因为他们家要很多彩礼，她说要先给她妈妈交十万块钱，还有两套房两套车，房贷什么都要我一个人出，她一点钱都不出，所以说分手了。"（2022/07/15，L29）从图4-2可以看出，有58.33%的农民工不能接受"裸婚"，有30.56%的农民工可以接受。另外，我们在访谈中发现，几乎所有女性农民工都无法接受"裸婚"，而相反，男性农民工中却有相当一部分群体可以接受这种婚姻方式。

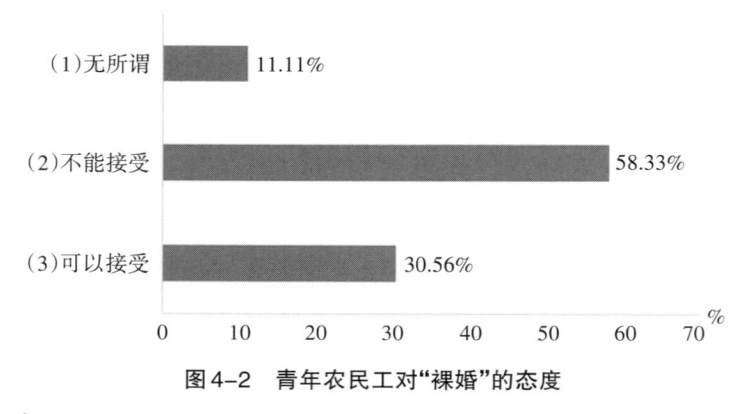

图4-2　青年农民工对"裸婚"的态度

(1)无所谓　11.11%
(2)不能接受　58.33%
(3)可以接受　30.56%

2.婚恋仪式

婚恋仪式包括恋爱中诸如情人节、双方生日以及纪念日等庆祝仪式与结婚时的仪式。因为青年农民工普遍工资较低，虽然园区内没有提供额外的娱乐活动场所，但在谈恋爱后却乐于为自己的短期享乐买单，跟随城市社会主流不断加强婚恋中的"仪式感"。"现在的小姑娘要过的节日太多了，白色、粉色情人节，还有百天、周年纪念日这种，我有时候都觉得钱还是留到以后拿来过日子重要点。"（2022/08/16，L25）不同于男性农民工，女性农民工则认为婚恋仪式是婚恋关系的试金石,代表了对方对自己的珍视程度。例如L24所说:"我觉得节日它之所以是节日就有它的道理嘛,而且大家都在过啊,你不过的话肯定说明你不用心。"(2023/04/28,L24)

在传统的观念里,婚礼是人生的礼仪之一,是继承了一定传统与习俗的民族文化仪式。在青年农民工受到现代化的渗透后,婚礼作为农村生活中重要的一部分,也发生了很多变化。"我觉得我对结婚的态度首先就是要大操大办,这种事情说不好一辈子就一次的事情,哪样好就搞哪样。"(2022/07/26,L28)另外,大部分女性农民工都希望在城市中举办婚礼。"回去的话(乡下)条件没那么好嘛,很多东西弄起没有那种效果,照片也不好拍。"(2022/08/14,L23)年龄尚小但对婚姻却有无限幻想的女生L15讲述了她对于婚礼仪式的设想:"我看到网上他们都在说现在中式婚礼多好多好,我要是结婚的话也要这么办,不过要是可以的话,我还想中式西式都办,反正自己结婚嘛,我自己说了算(笑)。"(2023/04/28,L15)

3.婚恋现象

婚恋现象是青年农民工受到市场化、城市化的影响后所做出的不同婚恋实践,由乡村经验和城市经历共同塑造,兼具传统性与现代性的特点(施磊磊,2015)。在恋爱自由的观念之下,青年农民工的婚恋行为开始挣脱传统束缚,爱情呈现祛魅化(宋丽娜,2019)。首先是建立婚恋关系的过程直接性。青年农民工在社会阶层中位置的固化与社会资本的薄弱给他们带来自卑感,而逐渐解放的主体性让他们在爱情中更想要凸显"自由",精神世界的匮乏让他们更倾向于使用物质手段来获取爱情,随之婚恋行为也出现物质化、模式化的特性,即恋爱必定发生在休闲场所,且意味着消费;恋爱必定由"惊喜""浪漫"堆砌,且伴随着礼物的流动。他们无需复杂的恋爱头脑,只需要相似的程序与形式便能收获爱情。"你说要谈恋爱其实也很简单啊,主要就是看对眼了出去耍几次,看看电影,买点礼物就可以了嘛,然后在一起了还要带出来逛街啊,买衣服啊这些,反正要花钱,花钱就对咯(笑)。"(2022/07/17,L32)对于恋爱关系逐渐形式化这一点,大部分受访男性农民工都持相同意见。"耍朋友肯花钱就是对了的,多买礼物多发红包,不花钱没得人愿意跟你,女生嘛,还是要哄。"(2022/08/03,L27)"耍朋友耍朋友,那不就是要一起耍的意思吗?多带出去耍几次,买点儿东西,基本都是这样过来的。"(2022/07/06,L4)

其次是"闪婚""闪离"现象的增多。由于在建立婚恋关系时所用时间越来越短、过程也越来越直接,加之女性农民工的增多,女性自我意识的逐渐觉醒导致传统农村的婚恋氛围也发生改变。费孝通在《生育制度》一书中对传统婚姻的论述是,传统婚姻的意义在于确立双亲抚育,男女个人之间的婚姻关系是一桩公众事件,因为单靠性的冲动和儿女的私情并不足以建立起长久合作抚育子女的关系。祛魅后的爱情注定难以产生忠贞与责任来维系家庭,只是将婚恋行为当作日常生活中普通事件的形态。一部分青年农民工在结婚之前对配偶的性格、生活习惯等没有充分了解,导致结婚后会出现很多矛盾,加之年轻气盛不能正确做出处理,便会选择离婚。

再次是特殊婚恋现象"临时夫妻"的出现,即部分青年农民工在务工期间为解决自身生理、心理需求而在务工地临时组成的一种感情关系。在打工潮兴起后,一部分已婚农村青年选择外出务工给家里提供经济来源,但这也导致了夫妻二人的两地分居。为了缓解内心感情的空虚与生理上的需求,这部分农村青年便会在流入地选择另一个异性来弥补自身伴侣的空位。这样的特殊婚恋关系虽然能够暂时解决他们的个人需求,但也背叛了自己的配偶、破坏了家庭的和谐、违背了社会道德,给社会带来很大的隐患。

(三)婚恋观特质

1.功利型:金钱与权力

渴望摆脱原生家庭,成为真正的"城市人",是出现这类婚恋观念的青年农民工的显著特征。他们通常初中没有读完就外出务工,返乡意识并不强烈。对于他们来说,既没有支持其向上发展的内在能力支撑,也无法产生向上的阶层流动动力,固有的社会阶层分化将他们固定在了社会资源的弱势地位,很难依靠自身的资源与信息产生"强关系",就连"弱关系"都因为工作性质与流动速度而无法长久维持。于是他们在流动过程中通过频繁更换工作地点的方式来缓解自己对生活现状的不满,也愈加清晰地意识到城乡之间发展的不同,想要通过快速的方式留在城市。

当今社会文化与网络媒体所宣扬的价值观在促进个人主义发展的同时,也开始消解中国传统文化中所宣扬的至死不渝的爱情以及对婚姻忠贞不二的态度,随之而来的是对以前爱情、婚姻、家庭观念的颠覆。由于想要早日稳定下来,一部分青年农民工开始通过爱情甚至婚姻来攫取自己想要的资源,认为爱情与婚姻只是自己改善目前生活的一个跳板,渴望从爱情或婚姻中获得自己想要的心理上的,特别是物质上的回报。

从社会学的视角来看,将爱情视为功利的回收是整体社会经济环境与多元文化碰撞所产生的后果。几乎所有的受访农民工都表示自己现在面临的社会现实是,升职机会小、不可能实现阶层跨越,但又因为住房、学历、职业技能等因素无法离开当前务工地点。这样的生存困境使得青年农民工游离在城市中,被迫成为所谓的"游民"。他们用"只有爱自己才是对自身最好的回馈"来标榜自己以功利为导向的婚恋观念,耽于现实又懒于自我拼搏,对爱情与婚姻寄予超高的期待,这种看似生活目的明确却完全将希望压在别人身上的价值追求代表了这部分青年农民工对当前生活现状的迷茫探索,对生命与未来的探索仅仅停留在初级阶段。

2.娱乐型：自由与放纵

拥有娱乐型婚恋观念的青年农民工外出务工时间长，流动经历丰富。他们基本在幼年时期即跟随父母外出务工，于工作与学校之间来回切换身份，家庭的流动与丰富的就业经历加速了他们个人主义的成长。即使年龄尚小但并不排斥多地流动，甚至"主动离职"营造自身频繁流动的假象。其本身在家庭与学校氛围中形成的对婚恋的理解受到了社会上各种各样婚恋思想的冲击，从而对自身所持有的想法缺乏更为理性的判断，想要追求自我与新奇却无法与生活的压力相抗衡。

生活世界的多元化发展为流入城市的青年农民工提供了自主选择生活交往方式的多样化途径。我国青年的婚恋观念长期以来都延续着强调男方一切条件都应比女方强的传统，但由于目前男女农民工的受教育程度已无明显差距，这一传统婚恋观念也随之淡化，演变为青年农民工对婚恋的责任与忠诚的向心力越来越小，而离心力却越来越大。有一部分农民工认为城市中快节奏的生活方式带来的是"快餐式"的爱情，他们将爱情作为生活的消遣并与婚姻分离开来，在一次次的情感交互中获得自己想要的"情感价值"之后潇洒脱身，正如L3所言，"谈恋爱这种事情，看对眼了就谈了，你要说之后怎么发展，那都不好说的，明天我在不在这个厂里都不一定，到时候大家就散了，也没啥负担"（2022/07/06，L3）。

流动的过程给予青年农民工时间上充分的弹性与空间上的距离感，这也加深了他们面对感情时的随意性。即使在流出地已有对象，也会在进城务工后出于寂寞、排解情绪等原因再发展新的恋情。据园区宿舍管理员L34的观察，"园区里面这样的人其实挺多的，你在老家耍的始终是在老家耍的，但是隔得太远了，在这边又不可能不认识新的人，谁都有寂寞的时候"（2022/07/17，L34）。这种自我意识觉醒所带来的自由与责任之间的失衡让这部分青年农民工无惧在感情中受伤，信奉"天涯何处无芳草""年轻是最大的本钱"，将恋爱当作人生不可或缺的经历，甚至连性爱也可以被当作恋爱中的砝码，决定自己爱情的存续。受访女性农民工L17喜欢在网上通过照片、游戏交友："我手机里现在的联系人就只有40多个，里面有20多个都是我的备胎。我来这边这个厂里面才一个多月就换了三个男朋友了。"（2022/08/01，L17）另一位年纪相仿的女性农民工L15也表示："我经常就跟他们一起去喝酒，但是我这个人吧，你喊我喝酒得行，肯定还是分得清要不要上床的，要上床的话我还是要看人的，那天喝酒的人要不行的话我还是就不干了。"（2023/04/28，L15）

基于游戏人间的理念，这部分农民工用自己的年轻无知不断挑战恋爱的准则，推脱掉在爱情中本身应该承担的责任，天真地以为只要自己赌对了就可以结成婚姻并顺利相伴一生，呈现出自由且放纵的娱乐型婚恋观念。但感情并非简单的线性进化过程，它既带来了过去选择的结果,又预示着未来感情发展的趋势。因此,青年农民工的婚恋观念从来都不只关乎其个体的成长,更是社会良性发展的一项评判标准。

3.陪伴型:沟通与慰藉

青年农民工中拥有陪伴型婚恋观的群体是入厂时间较短、离家较远的"外乡人",他们注重爱情中的情绪沟通对于自己的陪伴作用。青年农民工每天工作10—12个小时,工作时间挤压了可以自由支配的时间,所面对的人群又主要是园区内同一条流水线上的工友以及同寝的室友,工作圈内的高度同质性让他们既想恋爱但又很难开始行动。他们以流动的形式进入陌生的场域,离开原有的社会资源支持系统,在空间上离开家乡,于情感上远离亲属,在城市中进行孤独的个体化探索的同时希望爱情提供给自己更多的情绪价值以获得心灵上的慰藉。

青年产业工人的社会关系呈现出私人化与孤立化的特征。他们难以在城市大环境中获得认同感与归属感,从而陷入迷惘的秘境中,为了抵御个体化的风险,开始选择不同类型的联结途径,实现"个体的结合"。将自己的社交圈由线下延伸到线上,通过网络来满足自己情感上的需求。即使农民工中的一部分人对于一些新兴的择偶途径与方式并不完全信任与认可,但通过互联网联结而产生的恋爱在很大程度上也能够突破地理和生活的限制,正是这种虚拟化的接触,使得他们认为恋爱甚至是婚姻都只是下班后双方隔着手机的各取所需,并不存在道德伦理以及对错问题。

他们并不追求爱情能够给自己带来成长与进步,更多的是下班后能够倾听生活情绪的情感诉求。"我没在爱情里头收获啥啊,但是一个人的时候一点都不好耍,而且有男的来找我我干嘛不要,他们都耍起了我一个人在那儿当单身狗很惨的。"(2022/07/19,L12)对另一半往往存在无限的幻想,甚至出现跟风恋爱的倾向,却在实际接触后因性格不合、工作性质等原因不欢而散。"我也没有什么别的要求,就是还是想找个帅哥,因为我小说视频这些刷多了,还是多希望自己能够当回女主角,还是想有甜甜的爱情。"(2022/07/17,L9)

综上,拥有这样的婚恋观念的青年农民工并不把爱情中互相理解的宗旨奉为圭臬,园区内所营造的低欲望生活环境让他们在面对生活压力时带有幻想,身处社会与个人的双重变化中迷茫地探索,想将爱情与婚姻当作自己忙碌生活中心理安慰的来源。

4.现实型:安居与稳定

大部分原生家庭经济条件较差的多子女农村家庭中的青年农民工在婚恋观上展现出现实型的导向。受到家庭背景与自身能力的限制,他们不得已接受自己当前社会阶层的固定性,寻求更加务实与稳定的婚恋以保证自身能够顺利度过成年转型阶段。青年农民工在物理空间、虚拟空间之间的频繁流动中创造价值,产生社会经验与情感。不论是在家庭中还是在工作圈,这部分农民工在亲身经历和多次旁观亲友失败的爱情与婚姻后,对爱情与婚姻有了更加深刻的认知,始终保持谨慎态度,加深了自身对于婚恋的个人偏好,并做出有利于自身婚恋的行为,强调感情的真实性以及获得感。作为老乡一同外出务工的受访者L30与L40表示:"在厂里看过太多恩恩怨怨分分合合,家里的姐姐们结婚后对原本的生活也并没有太大的帮助,还不如自己单着,一人吃饱全家不饿。"(2022/07/14,L30)"我爸妈当然是想要我马上结婚的,但是我自己谈过两次了,也没啥好结果,现在是真的不想谈,加上我爸现在也在住院,谈个恋爱还要多花钱,还是算了。"(2022/08/21,L40)

其次,基于现实的考虑,结婚与组建家庭除了是男女双方在情感上的结合以外更是经济的联结。除去车、房等硬性支出,配偶以及未来组建家庭所产生的开支也亟须考虑。随着年龄的增长,很多26岁以上且家庭背景本就不好以及收入财力本就不高的农民工慢慢陷入"结不起婚"的境地,他们对待婚姻更加慎重,努力为之后的家庭维系与子女养育多做考虑。由此可见,在农民工来到城市后,现代网络与个性化的发展让他们的个体意识逐渐觉醒,不论是返乡安居还是在城市中稳定,他们都想要拥有属于自己完整的人生,这种观念也助推着他们更加长远地看待自己的人生规划。

第三节 青年农民工生育价值观现状

一、生育目标

生育价值观的结构化模型包括了生育目标、生育手段和生育倾向三个主要部分。其中生育目的又包含生育数量、生育质量、性别偏好等影响因素(童琦、张进辅,2004),体现了生育主体在对待生育问题上的个体倾向性。

(一)生育数量

生育数量取决于生育动机和生育目的等因素,是衡量整个社会生育水平、了解人们生育观念的重要变量。随着工业化、市场化席卷浪潮与第一批离土不离乡农民工的逐渐老去,新生代农民工大部分出现离土又离乡的状态,试图在城市浪潮中找到属于自己的定位,同时对未来的生活产生不确定性与焦虑感,其生育价值观在流动的过程中产生变化并逐步向城市中"低欲望社会"(张婷皮美、石智雷,2020)靠近,意愿与实际生育数量减少,出现少子化的婚育观念。

首先,在日复一日繁忙、冗长的工作中青年农民工耗竭了对生活的想象,被量化的生活与生存的压迫感吞噬主体性,成功欲与上进心降低,期望子女数逐渐减少。在问到想要生育几个孩子的时候,很多农民工都表示:"生一个都差点养不起了,还不要说生几个了。"(2022/08/26,L37)"这个年头,连自己都不好养活,还养什么孩子。"(2022/08/06,L31)已经结婚多年并生育1个孩子的受访者L44说:"不会再生了,现在就是把娃娃放在我婆婆妈(男方母亲)那里养起的,一个月挣这点钱真的不够小孩子花的,反正我们的意思基本都是不生了,就养这一个。"(2022/08/25,L44)

其次,居高不下的房价让他们无法在城市安家立足,导致婚配困难,促使青年农民工做出减少生育数量的决策。青年农民工难以通过工作完成资本积累,实现社会地位的提升,农村家庭父母养老压力和人生发展关键任务的停滞让他们对自己和环境产生诸多怀疑,普遍对现状不满,对未来迷茫、对生活丧失意义感。正如受访者L18所说:"我倒是希望生啊,生一两个也行,但是养不起啊,生下来了哪个养呢?"(2022/07/22,L18)同样的,另一位受访者L26也表示:"人家都说的是,越穷越要生,但是现在生了真的养不起啊,生下来了就要供吃供穿,太花钱了。"(2022/08/20,L26)

总体来说,青年农民工期望生育的子女数量随着务工时间而不断调整,且男性农民工普遍意愿生育数量略高于女性农民工,基本处于务工初期上升而后期下降的趋势。一方面,未婚青年农民工的外流拓宽了城乡的通婚范围,实现了农村—城市生育观念的双向影响,也让男性农民工在流动初期对于婚育保持积极态度。另一方面,大部分农民工在城市中生活时间较长,依旧希望未来能够在城市安定下来,拥有自己的小家庭,同时,他们对自身生活质量也越来越关注,比较注重自我价值的实现和生活方面的享受,因此不愿意再接受生育子女导致自身生活质量下降的结果。由此可见,经济、社会、心理、制度适应都对青年农民工期望生育子女数量下降有显著影响(梁土坤,2019)。

(二)性别偏好

生育性别偏好指家庭内部长辈对即将出生的下一代性别的偏好(张芷菱,2022)。青年农民工虽拥有现代生活经历,但却未享受到现代生活的核心,因此即使当前生育中"重男轻女"现象有所削弱,仍有部分男孩偏好保留。

青年农民工在城市与农村的夹层中来回切换身份,职业、薪资向上增长空间不大,两个方向的合力使他们感受到了自己与城里人本质的不同,于他们而言,生育的目的在家乡意味着实现传宗接代等价值,而出于对未来现实的考虑,生育则是对劳动力与养老的需求反映。这一点主要体现在二孩政策开放和三孩政策实行上,许多一胎、二胎是女孩的家庭依旧会选择生三胎,希望生个男孩,而许多一胎为男孩的家庭却不会选择生育二胎或三胎,除非是在经济实力足够或其他条件满足的情况下才会有新的考虑。"我妈他们嘛就觉得还是要生个儿子比较好,以后儿子娶了媳妇一起住,有个头疼脑热的还可以互相照顾。"(2022/08/11,L38)

重男轻女偏好现象的削弱一定程度上源于青年农民工开始对后代给予的不同的角色期待。在传统农村生育价值观中,只有儿子才是家庭真正认可的后代、才能为农民传宗接代。而普遍生于 80 年代、90 年代的男性青年农民工并不认为儿子就一定能够肩负起家庭的责任,相反,他们承认女儿作为后代在家庭中的价值,认为女儿能够与父母的关系更加亲密,也更能满足他们对家庭的情感需求,提升家庭的幸福感和保障力。受访者 L37 在谈到自己的孩子时说道:"我们家的那个啊,是个弟弟,很调皮,只有他爸爸管得到他,我说什么真的听都不听,早晓得当时就生女儿了。"(2022/08/26,L37)另一位受访者 L42 表示:"是,现在生男娃娃还不如生女娃娃,女娃娃贴心啊,回家了还要问你好,不像我儿子,回去了只喊我一声。"(2022/08/13,L42)另外,有生育打算的 L41 表示:"我觉得生儿生女不是那么重要吧,反正就还是要看个人的教育方式嘛。"(2022/08/20,L41)

(三)生育质量

生育质量主要是指青年农民工对子女的养育期望以及在子女成长过程中的投入。青年农民工希望通过优生优育来提高自身的生活质量及经济水平,实现子孙后代阶级的跨越、保障后代的生活质量。对于大部分青年农民工而言,由于自身的经验限制和文化水平限制,对于如何引导子女正确学习、接受教育等了解较少。我们发现大部分农民工在子女的教育方面无法提供除经济支出以外的其他支持。"我自己就是个初中毕业的,我能教啥嘛,但是我跟你说,这个社会上不是只有学历就好,我打拼这么多年,还是能教点人情世故。"(2022/07/17,L32)这也导致他们对子女的养育质量只是留有空想,甚至主动降低期待。如图 4-3。

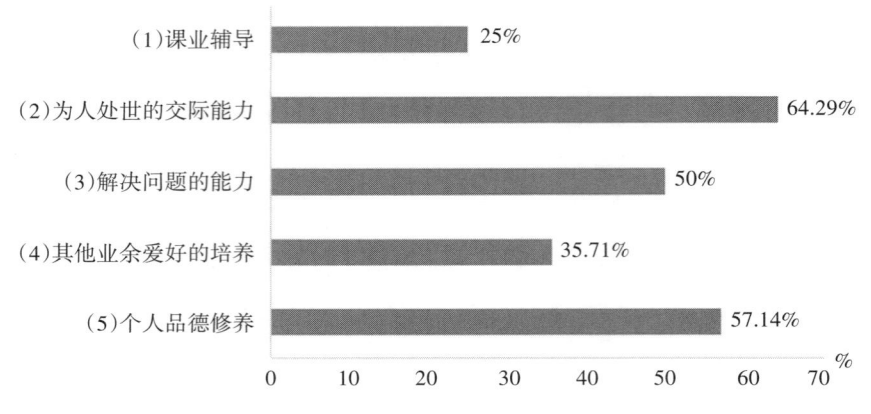

```
(1)课业辅导         25%
(2)为人处世的交际能力   64.29%
(3)解决问题的能力     50%
(4)其他业余爱好的培养  35.71%
(5)个人品德修养       57.14%
```

图4-3 青年农民工认为自己能给子女提供的教导

自身文化资本的不足让他们过多地将希望寄托在学校教育上,忽视了家庭教育以及思想教育的重要性,因此对子女的教育程度要求也不高,不能针对子女的实际情况制定更有针对性的教育计划,导致子女的培养无法满足农民的生育目标。"那也不是说我想教成什么样就能教成什么样,我只能说我把钱投入了,但是这个孩子她自己学不学是她的事情,我也没办法的,这种你大人干预了其实意义不大。"(2022/07/17,L34)

二、生育手段

生育手段包括生育时间和生育地点,指的是生育主体为生育所做出的具体决定和选择,反映了个体对生育行为(如生育时间和方式)的根本看法与观念。在市场经济发展下,青年农民工对于生育过程的认识更加全面,生育行为也随之发生转变。

(一)生育时间

生育时间包括妇女的结婚年龄以及初育年龄、生育间隔时间等内容。流动的经历加速了青年农民工在流出地与流入地的思想流动运转,当前农民工生育年龄普遍推迟,生育时间更加理性,对于晚婚晚育的认同度较高。2006—2016年,我国女性平均初婚、初育年龄分别从23.6岁、24.3岁推迟到26.3岁、26.9岁,20—34岁女性在婚比例从75%下降到67.3%(苗国、黄永亮,2022)。据统计,虽然现代社会的辅助生殖手段已经相当发达,但生育时间尤其是女性生育年龄依然会直接影响到生育能力(George & Kamath,2010)。

伴随妇女权益保障的加强和女性意识的觉醒,越来越多的女性农民工开始选择晚婚或在法定结婚年龄结婚,并在合适的时间生儿育女,不再盲目遵循农村早婚早育的传统。如图4-4。

```
(1)20岁以下     0%
(2)20岁—29岁   73.21%
(3)30岁—34岁   25%
(4)35岁—44岁   1.79%
(5)45岁—55岁   0%
```

图4-4　女性农民工生育时间选择

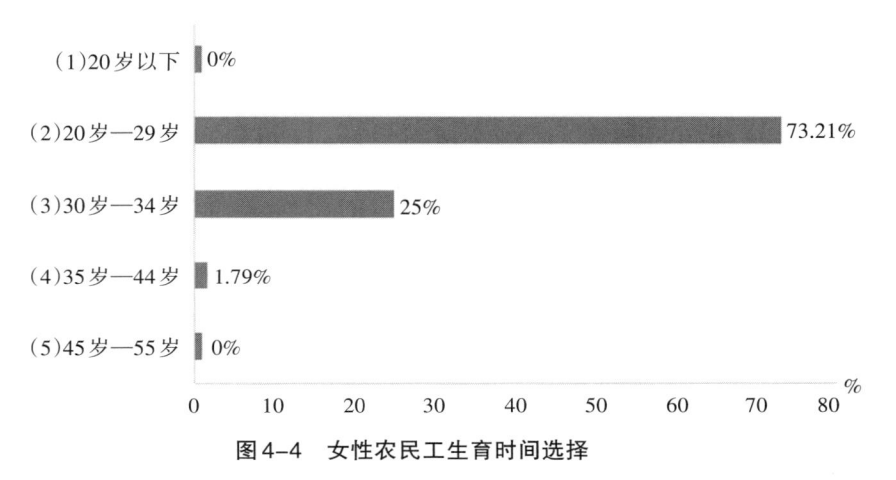

受访者L39说:"我也跟我老公讨论过这个问题(多久生孩子),反正都觉得再等两年嘛,这两年到处跑身体也不是很好。"(2022/08/20,L39)。另一位受访者L38也说:"现在基本上生娃娃都很迟吧,大家都想过二人世界嘛,有了娃娃就有牵挂了。"(2022/08/11,L38)大部分青年农民工将二孩生育间隔定在3—4年间。对二胎生育的时间和生育计划的考虑更加成熟理性,选择生育二胎的时间也更符合妇女的生理生育周期。如图4-5。但由于互联网部分不正确思想的传播与泛滥,仍有部分农村女性不能正确认识到生育时间的重要性,存在未婚先孕、早孕妈妈、未成年怀孕等现象。

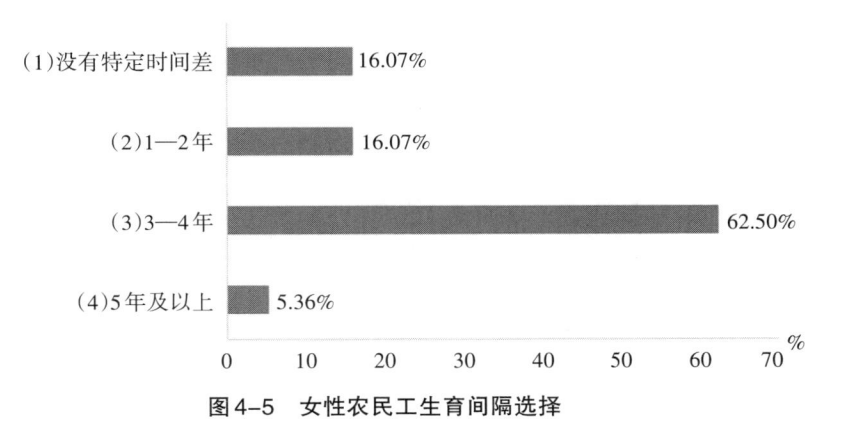

```
(1)没有特定时间差  16.07%
(2)1—2年         16.07%
(3)3—4年         62.50%
(4)5年及以上      5.36%
```

图4-5　女性农民工生育间隔选择

(二)生育地点

青年农民工对于生育地点的选择是综合主观意愿和现实情况后做出的,在一定程度上反映了他们在城市中的生存状况与生活水平。越来越多的女性农民工选择在流入地进行分娩行为,回到户籍地生育的比例逐渐变小。他们的个人心理因素、家庭经济情况、社会保险类型以及保障制度都对生育地点的选择有显著影响。"要生的话还是就在城里面生了,回去了也不会多方便,毕竟医疗条件跟不上嘛。"(2022/08/14,L33)"不敢回去啊,回去了再来又重新找工作吗?人家哪来的那么多机会给你哦,在这边你生了就要赶紧又回来了。"(2022/07/14,L35)当然,也有一部分已育女性农民工选择在户籍地生完孩子后重新回到流入地工作生活,返乡生育是她们经过现实情况的综合考虑后做出的无奈选择(陈湘满、冯英,2009)。"回去生的话主要是有人带,就放心点,之后再出来(打工)就丢得开手。而且这边医院的话我们没有医保的,生个娃娃可能今天生了明天就要喊你走了。"(2022/07/15,L29)

另外,女性农民工在生育不同胎次时孕娩地的选择上也存在差异。伴随"全面两孩""三孩"政策的施行,具有二孩、三孩生育意愿的女性农民工分娩地可以分为返乡分娩、返乡孕娩、返城孕娩、留城孕娩四种方式。年轻的女性农民工更愿意留在流入地完成生育,并且生育第一孩时回到户籍地的比例更大,在生育二孩及以后的孩子的时候在流入地完成怀孕和分娩行为的比例增大。受访者L37给出了她的理由:"第一个孩子回去生的话主要是因为你家里的老人家可以帮你带嘛,自己压力小一点也可以让他们享享天伦之乐,后面如果还要生的话,肯定是我们工作稳定一点了,那时候头个娃娃也大了,就好带点了。"(2022/08/26,L37)

三、生育倾向

生育倾向是青年农民工基于现实考虑对生育所产生的未来效应的展望,包括生育愿望与生育职责两个因素在内,形成一种多层面的复式结构,同时也是衡量其生育行为轻重得失的内心尺度(童琦、张进辅,2004)。

(一)生育愿望

生育愿望主要代表了青年农民工生育后代的目的,在当前社会中出现了多层次性和不确定性的特征。流动人口传统的"传宗接代"观念逐渐瓦解,取而代之的是以"注重发展"为主导的生育观念(陈颐、叶文振,2009)。在调研过程中我们发现,当前青年农民工的生育愿望基本都是从自身出发,将生育看作养老、治愈原生家庭、让自我更加完整的手段和工具,几乎没有人会从子女角度出发,考虑生育对孩子本身来说意味着什么。受访者L5就说道:"我以后结婚了肯定要小孩的,因为我童年一点都不幸福,我妈我爸他们基本都不管我,我有自己的孩子的话,感觉是自己重新有了一家人。"(2022/07/08,L5)另一位女性农民工L6也表示,孩子对于自己而言是完整家庭的核心:"我觉得结了婚的话,还是有自己的

小孩子比较好,因为那才算是一个家嘛,而且以后我们老了他也可以养我们嘛。"(2022/07/14,L6)

青年农民工的生育愿望从制度需求、经济需求逐步向文化需求、心理需求转变。一方面,国家义务教育与新观念的传播使很多农村年轻女性个人素质整体上有了提升,并开始参与赡养老人以及子女教育问题等自家重大事项的决策。她们的生育观有了更加明确的"女性"特质,认为生育是自我生命的延续,同时也让自己的人生更加完整。另一方面,夫妻共同外出家庭中的男性农民工开始分担妻子的家务劳动,孕育后代意味着流动家庭结构上的完整,生育愿望更多指向对未来生活的规划。

(二)生育职责

生育职责在很大程度上能够体现从传统农村家庭出来的农民工对自身的生育行为呈现何种担当。农民工对于婚姻满意度的要求高,不仅对婚姻有高质量的要求,也希望在生育行为之后继续追求自我价值的实现。而《礼记》中将"合二姓之好"与"上以事宗庙,而下以继后世"作为婚姻的最高宗旨(顾鉴塘、顾鸣塘,2011),也就表明婚姻的实质在于宗族的延续,因此生育承担了延续后代的责任,也同时为农民工带来更多对家庭的职责。"我觉得婚姻就是需要很忠诚,重要的是一起过日子,我反正肯定是要对我老婆好的,谁愿意跟着我的话都不会吃亏的。"(2022/07/21,L13)

生育孩子作为一项长期的生活投资决策,让结婚后外出务工的青年农民工更加慎重地考虑是否生育。"我身边有好多朋友都是结了婚之后感情越过越平淡了,我还是害怕变平淡的,那就没啥意思了,说实话,结婚肯定还是想要有不一样的感情,太平淡以后一起养孩子啊这样那样的很容易出现矛盾。"(2022/08/19,L19)因为养育孩子实质上会影响夫妻双方在不同生命阶段对时间、精力和资源的配置,再加上我国工业化和城镇化进程的加速发展打破了农业对劳动力的依赖和农村老人对子女赡养的需求,农民工在生育职责中对家族的责任意识逐渐弱化,转而更加关注自身。"结婚对我来说太远了,我自己觉得结婚是件很重要的事情,毕竟结婚生孩子对女孩子来说算是很大的一个改变,我还是要花很长的时间来看他到底结了婚之后是啥样的才愿意生,不然的话对我来说伤害太大了。"(2022/07/19,L10)

四、养育观念

养育观念是青年农民工对孩子的养育费用、养育焦虑、养育期待的观念总和,不仅是对生育行为的承接,也是教养方式的体现。以上三个要素组成了"通过生育和教养实现什么、追求什么"的精神目标系统。

(一)养育费用

青年农民工在生育观上从重视生育数量和性别向重视养育质量转移,由此产生的养育费用主要包括生育费用和孩子成长的教养费用。首先,青年农民工目前所享有的生育保险制度并不完善,又容易因生育子女导致劳动力暂时中断,生育的经济成本、时间成本随之提高。其次,女性农民工的生育权利有所缺失。分娩、住院等生育过程中所产生的高昂费用,以及生育后可能面临的就业困境让她们一筹莫展。大部分女性农民工由于工作性质无法随时给自己的孩子提供母乳喂养,所需要的奶粉、营养品等生育开支也不容小觑。再次,青年农民工伴随生活环境和社会角色的变迁所产生的自我身份认同的变化会加剧其本就不稳定的工作所带来的现实危机。在这一过程中,他们亲身感受到农村与城市之间生育与教养方式的差距,从出生到小学、初中、高中,之后还有中职、高职、本科等院校,虽然已有农民工子女学校能够减少一定的上学费用,但一开始的教养资源分配不公平极大可能导致后期学习成效差异,最终无法实现完整的教育,因此该群体子女的成长不可避免地会产生其他兴趣、专业上的补习支出,他们会有意识地向城市居民子女靠拢。"现在的小孩子什么都要学一点的,不然根本赶不上别人。上的幼儿园都要开始比较了,你不上的话就要比人家低很大一截,输在起跑线上了啊。"(2022/08/10,L43)除此之外,如果子女跟随父母外出务工,非户籍地的学生也涉及择校费、落户费等硬性花销,造成农民工家庭深重的财政负担。"我本来也是想把我儿带在身边的,但不是重庆户口的根本进不到这边的初高中,要给好几万哦。"(2022/08/13,L42)

(二)养育焦虑

《教养的迷思》一书诠释了"养育焦虑",也就是随着学校的发展、西方现代家庭的科学育儿方式、智育和卓越取向等成为跨阶层的主流养育观念,自有成就、权威管教、村落共育的养育方式受到贬抑或者失去了依存的家庭条件(哈里斯,2015)。现代社会的频繁流动带来的个人本体性的不安,让农民工们开始思考个人与家庭的能力,惧怕养育风险(如图4-6),产生竞争型与结构型的养育焦虑(安超,2020)。

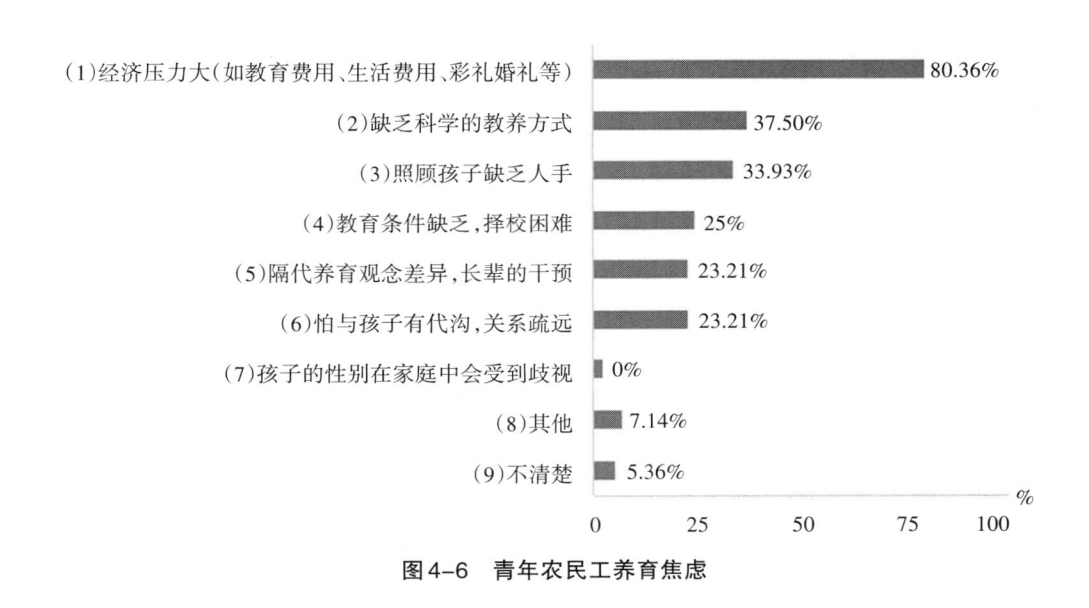

第四章 青年农民工婚育观现状的定性分析

- (1)经济压力大(如教育费用、生活费用、彩礼婚礼等) 80.36%
- (2)缺乏科学的教养方式 37.50%
- (3)照顾孩子缺乏人手 33.93%
- (4)教育条件缺乏,择校困难 25%
- (5)隔代养育观念差异,长辈的干预 23.21%
- (6)怕与孩子有代沟,关系疏远 23.21%
- (7)孩子的性别在家庭中会受到歧视 0%
- (8)其他 7.14%
- (9)不清楚 5.36%

图 4-6 青年农民工养育焦虑

首先,竞争型养育焦虑主要产生于青年农民工现有能力与社会资本积累的缺失。他们将向城市青年靠近的希望寄托在后代身上,以期实现自身阶层跨越。但受到自身的文化水平、社会网络联结的限制,他们无法成为孩子家庭—学校教育的主要联结人,也缺乏科学的教养方式与照顾孩子的人手,因此越来越担心孩子无法在激烈的竞争中脱颖而出。"我也不晓得自己能教他个啥子,家庭作业这些辅导我也不懂,找补习班的话,一个小时一百多两百块钱也烧不起哇。"(2022/07/27,L22)孩子处于学习关键时期的受访者L44就十分焦虑。"我儿子现在上高二了,之前都好好的,不知道这段时间怎么了,可能是打游戏吧,成绩一下跌了好多,不晓得还考得起大学不。"(2022/08/25,L44)

其次,原子化的劳工家庭架构使得部分青年农民工对后代的养育出现结构型焦虑的特征。不仅要承担教育费用、生活费用等经济上的压力,更是苦恼子女教育场所的不确定性。为了生计奔波的农民工们,其子女的社会化地点从田间地头转变为跟随父母所进入的外部城市世界,学校与社会也就此取代了家庭成为教育的主要场所。"他们高中就是一个月放回月假那种寄宿制,平时肯定还是要给点生活费,而且他们一天都在喊买辅导资料,一买就是几大百那种。"(2022/08/10,L43)而对生育地点的选择导致了他们对养育焦虑的另一种表现形式,即青年农民工生育后外出,将孩子交给长辈教养容易出现隔代教育观念差异,长时间无法与孩子面对面交流也很容易与孩子产生代沟。"我不敢想一直放在他妈(老公的妈妈)那边养会咋样,毕竟老年人和年轻人的想法不一样嘛,但是自己又没得精力带的,所以说还是不好说的。"(2022/07/27,L22)

最后,个人主义盛行导致过度重视自我利益的现象。一部分年轻的女性农民工认为,养育孩子会损害自身当前利益,影响自身的享乐行径,最怕陷入花了钱没结果,养了娃却没有回报的境地。"生孩子?我自己这点儿工资,现在养娃娃好贵你晓得不哦,我现在是买得起包包买得起化妆品,等我生了娃儿你再看,啥子都没得了。"(2022/07/11,L11)

(三)育儿期待

农民工对于孩子的教养要求更高。与上一代农民工群体相比,目前流动于城市中的青年农民工在城市文化的浸润下更注重"生活品质"而非"生存指标"。这也就意味着两代人对发展规划的不同。对他们而言,发展包括了他们的个人发展和下一代的发展。前者囊括农民工为获取城市居民身份而做出的职业发展规划与社会流动安排:"我这辈子就这样了啊,但是我的孩子不行,我就这么一个儿子,再怎么样也是要把他供出来的,大学生再咋个也要好找工作些,到时候留在城头就不回去了,不要像我一样,一个月累死累活才拿这么点钱。"(2022/08/10,L43)后者则集中表现为其子女的就学与教育问题。"其实我也想就是说随便孩子怎么发展,但是现在这个社会就是这个样子的,你没得核心技术就是没人愿意要你,我们那边基本上乡镇上读书的娃娃出来还是就进厂了,那我肯定不愿意我自己的娃娃跟我一样啊,不求他挣大钱嘛,至少说能在城里面有个家。"(2022/07/31,L21)很多农民工在拥有多地流动经历后已经逐渐意识到了教育的重要性,不愿让自己的孩子重走自己的老路,而是希望后代能有安稳的学习空间、优质的教育环境,并能够依靠自身力量彻底融入城市,对孩子未来的发展保留期待。"想要培养成什么样不是我们说了算的,要等他自己发展,养孩子,我们只能说做到努力,然后,我在花的钱那块儿,哪方面他自己比较感兴趣,就往哪方面搞,那样是最好的。"(2023/04/28,L24)

五、生育价值观特质

(一)压力型:制度与规则

老一辈农民工退场后,新一代部分农民工的出生与成长均在农村,而后背负家庭责任与带着自我发展的目的进入城市,却受困于城市制度与各项社会规则,他们面临从农村"脱根"却又无法在城市重新"植入"的双重脱嵌现状(黄斌欣,2014),在多重压力的桎梏下形成压力型生育价值观。

经济状况是决定农民工生育价值观的现实物质基础,一定程度上决定了农民工对生育的承担能力以及家庭的未来发展趋势。由于工作的重复性和低技能化,他们几乎无法获得任何有用的专业技能积累,也很难获得晋升到管理岗位的机会。在对家庭的规划中,机会成本和时间成本逐渐成为家庭生育决策的关键点,导致实际的生育行为受到城市化发展、医疗、教育、住房成本的限制。面对高昂的生活成本和住房价格,他们在日复一日的工作中耗竭了对生活的想象,难以通过工作完成资本积累、实现社会地位提升,而农村家庭父母养老压力和人生发展关键任务的停滞让他们对自己和环境产生诸多怀疑(陈纬、陈书妮、兰荷伊,2023),所形成的生育困境实际上折射的是其稳定、正常生活所必需的社会系统的缺失。

青年农民工在流动初期对城市生活有深切的渴望,往往有强烈的阶层逆袭、人生突围的梦想。但实际上,一方面农民工受到历史与社会环境的制约,身处全球价值链最低端的产业链,即使个人能动性发挥到最大值,也无法实现真正的人生突围。另一方面流动与漂泊不断重构着农民工的人际交往网络与交往逻辑(张红霞,2019),以陌生人社会代替社会契约与规则进行交流,工作场域中的科层制度以及市场经济的规范让他们在周而复始的生活中被动接受生活与制度的安排。难以为子女的高层次发展、高视野拓展提供持续稳定的社会支持,而其眼界和学识往往决定了后代未来的发展道路,也继而影响了农民工当前生育的决策与行为。

(二)跟风型:依附与异化

青年农民工中生育价值观出现跟风型特质的群体,在童年时期便跟随父母在城市生活、学习,流动状态呈现家庭核心化的特征。家庭成为他们外出务工和在城市工作生活的基本单元(扈新强、赵玉峰,2017)。与父辈规模化、亲属网络式流动不同,其人际关系和社会资本相对薄弱,因此这部分农民工的流动半径在与家乡距离更近时其生育意愿更易受到家乡风俗影响,而当其漂泊到城市之中,则受到城市文化氛围的影响更大。

由于"跟风型"农民工主要以家庭为单位整体往外迁移,在农村原本的支柱产业——农业中的地位并不高。农民工在城市工作的收入远高于在农村务农,也在生育行为上有了更多的经济支撑,家中的长辈由此找到"催生"的理由,并给予帮忙照看后代的承诺,希望农民工在外务工的同时在故土留下属于自己的"根"。与此同时,他们在城市中的工作也难以实现阶层逆袭,由于缺乏稳定的社会网络与生活话语权,只能选择依附于从小成长的乡土社会以获得同辈交往与社会支持,认同并遵从传统农村价值观成为他们脆弱的社会生活中面对生育问题时的心理支撑。对此,L5表达了自己的想法:"虽然出来这么久了,但是到了年龄还是要听父母的,毕竟后面结婚、生小孩他们都还是要帮忙的。"(2022/07/08,L5)

流动家庭在脱离农村场域后的独立性凸显,但其子女在随父母迁移时仍会受到入学与升学时的制度性排斥与城市中产阶层教养方式的文化资本排斥。由于农民工大都没有经过职业技能培训,职业选择范围狭小、职业上升空间不足,家庭责任与子女受到的双重排斥转化为农民工父母身上的重压,从而加剧了农民工夫妻的育儿负担与养育焦虑,生活环境与社会背景的变化也为他们生育价值观的变化提供了土壤。由此带来农民工本体性的不安,开始惧怕未来风险。而此时城市文化氛围所笼罩的教育竞赛、优等教养与资本市场基于逐利需求围绕孩子展开的教育经济利益开发,让以核心家庭为单位流动的农民工对其随迁子女产生集体性养育焦虑。他们开始过度信仰、依赖学校教育和文化补偿,将自己在家庭角色中的教育者转变为孩子学习经济来源的提供者(Elster, et al., 1987),认为只要将孩子送入好的学校就一定会有好的出路,正如受访者L44所想的那样,"他上这个学校我们一年要多给很多钱啊,要是再读不出来书真的就是没办法解释了"(2022/08/25,L44)。农民工子女作为流动家庭中的一员,从家庭后代的角色异化成为强调未来价值的情感"工具",在道德与伦理层面背负来自父辈实现跨越阶层的期望,而不仅仅是探索自我价值的个体。

(三)价值型:选择与跨越

青年农民工中接受过初中及以上教育经历的群体,生育价值观的功利性和目的性正在削弱,从为了生存生育转变为从心里想要生育、自觉接受生育,形成以满足当下自我与家庭生活幸福为核心的生育价值观(李永萍,2023)。

农民工的社会流动经历助推他们认识到自身价值,提高个人责任感与城市适应性。作为城市建设的主力军,他们在社会分层中却处于相对低下的位置,城市的生活虽然能够给予他们生活上的现代特质,却无法改变其社会地位、提高生存能力(李强,2002)。在此背景下,农民工希望通过婚育的形式创造与城市生活的联系,在实现个人价值的同时完成与城市双向融入的过程。因而农民工做出生育这一决定是出于自身生活情趣与意义的选择,同时包含了孩子对他们自我精神价值的满足与成为"城市人"的自我身份认同。

对于农民工而言,需要实现生育价值观中功利性到自主性的跨越。"传宗接代""养儿防老"并不能让农民工当前的个人价值凸显,而是强调子女的未来作用,因此生养孩子的精神价值更能体现生育这一行为给家庭所带来的直接影响。因为"家庭要素彼此都是有联系的,它们共同构建了情感的纽带、互动和判断"(埃尔德,2002)。社会资本理论认为,具有卓越社会关系的人能够获得更多发展的信息与机会。而文化资本对早期教育的要求较高,地域性依赖较强。依靠血缘和业缘积累起来的社会资本,并不能在农民工流入地建立紧密的社会网络,农村人口的家庭社会关系网络开始弱化。义务教育阶段所获取的文化资本并不足以支撑他们在成年后离家找到体面的工作,间接影响到农民工进入城市后的社会融入。通过社会流动而获得的自致性社会资本不足,便会让他们在达到法定生育年龄后,反复更改生育决策,力求为孩子创造更加牢固的先赋型社会资本联结体系。

(四)成长型:独立与现代

拥有"成长型"生育价值观的农民工较拥有"价值型"生育价值观的农民工而言,更加接近城市居民,他们从小便奔波于城市与农村之间,对于城乡差异与变化的感知更为敏锐与直接。其生育时间理性程度更高、自主性更强,生育价值观展现出独立与现代的特征。在以工作为中心的务工场域,青年农民工呈现出工作往返化、生活原子化、社交碎片化、内心孤独化的倾向,这进一步瓦解了他们与乡土生活的联结,促成其独立性与现代性。

首先,随着农民工城市就业时间的延长,工作场景的科层制度以及市场经济的契约规范使得他们的理性意识逐渐增强。受现代个体主义的影响,这一群体追求个体权益、人格独立与人生价值的倾向日趋强烈,"个人主义"的诉求正瓦解着传统的儒家伦理所指代的道德、责任与义务。城市中自由、平等思想的传播有助于农民工形成普遍主义的现代规则理念,成长中不断切换的场域导致了农民工传统关系的疏离与弱化,熟人社会关系网络的重构弱化了伦理责任却强化了工具性价值,体现了更为理性化的诉求。

其次,女性农民工现实地位的变化所带来的家庭角色变迁为农民工家庭的现代化转变提供了依据。在传统乡土社会中,生育子女被认为是已婚女性的基本家庭职责,女性婚后生育被视为理所当然和顺其自然的事情。但在现代家庭中,大部分农村家庭中的女性受教育和就业机会都有所增加,这同时提高了她们在家庭中的地位,增强了她们的独立和自由意识。虽然女性农民工在教育经历的限制下大多只能选择进入家政服务行业或制造业流水线务工,但随着她们参与劳动率的提高,以前被隐匿的女性生育成本也逐渐开始显现,这也让女性农民工拥有了更加广阔的生育自由度。她们开始强调"工作和孩子都不能丢",更加重视孩子的质量。此时的农民工家庭出现现代型的特征,承载着夫妻双方正在成长中的市民意识,其生育意愿具备了一定的商品经济意识,更追求目的的理性化。

第四节 青年农民工婚育观整体性分析

一、青年农民工生育观日趋现代化

在经济发展与文化传统的影响下,青年农民工的生育价值观建立在个体价值判断的基础之上,开始具有明显的现代特征(杨宝琰、吴霜,2021)。具体而言,现代化的生育观在认知上呈现出传统"家本位"让位于"人本位"的转变(赵琳华、吴瑞君、梁翠玲,2014),家庭结构也出现了"家小、孩少、老龄化、分又合"等趋势(国家卫生计生委家庭司,2016),这预示着中国的家庭将面临"老龄化和超低生育率两大问题"(于淼、胡鞍钢,2022)的风险挑战,因而更加强调对于子女的养育责任与方式。青年农民工群体的生育价值观也因此出现个体化转变,在生育目的上更加注重心灵与情感的满足,在生育意愿上体现出由传统"多子、男性"转为现代"少子、男女平等"的倾向,已生育的农民工再生育计划率偏低,同时也更突出对生育质量与生育价值的重视(罗天莹,2008)。

青年农民工当前的生育意愿影响其生育行为的选择,较老一代农民工已有较大改变,且更加趋近于城市青年。20世纪七八十年代,中国经济处于高速上升期,老一代农民工脱离农业生产在城镇中谋取工作,他们婚恋、生育观念围绕的主题是"需要结婚""是时候结婚""反正都得结婚""结婚后就生育"(陈蓉,2018)。他们的外出使得自己的子女被迫开始留守,所在的家庭也就此遭受结构上的改变。"家本位"的社会化功能被削弱,给子女的自我认同、社会定位等方面带来负面影响,当其子女成长到需要建立家庭、准备生育的阶段时,生育的意愿就此减弱,留守的经历以及自我认同的缺乏便会成为心理与能力上的阻碍。近二三十年来,中国经济高速发展带来的割裂感落在了当代青年农民工的身上,他们对于社会的认知、生活的态度也由此产生差异,作为逐年增长的流动群体,他们提出了"怎么结婚""为什么要结婚""什么时候生育""为什么要生育"的婚恋、生育新诉求(田丰,2017)。此时,我国整体经济发展水平的提升、农民工城市融入制度的完善为农民工生育价值观向城市生育价值观转变带来重要契机。

首先,青年农民工外出的理由大多是出去见世面和到外地读书,初次流出时间在18岁左右。一般而言,农民工开始流动的年龄越小,在与城市的融入过程中所受到的生育价值观影响越大,越容易接受流入地的生育模式。在见识到更广阔的天地之后,他们对于生育成本有了更加深刻的感知,对待生育行为的思考方式也更为理性,所以晚婚晚育意愿较为强烈。其次,在人口增长趋缓甚至负增长的社会背景下,青年农民工开始优先追求个人生活质量，而非偏重子代的继承以顺应流入城市的大趋势。再者女性地位的提高也为女性农民工带来更多的思想解放，她们开始在家庭经济事务与社会事务中拥有发言权，对生育问题的看法也越来越独立自主，逐渐打破了性生活、家庭生活、生育三位一体的传统模式（马妍，2012）。具体表现在两个方面，一是生育性别偏好的变化。青年农民工的观念已经从"重男轻女"转变为"生男生女都一样"，传统的生育观念逐渐消解，并且受限于经济压力与教育成本开始选择少生、优生。二是生育目的的转变。在个人主义兴起的浪潮下，青年农民工从传统的"传宗接代"功利目标转化为将孩子视为家庭感情结晶的情感目标，更加强调生育给自己带来的幸福感。由此可见，青年农民工的生育观念逐渐从传统型向现代型转变，更进一步向城市现代化的生育观念靠拢（刘建涛、冯菲菲，2014）。

二、青年农民工职业发展状况与生育选择相互影响

生育决策与行为的发生会给青年农民工的就业选择和职业发展造成影响。根据工作—家庭冲突的研究假设（刘婷婷，2018），由于青年农民工的工作呈现临时性和流动性的特征，在个人时间与精力被挤压的情况下，工作角色与家庭角色两个领域之间极易产生冲突。生育有可能导致他们的职业生涯中断，这也意味着青年农民工需要在生儿育女、教养子女和追求职业稳定与上升之间做出选择（王殿玺、陈富军，2019）。

在城乡壁垒所造成的各项差异下，青年农民工职业发展所面临的最大问题是职业教育。在成长阶段，大部分的农村家庭都有两个及以上的孩子，抚养成本高，其中的教育成本分摊到每个孩子身上便会减少（阎云翔，2006）。与此同时，在农村坚守岗位的教师水平良莠不齐、教学理念相对落后，导致农村家庭的孩子从小接受的教育就不够全面。而后在其成年务工阶段，大部分农民工都选择通过简单体力劳动受雇就业，他们的职业能力获取方式主要来自上岗之前的集体培训，但通常培训时间短、专业性不强。另外，农民工职业技能培训体系的不健全也让一部分拥有强烈职业发展意愿的农民工缺少职业技能训练的途径，无法培养可转移职业的能力（张玲、陈至发，2021）。青年农民工在"留守儿童"成长为"流动青年"的这一过程中缺乏积极向上、见多识广的长辈引领，又在城市医疗、保险等方面处于劣势，最终使得他们的社会资本积累大打折扣，也造成了即使他们身处城市场域，职业发展前景也极不稳定的局面。

青年农民工的生育选择是对子女的未来预期和抚育成本进行理性权衡后的结果。在现代社会里，家庭是因感情而聚合的私人空间与避风港。"男主外，女主内"、以孩子为中心的核心型家庭逐渐成为主流。这样的家庭形式使得青年农民工需要面对社会角色与家庭

角色之间的冲突,其中农民工家庭角色的扮演往往对应女性农民工的生育过程,社会角色的扮演则是农民工家庭中双方的就业过程。因为生育子女是时间密集型劳动(王晓峰,2020),会迫使农民工中断就业,当其生育完成后能否回到原工作岗位具有极大的不确定性,因而虽然养育孩子所需的经济成本可以由青年农民工夫妻共同承担,但女性往往需要担负更多的教养责任,也就意味着女性农民工在这一过程中需要投入更多自身职业发展的机会成本,并且在城市工作制度与性别歧视的作用下,难以将这种成本让渡给家庭中的男性成员(黄桂霞,2017)。其次,生育子女是女性责任的观念已根植于社会成员意识之中,如果家庭决策需要女性农民工承担家庭角色而暂时中止社会角色,就会使其陷入生育与稳定就业的两难境地。此外,农民工所在单位能够给予他们在生育方面的照顾是局部且边缘的,无法缓解他们因生育而产生的不确定性。由此可见,青年农民工的职业发展状况与生育息息相关,当生育所产生的成本大于其所带来效用甚至影响其职业生涯时,青年农民工的生育意愿便会降低(姜大为,2019)。

三、青年农民工婚恋、生育相互影响

恋爱与婚姻是两种不同的状态。恋爱是男女双方感情上的共鸣,婚姻这一缔结家庭的过程则意味着更多的责任,是实现代际传承和生命延续的必要过程(周宇香、王艺璇,2022)。青年农民工目前的生活环境与就业类型对他们的婚恋观念产生巨大影响,让他们在重视婚姻中的责任分配与家务分担的同时,也为未来孩子的养育方式、双方老人年老时的抚养问题做出规划(陈莉、俞林伟,2018)。在现实压力与个人主义的双向影响下,部分青年农民工在婚恋中的功利性逐渐增强,家庭责任感、婚姻道德义务感却在弱化(许传新、高红莉,2014),难以形成平等型的夫妻关系(佟新、戴地,2013),由此产生的不稳定婚姻生活状况让他们对生育的安排也难以形成稳定预期。

从婚姻生活过渡到孕育后代,不仅是恋爱关系的延伸,也会让家庭的结构更加完整(洪明、石佳欢、杨鑫,2023)。生育作为婚姻的一个重要功能,是繁衍和传承的重要载体(宋月萍、张龙龙、段成荣,2012),也是触发家庭时间分配上性别差异的关键因素(左玲、关成华,2023)。在青年农民工的生育意愿落实到生育行为的过程中,生育计划起到了过渡作用,更能体现他们当前的生育现实。需要注意的是,由于子女的出生会导致女性农民工不得不协调工作时间与抚育时间之间的关系,其实际生育行为会受到影响(顾宝昌,2011)。不仅如此,青年农民工务工地点的不断变动所造成婚姻满意度下降也让他们的

生育计划一再搁置,在抚育、情感和性的满足等方面面临多种压力(马忠东、石智雷,2017)。

家庭作为影响个体教育获得的重要机制之一,青年农民工教养子女的过程也是对家庭生活的延续,但青年农民工在城市中工作的不确定性、生活的不安定性也给子女的教育带来了流动性(田昕灵,2019)。农民工在子女教育上的经济投入、时间成本、教养方式都将为子女未来的发展与选择带来影响,而教育是一个长期的过程,流动性的家庭注定不能为其子女提供安稳的学习与成长环境(杨嘉宁、杨志仁,2021)。在教养方式的选择上,大部分青年农民工开始让子女随迁入城接受教育,但以追求完美、科学的跨阶层学习方式与农民工家庭中教育角色分配不均、教育资源不足等现象耦合,教育系统的选拔性与资源分配的不平等更是为青年农民工家庭带来深重的教育焦虑(高艳军、汪杰锋,2019)。

综上,青年农民工的婚恋、生育、教养必须一体化考虑,它们环环相扣,互相影响,因此要把握好全周期的政策视野,为该群体的家庭发展提供长远政策护航。

四、青年男性农民工在婚恋市场处于弱势地位

在婚姻挤压的背景下,大部分男性农民工进入城市劳动力市场后出现"娶妻困难""无妻可娶"等大龄未婚现象,成为婚恋市场中名副其实的弱势群体(靳小怡、郭秋菊、刘蔚,2012)。他们在婚恋市场中的地位出现性别差异,主要表现为男性农民工群体婚恋竞争力的缺乏与婚恋中男女地位不同所产生的婚恋态度差异(马汴京,2015)。

在流动的过程中男性农民工社会资本匮乏,也没有能力与女性青年进行婚恋资源交换,从而在婚恋市场中处于弱势地位(许加明、魏然,2018)。造成这种困境的原因,第一点是由社会流动引发的交往隔离。男性农民工频繁的流动务工模式使得自身的人际关系和社会资本相对较薄弱,难以实现人际联结,形成同质化的朋友圈后更可能遭受社会网络的隔离。第二点是男性农民工社会保障与社会支持网络的缺乏。在中国传统的家庭模式中,男性在婚姻关系里往往被赋予更多的责任与义务,这也就对他们的物质基础提出了更高的要求。无论是摆脱未婚状态还是保障婚姻关系都需要一定的社会、经济条件,但男性农民工当前积累的资本并不足以支撑他们构建一个美满的家庭。除经济以外,户籍制度的限制更让他们无法享受与城市居民同等的医疗、购房、社保待遇。当住房、汽车、稳定职业这些婚姻市场中必备的交换筹码他们都无法提供时,在城市安家落户的愿望也就此落空(袁霁虹,2016)。第三点是边缘身份和家庭压力的双重作用。男性农民工在遭遇城市中社会保障与社会支持网络缺乏的困境后,家庭无疑便成了他们最大的资源提供方。这

同时也意味着父母将掌握男性农民工未来婚恋选择的决定性资源与话语权,也就随之会出现两种可能,一是男性农民工顺从父母之意回到农村的婚恋市场,完成自己的婚恋行为;另一种则是不愿意将就,继续凭借自己的力量在城市寻觅爱情但难以成功。

青年农民工群体的性别结构失衡现象凸显,适婚年龄阶段的青年农民工男女两性数量失衡(李卫东、李树茁、M.W.费尔德曼,2013)。当女性农民工大量出现在流动人口的行列,嫁入城市或者流入更远的地方成为她们的最新选择,传统通婚圈也随之扩大,本地外流的女孩数量增多。由于男性农民工多集中于建筑业、制造业等,而女性农民工则更多集中在轻纺、食品加工和家政服务行业,职业选择的差异性导致了工作环境中性别比的严重失衡,更是制约了男性农民工与异性的交往活动。除此之外,流动的经历提高了女性农民工的婚姻议价能力,相较男性农民工而言能够在婚姻中获得更多的相对收益(李卫东,2019),婚姻市场中女方家庭高昂的婚姻要价和男性农民工有限的支付能力间产生了难以调和的矛盾。结婚这一重要人生阶段性任务对于越来越多的男性农民工而言成了可望而不可即的梦想,他们比以往更了解自身的处境与无奈的未来,却又像木桩一样麻木地完成每天的工作,最终陷入物质贫乏和精神孤独的双重压力中。

本章小结

为深入探讨农村外出务工群体的生育价值观,研究者扎根重庆市某产业园区,开展了2个月的田野观察,并与近50位进城务工人员进行质性访谈,访谈内容包括该群体的恋爱观、婚姻观和生育观等。研究发现,农民工群体与城市居民的生育价值观趋于一致,且职业发展和生育行为之间互为影响,男性农民工在婚恋市场中处于弱势地位,需要特别关注。

在二元户籍体制与社会转型大环境背景下,进城务工后的青年农民工在婚恋观、生育价值观方面发生了转变。对他们的择偶行为、婚恋生活方面进行考察,将青年农民工当前的婚恋观特质划分为四种类型。即以金钱与权力为导向的功利型婚恋观、享受自由与放纵的娱乐型婚恋观、重视沟通与慰藉的陪伴型婚恋观以及强调安居与稳定的现实型婚恋观。不同特质的婚恋观反映出青年农民工在城市融入、自我认同方面不同程度的转变。另外,本书从已有生育价值观的内涵出发,通过生育目标、生育手段、生育倾向、养育观念等切入点概括当前青年农民工的生育价值观现状及特点,总结出四种不同特征的生育价值观类型,其中包括逐步独立与现代的成长型生育价值观、在选择和跨越中完善的价值型生育价值观、依附于城市和农村之间并不断被异化的跟风型生育价值观以及在制度与规则下不堪重负的压力型生育价值观。在此基础上,将青年农民工的婚恋观、生育价值观纳入与农村人口、城市人口的婚恋观、生育价值观的对比分析范畴中,发现该群体婚恋观、生育价值观的影响因素多元,既有外部社会环境的影响作用,也有个人内心观念的转变因素。对于农民工而言,从婚姻到家庭这一动态联系过程不仅是个体所寻找的"归宿",还是保持工作稳定、建立社会信心等方面的重要载体,也是社会发展与存续必不可少的重要环节。

在经济发展与文化传统的影响下,青年农民工的生育价值观建立在个体价值判断的基础上,开始具有明显的现代性特征。而生育决策与行为发生的同时也会给青年农民工的就业选择和职业发展造成影响。在婚姻挤压的背景下,大部分男性农民工出现"娶妻困难""无妻可娶"等大龄未婚现象,成为婚恋市场中名副其实的弱势群体。由此可见,从农民工个体发展到其组建家庭的过程中,匮乏的教育经历、封闭的阶层流动导致了他们话语权的减少、加剧了农民工阶层固化,最后陷于城市留不住、农村不想回、生不起孩子、不想生孩子的艰难窘境。因此需要将青年农民工的婚恋、生育、教养一体化考虑,为该群体的自我和家庭发展提供长远的政策护航。

第五章

农村籍高职院校大学生生育价值观及其影响因素分析

截至2022年,我国高等职业院校1578所(含32所职业本科学校),2021年在校生1603.03万人,职业本专科招生人数和在校生总数分别占全国本专科高校招生数和在校生总数的55.60%、45.85%。[①]随着职业教育的进一步发展,高职院校大学生成为我国高校大学生中的一大群体,且其中很多为农村籍。农村籍高职院校大学生在大学生群体中有其特殊性:一方面是成长场域较为复杂,他们大多来自较为传统的农村家庭,但在城乡关联日渐密切的大环境下,他们在成长中又接受着新型的学校教育体制和城市生活规范的影响,传统与现代的交融冲击着他们的思想观念,重塑着他们的社会认知;另一方面是个人发展较为艰难,与非农村籍的在校大学生相比,缺乏代际社会资本支持和易受到学历歧视的他们需要付出更多努力,在求职就业和婚恋生育等未来发展方面面临更大的压力和挑战。伴随着逐步加快的社会变迁,他们的生育价值观也在发生着转变,生育意愿和生育行为都呈现新的特征。基于上述背景,本书在重庆地区选择了4所高职院校进行调研,以图通过实证研究,探索农村籍高职院校大学生的生育意愿、生育认知、生育期待,包括制约他们生育的具体因素等方面,呈现新时代背景下农村籍高职学生在生育变迁中展现出的新特征、新特点,为我国生育政策的制定提供更为全面的数据支持。

---

① 数据来源于中国教育网:《中国职业教育发展报告2012—2022年》。

第一节 研究设计

一、研究目的

本书以"三孩"政策为背景,关注在国家生育政策发生重大转变和高等教育普及化这一时期中的农村籍高职院校大学生生育价值观,选取具有代表性的重庆农村籍高职院校大学生作为调查对象展开调研。本次调研将运用社会学和人口学的相关理论,围绕"农村籍高职院校大学生的生育价值观"搭建起合理的理论分析框架,综合了解他们的生育价值观现状并分析其影响因素,探寻并回答以下问题:当代农村籍高职院校大学生的生育价值观有何特点与变化;农村籍高职院校大学生的生育价值观有何影响因素,又是如何对其生育价值观产生影响的。

二、研究方法

(一)研究方法

数据显示,重庆市2023年实际招生的职业院校共174所,其中高职本科院校1所,高职专科院校44所,中职129所;在校生人数达101.7万人;有国家"双高计划"建设学校10所,数量位居西部第一、全国第六。[1]本项目调查数据来自重庆市在读的农村籍高职院校大学生,通过调查工具"问卷星"设置问卷,以在线发放、填写的形式收集相关资料。选取重庆市作为本书的调查地区,因为该地区在农村籍高职院校大学生的生育价值观及其影响因素这一议题上具有一定的代表性。

本次调查使用自制问卷《农村籍高职大学生生育价值观现状及影响因素调查问卷》,采用线上、线下自填问卷调查法,在重庆4所高职院校发放问卷1059份,回收问卷1059份,其中有效问卷1051份,对问卷进行整理后通过SPSS 26.0对问卷数据进行统计分析,分析类型主要为单变量的描述统计和双变量的交互分类统计。对调查对象的基本情况、生育意愿、生育年龄、性别期待、育儿困难等不同方面进行描述统计,并从性别切入对调查对象生育意愿的各个维度进行交叉分析,以期对重庆市在读农村籍高职大学生的生育价值观

---

[1]数据来源于重庆市人民政府网:《重庆职业院校在校生达101.7万人 2023年成渝地区双城经济圈职业教育活动周启动》,https://www.cq.gov.cn/ywdt/jrcq/202305/t20230518_11974409.html。

形成较为清晰的认识,进一步分析该群体生育价值观的主要影响因素,在此基础上为引导当代大学生形成健康合理生育观念提出可行性建议。

(二)问卷设计

1.指标体系的界定与建立

对本书农村籍高职院校大学生生育价值观衡量指标的界定,实际上是将这一核心概念进行合理操作化。为充分了解该群体生育价值观的现状,需要将这个抽象的概念转化为可以测量的具体指标,以便对其进行相应的解释。本书将生育价值观分为"生"和"育",即生育观和养育观这两个维度,由于这两个维度本身也是抽象的概念,需要分别将这两个维度划分为更具体的指标。本书研究生育价值观的目的是,回应农村籍高职院校大学生在当前社会环境下是持什么态度、观点去对待自己未来的生育和养育,以及回答当下农村籍高职院校大学生生育价值观转变的影响因素。因此将这两个维度与研究目的紧密结合进行设计,每个维度具体指标界定如下(见图5-1):

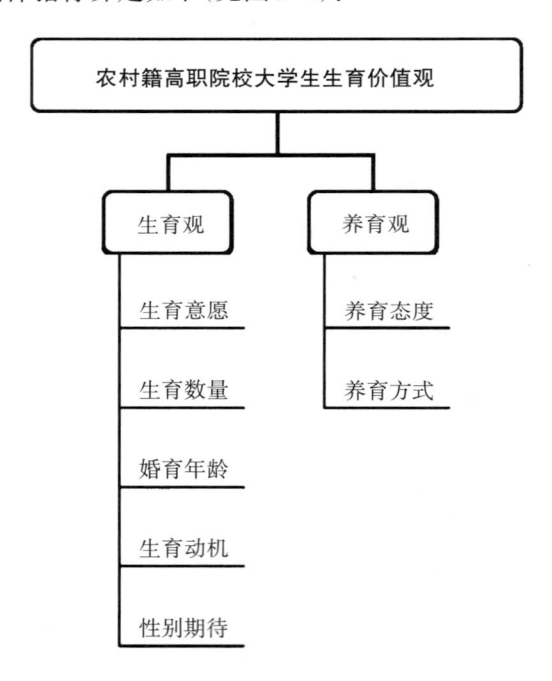

图5-1 农村籍高职院校大学生生育价值观的指标体系

(1)生育观

生育观是指农村籍高职院校大学生对生育孩子的态度和观点。本书从五个方面进行资料收集。第一是生育意愿:"是否生孩子";第二是生育数量:"希望生几个孩子";第三是婚育年龄:"哪一个年龄段结婚/生孩子适合";第四是生育动机:"生孩子的意义在于";第五是性别期待:"对孩子的性别是否有所期待或要求"。

(2)养育观

养育观是指农村籍高职院校大学生对于育儿的态度和观点,包括养育态度和养育方式两个方面。养育态度主要考察对子女的教育期待程度、资金投入程度以及个人事业和养育子女间的抉择态度;养育方式主要考察大学生在育儿过程中的选择倾向及原因,为生育政策配套育儿支持体系的构建提供有关数据。

2.问卷具体情况

问卷分为三个部分,第一部分是基本信息调查,包含性别、年龄、学历、学校类型、专业类型、生长环境、家庭子女数、父母受教育程度以及家庭关系9道题目。第二部分是问卷的主体部分,从生育意愿、生育年龄、性别偏好、育儿期待、育儿困难等角度出发,共设置24道题目,期望从这24道题目的数据分析中可以对重庆市农村籍高职院校大学生的生育价值观有直观的认识。第三部分为调查对象对于生育政策的了解程度以及他们在生育政策上有哪些期待。

第二节　农村籍高职院校大学生生育价值观现状

一、基本情况

(一)性别分布

如表5-1所示,参与调研的农村籍高职院校大学生共1051名,男性373名,女性678名,总体来说性别分布大致平衡,可以进行统计分析。

表5-1　农村籍高职院校大学生样本性别分布

性别	频数	频率
男	373	35.5%
女	678	64.5%
总计	1051	100%

(二)年龄分布

如表5-2所示,参加调研的农村籍高职院校大学生的最小年龄是16岁,最大年龄29岁,集中分布在18—20岁,平均年龄是18.89岁,年龄中位数是19岁,年龄占比最高的是18岁(37.9%)。

表5-2　农村籍高职院校大学生样本年龄分布

年龄(岁)	频数	频率
16	1	0.1%
17	29	2.8%
18	398	37.9%
19	370	35.2%
20	184	17.5%
21	54	5.1%
22	12	1.1%
23	1	0.1%
24	1	0.1%
29	1	0.1%
总计	1051	100%

(三)家庭子女数情况

本书中对家庭子女数量情况的调查主要是为反映其所在家庭的具体结构,旨在探究被调查者是否为独生子女,若不是,有多少个兄弟姐妹(包括本人),以便分析家庭结构对生育价值观的影响。如表5-3所示,参与本次调查的农村籍高职院校大学生多数是多子女家庭,其中子女数为2个的居多,而仅有16.8%的大学生属于独生子女。"00后"的大学生,其父母以"70后、80后"为主,成长在改革开放初期计划经济向市场经济转变阶段,其价值观具有矛盾性,但受传统价值体系的影响较深,生育偏"成本论"和"文化论",倾向于"多子多福"和"传宗接代"(葛佳,2017),因此子女数量大多数都是1个以上。

表5-3　农村籍高职院校大学生样本家庭子女数量分布

家庭子女数量	频数	频率
1个(是独生子女)	177	16.8%
2个	665	63.3%
3个	167	15.9%
4个及以上	42	4.0%
总计	1051	100%

(四)专业分布

基本情况还包括农村籍高职院校大学生的专业分布。如表5-4所示,调查对象就读的专业集中在理工科,分别是理学类(44.9%)、医学类(27.6%)和工学类(18.8%),偏人文社科类的较少。专业分布情况较为符合高职院校的专业设置和培养目标。

表5-4　农村籍高职院校大学生样本专业分布

专业	频数	频率
理学类	472	44.9%
医学类	290	27.6%
工学类	198	18.8%
管理学类	32	3.0%
文学类	22	2.1%
经济学类	17	1.6%
艺术学类	13	1.2%
教育学类	4	0.4%
历史学类	2	0.2%
农学类	1	0.1%
总计	1051	100%

(五)家庭关系

在家庭关系情况的调查中,将家庭关系划分为了五种状态:"非常幸福""比较幸福""一般""比较紧张""非常紧张"。表5-5显示,农村籍高职院校大学生的家庭关系总体上是不错的,占比前三的分别是"比较幸福"(37.4%)、"一般"(29.2%)和"非常幸福"(28.6%)。

表5-5　农村籍高职院校大学生样本家庭关系情况

家庭关系情况	频数	频率
非常幸福	301	28.6%
比较幸福	393	37.4%
一般	307	29.2%
比较紧张	36	3.4%
非常紧张	14	1.3%
总计	1051	100%

(六)父母受教育程度

在父母受教育程度的调查中,将学历水平划分为五个阶段:"没读过书""小学毕业""初中毕业""高中毕业""大学毕业及以上"。由表5-6所示,农村籍高职院校大学生的父母受教育程度是初中毕业的最多(45.8%),其次是小学毕业(33.5%)。由此可以看出,农村籍高职院校大学生的父母学历普遍不高,而他们正在接受高等教育,说明农村的受教育水平在不断提升。

表5-6 农村籍高职院校大学生样本父母受教育程度分布

父母受教育程度	频数	频率
没读过书	34	3.2%
小学毕业	352	33.5%
初中毕业	481	45.8%
高中毕业	153	14.6%
大学毕业及以上	31	2.9%
总计	1051	100%

二、生育价值观

(一)生育意愿

生育意愿是对生育行为的直观反映。据表5-7可知,农村籍高职院校大学生选择"不清楚"的居多,其次是"生",可见,对于"是否生孩子"这个问题,他们普遍处于犹豫的状态。同时,男性和女性在这个问题上出现了明显的差异。男大学生中较少的人选择了不生,而女大学生中较多的人选择了不清楚或不生。

表5-7 农村籍高职院校大学生生育意愿

		性别(频数、频率)		总计
		男	女	
是否生孩子	生	212(56.8%)	187(27.6%)	399(38.0%)
	不生	47(12.6%)	189(27.9%)	236(22.5%)
	不清楚	114(30.6%)	302(44.5%)	416(39.6%)
总计		373(100%)	678(100%)	1051(100%)

(二)生育数量

这里的生育数量主要是指对当代农村籍高职院校大学生"期望生育子女的数量"或"理想的生育子女数量"的研究。由于他们均为处在学习阶段的在校学生,受到各种主客观的影响,并不能将生育行为付诸实践,这里所谈的是对未来婚姻家庭中实际生育孩子数量的一种构想或期望。如表5-8所示,被调查的农村籍高职院校大学生的期望生育数量平均值是1.18,中位数是1,期望生2个子女的占比最高,为37.7%,其次是期望生1个子女,占比36.3%。由此可见,他们期望的子女数量是2个及以下,"多子多福"的传统生育观念对他们的影响较小,他们更倾向于"少生优生"。

表5-8 农村籍高职院校大学生期望生育数量

期望生育数量	频数	频率
0个	254	24.2%
1个	382	36.3%
2个	396	37.7%
3个	9	0.9%
4个及以上	10	1.0%
总计	1051	100%

(三)生育年龄

对生育时间的研究,主要是从被调查的农村籍高职院校大学生的期望生育时间来进行分析。调查结果显示,他们的观点比较集中,64.7%的大学生认为在26—30岁之间生育孩子比较合适,可见,自主性"晚育"的现代生育观念在多数农村籍高职院校大学生中的生育观上也得到了充分的体现(见表5-9)。

表5-9 农村籍高职院校大学生期望生育年龄

期望生育年龄	频数	频率
20—25岁	70	6.7%
26—30岁	680	64.7%
31—35岁	240	22.8%
36—40岁	29	2.8%
41岁及以上	32	3.0%
总计	1051	100%

同时，本书为进一步了解他们为什么选择该年龄段生育，设置了多选问题"你觉得这个年龄段生孩子合适的原因是哪些"。由表5-10可知，"有充足的资金支持，生活质量保证"和"工作稳定"是多数被调查者都选择了的理由。可见，个人经济收入的稳定是生育行为的前提，这亦可解释为当下生育行为的抑制因素。

表5-10 农村籍高职院校大学生选择在此年龄段生育的原因

选项		响应		个案百分比 (n=1051)
		选择次数	百分比	
选择在此年龄段生育的原因	有充足的资金支持，生活质量有保证	727	27.8%	69.2%
	工作稳定	565	21.6%	53.8%
	身体状况适合生育	373	14.3%	35.5%
	夫妻情感稳定	276	10.6%	26.3%
	顺其自然	266	10.2%	25.3%
	可以在最佳年龄陪伴孩子成长	263	10.1%	25.0%
	父母有时间有能力帮忙带孩子	135	5.2%	12.8%
	周围很多人选择此年龄段生育	11	0.4%	1.0%
总计		2616	100%	248.9%

(四)生育动机

生育动机是生育行为发生的重要动力。农村籍高职院校大学生在生育上首先需要思考的是"为什么生"的问题。本书中对生育动机的研究主要是通过调查问卷中大学生"认为孩子意味着什么"这一题目选项情况来反映的。本问题的选项设置包括了三个层次：一是以满足传宗接代为核心的终极性价值，即生育是为了家族绵延，选项为"传宗接代"和"完成人生任务"；二是以满足养老等核心的功能性价值，选项为"养儿防老""增加家庭收入""未来家庭的劳动力"；三是以满足当下家庭为核心的情感性价值，选项为"促进家庭稳定""情感寄托""爱情结晶""未来生活的动力"。

根据调查，农村籍高职院校大学生认为生育子女的意义主要是"爱情的结晶"(24.8%)，其次是"情感寄托"(21.0%)。而"传宗接代""养儿防老""完成人生任务""未来家庭劳动力"和"增加家庭收入"选项分别占比8.9%、6.1%、3.3%、2.7%和2.5%，见表5-11。可见传统的生育观念已经有了较大程度的弱化，生育动机不再倾向功能性，而转向情感性。他们在生育动机上更表现为从自身的精神层面来考虑，更关注生育对个体情感的满足。

表5-11　农村籍高职院校大学生生育动机选择

选项		响应		个案百分比 (n=1051)
		选择次数	百分比	
生育动机	爱情的结晶	763	24.8%	72.6%
	情感寄托	647	21.0%	61.6%
	未来生活的动力	490	15.9%	46.6%
	促进家庭稳定	457	14.8%	43.5%
	传宗接代	273	8.9%	26.0%
	养儿防老	188	6.1%	17.9%
	完成人生任务	103	3.3%	9.8%
	未来家庭劳动力	82	2.7%	7.8%
	增加家庭收入	78	2.5%	7.4%
总计		3081	100%	293.2%

(五)性别偏好

本部分主要是从是否有生育性别偏好、偏好的程度等方面来进行探讨,结合调查问卷中"你对孩子的性别是否有期望或要求"选项结果来看(见表5-12),被调查的农村籍高职院校大学生中,大多数认为自己没有性别偏好,占比80.7%。

表5-12　农村籍高职院校大学生性别偏好选择

性别偏好	频数	频率
有	203	19.3%
没有	848	80.7%
总计	1051	100%

为了进一步分析农村籍高职院校大学生在生育性别偏好方面的特点,继续设置问题"如果只生一胎,你希望孩子的性别是"和"如果生两胎,你希望孩子的性别组合是"。

如表5-13所示,在只选择生育一胎时,大学生们对生育性别并没有很大的偏好,65.5%的被调查者都觉得不论男女都可以,希望是男孩的比例为9.4%,希望是女孩的比例为25.1%。由此可见,当代农村籍高职院校大学生对未来生育子女性别上的男孩偏好已经弱化。

同时,从数据中可以看出(见表5-14),大多数有两胎生育意愿的被调查者,都倾向于"一男一女"的性别搭配方式,期望"儿女双全",这充分体现了受过高等教育的大学生在生育观念上的现代性特点。

表5-13 农村籍高职院校大学生只生一胎的性别偏好

只生一胎的性别偏好	频数	频率
男孩	99	9.4%
女孩	264	25.1%
都可以	688	65.5%
总计	1051	100%

表5-14 农村籍高职院校大学生生两胎的性别偏好

生两胎的性别偏好	频数	频率
两胎男孩	8	0.8%
两胎女孩	33	3.1%
一胎男孩一胎女孩,不在意顺序	501	47.7%
第一胎男孩第二胎女孩	197	18.7%
第一胎女孩第二胎男孩	24	2.3%
都可以	288	27.4%
总计	1051	100%

(六)养育观

为更好地了解当代农村籍高职院校大学生的育儿观念,问卷从"育儿困难""育儿方式""育儿投入""教育期待"四个方面进行了问题设置,以衡量其养育孩子的观念和态度。

1.育儿困难

如表5-15,在"你认为养育孩子的最大困难在于"这一多选问题中,"经济压力大"(34.4%)和"没有时间和精力照顾孩子"(29.0%)这两个选项的占比较大,其次是"教育条件缺乏"(14.4%)。

由此得知,"优生优育,健康成长"是当下大学生的主流生育观念。农村籍高职院校大学生在养育问题上的担忧,一方面是养育孩子时所能提供的物质和情感支持程度,另一方面是子女所面对的社会环境状况。他们本身毕业后就面临着就业困境,特别是在"农村籍"和"女性"双重身份叠加下的女大学生。因此,在当下的社会环境中,既想要有一份稳定的工作,又要有时间陪伴孩子成长是很难实现的。与此同时,生活在竞争大、人情冷漠、缺乏温度的环境下,他们难免也会害怕子女的成长会更艰难。

表5-15 农村籍高职院校大学生认为的育儿困难

选项		响应		个案百分比（n=1051）
		选择次数	百分比	
养育孩子的困难	经济压力大	929	34.4%	88.4%
	没有时间和精力照顾孩子	783	29.0%	74.5%
	教育条件缺乏	389	14.4%	37.0%
	长辈干预，养育观念的差异	273	10.1%	26.0%
	外界"内卷"环境，担心孩子未来发展	270	10.0%	25.7%
	不清楚	58	2.1%	5.5%
总计		2702	100%	257.1%

2.育儿方式

通过设置多选问题"你会选择哪些途径照看孩子"来考察农村籍高职院校大学生对于育儿方式的倾向（任选两个选项）。如表5-16所示，"自己亲自带"和"父母代管"这个两个选项的占比多，分别是53.3%和34.4%。而选择"亲戚代管"和"早教机构代管"的占比很少，分别是0.5%和4.1%。

可见，农村籍高职院校大学生在育儿方式的选择方面更倾向于自己带，符合儿童发展的要求，在婴幼儿时期给予充分的情感支持，但这种方式到后期会加剧自身发展和照顾孩子之间的冲突。同时，选择"早教机构代管"的比例偏低，仅4.1%，一方面可能是因为早教机构并不普及，且质量良莠不齐；另一方面是因为现有的早教机构价格偏高，难以负担。

表5-16 农村籍高职院校大学生育儿方式选择

选项		响应		个案百分比（n=1051）
		选择次数	百分比	
育儿方式	自己亲自带	928	53.4%	88.3%
	父母代管	598	34.4%	56.9%
	雇请月嫂或保姆	132	7.6%	12.6%
	早教机构代管	72	4.1%	6.9%
	亲戚代管	8	0.5%	0.8%
总计		1738	100%	165.5%

同时，通过设置问题"你愿意为了照顾孩子而放弃一些工作的机会吗"来进一步了解农村籍高职院校大学生在养育子女方面的态度。如表5-17所示，总体上，不愿意放弃的占多数，尤其是女性。但男大学生在工作与养育孩子的抉择中，愿意和非常愿意的占比共59.8%。可见，无论是男性还是女性，受传统的"男主外，女主内"的性别分工影响较小，且

都愿意为育儿付出时间和精力。

表5-17 农村籍高职院校大学生性别与工作和养育子女的抉择列联表分析

选项		非常愿意	愿意	不清楚	不愿意	非常不愿意	总计
性别	男	38	185	81	57	12	373
	百分比	10.2%	49.6%	21.7%	15.3%	3.2%	100%
	女	2	158	97	308	113	678
	百分比	0.3%	23.3%	14.3%	45.4%	16.7%	100%
总计		40	343	178	365	125	1051

3.育儿投入

在育儿过程当中，夫妻在养育子女过程中的资金投入承担分配也是值得关注的。如表5-18所示，总体上，农村籍高职院校大学生多倾向于"夫妻双方各自承担一半"，占比64.5%；其次为"夫妻双方中收入高的一方来承担更多"，占比27.5%。

从结果可以看出，在如今经济压力较大的社会环境中，传统的"男主外、女主内"的生活模式，即丈夫补贴家用、妻子料理大小事务，不再是青年一代所乐意选择的。无论是育儿资金投入，还是育儿照顾，都重视夫妻双方的共同付出和参与。但这种追求公平、开销均分的家庭经济模式，易影响到夫妻对亲密关系的理解和在婚姻中的互动。

表5-18 农村籍高职院校大学生性别与夫妻养育子女资金投入分配列联表分析

	选项	男	女	总计
夫妻养育子女资金投入分配	夫妻双方中收入高的一方来承担全部	28（7.5%）	9（1.3%）	37（3.5%）
	夫妻双方中收入高的一方承担更多	109（29.2%）	180（26.5%）	289（27.5%）
	夫妻双方各自承担一半	210（56.3%）	468（69.0%）	678（64.5%）
	其他	26（7.0%）	21（3.1%）	47（4.5%）
总计		373（100%）	678（100%）	1051（100%）

4.教育期望

人口学中的人口质量是指人口总体的身体素质、科学文化素养以及思想道德素质。而从狭义的人口质量概念出发，孩子的质量可以理解为孩子的素质，包括孩子的身体素质、科学文化素质、思想道德素质等(佟新，2010)。本书以"对孩子的受教育程度的期望"

为考察内容，了解调查对象对孩子科学文化素质的期望程度是怎样的。

父辈的受教育程度、所处的社会经济地位对子代的教育期望产生正向影响，即前者的程度、地位越高，其对于子代的科学文化素质期望程度也就越高。如表5-19所示，农村籍高职院校大学生对于子女的教育期待并不高，选择"没有明确期待，尊重孩子意愿"的占比66.6%。可见，他们对于子女的教育期待并不强烈，没有"望子成龙"的陈旧观念，更倾向"望子成人。"

表5-19　农村籍高职院校大学生对子女的教育期望

教育期望	频数	频率
高中或高中以下	2	0.2%
技术院校或高职专科	3	0.3%
大学本科	220	20.9%
研究生或研究生以上	79	7.5%
不在乎	47	4.5%
没有明确期待，尊重孩子意愿	700	66.6%
总计	1051	100%

(七)对生育政策的态度

1.生育政策了解情况

表5-20显示出当前农村籍高职院校大学生对于生育政策的了解情况，农村籍高职院校大学生对生育政策的掌握情况一般，49.9%的人选择"不太了解"，其次为"基本了解"占比19.8%，16.6%的人选择"完全不了解"。可见，生育政策在宣传的过程中，并未将大学生纳入主要宣传对象当中。

表5-20　农村籍高职院校大学生对生育政策了解情况

对生育政策了解情况	频数	频率
非常了解	38	3.6%
比较了解	106	10.1%
基本了解	208	19.8%
不太了解	525	49.9%
完全不了解	174	16.6%
总计	1051	100%

2.对生育政策的需求

本书继续设置多选问题"你认为目前生育子女需要哪些方面的政策支持",来进一步了解大学生对生育支持的需求在哪些方面。"提供生育津贴"(12.8%)、"降低教育成本,合理分配教育资源"(10.7%)、"提供家庭教育指导"(10.0%)、"提供了解相关知识及政策的渠道"(10.0%)和"降低买房成本"(9.7%)是农村籍高职院校大学生认为最需要支持的前五项配套措施,见表5-21。

由此可见,养育成本是较大的生育阻碍因素。农村籍高职院校大学生在经济激励、降低成本和服务保障这三个方面有着强烈的需求,这也与其认为养育子女的困难相对应。

表5-21 农村籍高职院校大学生对生育政策的需求

	选项	响应 选择次数	响应 百分比	个案百分比(n=1051)
所需生育政策	提供生育津贴	645	12.8%	61.4%
	降低教育成本,合理分配教育资源	542	10.7%	51.6%
	提供家庭教育指导	507	10.0%	48.2%
	提供了解相关知识及政策的渠道	504	10.0%	48.0%
	降低买房成本(如对多孩家庭给予买房优惠,降低首付比例)	489	9.7%	46.5%
	提供准父母的心理健康咨询服务	418	8.3%	39.8%
	保障女性有充足带薪产假	410	8.1%	39.0%
	减少就业歧视	378	7.5%	36.0%
	降低医疗成本	365	7.2%	34.7%
	提供多种社会保险方式	301	6.0%	28.6%
	降低托育成本(附近有价格可以承受、安全可靠的机构可以照顾3岁以下孩子)	170	3.4%	16.2%
	提供正规的婚介服务	167	3.3%	15.9%
	降低租房成本(如公租房向多孩家庭倾斜)	159	3.1%	15.1%
总计		5055	100%	481.0%

第三节　农村籍高职院校大学生生育价值观的特点

农村籍高职院校大学生在身份上同时具备农村户籍和就读于高职院校两个特征。而随着现代化、城市化的发展，农村传统生育观念不再对他们有强烈的影响。本书参考高职院校和普通高校的不同发展方向，认为高职院校与普通高校相比虽然在培养目标和方式上有不同的定位，但在学生生育价值观的形成与发展路径培养上没有太大差异。

一方面，农村籍高职院校大学生接受过多年义务教育，是有着独立思考与行动的主体，受到学校教育、大众传媒中的现代化思潮影响，农村籍高职院校大学生的生育价值观是理性的、现代化的，同时彰显着属于这一群体的个性化特征。传统的"养儿防老""多个孩子就是添副碗筷"的想法随着养育成本的提升逐渐被摒弃。另一方面，农村籍高职院校大学生的生育价值观形成是在现代化快速发展的大背景下形成的，与父母一代有着巨大的差异，但受到生长环境以及父母较为传统观念的影响，他们的生育价值观难免有着传统性的特征。现代与传统的交织，形成了农村籍高职院校大学生的生育价值观，随着时代的进步发展以及人生经历的不断丰富，他们的生育价值观不会一成不变。根据问卷回收数据进行整理分析发现，农村籍高职院校大学生的生育价值观有着以下特点。

一、生育意愿模糊，徘徊"生与不生"

生育意愿作为生育价值观中的重要内容，其内涵包括了是否想要生育以及意愿生育数量这两个指标，并且同时受到外部客观环境与内部主观选择的双重因素影响。而是否生育是生育价值观的前提与基础，决定了生育行为的计划与实施；意愿生育数量则是对生育主体在家庭、经济、社会影响下具体生育数量选择的反映（傅亦倩、吕承文，2017）。

调查数据表5-22显示，1051名调查对象中，399人明确选择"生"，占比38.0%，选择"不清楚"和明确"不生"的分别为416人和236人，占比分别为39.6%和22.5%。从意愿生育的数量来看，选择不生育的占24.2%，选择生育一个孩子的占36.3%，选择生育两个孩子的占37.7%，仅有19名调查对象选择生育三个及以上孩子。可以看出，以重庆地区为例，农村籍高职院校大学生群体当前的生育意愿低迷，选择"不生"和"只生一个"的大学生占一半以上。当前"三孩"政策在大学生群体中并没有体现出影响力，大学生的生育意愿以及意愿生育数量与国家的政策期待有着很大的差距。积极的一面是，仍有七成以上的农村籍高职院校大学生愿意生育一到两个孩子。

从不同性别来看,1051名调查对象中,女性678人,男性373人,其中女性在是否生育上选择"不生"的有189人,占比27.9%,明显高于男性的12.6%,男性明确选择"生"的比例为56.8%,明显高于女性的27.6%。表5-22显示,采用交叉分析研究不同性别对于是否生孩子上的差异,可以看出:不同性别样本对是否生孩子呈现出显著性差异($p<0.05$)。期望生育数量方面,男性、女性选择生育一个子女的占比分别为38.1%和35.4%,无明显差异,在选择意愿生育两个子女的选择上,男性占比43.7%,女性占比,34.4%,呈现出显著性差异(见表5-23)。

表5-22 农村籍高职院校大学生性别与是否生孩子列联表分析

选项		男	女	总计	χ^2	p
是否生孩子	生	212(56.8%)	187(27.6%)	399(38.0%)	91.132	0.000
	不生	47(12.6%)	189(27.9%)	236(22.5%)		
	不清楚	114(30.6%)	302(44.5%)	416(39.6%)		
	总计	373	678	1051		

表5-23 农村籍高职院校大学生性别与期望生育数量列联表分析

选项		男	女	总计	χ^2	p
期望生育数量	0个	54(14.5%)	200(29.5%)	254(24.2%)	40.734	0.000
	1个	142(38.1%)	240(35.4%)	382(36.3%)		
	2个	163(43.7%)	233(34.4%)	396(37.7%)		
	3个	7(1.9%)	2(0.3%)	9(0.9%)		
	4个及以上	7(1.9%)	3(0.4%)	10(0.9%)		
	总计	373	678	1051		

从数据分析结果来看,整体上近四成的农村籍高职院校大学生不清楚自己的生育意愿,在"生"与"不生"之间徘徊。在现代性特征显著的当下社会,人的选择和决策会受到个人性格、家庭关系、社会网络、社交媒体等各方因素的影响,农村籍高职院校大学生虽然即将或已然步入社会,但在当前互联网时代的环境下,其生育价值观仍不健全,体现在生育意愿上表现出徘徊不定、易受影响的特征。同时,近些年来女性主义思潮不断发展,现代人长期浸透在网络环境之中,或多或少会受到女性主义思潮的影响,在生育意愿上,不同性别体现出了明显的差异。

二、生活压力剧增,倾向"少生晚育"

从生育意愿中意愿生育数量的指标来看,有生育意愿的农村籍高职院校大学生倾向于生育一到两个孩子;在是否想要生育以及意愿生育数量的基础上,预期的生育年龄也是本书的重要指标。1051名调查对象中选择希望在26—30岁生育的农村籍高职院校大学生占据大多数,占比64.7%,22.8%的调查对象选择希望在31—35岁生育,仅有6.7%的调查对象选择在20—25岁生育,2.8%选择在36—40岁生育,3.0%选择在41岁及以上生育。

我国现行计划生育政策规定,妇女在24周岁以上生育即为晚育。调研结果表明,农村籍高职院校大学生较多希望晚婚晚育、少生晚育,原因可能是时代对大学生的学历要求或是职业能力要求更高,很多农村籍高职院校大学生会选择专升本后继续学业或是投入紧张的工作之中。另一方面,当前时代背景下维持家庭生活以及养育子女需要大量资金投入,在问到"您认为养育子女最大的困难在于哪些地方"这一多选题时,929名调查对象选择了选项"经济压力大",占比高达88.4%。调研结果说明高职院校大学生考虑到对子女负责,期待为子女提供完善的生活保障,认为经济条件达到一定的预期水平是进行生育的必要条件。农村籍高职院校大学生倾向于找到工作、拥有一定收入或存款时再选择婚育,这在一定程度上将更加坚定农村籍高职院校大学生"晚婚晚育、少生晚育"的生育意愿。

"少生晚育"中包含了农村籍高职院校大学生在意愿生育数量和意愿生育时间上的特征,他们不希望追求生育数量的多,不会将孩子视为促进家庭经济收入提升的劳动力,更多的是希望在自己的能力、经济水平以及社会支持达到可以支撑生育并养育孩子的一定水平时再进行生育,追求的是生育的质量。反观当下社会发展,年轻人面临着巨大的工作压力和生活压力,很多选择在职业上升期或是发展阶段进行生育的女性需要承担的职场压力更大甚至可能因为性别因素而被歧视,这在一定程度上对即将成为婚育年龄主体的大学生的生育价值观产生影响,农村籍高职院校大学生同样如此,未来面临着无限的未知情况,对于生育的态度便逐渐变得谨慎。

三、家庭权力变迁,决策"女性主导"

生育决策的主导权是生育意愿的重要指标之一。女性是生育的主体,理应成为生育决策的主导者。但是在传统社会之中,生育的决策是从家庭本位出发的,孩子被视为家庭的未来劳动力,且长期在多子多福的传统观念下,传统的农村家庭更倾向于从家庭的层面做出生育决策,没有主动考虑女性的生育意愿。

从调查结果来看,在问到"您认为是否生育子女应该由谁来决定"时,72.9%的调查对象选择了"夫妻双方",14.7%选择"女方",仅有4.5%选择了"男方",3.8%和4.0%选择了"男方父母"和"女方父母"(见表5-24)。在问到"您认为生育子女的数量由谁来决定"时,68.0%的调查对象选择了"夫妻双方",22.8%选择了"女方",仅有3.5%选择"男方",2.9%和2.7%选择"男方父母"和"女方父母"(见表5-25)。调研结果表明,在农村高职院校大学生群体中,女性在生育决策中的权力越来越大,女性的生育主体地位逐渐回归;同时,他们保持理性,没有向极端化女性地位的方向发展,夫妻双方共同进行生育决策是主流选择。农村籍高职院校大学生的生育价值观正在逐渐摆脱传统农村家庭带来的影响,在生育决策的考量上,他们在寻找一种平衡,考虑生育对于家庭的意义的同时也会考虑自身的职业发展以及未来规划,希望尽可能做出现代性的、更加理性的生育决策。

表5-24 农村籍高职院校大学生生育子女决策权分布

选项	响应 选择次数	响应 百分比	个案百分比（n=1051）
生育子女决策权(女方)	188	14.7%	17.9%
生育子女决策权(男方)	58	4.5%	5.5%
生育子女决策权(双方)	932	72.9%	88.7%
生育子女决策权(男方父母)	49	3.8%	4.7%
生育子女决策权(女方父母)	51	4.0%	4.8%
总计	1278	100.0%	121.6%
拟合优度检验:χ^2=2291.382 p=0.000			

表5-25 农村籍高职院校大学生生育子女数量决策权分布

选项	响应 选择次数	响应 百分比	个案百分比（n=1051）
生育子女决策权(女方)	277	22.8%	26.4%
生育子女决策权(男方)	43	3.5%	4.1%
生育子女决策权(双方)	825	68.0%	78.5%
生育子女决策权(男方父母)	35	2.9%	3.3%
生育子女决策权(女方父母)	33	2.7%	3.14%
总计	1213	100%	115.44%
拟合优度检验:χ^2=1925.982 p=0.000			

家庭权力的变迁是形成农村籍高职院校大学生这一生育价值观特点的背后推动力，传统社会中，父辈处于家庭权力的主导地位，生育作为推动家庭发展的重要事件便由父辈做出决定。而从2000年以来，农村家庭权力逐渐由父辈转向子辈，女性在家庭中的地位提升，一方面在于经济社会中女性主体力量的彰显，另一方面在于婚姻市场上的性别结构失衡强化了女性的主导地位。婚育的决策权也逐渐回归到女性本身。

四、城市融入困难，担忧"生育成本"

随着现代化以及城镇化进程的发展，很多农村籍高职院校大学生在毕业后不会选择回到农村子承父业，凭借高职院校学习掌握的技术以及学习成果，希望可以在城市立足。农村籍高职院校大学生的城市融入指这一群体在城市生活过程中从经济、制度、社会以及心理四个层面融入社会，并呈现出递进关系，从外到内获得心理上的城市归属感。对于农村籍高职院校大学生来说，在城市读书期间熟悉了城市的生活和发展方式，但是毕业之后真正的城市融入仍存在很多困难，人才市场饱和就业难、城市生活成本高面临巨大的生活压力、社交关系网络薄弱以及心理层面的融入困难都是农村籍高职院校大学生将要面临的生存问题。

在这样的压力之下，面对生育这一问题便会犹豫徘徊，担忧孩子在城市中应该如何成长等问题。在调查中，929名调查对象认为"经济压力大"是他们面临的养育困难之一，947名调查对象在"家庭经济状况稳定且良好"的条件下会考虑生育或多生孩子，占比90.1%，511名调查对象在"家庭无住房压力"的条件下会考虑生育或多生孩子，占比48.6%，390名调查对象在"社会竞争压力小，孩子不会面临上学难、就业难的问题"的条件下会考虑生育或多生孩子，占比37.11%（见表5-26）。可以发现，农村籍高职院校大学生担忧将来养育孩子的"成本"，在自我城市融入存在困难的同时担忧未来孩子也会面临同样的问题，"养育成本"是农村籍高职院校大学生生育必须考虑的方面，在一定程度上也影响了其生育价值观的判断和选择。

表5-26 农村籍高职院校大学生考虑生育或多生的条件

选项	响应 选择次数	响应 百分比	个案百分比（n=1051）
家庭经济状况稳定且良好	947	22.2%	90.1%
有充足的时间和精力照顾子女	830	19.5%	79.0%

续表

选项	响应 选择次数	响应 百分比	个案百分比（n=1051）
夫妻感情状况良好	786	18.4%	74.8%
父母有能力帮助照顾孩子	347	8.2%	33.0%
所在单位/公司遵守劳动合同法并提供产假及生育津贴	317	7.4%	30.2%
家庭无住房压力	511	12.0%	48.6%
社会竞争压力小，孩子不会面临上学难、就业难的问题	390	9.2%	37.1%
社区、单位、政府等提供婚姻、家庭教育、生育等知识的咨询平台	85	2.0%	8.1%
所在街道/社区提供全职母亲再就业咨询或就业技术培训	46	1.1%	4.4%
总计	4259	100%	405.3%

拟合优度检验：$\chi^2=1757.127$ $p=0.000$

五、生育动机改变，由"功能性"到"情感性"

生育动机即"影响生育行动的多种影响要素的组合"，生育行为是短时的，而影响生育行为的因素是多方面的，这里将生育动机分为主观原因与外部因素两个部分。生育动机和生育行为是密不可分的，一定程度上，生育动机决定了生育的意愿以及行为，是生育价值观的重要体现和重要组成部分。

从影响生育动机的主观原因来看，在问到"孩子意味着什么"时，仅有17.9%的调查对象选择了"养儿防老"这一选项，26.0%的调查对象选择了"传宗接代"，更多的选择是孩子意味着"情感寄托""爱情的结晶""未来生活的动力"。说明传统的农村生育价值观对农村籍高职院校大学生的影响在减弱。从调研结果来看，农村籍高职院校大学生的生育观逐渐向着现代化的方向转变，在工业生产模式和城市生活模式的影响下农村籍高职院校大学生的生育动机向个体化方向转变，"父母要求""养儿防老"等生育动机对农村籍高职院校大学生的驱动作用大幅减弱。

从影响生育动机的外部因素来看，"经济压力大""没有时间和精力照顾孩子""外界环境内卷"成为农村籍高职院校大学生在生育问题上面临的重要困境，经济水平、政策支持、社会环境是影响农村籍高职院校大学生生育动机的主要外部因素。其生育动机个体化的同时,仍受到外部因素的制约。

与传统社会下从家庭角度出发进行生育行为决策的生育动机相比,农村籍高职院校大学生的生育动机发生着由"功能性"向"情感性"的转变,同时生育动机更加理性化,会从自身条件以及孩子未来发展等不同层面进行生育选择,体现出现代化特征。

六、传统生育文化式微,期待"儿女双全"

生育性别偏好是个体对生育子女性别结构的主观态度和取向,我国在传统社会影响下有着强烈的男性偏好,随着计划生育政策的深入实施,男性在劳动力、经济回报上的优势削弱,女性在社会劳动与家庭养老中的作用越来越突出,女性主义思潮不断发展。在这些因素的共同作用下,农村籍高职院校大学生的生育性别偏好不再明显。

现阶段"重男轻女"思想式微,我国性别比从2012年的105.1到2020年一直维持在105左右,2021年男性减少46万,女性增加94万,性别比变为104.6。本次调查发现,80.7%的调查对象选择没有明确的性别期待,只生一胎的情况下65.5%的调查对象选择"都可以",25.1%的调查对象选择"女孩",高于选择"男孩"的9.4%。生育意愿性别暂无明显偏好,但有从生育"男孩"偏好向生育"女孩"的方向转变。受到中国传统"儿女双全"观念的影响,在选择生两胎情况下的性别期待时,47.7%的调查对象选择"一胎男孩一胎女孩,不在意顺序",18.7%的调查对象选择"第一胎男孩第二胎女孩",2.3%的调查对象选择"第一胎女孩第二胎男孩",仅有3.1%、0.8%的调查对象选择两胎女孩、两胎男孩。从调查结果可以看出,农村籍高职院校大学生虽然生于农村或者有农村生活经历,生育价值观会受到乡土社会下传统生育观念的影响,有着"儿女双全"的期待,但在长期的现代化学习当中,接受现代化思潮的熏陶,自身形成了一套更为科学的、前沿的、理性的生育价值观。"重男轻女"的思想观念式微,相对于传统乡土社会中重视男孩给家庭带来的效用,农村籍高职院校大学生认为生育女孩也能产生同样的效果。

七、育儿观念转变,由"粗放"到"精细"

在传统社会中,生育更重要的功能是家庭的延续和发展,家庭以及父母对于育儿观念的理解程度不够深入,社会普遍接受父权制度,父母对孩子的教育往往是严厉且循规蹈矩的,对于孩子的期待主要集中在学业成绩上,这种传统观念对于孩子的身心健康发展产生了一定的负面影响。随着社会经济不断发展,农村籍高职院校大学生认识到子女的全面发展更为重要,这对于孩子的身心健康和未来发展以及社会的可持续发展将产生积极的正面影响。

在本书中不难发现农村籍高职院校大学生认为养育孩子的压力很大一部分来自教育等经济压力,可以看出他们对于孩子的期待以及预期投入都比较高,而在"对孩子的教育期待"这一问题的回答上,66.6%的调查对象选择"没有明确期待,尊重孩子意愿",20.9%的调查对象选择"大学本科"。可以发现,当前社会激烈的竞争环境以及养育子女的巨大压力让未来几年将进入婚育期的农村籍高职院校大学生望而却步,想要子女健康快乐成长、拒绝"鸡娃"的准父母们,可能随着子女的不断成长转变育儿观念。总体来说,育儿观念开始由"粗放"向"精细"转变。

第四节　农村籍高职院校大学生生育价值观的影响因素

一、生不起:收入水平与育儿成本

一方面,就传统社会而言,"多子多福"的观念产生于家庭的结构与功能之中,家庭作为"自产自销"的场所,带来了极低的生育成本和较高的"反哺"价值。而随着商品经济的发展,社会财富积累的增加,家庭功能及其成员活动的社会化,财富流动的范围不在父子两代间,经济关系弱化,开始重视子女精神文化的教育。同时,父母意识到子女培养带来的更大效益,"高期待""不输起跑线"等教育理念随之而来,带来的就是育儿的"高投入"。除此之外,社会资源分配不均衡,农村籍高职院校大学生面临着"就业难""收入与预期不符"等问题,无法为孩子发展提供充足的资金支持和家庭陪伴,求学阶段的主要目标是完成学业找到一份满意的工作,对个人来说较为遥远的生育问题还未做出完善考虑。

另一方面,已有研究从社会风险理论视角出发,认为当前我国区域发展不平衡现象仍然存在,而社会结构、社会运行机制和社会观念一直处于剧烈变化中。现代化进程的不断加快不仅带来发展方式的转变,社会结构也就此转型,因而思想文化传统的转变同样也是势不可挡的。

农村籍高职院校大学生处于现代化进程之中,感受着从农村走向城市的巨大变化,面临着前所未有的生存压力和思想压力。他们面临着毕业后紧张的劳动市场,受教育水平的限制易受到就业歧视,薪资水平可能与心理预期存在落差,教育与就业间的紧张关系难以缓解。同时在从农村走向城市的过程中,其思想观念不断发展和转型,期待为孩子提供更好的生活环境和物质、教育等资源,在这样的育儿观念改变下育儿成本正在不断提升。

农村籍高职院校大学生相较于普通高校大学生的学习周期更短,继续升学并不是他们最多的选择,面对竞争激烈的就业环境,他们希望找到一份满意的工作(陈静,2023)。可见,农村籍高职院校大学生步入社会的步履较快,将未来的生育选择前置,在需要找工作、需要高收入、需要养得起的现实条件下反复思考生育意愿,他们担忧自己的收入水平无法满足现代社会的养育成本,因此"生不起"成为农村籍高职院校大学生生育欲下降的原因之一。

二、不敢生:职业发展与家庭照顾

调研结果显示,农村籍高职院校大学生的意愿生育年龄集中在26—30岁,是个人事业的发展期,也是黄金期。在职业发展与家庭照顾的冲突中,不愿意为了照顾孩子而放弃工作机会成为主要的选择。但在照顾孩子的途径选择上,考虑到孩子的身心健康发展,近六成的调查对象选择了夫妻自己带小孩。可见在人生阶段的黄金期,他们期望自己可以在家庭和工作中都得到长足发展,家庭幸福美满,工作发展顺利成为他们的期待。而面对职场压力、时间压力和育儿压力等各方压力交织的状况,工作家庭难以平衡,出于长远考虑抑或对未来负责的想法,农村籍高职院校大学生的生育欲望在下降,继而普遍选择延缓生育计划或是放弃生育,全心投入个人的事业中。

传统社会中,女性的社会地位、家庭地位比较低下,生育决策在部分情况下需要让步于家庭整体发展,"享受天伦之乐""养儿防老""传宗接代"曾经是国人观念中最稳固的生育动机与目的(张淑燕、刘爽、孙新宇,2021)。随着现代化进程的加速,社会结构转型加快,社会思潮也面临着急速转型,女性的社会意识在不断觉醒。在本次调研中发现,女性农村籍高职院校大学生对"养儿防老"的观念普遍持反对态度,以往关于新生代女性群体的生育决策的研究也表明,她们更多考虑的是生育对自己生活造成的压力、负担、成本、羁绊等不利影响,更倾向于晚育、少育和不育,更容易接受低生育文化(穆光宗,2020)。农村籍高职院校女大学生对于自己的职业发展有着清晰的职业规划,期待可以在职场中有所作为。

但是在"母职惩罚"屡见不鲜的社会下,生育后的女性在职场面临比未生育女性更多劣势与更少报酬的困境。"相夫教子""男主外女主内"等传统观念的影响下,女性承担更多育儿照顾,甚至出现"丧偶式育儿"的现象。另一方面,在传统思想观念的影响下以及出于家庭发展角度,女性又期待可以部分回归家庭,促进孩子以及家庭的未来发展。生育决策不再是家庭整体行为,"不敢生"成为农村籍高职院校大学生生育意愿低迷的重要原因。

三、不想生:刚性计生与优化生育

计划生育本身是一种文化,塑造了人们的生活方式和生育观念。我国的生育政策经历了四个阶段——鼓励生育阶段(1949—1952年)、柔性计生(1953—1979年)、刚性计生(1980—2012年)和优化生育(2013年至今),生育观念从"多子多福、养儿防老"到"晚婚晚育,少生优生",再到现在的"自主生育,增强生育政策包容性"(王煦、刘丽,2019)。自20世纪60年代,我国正式开启计划生育时代,出生人口数得到了较好的控制,基本做到"一对夫妻只生育一个孩子"。虽然严格的人口控制实现了我国从传统人口再生产类型向现代人口再生产类型的转变,但在长期刚性生育政策和家庭教育的影响下,"晚婚晚育,少生优生"的生育观念形成代际传递的现象。成长于计划生育时代下的农村籍高职院校大学生,长期熏陶在"晚婚晚育,少生优生"的政策文化下,近几年又受到"三孩"政策等时代性生育政策的影响,发展性的生育政策交织,他们的生育价值观在政策发展变化影响下容易产生混乱,无法进行整合性统一。可见,刚性计生政策下的生育理念是对多代人的代际影响,需要长时间的代际更替来淡化。

国家提倡生育"三孩",但不得不承认,我国现有的社会支持滞后于制度发展。社会风险理论强调,个体依赖社会环境的支持,农村籍高职院校大学生毕业后面临巨大的就业压力、工作压力和生活压力,一方面,他们忙于自身发展可能无暇顾及家庭以及孩子;另一方面,当前社会"内卷"严重,孩子从出生起就处于无形的竞争之中,养育成本随之迅猛提升。而我国"三孩"生育配套措施发展仍处于起步阶段,距离实效产生还有一定时间差。站在农村籍高职院校大学生角度,"三孩"政策难以改善目前的经济生活状况,综合考量各因素后,农村籍高职院校大学生大多希望自己可以在拥有一定经济基础后再进行生育,优化生育的政策很难产生激发他们的生育意愿。

四、不愿生:社会性别与女性主义

社会性别区别于生理性别,其不是由生殖器官决定的,社会建构在其中发挥作用,社会性别受到社会文化环境的影响,是人在社会化过程中习得的(张芷菱,2022)。对于生育而言,是否可以生育是由生理性别决定的,从合理合法的层面上看,生育是生物女性的行为,而是否想要生育是意愿问题,作为一项决策是由社会性别下的女性决定的。现代化浪潮下,受到女性主义、平等主义等思潮的影响,女性的社会性别更加凸显。女性作为生育决策与生育行为的主体,拥有了更多的主动权和选择权,社会性别逐渐回归。

但是在现实社会发展过程中,职场中的社会性别发展存在障碍,女性仍面临着因生育导致的工作停滞、退出风险,而社会、职场甚至家庭却拒绝承认女性这种生育困境的存在。已有学者的研究说明这种困境突出表现在,一是我国生育政策中仅原则性提出女性享有被照顾的权利,实践中的具体优惠措施很少;二是在男性意识主导下,社会并不认为女性生育、抚育子女是多么困难的事情,在这种氛围下女性感受不到生育价值;三是在传统文化影响下,许多人认为女性工作不能耽误生育和照顾孩子,否则就被视为人生失败;四是女性在家庭资源分配中被边缘化,婚后的家庭对其职业晋升培训、健康健身等方面的费用、时间投入很少(刘福霞、尹心歌,2023)。

女性主义生育观在农村籍高职院校大学生这一群体中得到了普遍认同,女性的生育付出受到肯定与重视。但近几年,"中华田园女权"在网络平台上蔓延,这种"单边、利己"的女权主义,与"男女平等"的原则相违背,不仅会对当前受认可的女权主义者造成污名化影响、加剧网络中的性别战争,同时也会对某些尚未成熟的个体在生育意愿与选择方面产生负面影响。本次调查发现"中华田园女权"的观点受到了一定的认可,尤其是女性大学生,这表明当代大学生的生育价值观多元但混乱,我们需警惕网络的"伪女权"传播,引导人们形成积极、正向的婚育价值观。

调查结果可以说明,女性主义在不断觉醒,女性主义生育观得到了普遍的认同。这也在一定程度上表现出农村籍高职院校大学生这一调查主体的生育动机是对生育权利的选择,而非对义务的履行。

本章小结

当代农村籍高职院校大学生生育意愿的转变不同于父辈,他们的父辈是在政策要求和自身意愿二者合力的基础上,选择少生,或者想生却不敢生,可以说还是生育政策主导下的生育意愿转变,新一代的农村籍高职院校大学生的生育意愿转变主要是在适应现代化生活的过程中,生育成本上升的同时,追求个体化的生活理念,主动地调整生育行为。

因此，他们的转变是基于社会环境现状的"自发性调整"。由此可知，生育政策不是影响当下农村籍高职院校大学生的首要因素。现代城市社会相较传统乡土社会来说具有不稳定性，特别是我国正处在社会转型期，农村籍高职院校大学生在"扎根城市"的过程中，面临着多重压力，如城市高额的生活成本、个人专升本的压力、就业压力等。因此，他们在生育意愿上表现出"犹豫不决"，在育儿观念上表现出"自相矛盾"的状态，既想亲自照顾子女，又不愿放弃个人的追求。同时，他们其中有少部分人也在生育观上呈现出"不成熟"的特点，虽然女权意识逐渐觉醒，"中华田园女权"势力也在借助着互联网大势传播，这并不利于农村籍高职院校大学生形成正确的生育价值观。

随着我国现代化进程的不断推进，农村籍高职院校大学生的生育价值观已经发生转变，与城镇籍大学生的生育价值观基本一致：即生育意愿模糊，徘徊在"生与不生"之间；生活压力剧增，倾向"少生晚育"；家庭权力变迁，决策"女性主导"；城市融入困难，担忧"生育成本"；生育动机改变，由"功能性"到"情感性"；传统生育文化式微，期待"儿女双全"；育儿观念转变，由"粗放"到"精细"。在社会竞争激烈的现代社会，农村籍高职院校大学生毕业后面临着多方压力，如收入水平与养育成本间的矛盾、职业发展与家庭照顾之间的取舍、新旧观念的碰撞等，都在冲击着农村籍高职院校大学生现有的生育观念。虽然"三孩"政策及其生育配套措施已经逐步落地，但在当前社会发展状况下产生实效仍任重道远。可见，优化生育政策并不能对农村籍高职院校大学生的生育意愿产生较大影响。当从完善生育政策入手，从住房优惠政策、医疗报销和就业帮扶等方面对他们的生育行为给予支持，并积极引导农村籍高职院校大学生形成科学合理生育观念。

第六章

亚洲国家生育政策实施情况及综合效果评价
——以日本和印度为例

作为人口第一大洲,亚洲不少发达国家和发展中国家都面临着人口问题。本章将对日本和印度这两个具有代表性的国家的生育情况进行深入研究,一方面,分析长期面临"少子化""老龄化"的日本如何应对生育问题带来的国民经济和社会整体发展的诸多阻碍,及其应对效果如何;另一方面,剖析人口第一大国——印度所面临的生育问题及其生育政策的演变与实施效果,进而总结日本与印度在应对不同生育问题过程中所存在的瓶颈及原因,以为中国建设生育友好型社会提供借鉴和启发。

第一节 日本生育状况研究

日本步入少子化时代距今已有近半个世纪的历史,是现阶段世界上生育水平最低的国家之一,深陷"低生育率陷阱"之中,由此产生的各种经济社会问题正深刻困扰着日本。因此日本在生育政策上做出调整,有效地遏制了人口生育朝负方向滑落的趋势。但由于误判人口形势、政策应对滞后、财政投入不足,生育政策实施未落到实处,过于关注人口增长而忽略民众深层需求和顾虑等原因,其应对少子化的政策成效甚微。日本少子化进程及政策应对中的经验教训能够给我国应对生育问题带来诸多启发,值得深入思考。

一、日本生育状况回顾

日本二战后总和生育率的发展变化大致可分为四个阶段:1947—1955年,总和生育率急剧下降,由4.54大幅降至2.37;1956—1973年,总和生育率进一步下降,之后小幅回升至人口更替水平[1],呈现出了"少子化"的征兆;1974—1994年,总和生育率在波动中持续下降,正式进入少子化时期;1995年至今,总和生育率一直低于1.5,日本陷入超少子化困境期(张伯玉,2022)。

(一)生育率急剧下降期(1947—1955年)

二战给日本的国民经济造成了毁灭性打击,工业基础设施满目疮痍、百废待兴,生产萎靡,物价暴涨,战败后的日本进入恶性通货膨胀时期(王伟,2019)。加之,大批退役军人及其家属回国,紧接着的第一次生育高峰,使得日本人口急剧增加,国民面临的食品短缺、物资匮乏、住房紧张等问题进一步加剧。日本国立社会保障与人口问题研究所数据显示,1945年后的5年间日本增加人口1000万以上。此背景下,日本从1947年开始实行严格的生育政策来限制人口增长,总和生育率从4.54(1947年)断崖式下跌到2.37(1955年)(张季风等,2019)。

(二)呈现少子化征兆期(1956—1973年)

20世纪50年代中期到70年代中期是战后日本人口变化过程的关键期,对日本少子化进程产生了重要影响,出现了近十年的低生育率。尤其是在"丙午之年"(1966年),因日本民众深受迷信的影响,认为丙午年天干地支都是火,丙午年出生的女子五行八字中火的成分过多,性格暴躁、克夫,所以人们唯恐对"丙午女"避之不及,大多避开这一年生育,导致总和生育率一度下降到1.58。随着数百万接受完义务教育的"团块世代"[2]逐步走入社会,日本经济迅猛发展,1968年成为世界第二大经济体,之后几年更是如日中天,"团块世代"正处于人生黄金期,向好的经济前景促使其生育意愿陡增。1973年,日本出生了209万人,迎来第二波生育高峰。可以说,日本第一次婴儿潮出生的人口,造就了第二次婴儿潮,使得日本生育率出现了阶段性的上升,但在此期间,多数年份的生育率仍低于人口更替水平,呈现出了"少子化"的征兆。

---

[1]人口更替水平是指相同的一批女性生育的孩子恰恰能够取代她们本身或她们的配偶,这与在人口净再生产率为1时的更替水平正好相适应。这一般指总和生育率为2.1。
[2]二战后日本有过两次生育高峰。第一次生育高峰发生在1947—1949年,这一期间出生的人群被称为"团块世代"。"团块世代"在20世纪70年代初进入婚育高峰期,带来出生人口的大幅增加,日本出现了第二次生育高峰。

（三）正式进入少子化期（1974—1994年）

受1973年石油危机的影响，1974年，战后日本经济首次出现负增长，总和生育率为2.05，低于人口更替水平的2.1，1974年也是日本第二次生育高峰的最后一年，此后日本总和生育率再没有恢复到人口更替水平，这标志着日本正式进入少子化时期[①]。1989年的总和生育率甚至比民众有意避开生育的丙午年更低，"1.57"的超低总和生育率让整个日本都为之震惊，但此后的生育水平仍"跌跌"不休。

（四）陷入超少子化困境期（1995年至今）

1995年后，被"低生育率陷阱"套牢的日本的总和生育率一再跌破底线，创下战后最低生育水平1.26（2005年）的纪录，实施相关政策后，2006年后总和生育率有所回升，并在2017年达到1.43，但仍处于超低生育率水平（刘冰，2020）。日本厚生劳动省公布的2022年的人口动态统计（概数）数据显示，2017—2022年日本出生率和出生数均连续7年下降。2022年的总和生育率为1.26（上年为1.30），跌至与2005年相同的历史最低水平，与政府提出的"希望生育率1.8"的目标背道而驰。2022年新生儿数量为77.0747万人，较上一年减少5%（40875人），这是自1899年开始统计以来，不包括外国人在内的出生数首次低于80万人。[②]

二、低生育水平对日本的影响

日本的少子化阶段持续近半个世纪，长期的低生育水平问题带来的各种经济社会问题正困扰着日本。日本人口总量上的增长逐渐停止，甚至于2011年开始出现负增长，人口结构上呈现出极端的少子老龄化发展趋势；具备创新活力的劳动力供给持续不足；人口减少加之人口老化，导致消费市场萎缩，拉低日本GDP的增长速度，并抑制日本的潜在经济产出；同时对医疗、养老等社会保障的需求激增，使得日本政府面临越来越大的财政压力。

（一）人口结构严重失衡

持续低生育率造成的少子化社会现状不仅影响人口总量，还导致人口结构严重失衡。少儿人口和劳动人口减少，老年人口增多，老年抚养比上升，老龄化程度加剧。1970年，日本的老龄化率达到了7.1%，日本进入老龄社会；1994年，老龄化率达到了14.1%，日本正式

[①] 所谓"少子化"，意味着低于人口更替水平的低生育率。
[②] 数据来源于中国新闻网：《日本出生率连续7年下降 2022年新生儿数跌破80万》，https://www.chinanews.com/gj/2023/06-02/10018509.shtml。

进入老龄社会;2007年,老龄化率达到21.5%,日本进入超老龄社会,并成为世界范围内最早进入超老龄社会的国家(王伟,2022)。截至2021年9月,日本老龄化率达29.1%,是世界上老龄化程度最严重的国家。[①]日本0—14周岁人口在总人口中的占比从1975年的24.3%一直下降,截至2022年已降至11.6%,创历史新低,呈现出极端的少子老龄化发展趋势,人口结构严重失衡。预测到2065年,日本的少年儿童人口系数将比现在下降约2个百分点,而老年人口的比重将高达38.4%(全龙杰,2020)。具体如图6-1所示：

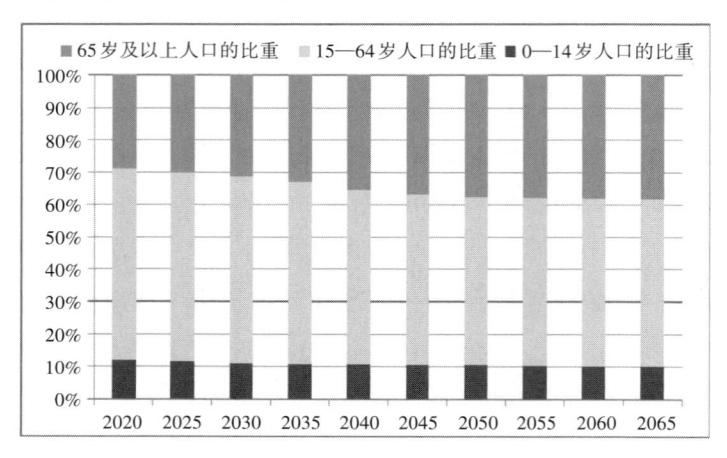

图6-1 日本人口年龄结构的未来预测

(二)劳动力供给持续不足

日本的劳动人口数量从1995年开始逐步减少,截至2018年,累计减少约1000万(安冈匡也,2021)。此外,日本独立智库瑞可利职业研究所(Recruit Works Institute)发布的一项研究显示,日本劳动力人口数量预计将从2027年开始迅速下降,到2040年,日本可能面临超过1100万的劳动力短缺。劳动力市场供应不足成为制约日本经济增长的关键因素,劳动力短缺给企业带来的直接影响就是招聘难度加大,用工成本增加,影响企业效益。同时,由于持续发展所需的劳动力数量得不到保障,企业难以提供足够的商品和服务。缺少具有更强创新精神和创业意愿的年轻人,也会限制企业扩张和新兴产业的发展,影响经济增长。并且,政府的所得税和保险征缴也会因劳动力减少而变得困难。为了解决劳动力短缺问题,日本政府开始考虑放宽移民政策,但在国内引起了巨大的争议和担忧。日本一直是一个对外移民非常严格的国家,人们担心放宽移民政策会导致文化冲突、犯罪问题,加重本地居民的工作竞争和社会保障负担。日本现有的移民政策局限性很大,想要通过移民措施来弥补日本劳动力短缺的想法,一时难以实现。

---
①数据来自日本内阁府。

(三)社会保障负担日益加重

老龄人口数量的急剧上升,对国家社会保障财政支出、市场消费活力都产生了显著的负面影响。人口老龄化将进一步导致医疗、养老等社会保障支出不断上升,而劳动人口减少则使得税收来源受限,日本政府财政压力增大,不得不通过提高消费税等措施来平衡财政收支。然而,这些举措可能对消费市场造成负面影响,从而形成恶性循环。对未来养老社会保障的担忧,则会促使那些尚未老去的日本人,提前做好养老经济储蓄与规划,又进一步使得消费紧缩。日本国立社会保障与人口问题研究所公布的《日本未来推算人口(2023年推算)》结果显示,日本总人口50年后将减少到现在的七成,65岁以上人口约占四成,日本还将面临更加严峻的社会保障负担问题。

(四)经济发展状况持续低迷

人口减少意味着消费者数量的减少,消费市场需求下降。随着老龄化进程加快,日本老年人口消费能力和消费意愿相对较低;企业对于市场前景的信心减弱,投资意愿也随之下降,引发各行各业的连锁反应,导致日本国内经济发展疲软(刘春燕,2019)。生命周期消费理论认为,人口结构与社会整体消费、储蓄状况有密切关联。少子老龄化问题的出现导致处于储蓄阶段的劳动人口占比减少,越来越多的处于纯消费阶段的老年人口会导致储蓄积累减少、投资不足,经济产出随之下降,见图6-2。

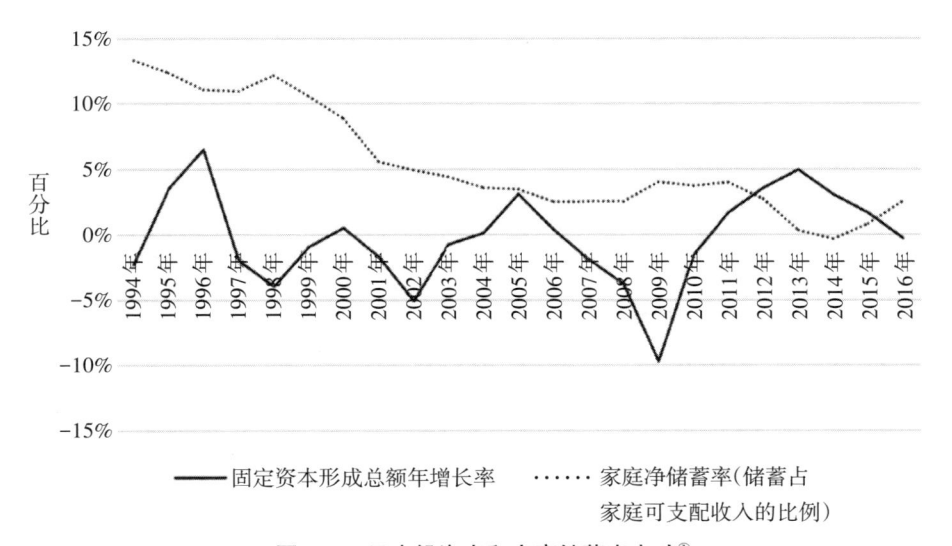

图6-2 日本投资率和家庭储蓄率变动[1]

---
[1]数据来源于国务院发展研究中心信息网。

三、日本生育支持政策及实施成效

(一)生育支持政策

1.经济支持政策,缓解生育和养育压力

经济支持政策主要包括提供津贴、减轻税收和住房医疗负担、提供福利贷款等,全方面多层次覆盖日本低生育水平的政策应对,可以极大程度缓解目标人群的生育压力,让目标人群敢婚敢育,增强目标人群的物质保障以促进其婚育意愿的提升。

第一,提供婚育、儿童津贴。双方年收入在340万日元以下且都小于34岁的新婚夫妻,政府可承担其因结婚产生的一半的租房搬家费用,上限30万日元/户。国家补贴夫妻生育治疗费用,男性补贴上限6次,首次不孕不育补贴最高可达30万日元。地方财政为孕妇提供14次免费孕检和42万日元的"分娩儿童一次性付款计划"。抚养孩子的家庭,在规定的收入限额内,可申领儿童津贴、儿童抚养津贴和特殊儿童抚养津贴等,其补贴金额根据儿童年龄和数量的不同而有所区别。(见表6-1、表6-2)

表6-1 日本儿童津贴金额[①]

儿童年龄	补贴金额(每人每月)
3岁以下	15000日元
3岁以上至小学毕业前	10000日元(第三个及以上孩子为15000日元)
小学毕业至初中毕业前	10000日元

儿童抚养津贴是支付给单亲家庭的补贴,不足18岁(残疾儿童不足20岁)儿童的抚养者可申请领取儿童抚养津贴,具体金额根据抚养人收入不同有所变化。(见表6-2)

表6-2 日本儿童抚养津贴金额[②]

抚养儿童数量	全部支付金额(每人每月)	部分支付金额(每人每月)
1个儿童	43160日元	10280—43150日元不等
2个儿童时(第二个)	10190日元	5100—10180日元不等
3个儿童以上时(第三个及以上每个)	6110日元	3060—6100日元不等

第二,减轻税收、住房、医疗负担。规定日本个人所得税在计算征税额时可扣除相对

---

①资料来源:日本内阁府官网儿童津贴指南。
②资料来源:日本厚生劳动省官网。

应的免税额,具体额度根据抚养儿童年龄的不同而不同(见表6-3)。日本政府还非常鼓励祖父母和父母将相关资金财产存入指定账户,赠予儿孙(20岁—50岁)用于结婚、租房搬家、怀孕、育孩等,1000万日元以内的部分免征赠与税。此外,日本政府在住房医疗保障方面,为儿童家庭提供公租房,予以租房补贴,提供房贷优惠,不断扩大其医疗费用补贴的疾病涵盖范围。

表6-3 日本个人所得税征税扣除

儿童年龄	征税扣除额(每人/每月)
16岁以下	孩子有儿童津贴,故所得税不再对其给予扣除优惠
已满16岁未满19岁	38万日元
已满19岁未满23岁	63万日元

第三,减免教育费用、实施福利贷款。日本自2019年10月开始,所有3—5岁儿童在认定的公立幼儿园、儿童园、保育所可享受免费的幼儿托育和保育,而父母若选择认定外的私人保育机构,则根据儿童家庭收入水平进行相应的费用减免。针对单亲家庭实施母子父子寡妇福利资金贷款制度,支持低息或有条件无息地申请贷款,可用于修学、技能学习、就业准备、医疗看护等。

2.托育支持政策,提供托管和教育资源

托育支持政策主要包括为孕妇提供支持、完善托幼体系、保证托幼服务质量,为家庭从怀孕到育儿期的各种需求提供保障。政府提供托管和教育资源能够减轻家庭养育压力,使目标人群更好地投入工作和生活中,降低家庭的低成效感。

第一,提供孕妇支持。投入财政资金建立育儿一代综合支持中心,协调各级医疗中心、产护中心、保健机构、志愿机构等,针对怀孕期到育儿期的各种需求提供全免咨询支持,并为年轻孕妇提供紧急援助。

第二,完善托幼体系。1994年推出的"天使计划"是日本政府提出的一项综合性的少子化政策,提出增设多种形式的保育服务设施,充实课后服务和短期照料支持服务;1999年推出的"新天使计划"则进一步着眼于构建和完善社会育儿服务体系,延长托儿时间,扩充托儿机构功能(杨菊华、杜声红,2017)。2015年实施的《儿童及育儿援助新制度》对幼儿期学校教育、社区育儿和儿童保护提出新规定,援助地方政府设置新型保育设施——聚焦0—2岁儿童,接收儿童数量更少,以照顾双职工或无法在家照顾孩子的家庭。2016年,日本地方政府又推动在大型商场构建"企业主导型保育所",政府在设施配备、运营费用等方面从财政上予以支援,支援比例高达3/4。日本日趋完善的托幼体系基本实现了0—5岁儿童保育教育服务的全覆盖。为了满足多样化的育孩需求,日本政府还通过补贴促进了延时儿童保育、夜间儿童保育和病童日托等服务的发展,父母可以根据自身的情况和需要选择不同的托儿服务。为做好幼小衔接,日本政府通过财政补贴,实施"新放学后儿童综合计划",对放学后儿童俱乐部进行整顿,扩充可容纳儿童数量,减少"待机儿童",开展丰富的课后儿童体验活动,培育儿童健全人格,同时减轻父母下班后的育孩压力。

第三,保证托幼服务质量。托幼质量很大程度上取决于保育员的专业水准,在厚生劳动省等多部门的监管下,日本的幼儿园、保育所要求工作人员必须取得幼儿园教师或者保育员资格。为弥补保育员的劳动力缺口和提高托幼服务质量,政府通过财政补贴加大对保育员职业技能的培训力度,拓宽该领域人才的引进渠道,并不断提高保育员的福利待遇,拓宽保育员的升职通道,增加保育员配备,在减轻保育员负担的同时,让保育员能为幼儿提供更悉心的照料与服务。

3.工作方式改革支持政策,减轻目标人群工作负担

工作方式改革支持政策主要包括保障职工育儿假、改善非正式雇佣人群工作待遇、控制加班时间、推进职场性别平等。通过保障就业机会、缩短工作时间、支持灵活工作方式等举措来缓解工作压力,提高民众的婚育意愿。

第一,保障职工育儿假。日本妇女产假从产前6周持续到产后8周,在这期间可以领取的津贴是平时工资的60%;享有1—1.5年的育婴假,在这期间夫妻休假的一方可以领取的津贴是平时工资的30%—60%(申秋,2016)。日本双职工家庭数量逐年上升,在外工作的女性难以像全职太太那样承担起所有家务及育儿重担,要解决这一问题,需要男性的加入。近年来,日本政府为鼓励促进男性参与育孩、分担育儿压力,实施了"爸爸项目",制定了法律制度支持广大男性职工休育儿假。

第二,改善非正式雇佣人群待遇。泡沫经济的崩溃、金融危机都使得日本原本的雇佣结构发生了较大变化,非正式雇佣的就业人数不断上升,占整体员工近四成,其中女性占比远远大于男性。其与正式雇佣的职工之间存在不合理的待遇差距。那些非正式雇佣的职工,尤其是其中占绝大多数的女性职工,面临着更严峻的就业、薪资、职业发展等问题,而这也影响了其生育意愿。日本政府实施了"劳动方式改革",通过实现同工同酬,支持改善非正式职工的待遇。尽管人们一直认为同工同酬在日本难以适用,但此项改革的实施,也在尽可能地明确那些能给予平等待遇的部分,例如各种补贴、福利和教育培训等,这些举措如果能够得到严格贯彻,非正式雇佣职工的待遇将得到改善。

第三,控制加班时间。尽管在日本的主流观念中,人们都努力地想要在工作与生活之间获得平衡,但长时间的劳作问题始终没有得到有效解决。2018年,日本政府通过了一项

法案,对每周上班时间、每年的加班时间上限进行了规定,推进包括减少工作时间、促进年带薪休假等政策,为引入工作时间间隔的中小企业提供"加班改善补贴",以激励企业落实相关法规。此外,日本还鼓励企业实行灵活的就业方式,允许育儿期间职工远程办公,以协调工作和育孩之间的关系。

第四,推进职场性别平等。日本政府自20世纪40年代就开始出台法律条文,采取各类措施提高妇女在工作领域的参与度,积极促使性别平等制度化。从日本女性就业的状况来看,虽然女性的劳动人数在增加,但日本职场中性别观念依旧是以男性为主导,男女薪资差距很大。2015年出台的《女性活跃促进法》正式从法律高度,以女性群体为服务对象,引导企业实施雇佣管理和人事制度改革,制定具体举措为女性就业提供应有的保障,降低生育对女性就业的影响。

(二)实施成效分析

1.政策的成效

日本从20世纪90年代开始着手制定针对出生率低的政策,从出台育儿相关措施,到完善妇幼保健制度、减轻经济负担等,再到从孩子和家庭的角度出发,扩充施策,将支持结婚、怀孕、生育作为对策的核心来推进,生育政策逐步完善,不仅从经济、婴幼儿保育上发力,还推动工作方式改革,促进工作与生活相协调,为年轻人结婚生子创造条件,形成了多领域综合性的少子化对策体系。

(1)遏制少子化进程,减缓人口规模缩小

30年来,日本为应对少子化问题持续发力,陆续出台30余项对策,在一定程度上遏制了少子化的进程,减缓了人口规模的缩小。尽管政策实施以后,日本还是没能阻止总人口的负增长趋势,迄今也没能摆脱"低生育陷阱",但日本如果不采取应对少子化的政策措施,人口减少的速度只会更快,幅度只会更大,情况可能更加严重(王伟,2019)。

(2)生育率稍有回升,但仍在低位徘徊

日本自进入少子化阶段后,生育水平下降的速度很快,且长期处于低迷状态,总和生育率甚至一度降至1.26。由图6-3可以明显看出,日本的生育水平在2005年得以转变,生育水平有所缓慢回升,2017年总和生育率提高到了1.43,说明尽管政策未显著促进生育率提升,至少在一定程度上避免了生育率进一步下降至极低水平[1],起到了延缓生育率下降的作用(丁英顺,2019)。

---

[1] 总和生育率降至1.3以下被称为"极低生育率"。

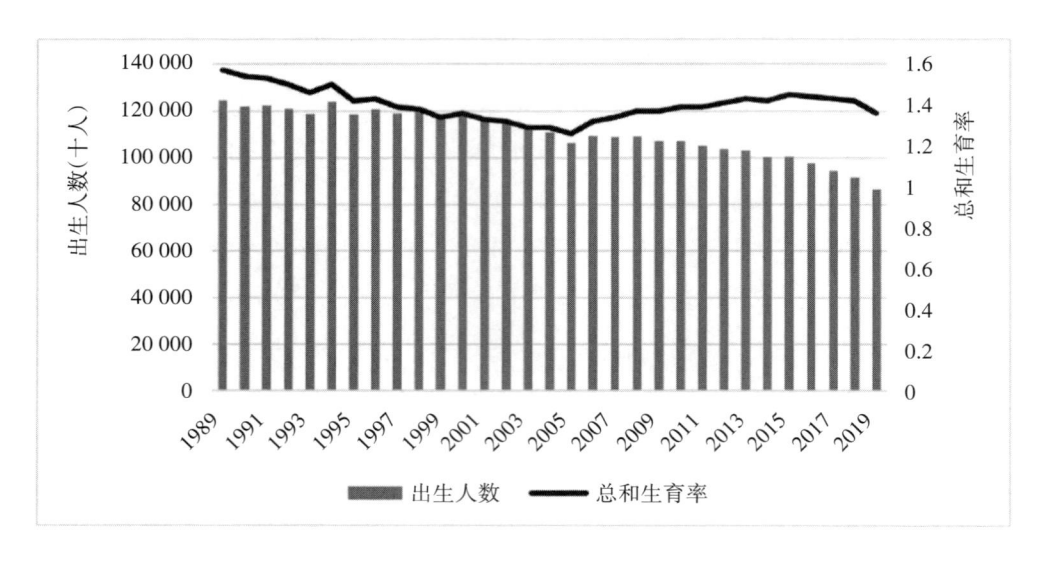

图6-3　日本1989—2019年生育变动状况

事实上,日本当前的生育水平仍然远低于人口更替水平,离日本提出的"希望生育率1.8"的目标也相距甚远。而且近年日本总和生育率再次出现下降趋势,尽管其中可能有新型冠状病毒疫情的影响的原因,但从日本国立社会保障和人口问题研究所对总和生育率的长期预测水平来看,已经从上次估计的1.44(2065年)下降至了1.36(2070年)(中位假设)。这是因为生育率一旦长期处于超低水平,生育意愿与行为会逐渐被固化,即使调整生育政策也难以达到预期效果,生育政策所能发挥的作用受限。

2.存在的不足

(1)误判人口形势,政策应对滞后

自1965年生育率低于人口更替水平后,日本在相当长时间内坚持保守的生育政策。尽管早在1969年日本人口问题审议会就已经提交过咨询报告,指出政府有必要采取相关政策措施来调整低生育率。[1]但1970年的第二次生育高峰,以及随之而来的1973年爆发的石油危机和当时盛行的"人口爆炸论",都让政府不得不担忧人口的增长会导致粮食、资源等方面的不足。1974年发布的"人口白皮书"提出,通过控制人口来实现"静止人口","最多要两个孩子","需要采取有效对策遏制人口增长势头"。日本政府在本应仔细分析人口未来发展形势,及时调整人口政策的关键时期,做出了相反的政策选择。直至1990年后生育率跌至1.57,日本政府才意识到问题的严重性,开始调整政策导向。日本开始实施少子化对策时总和生育率已经低到1.5,离达到人口更替水平已过去25年,人口惯性已经低至1.04,这意味着,即便日本生育率立即提高到人口更替水平,其人口规模也只能继续

---

[1]资料来源于日本人口问题审议会。

增长4%(茅倬彦等,2018)。20世纪七八十年代日本的生育率一直在人口更替水平附近波动,而后,生育率低于人口更替水平的一段时间内仍存在人口正增长惯性,这使得日本政府未能及时提高警惕,加之当时尚未意识到超低生育率将会带来的深远负面影响,最终误判了人口形势,过晚出台相关政策,错过了少子化的最佳应对期。

(2)注重对策设置,缺乏财政投入

"日本的少子化对策多年来未能产生效果的主要原因之一是,日本政府一味设置'对策的指挥塔'①,缓解少子化的政策并未落到实处,因为相关机构和人员没有遍布全国。"日本前厚生劳动大臣柳泽伯夫在接受《日本经济新闻》采访时如此说道。

日本政府意识到少子化问题的严重性后,先后出台促进生育的政策措施30余项,在国内生产总值中家庭政策的财政支出占比逐渐增加,但总体来说,家庭相关社会支出长期处于较低水准。2018年社会保障支出占日本国内生产总值比例达到了22.87%,但家庭相关的支出仅占国内生产总值的1.65%,相比较而言,日本政府在老龄和健康两方面的社会保障支出较多,而少子化应对资金支出相对不足,与英国、瑞典等国仍存在较大差距(见表6-4)。

表6-4 部分国家社会保障支出结构②

国家	社会保障支出占比								
	老龄	遗属	残疾、工伤等	健康	家庭	劳动政策	失业	住房	其他
日本	46.0%	5.2%	4.8%	33.6%	7.2%	0.7%	0.7%	0.5%	1.3%
英国	31.3%	0.2%	9.3%	35.3%	15.2%	0.7%	1.1%	6.4%	0.5%
法国	39.5%	5.3%	5.6%	35.3%	9.1%	2.8%	5.0%	2.6%	2.5%
瑞典	34.4%	1.0%	16.0%	24.4%	12.9%	4.7%	1.1%	1.5%	4.0%

20世纪50年代经济学家从微观经济层面对影响生育率的生育选择进行了分析:一个理性的家庭是否做出生育行为以及生育几个孩子,都取决于生育孩子的养育成本收益衡量,养育成本的提高会抑制生育意愿,家庭收入的提高又会导致父母从孩子身上获得的收益减少,即对于理性家庭来说,成本超过收益的部分过高,或能够从替代孩子的其他方法中获得更大的收益,那么家庭会倾向于放弃或减少养育孩子的行为(曹信邦、童星,2021)。随着经济社会的发展,养育孩子的生存、教育、医疗等成本不断攀升,但原本稳定的终身雇佣制和年功序列工资制却因经济泡沫破裂、金融危机而发生改变,经济收入不稳定,迫使

---

① "少子化对策指挥塔"即指日本政府热衷于设立专职部门和负责人,全权处理出生人口低下问题,以此向国民传达"政府正在采取措施"的信息。
② 资料来源于日本国立社会保障与人口问题研究所。

女性进入劳动力市场,受教育程度越来越高,人们更加注重个人生活品质和精神追求,实现自我梦想、享受自由和独立所带来的收益将养育孩子取而代之,婚姻生育不再是人生刚需。因此,在高昂的养育成本、多元的收益方式背景下,若没有大力度的经济支持,难以有效提高民众的生育意愿。

（3）关注人口增加,忽略深层需求

日本传统的家庭文化、职业制度和生育观念在二战后都发生了极大的改变。在西方女权思想影响下,更多的女性追求男女平等,进入劳动市场,经济独立能力增强,不再满足于被束缚在传统的"贤妻良母"角色中,不愿因结婚生子而暂停或者失去工作,不再认为生育是女性必须履行的义务,对于生育的目的,相较传宗接代,更看重其为自我和家庭带来的幸福体验。男性在家庭事务和照顾孩子方面的角色承担远远不够,家庭规模的缩小也让祖父母一辈在照顾孩子方面难以提供帮助,在家庭工作双重压力下,不少女性倾向于做出晚婚晚育甚至不婚不育的选择。

然而在"男主外、女主内"的传统社会性别分工文化的背景下,日本社会中长久以来的终身雇佣制度和性别规范等结构性因素并没有得到彻底性的改变,以至于其生育支持政策中似乎都蕴含着阻碍女性长期在劳动力市场就业的因素,而更倾向于鼓励妇女将精力放在家庭上(徐兴文、刘芳,2020)。例如,政府鼓励企业提供灵活工作方式和弹性工作时间,却没有严格要求强制执行,全凭企业自身意愿;虽然产假制度规定有1—1.5年产假,但却要求产后8周后就返回工作岗位,若产后放弃工作可获得90天的失业金,年收入低于1万美元的女性可获得免费的基本养老保险金,其家庭还有相应的税收、就业福利,看似是一种补偿,实则从另一个方向"鼓励"女性回归家庭;此外,数量巨大的"待机儿童"问题依旧没有得到解决,幼儿托育难题更让女性放缓其回归职场的脚步,这些问题使得女性在做出结婚生子的选择后不得不负担巨大的机会成本。因此,虽然日本这么多年在提升生育率上出台了诸多政策,但因其仍局限于传统的就业制度、性别规范之中,这些政策并没有满足女性最深层的需求,难以取得显著成效。

（4）目标人群模糊,婚姻支援不足

日本政府在促进生育的对策选择上着眼于完善育儿休假制度、增加育儿补贴、增设托儿所等政策措施,其服务对象侧重于已婚妇女。当前日本女性的平均初婚年龄是29.4岁,平均婚内初育年龄是31.8岁。所以,日本政府所采取的鼓励生育和自愿育儿的少子化对策的主要目标人群是30—39岁的较高年龄组育龄妇女,这部分人群的婚内生育率虽然有上升的趋势,但这种上升只是稳定在低位的缓慢上升,且近年来这种趋势已经趋于停滞,甚至开始转为下降,该年龄组育龄妇女的已婚比例很难有上升空间。实际上,日本的婚内生育率,特别是30岁以下低年龄组的婚内生育率并不低,进入少子化阶段以来生育水平的下降长期受结婚率下降的影响。晚婚晚育是导致亚洲国家生育率低下的主要原因之一,因为非婚生育在这些国家的文化中难以被接受,所以提高生育水平有必要将目标人群转至未婚的年轻人群体,致力于提高、提早其结婚和生育意愿。

泡沫经济崩溃后日本雇佣环境恶化,非正式员工增多,自20世纪90年代以来,越来越多的劳动者尤其是年轻群体以非正式雇佣的方式就业。从1991年到2018年,日本非正式就业比例从37.2%上升到56.8%,就业环境不断恶化,收入不稳定、无保障,导致一些年轻人不敢结婚、不能结婚甚至没有与异性交往的机会(全龙杰,2020)。日本结婚率已经从20世纪70年代初的1%以上下降到0.49%[①]。不难发现,日本此前过多地关注生育行为,而支持年轻人走进婚姻的举措却被长期忽视,仅依靠现行的少子化对策,对生育水平提高的积极作用受限,难以有效提升未婚青年群体的结婚、生育意愿。

第二节 印度生育状况研究

人口学界将总和生育率2.1称为人口更替水平,最优总和生育水平是1.8—2.1。联合国的世界人口统计显示,印度已成为世界第一人口大国,其生育率长期处于较高水平,控制人口增长以适应经济和文化的发展始终是印度政府追求的首要目标之一。本书聚焦印度人口生育状况,追踪了20世纪50年代以来印度生育率的变化以及生育政策的演变趋势,分析印度生育政策存在的不足,试图从人口控制的角度挖掘影响印度人口生育的重要因素,以进一步理解如何才能将生育控制在合理水平。

一、印度人口生育状况

(一)人口规模扩大,人口增速减缓

根据世界银行数据,2022年印度人口总数14.17亿人,占世界总人口的近18%。20世纪以来,印度人口总量不断增长(如图6-4),1901年印度人口为2.3亿,1981年增长到了6.8亿,几乎增加了两倍,2000年人口更是突破了十亿。联合国发布的《世界人口展望2022》预

---
① 数据来源于日本厚生劳动省。

测,2023年印度人口将超过中国大陆(不包括港澳台),成为世界人口第一大国,并将在2050年超过16亿人口。虽然印度总人口持续增长,但其人口增长速度正在变缓。自20世纪50年代开始,印度十年人口增长率总体呈下降趋势,1991年后下降速度加快,从2.1%降至2021年的0.8%,人口增长速度明显减缓。

从历史纵向数据看,印度的人口出生率有两个明显折点(见图6-4):一是20世纪80年代,人口出生率下降幅度变大,这与20世纪70年代英迪拉甘地总理执行的强制家庭计划有关,该计划进行了大规模的绝育行动。二是2010年左右,受经济危机影响,印度经济形势不断恶化,大量工人下岗,传统宗教文化再次占据印度群众思想的主导地位,也影响了群众的生育观念,"养儿防老""升入天堂"再次成为群众追求生育的主要影响思想,因此这阶段的人口出生率曲线虽依旧保持下降趋势但幅度减小。

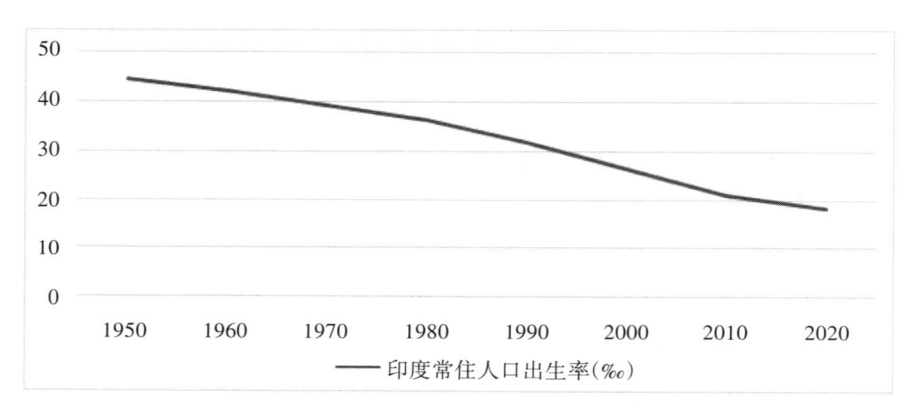

图6-4 印度常住人口出生率折线图(1950—2020)[①]

(二)总和生育率下跌,生育意愿走低

从印度人口总和生育率变迁来看(见图6-5),印度总和生育率近七十年总体呈下降趋势。受二战后民族解放运动影响,印度于1947年独立,随着国民经济和社会秩序的恢复,人口生育率一直居高不下。1950年至1965年期间,印度总和生育率一直维持在5.9左右,出现了二战后的"婴儿潮"现象,而1970年后,由于强制性家庭计划的施行,印度人口生育率开始下降,且在接下来的数十年里,其生育率一直处于稳定下降状态(徐双飞等,2018)。目前,印度的总和生育率已降至2021年的2.03,低于人口更替水平。其中,城镇地区妇女生育意愿比农村地区妇女生育意愿更低,已生育妇女生育意愿和未生育妇女相比更加低迷。

---

① 数据来源:世界银行。

印度家庭的生育意愿主要受生育的现实困境、文化观念等因素影响。在现实因素方面,育龄夫妻在生育养育过程中面临着经济、教育、时间等方面的压力,经受着工作—家庭冲突及其所带来的负面影响。在文化观念方面,印度在计划生育的长期影响下,社会生育观念发生了较大的转变,从传统社会的"多子多福"逐渐向"优生优育"的生育价值观转变,印度中上层阶级普遍接受了二孩观念,同时受经济社会发展和全球化影响,传统社会"养儿防老"的功利主义生育观式微(田宏杰等,2022),更多人选择实现自身的人生价值和追求个人高质量发展。

图6-5 印度人口总和生育率变迁(1950—2020)[①]

(三)人口结构失衡,性别偏好明显

印度的人口结构发展失衡主要体现在年龄结构、区域分布、男女比例情况上。在年龄结构上,人口老龄化进程加快。随着出生率缓慢下跌,到2016年,印度0—14岁儿童人口的比例降至27.8%,65岁以上人口占总人口的比例上升至6.8%(见表6-5),儿童青少年占比逐步减少,老龄化人口占比骤然上升,即将达到老龄化国家危险警戒线(65岁及以上人口占比超过7%),但总体来说,印度目前仍是一个非常年轻的国家,劳动力的平均年龄只有29岁(中国劳动力平均年龄39岁)。在区域分布上,呈现出各邦人口发展不平衡、人口密度差异大、城乡分布差距明显等特点,如印度近55%的人口主要分布在北方邦等6个邦,比哈尔邦人口密度高达1102人/平方公里,此外印度农村人口占比近三分之二,城市化进度十分缓慢。

[①]数据来源:印度人口普查报告,印度全国家庭和健康报告。

表6-5 印度人口年龄结构(2001—2021)[①]

年份	0—14岁	15—64岁	65岁及以上
2001	35.4%	61.2%	3.4%
2006	32.1%	62.8%	5.1%
2011	30.0%	64.4%	5.6%
2016	27.9%	66.3%	5.8%
2021	25.8%	67.4%	6.8%

在男女比例上,印度民众男孩偏好极其明显,印度男女性别比从1951年的1000∶946升高至2021年的1000∶925(如表6-6)。其具有以下特点:第一,印度经济发展好的地区,出生人口性别失衡问题更为突出。第二,印度城市出生人口性别比异常现象较农村更为严重。第三,印度的出生人口性别比受宗教和种姓制度影响明显。第四,印度出生的孩次越大,出生性别比中男孩偏好越明显。以上现象的出现主要是因为印度"男贵女贱"等传统观念深入人心,且法律及社会保障制度在实施上有一定的难度,因此城市地区的家庭基于医疗技术优势而进行的"选择性生育行为"以及"产前性别鉴定"现象更为严重。

表6-6 印度人口性别结构(1951—2021)[②]

年份	1951	1961	1971	1981	1991	2001	2011	2021
男女性别比	946	941	930	934	927	933	940	925
国家通行算法	106	106	108	107	108	107	106	108

二、印度生育政策的历史演变与实施效果

为了促进经济、社会与人口的协调发展,印度自建国伊始就推行家庭计划以抑制居高不下的生育率,然而受多方面因素影响,其人口生育政策带来的改变有限。作为世界上第一个实行人口生育政策的国家,印度早在1947年刚独立时就开始推行家庭计划,关注妇女、儿童的健康。经过长达70多年的探索和发展(见表6-7),印度人口生育政策走过了探索、拓展、强制、修订、转变等多个阶段(陶霞飞,2019),但令人惋惜的是,由于政治、经济、文化等多方面因素的影响,印度计划生育成效甚微。

---

① 数据来源:印度人口普查报告。
② 数据来源:印度人口普查报告。

表6-7 印度人口生育政策演变重大事件表[①]

阶段	时间	具体事件
探索阶段	1952年	开始实施人口控制计划,为计划生育拨专款,为育龄妇女提供避孕药具和服务,宣布第一个全国人口政策,推行基于诊所的家庭计划。
	1956年	中央和各邦成立计划生育委员会,拓展基于诊所的家庭计划。
拓展阶段	1963年	启动了拓展家庭计划方案,以教育和延伸服务的方法取代了基于诊所的节育方法。
	1965年	印度医学委员会批准宫内节育器。
	1966年	建立了19个试点示范生育计划区。
	1969年	全印度推行医院产后计划。
	1970年	开始将人口控制的主要目标转向大规模推进节育,设立绝育营,推行输精管切除术以及给予大量货币,采取实物激励措施以激励节育。
	1971年	堕胎合法化,自此节育和堕胎成为印度家庭计划的两个主要手段。
强制阶段	1975年	开始强制性节育,创造了800余万节育人口。
	1976年	中央政府出台新的计划生育政策,严格控制人口增长;各邦也实施强制性措施控制生育。
修订阶段	1977年	大规模的绝育运动和强制措施阶段结束,家庭计划被重新命名为家庭福利。
	1978年	发布"六五计划",提出家庭幸福工程,以促进教育和激励延长生育间隔。
	1980年	政府的人口目标转变为长期政策目标,同时开始通过大众媒体推行新的宣传教育,并且增加生育间隔。
转变阶段	1997年	受1994年开罗国际人口与发展大会影响,印度重新定位了国家家庭计划政策,从节制生育转向更广泛地关注健康和家庭的生育需求。
	2000年	出台了《国家人口政策》,明确政府将尊重人民的生育意愿和知情选择,从片面追求避孕节育转向重视生殖健康服务;出台若干奖励和优惠政策,如在住房、农地灌溉、福利保健等方面给予优先照顾,对晚生、稀生的妇女进行现金奖励,做绝育手术的男子可以办理持枪执照等。对于不实行计划生育的情况也出台了惩罚措施。

(一)家庭计划阶段(1947—1969年)

受苏联计划经济的影响,印度政府独立后着手推行家庭计划,以期将人口增长控制在一个合理的范围内。为推进生育控制工作,尼赫鲁总理大力支持福特基金会,在国家层面倡导生育两孩的标准,在全国范围内设立了许多生育控制诊所,负责避孕套、宫内节育器以及阴道栓等避孕药具的发放,并加大家庭计划的普及和推广力度,派遣工作人员到农村进行宣传,推进人口与家庭计划项目试点、推迟结婚年龄等系列生育控制措施。虽然此时也有专家提出了包括推迟生育年龄在内的一系列拓展性生育控制措施,但国家未在法律层面推行落实这些温和政策。由于政策过于模糊,加上各地区的文化差异,以及来自不同

---

①资料来源:印度国家人口委员会。

社会阶层的反对,该阶段的人口控制效果并不明显,印度人口出生率仍居高不下。

(二)强制家庭计划阶段(1970—1976年)

1970年,印度政府将大规模实施绝育作为人口控制的主要目标,通过在多地医院推广输精管结扎,创建临时性和流动性的绝育营等措施,降低生育率(彭伟斌,2014)。为了更加快速和有效地推行家庭计划,印度国会在1976年修改了宪法,增强了中央政府实施家庭计划的力度,并在接下来的几年里采取了更为严苛的手段来完成预期的生育控制目标。但事实上,这些强制性措施大多沦为了政治权势博弈的筹码,并未对人口增长起到明显作用(Gwatkin,1979)。这些强制性措施实施一年后,绝育人口数空前增加到800余万,超过了印度以往5年绝育人口数的总和,也远远高于当时世界上任何其他国家的绝育数量(彭伟斌,2014)。这一阶段的印度人口出生率虽有小幅下跌,但其代价是惨痛的,不仅招致各类团体的非议与责难,受到世界范围的谴责,也因绝育目标严重脱离实际以及地区医疗水平不足和卫生条件不佳,数以千计的年轻男性和女性绝育后生理机能严重下降,更有甚者在手术过程中当场死亡或者死于手术并发症。

(三)家庭福利计划阶段(1977—1999年)

鉴于上一阶段的绝育运动及脱离人民群众真实状况的政策措施,引起了社会普遍的不满和反抗,印度政府对其人口政策进行了修改。1977年,英迪拉甘地政府下台,新政府推翻了前政府的绝育计划,并将家庭计划更名为"家庭福利"。新修订的人口政策从以前的强制性实施转为以自愿为原则,试图以推进教育发展来降低生育率。1994年,国际人口与发展大会在开罗召开,受会议观点影响,印度政府取消了全国家庭计划目标,并于1997年重新修订了家庭计划,新的国家家庭计划更加重视家庭的生育选择、生育质量、性别问题等内容,并将服务对象逐渐扩大到包括青少年、绝经后的妇女、绝育后的男子等在内的群体(彭伟斌,2014)。

(四)正式发布国家人口政策(2000年至今)

1998年,印度人口委员会拟定了国家人口政策草案,经过内阁审查,再次修改完善,于2000年最终出台了《国家人口政策》。2000年,印度中央政府成立了国家人口委员会,各邦也设立了类似机构,主要负责指导监督所有家庭福利和生育健康计划的实施。《国家人口政策》明确指出政府将不再采取强制性措施干预公民的生育活动,将把尊重公民的生育意愿和知情选择放在重要位置,并重视生殖健康服务,关注儿童、孕产妇健康问题。此外,该政策明确了印度实现控制人口增长总目标的三个阶段,即近期目标为加强建设医疗卫生基础设施,提高生殖健康服务水平;中期目标为到2010年将总和生育率降至2.1左右,将2010年的人口总数控制在12亿;长期目标为在2045年前,将人口总量控制在14.5亿以下,以促进印度经济社会、生态环境实现可持续发展。该政策体现了"以人为本"的精神,大大改善了印度的人口状况,基本实现了2010年的人口目标。但这一政策也存在一些漏洞,一方面是政策没有上升为国家层面的法律规定,缺乏一定的强制措施;另一方面是政策内容不够具体并且操作性也不强。

三、印度生育政策实施存在的问题及原因分析

从印度人口生育政策演变的历史进程中,可以发现印度通过制定控制生育的规划和法令,采取奖惩办法、提供节育服务、加强宣传等方式来控制人口增长,这些人口控制措施虽在一定程度上取得成效,如人口出生率在持续下降,从1960年的42.51‰降至2021年的16.42‰,生育率从1960年的6降至2021年的2,但总的来说,其人口控制的成效并不明显,到目前为止,人口增长速度仍然较快。印度生育政策的实施效果不佳,存在诸多问题,主要体现在政策制定与实施脱离国家实际、生育政策执行机构缺失、生育奖惩力度薄弱、农村生育政策宣传不足等方面。究其原因,印度生育政策实施不成功的背后是该国政治、经济、历史、文化等深层次因素的交叉作用。

(一)印度生育政策实施存在的问题

1.政策制定与实施脱离国家实际

印度的计划生育工作过于强调集权,其对人口问题的分析和决策缺乏对基层工作人员和群众的调研了解,呈现出较为明显的官僚主义和脱离实际倾向。一是,生育政策的制定和实施缺乏对本国复杂环境的考量,印度具有十分复杂的宗教、民族、种姓、地区差异和文化环境,印度政府推出的宏观控制生育的政策措施往往难以与地方实际情况及家庭、个人的生育意愿达成一致,尤其是20世纪70年代,人口控制工作的主要负责人多凭借其主观热情处理人口问题,在全国推行了暴风雨式的绝育运动,却被全国上下一致抵制,最终以失败告终。二是,片面追求控制生育的目标数量,脱离本国经济、社会发展实情,忽略群众的真实需求,如在大范围推行绝育手术的过程中,大部分工作人员为了达到政府规定指标,对很多不需要做绝育手术的人进行手术,此外,部分贫困人口会利用印度绝育奖励的漏洞,自愿做绝育手术,以获得奖励。

2.生育政策执行机构缺失

计划生育作为一项行政性极强的国家宏观调控方针,需要强有力的行政执行网络来克服政策所遭遇的阻碍。印度为控制人口制定具体计划的主要负责机构是卫生部,但没有直接执行计划生育项目的中央机构,使得国家的计划生育项目必须依靠各邦政府的工作人员来具体实施。中央政府调控地方生育水平的唯一手段是每5年的国家发展计划和此计划下的生育控制资源配置,中央给地方政府提供人口控制的全部资金(刘海燕、刘敬远,2010)。权力的划分意味着中央只能建议,各邦按自身利益、政治领导人的素质和管理水平去实施,其人口控制工作存在着很强的官僚主义倾向。同时,技术精湛、组织力强、综合素质高的工作队伍是有效开展人口控制工作的十分关键的要素,而在印度,这类工作人员的数量却严重不足。印度的人口工作队伍大多缺乏基础的专业知识,而且对人口工作的认可度较低,对工作缺乏献身精神,因此对于国家计划生育工作实施的作用甚微。

3.生育奖惩力度薄弱

印度在人口控制工作中设置了一定的奖惩措施,但总体来看,其有效的惩治性措施较少,奖励性措施较多,其效果却微不足道。从官方数据上看,印度早在1971年就通过了《医疗终止妊娠法》,将人工流产合法化;1976年出台《生育计划法》,规定生了三个孩子及以上的妇女必须进行绝育手术;1978年通过《禁止儿童结婚法》,对童婚甚至幼婚行为予以严惩。虽然印度政府出台了一系列法律文件表明国家对生育控制的决心,但随着政府换届,上一届政府发布的行政法令也名存实亡。在奖励措施方面,印度政府也早早提出了利用经济杠杆来抑制人口增长,对落实计划生育的夫妇、节育工作者和村社等集体单位进行一定的奖励,但在实际操作上,由于严重的官僚主义和腐败现象,地方和个人真正能获得的奖励微乎其微,最常见的有一次性给予现金奖励(通常只有几百卢比)、向节育者提供免费交通等,但这些奖励措施也因地区经济发展水平和地方政府执政偏好而异,大多成为无法兑现的空头支票。

4.农村生育政策宣传不足

印度作为一个人口大国,其农村人口数量占总人口的64.61%,农村地区人口问题远比城市地区糟糕,其中一个重要原因就是农村地区生育政策宣传工作的严重缺乏。受世袭种姓制度和社交网络的影响,封建传统文化仍对农村居民的生育观念产生着深刻影响,晚婚晚育和优生优育等现代生育观难以为人接受。在这种情况下,若在人口控制工作中过分强调群众自愿的原则,缺少应有的政治宣传,就等于放任自流,人口控制工作有名无实,毫无成效。印度地方政府对一些节育方面的规定极少付诸实现,更别说对民众进行生育方面的宣传教育,在印度农村,不仅存在早婚、早育、多生习俗,而且宗教、家族势力还反对妇女进行绝育手术和人工流产,法律和宣传方面的不作为直接导致了农村人口泛滥且人口贫困率直线上升,农村有50%的人口生活在贫困线以下,成千上万的农民没有工作、没有收入来源,极端贫困现象十分普遍。

(二)印度生育政策效果不佳的原因分析

1.政治结构与政治斗争制约

印度的人口问题是一个十分复杂的问题,首先便体现在政治层面,具体表现为政府结构松散、政党利益斗争等。一是,政府结构松散,生育计划措施落实不到位。印度实行联邦民主集中制,其行政层级分为中央政府、邦政府及地方政府,中央政府负责全国事务,掌控国家绝大部分资源经费,邦政府主要负责本邦事务,可用经费较少,虽然国家设定了一个统一的人口目标,但地方政府在实际施行时也会根据地方状况权衡利弊。对于大部分人口增长最快的落后邦来说,计划生育项目的推进十分缓慢,甚至处于政治边缘化地位。此外,由于印度基层没有政府机构,中央政府在一定程度上与基层群众脱离,加之其与地方各邦政府的联系松散,造成中央与地方的意志不同、利益相矛盾,彼此各行其是。二是,政党利益斗争,造成生育控制措施的执行延缓和断层。印度各邦之间的差异比很多国家之间的差别还大,其社会党派林立,党派之间的分歧与选民的争夺,对计划生育的推行有着重大影响。虽然各党派都已经认识到人口快速增长对国家发展造成的负面影响,需要采取措施来应对,但在具体采取措施时,各党派对生育控制的态度不一,争议与周旋之际,人口政策的制定实施便逐步延后,且只要涉及选举,各个政党大都害怕触犯众怒而影响执行根基,因而谨慎地采取控制生育措施。

2.经济发展速度缓慢

经济发展状况是人口政策执行的现实基础,印度人口政策推行力度不大、执行效果不好的一大原因便是本国经济发展不足。一是,贫富分化和广大群众陷入贫困,阻碍印度生育控制进程。"印度是一个穷人的国家",虽然独立后其经济有了较大发展,但其经济发展成果主要集中在小部分富人手中,使得贫富分化更加严重,而大部分贫困人口并不认为人口增长是重要问题,普遍认为"子女越多,老了之后就越有保障",因此崇尚多生多育在贫困家庭中十分普遍。二是,国家经济发展难以支撑生育政策的大规模和大力度的推广。印度中央政府出台的生育政策需要依靠各邦政府和地方政府进行实施,同样也需要地方政府划拨费用,虽然中央政府不断增加计划生育的财政拨款,增大投资额,但由于各邦人口问题情况和程度不一,中央政府所资助的经费往往不够地方用来严格推行生育控制措施,或出现地方政府将计划生育项目的资金用到其他更重要的公共项目上的情况。

3.公共服务水平较低

国家的基础设施建设、医疗教育等公共服务建设不足会加大印度人口控制工作的难度。一方面,医疗服务水平较低,人口健康保障缺乏。受医疗设施不健全、医疗技术人才缺少、医疗技术不高等因素的影响,印度婴儿和儿童的死亡率一直处在较高水平,因此很多家庭因对婴孩不能存活的担忧,往往选择多生,不愿进行绝育手术;此外印度在绝育手术中存在着较高的事故发生率,手术质量难以得到保证,许多人因绝育手术而患上各种疾病,进一步使人们对绝育手术产生畏惧。另一方面,对教育缺乏重视,师资、校舍等资源严重不足,基础教育水平受限,印度男性通常比女性有更多的教育机会,基础教育资源的不公平以及对女性接受教育的偏见,削弱了女性接受高等教育的意愿(宋璐、姜全保,2008;蒋茂霞,2017),女性文盲率一直处于较高水平,这必然为印度生育政策的贯彻执行带来困难。

4.宗教制度和传统文化影响深刻

印度是一个宗教社会,宗教种类多元、传统文化观念根深蒂固,直接影响着印度生育政策的推行。一是,宗教观念影响范围大且普遍反对生育控制。在印度国内,几乎所有的宗教都鼓励女性生育,且几乎所有国民都信奉某一种宗教,"多子多福"、重男轻女、陪送嫁妆等观念对女性生育起了重要决定作用。在印度,女性的地位还远远达不到与男性平等的水平,其社会价值被认为远低于男性,女性出嫁还需要给男方高额彩礼,大部分印度人认为生女儿意味着破财。二是,印度各宗教间存在着错综复杂的矛盾与冲突,加之种姓制度的固化,使得印度每一个宗教和种姓、政党都不愿意因执行生育控制而致使自己这方的投票人数减少(汪天德,2018),进而导致其政治势力变弱,反而利用生育控制项目来巩固他们的政治地位,这严重阻挠了计划生育政策的执行。

本章小结

20世纪以来,全球人口数量和人口结构发生巨大变化,出现出生率急剧降低、老龄化日益严重的问题。随着生育水平的不断降低,对低生育水平解决路径的探索也成为各学界广泛关注的焦点及热门议题。亚洲是人口第一大洲,包括日本、印度、韩国、中国等在内的国家均面临着生育率水平不断下降的问题。本章对日本和印度两个国家的生育状况进行了深度研究,分析了其在应对人口问题上所采取的态度和措施及其实施效果,发现日本和印度均针对当前生育问题采取了诸如现金补贴、增加产假等措施,但由于缺乏对国家政治、经济、文化、社会等多方面的现实考量,忽略了人民群众的深层次需求,长期的生育政策和措施效果不佳。其应对人口问题的经验和教训也启示中国,生育政策的推行涉及人们长期形成的生活方式、思想观念,是一场广泛而深刻的社会变革,与整个国家的政治制度、政府组织、社会结构、宗教文化和妇女问题等息息相关,生育政策制定和实施应始终坚持人民根本利益至上,从现实需求出发,立足于国家基本国情,通过促进政治、经济、社会、文化、生态的全面发展,逐步解决人口问题。

第七章

欧洲国家生育政策实施情况及综合效果评价
——以瑞典、意大利、俄罗斯为例

欧洲是经济发展最为迅速的地区之一,大多数欧洲国家都建立了福利型社会保障制度,但随着社会福利的普及,人们的生育观念和生育意愿也发生着巨大的变化。欧洲地区大部分国家长期处于低生育率状态,为了进一步缓解日趋下降的生育率带来的消极影响,各国相继采取鼓励和刺激妇女生育的政策措施。本章以瑞典、意大利、俄罗斯三个国家为例,深入了解和分析三个国家的生育现状、低生育水平的应对措施以及实施效果,进一步明确其在应对本国生育情况时所采取的有效措施及不足之处,以为中国改善生育状况提供经验借鉴。

第一节 瑞典生育状况研究

近几十年来,全球的人口发生了结构性变化,人口自然增长率普遍下降,老龄化问题日益严重,越来越多的国家面临着生育水平过低的风险。北欧国家的总和生育率曾在20世纪末出现明显下降,但进入21世纪后,相继迎来回升。其中瑞典总和生育率的回升幅度最大、历时最长,其总和生育率从1999年的1.51升至2010年的1.98,增幅30%以上,且回升势头持续了十多年。在生育水平低迷、低生育风险不断蔓延的今天,这样的成绩颇为引人注目。瑞典是如何扭转生育率下滑趋势的?为何能够维持相对较高的生育水平?这些问题都值得进行深入思考。

一、瑞典生育水平的变迁

从20世纪60年代开始,瑞典生育率呈现持续下滑趋势,80年代随着经济的快速发展以及国家生育支持政策的出台,下滑趋势逐渐被扭转至回升状态,并于90年代达到了20世纪内最高点,之后由于国家经济状况又陷入低迷,生育率再次下降,直至21世纪初,瑞典经济逐渐恢复,随着政府进一步加大生育支持政策的力度,生育率再度上升,并在此后的一段时间里稳定波动。即瑞典总和生育率大致呈现"W形"的变化趋势(见图7-1),中间出现了两次下降及两次回升(蔚志新,2019)。

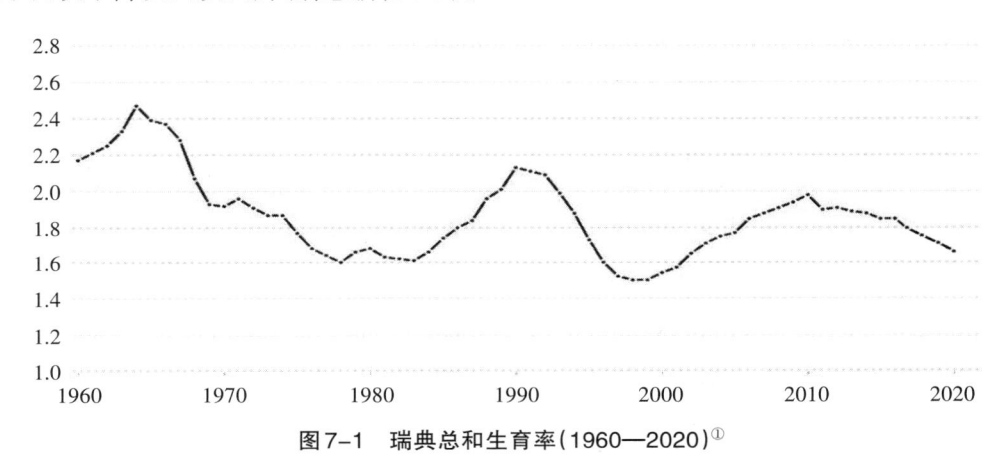

图7-1 瑞典总和生育率(1960—2020)[1]

(一)生育水平转变之初(19世纪末—20世纪80年代)

从19世纪末期开始,瑞典生育水平开始出现由高生育率向低生育率转变的态势,20世纪80年代,生育率完成转变,之后其总和生育率长期围绕着人口更替水平小幅波动。19世纪末,工业革命的兴起促进了经济快速发展,但同时导致瑞典的贫困和失业问题加剧,社会贫富差距扩大,也推动社会婚育观念、婚姻家庭关系发生改变。因为新的劳动分工的出现,"男性养家糊口模式"逐渐盛行,男性成为供养家庭的角色,而妇女则成为照顾家庭和儿童的主要角色,这种"男主外女主内"的家庭关系,也加剧了性别之间的关系紧张,致使很多女性在选择结婚和生育时保持更加谨慎的态度(徐兴文、刘芳,2020)。20世纪30年代瑞典成为世界上生育率最低的国家,加之婴儿的高死亡率,共同带来了人口危机。到60年代,"二战"后的瑞典经济迅速发展,为填补战后持续的劳动力短缺,女性走出家门参与社会化生产,开始承担起照料家庭和参与劳动的双重责任。瑞典社会的婚姻家庭关系迅速发生变化,结婚率下降,离婚率增高,青年初婚年龄推迟的现象已经非常明显,婚姻已

---
[1] 数据来源:世界银行。

经不再是组成家庭以及养育后代的前提(胡元初、蔡光柏,1984)。此外,避孕知识与技术手段的发展传播在一定程度上控制了生育率。

(二)生育水平初次回升阶段(20世纪80年代—90年代初期)

数据显示,在20世纪80年代,瑞典的总和生育率开始升高,1983年为1.61,1990年达到该阶段的最高点2.13。这段时间的生育率出现短暂升高主要受两个因素的影响。第一是欧洲整体以及瑞典的经济状况已经渡过了较为困难的时期,并且正在慢慢好转,这使得瑞典家庭需要负担一个或多个孩子的经济压力相对减轻。第二是生育支持政策的鼓励。早在生育率上升前的30年里,面对国内持续走低的生育率,瑞典政府就已经开始通过法律的强制力保证劳动力市场中的性别平等,一种更加中性的性别话语和政策实践取代了传统的家庭政策。进入70年代,瑞典将鼓励妇女成为雇佣劳动者提上议程,并为其创造必要的条件使之成为可能。该阶段相关家庭政策迅速扩张,慷慨的产假福利政策带来积极效果,母亲不需要全职工作就可以在有第二个孩子及之后的孩子时享有高额福利,这有效缩短了生育间隔,促使部分家庭生育了第三个孩子。同时在瑞典移民政策的影响下,大量来自动荡战争地区的难民纷纷流入瑞典,移民人口的生育率普遍高于本土人口,为瑞典人口增长、生育率增长做出了贡献。

(三)生育水平二次下降阶段(20世纪90年代—21世纪初)

在经过短时间的生育率抬升后,瑞典的总和生育率再次出现剧烈下降,在几年时间里从2.1降至1.5,几乎陷入"低生育率陷阱"[①]之中。该阶段生育率迅速下降的重要原因之一是瑞典政府非常重视在教育方面给予民众政策鼓励与支持,因此年轻人更愿意提升自己的学历水平,而对劳动力市场的依赖程度则较低,在接受教育时他们普遍不会选择婚育。并且在瑞典,育儿福利津贴的多少同收入挂钩,当国家经济陷入萧条时,人们的收入水平出现普遍下降,这意味着育儿经济压力会相应增加。为缓解就业上的压力,大部分将会组建家庭并生育孩子的青年会选择继续接受教育,增强自身的就业竞争力,这样在一段时间内他们既不用面对进入劳动力市场的困难,也不会产生照料家庭和养育孩子的压力。同时在经济低迷的情况下,瑞典的公共资金支出相应缩减,从而影响生育支持政策效果的发挥,经济支持的削减又进一步降低家庭以及民众的生育意愿。

---

① "低生育率陷阱"理论指出当一个国家的总和生育率低于1.5时,低生育率机制会受到强化。

(四)生育水平二次回升及稳定波动阶段(21世纪初至今)

进入21世纪后,瑞典总和生育率缓慢回升,从1999年的1.51升至2010年的1.98,而后逐年小幅下滑至1.67(2011年),但仍略高于大多数发达国家。该阶段瑞典已经发展形成了比较完备的生育支持政策体系,一系列政策的实施在很大程度上使得民众的育儿压力得到缓解,生育率也相应提高。除了政策因素的影响,生育水平回升还受到经济、文化观念的影响。从瑞典当前的经济发展情况来看,其经济水平已经达到了较高水平;从长远来看,其经济形势是稳定乐观的。并且瑞典有关婚育的文化价值观念经过一段时间的发展变迁已相对成熟,人们倾向于选择生育孩子,然后将孩子交由社会抚育机构从而降低其育儿负担。在良好的体制和文化环境的熏陶下,瑞典民众形成了乐观的生活与工作氛围,从而对生育行为的抉择产生积极正向的影响。

二、瑞典采取的生育支持政策及其经验分析

瑞典作为最早面临低生育率风险的国家之一,早在20世纪30年代就开始出台一系列有助于鼓励家庭生育的政策。从20世纪60年代开始,家庭和社会的变迁给生育带来了更大的挑战,瑞典不断调整生育支持政策,通过育儿假、育儿津贴、托育服务等为生育家庭提供各种支持和服务,从经济、时间等方面缓解他们的育儿压力,还通过倡导性别平等,鼓励女性就业,采取"去家庭化"与"再家庭化"结合的模式,发展出了适合瑞典生育现状的生育支持政策体系,该体系在20世纪90年代已经相对完善。

(一)瑞典采取的生育支持政策

1.津贴支持政策

瑞典提供的生育津贴政策所涉及的范围和内容是比较广泛全面的。津贴支持涵盖了怀孕、生育以及后期对婴幼儿的照料等不同阶段,同时也从住房、医疗补贴等方面来缓解育儿家庭的经济压力。在怀孕期间,孕妇可以获得免费的或者政府补贴的产前护理课程,并且从事复杂繁重工作的孕妇可以享受到额外的福利,从怀孕两个月起就可以领取福利津贴,该津贴大约占平时收入的80%。根据瑞典政府的规定,婴幼儿的父母享有16个月的育儿假期,在前13个月,育儿父母可以享有接近原本工资的80%的带薪休假。在孩子入学后,瑞典的公立学校会为学生提供免费的午餐以及交通补贴。并且瑞典法律规定,16岁以下的儿童每月可以领取1250克朗的儿童补贴,子女越多,额外补贴也越多。对于低收入有

孩子的家庭,政府也会根据家庭收入、孩子的数量等为其提供不同额度的住房补贴。对于只有一个孩子的家庭,政府会为其提供2500克朗的补贴,两个孩子则补贴3175克朗,如果有三个孩子则再增加725克朗。瑞典还设置有临时补助,主要针对的是患有慢性疾病的16岁以下儿童的家庭,补助金额会随着基金的调整而改变。

2.女性就业支持政策

瑞典的女性就业支持政策是同性别平等政策紧密相连的。在面对相同低生育率的社会问题时,不同于其他国家主张的回归传统家庭模式,瑞典政府选择了大力倡导性别平等,强调家庭中女性作为独立个人应拥有的权利,即每位女性都有平等参与劳动、追求自我价值的权利,政府应当保护已婚妇女的工作权利,提倡自愿亲职(voluntary parenthood)和性别平等(郭馨冉,2019)。瑞典所强调的性别平等不仅是男女在社会资源分配上的平等,还包括男性和女性有平等的发展机会,从而能够实现个人价值并创造社会价值,对于很多人来说,个人价值需要通过职场地位的获得与巩固来实现。瑞典政府不仅将性别平等写入法律,还通过就业培训、税收优惠、提高劳动收入等措施鼓励女性进入劳动市场。在瑞典,企业不得因女性结婚或生育而解雇她们,在生育期间,不仅要保留女性的工作职位,还要为其提供相应的经济补贴。这维护了女性的就业权利,消除了女性生育孩子就可能面临失业的忧虑。因此,瑞典女性的劳动参与率水平是很高的,大部分的瑞典女性即使在生育后也会选择重返职场。

3.托育支持政策

随着女性劳动参与率的提高,为了进一步解决职业女性家庭与工作之间的平衡问题,保护儿童与母亲的权益,瑞典政府加大了对儿童照顾基础设施的建设力度,为家庭提供广泛细致的儿童照顾,通过负担得起的儿童日间照料、学前教育来解放母亲的日间"双手"。瑞典实行的是托管与学前教育一体的服务策略,所有相关事宜由教育部门统一管理。为了提供高质量的托育服务,瑞典政府从教职工以及保育员两方面入手,通过严格考核及培训来建设高水平的职员队伍。

瑞典的托育服务具有以下特点:第一,托育机构的资金来源主要是政府。瑞典政府为托育机构提供了大量的公共经费支持,而家长只需要缴纳很小一部分费用,因此瑞典的育儿家庭只需要拿出很少一部分家庭开支就可以得到高质量的托育服务,并且该服务通常是全日制的,极大减轻了父母在育儿上的时间、经济压力。第二,瑞典的托育服务具有"去商品化"的特征。由于托育机构大都是由公共开支提供支持,瑞典的育儿家庭不需要依赖市场就可以购买到让自己满意的"商品",这是普遍性的儿童福利的体现,让无论哪个地区,何种家庭的孩子都可以接受同样的社会照料以及学前教育服务。

4.产假支持政策

早在20世纪70年代中期,瑞典就通过立法允许父母双亲共同享有产假,从而改变了以往单为母亲设立的产假制度,成为了世界上第一个夫妻共享产假的国家。1980年,瑞典设置了一个专门为父亲提供的产假制度,这个政策被称为"爸爸日"。然而长期形成的女性照顾家庭、男性外出工作的社会分工并没有因该政策的出台而产生太多变化,在所有的育儿假中,超过95%的休假时间仍然是母亲在单独使用。为了进一步鼓励男性参与家庭事务以及对儿童的照料,瑞典政府在1995年又出台了《育儿假法》,该法律规定在12个月的带薪产假中,其中一个月的育儿休假时间完全属于父亲,且对于父亲来说不可转让。该政策实施后,使用育儿假的父亲明显增多,但是休假超过一个月的父亲数量依然很少。2002年,育儿假从12个月延长至13个月,并且规定在13个月的育儿假中,其中60天强制性为父亲设置,其余可以协商使用。2008年,瑞典又设置了奖金激励机制,也就是说父亲申请的休假天数越多,与母亲的产假时间越接近,可以获得的奖金也就越丰厚,当双亲的休产假时间各占一半时,便可以获得最多的奖金。2016年,父亲的陪产假延长至三个月。从瑞典对产假政策的调整中可以发现,瑞典更多的是鼓励夫妻双方平等地分担育儿任务。

(二)瑞典生育支持政策的经验分析

1.津贴支持政策,缓解育儿家庭的经济压力

生育津贴政策的制定和实施带来了显著的效果,瑞典的生育津贴包括现金、实物方面的支持,教育上学费的减免,医疗上的补贴等多种形式。首先,生育津贴政策保障了婴幼儿的生活和教育。社会对受教育年龄的要求越来越早,学前教育也在很大程度上影响着孩子人格的形成和发展,瑞典政府在托育方面的补贴可以促进儿童接受教育的公平,为低收入家庭的儿童提供了与同龄儿童共同学习以及娱乐的机会。其次,维持了家庭日常生活的基本开销。瑞典大多数家庭已经成为双薪模式,在怀孕以及刚生育孩子的时期,家庭收入减少,同时开支会增加,津贴方面的支持可以有效缓解育儿家庭在经济上的压力,帮助他们适应生育带来的变化,使其对未来生活保持积极态度。最后,津贴政策可以起到鼓励生育的效果,它降低了母亲因生育面临的收入减少的焦虑程度,也使得父亲养活家庭多了一层保障。

2.服务支持政策,帮助女性重返劳动市场

在经历了婚姻与生育后,很大一部分女性包括接受了高等教育的女性,不得不放弃自己的职业以便能够全身心地投入照顾家庭中去,这使得她们无法实现经济独立,对其自我

效能感提升、身心健康都产生了较大的负面影响。瑞典的生育支持政策强调通过公共服务的提供,实现女性的"去家庭化",使女性能够从家庭事务、儿童照料中得到一定程度的解放,从而在劳动力市场中获得自己的经济社会地位,提高自身能动性。此外,服务支持政策也为0—7岁的儿童提供了高质量的托管与学前教育服务,政府从教师、保育员、饮食、交通等方面为儿童提供了全面的服务,并且服务类型多样,使母亲能够根据自己的情况选择不同的托育方式,并且充满信任地将孩子交给托育机构进行日常照料,在她们积极努力工作的同时,孩子也可以安全健康地成长。在瑞典,女性的就业率同生育率是成正比的,女性的生育意愿与工作意愿之间的矛盾冲突并不明显,这离不开政府在托育服务方面的支持,政府为女性提供了充足的职场权益保障,极大提升了工作与家庭的相容性。

3.时间支持政策,鼓励男性履行育儿职责

如今瑞典的育儿假政策已经发展得相对完善,瑞典的父母在孩子出生或被领养后,都有权享有较长的带薪育儿假,其不仅为母亲提供了充足的育儿时间,还要求男性必须履行育儿职责。随着父亲陪产假政策的日益改进,不断有更多的男性开始从强制性地育儿转变为主动性地育儿,他们逐渐将家庭放在第一位,也愿意抽出一部分工作时间以及业余时间去照顾孩子,分担一些家务劳动。女性生育意愿的强度会受到丈夫对家庭的参与程度的影响,当丈夫主动花费更多的时间和精力在家庭中时,妻子的生育意愿会明显提高。

三、瑞典生育水平回升的原因分析

(一)经济发展呈现乐观态势

瑞典生育水平的回升同经济发展有密切关系。有学者指出,经济发展与生育率的关系呈现"反J形",也就是说当经济社会发展到一定水平时,它同生育率的关系便成为正相关。在进入21世纪后,瑞典作为发达国家,其经济社会发展已经达到了相当高的水平,瑞典的人均GDP逐年增高,其经济态势是积极向上的。根据图7-2显示的数据可以看出,虽然在2008年经济危机时人均GDP出现了下降,但其整体上是稳中有进的,并且瑞典的总和生育率并没有因为经济形势的改变而产生太大波动,这是因为国家整体经济发展水平是高度发达的,瑞典民众对今后的收入预期也是乐观的。当经济形势大好时,一方面,经济发展可以为劳动力市场注入活力,从而促进就业率提高以及人均工资水平升高;另一方面,政府也会投入更多财政资金以改善民生。当人们现有生活水平质量得到保证,并且对未来的生活抱有美好期待、对未来家庭收入有良好预期时,这些因素会直接或间接地影响他们的生育决策,提高他们的生育意愿。

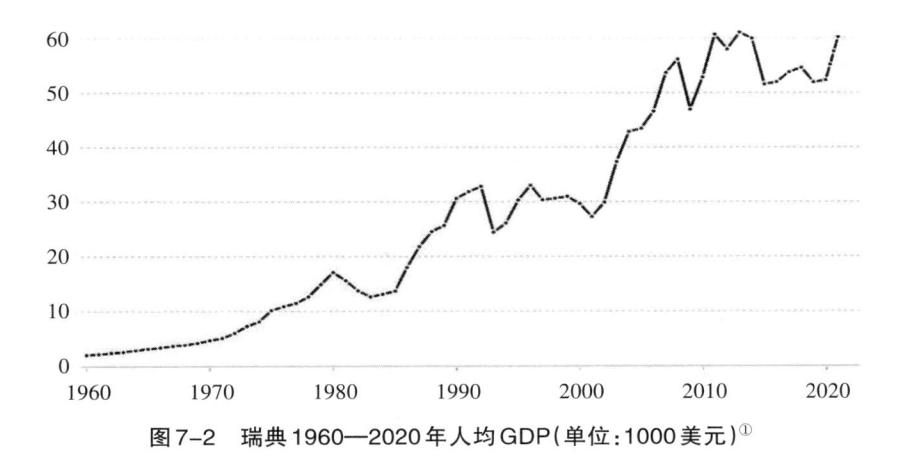

图7-2 瑞典1960—2020年人均GDP(单位:1000美元)[①]

(二)社会福利体系具有优势

瑞典属于社会民主主义福利体制国家,在这种体制的影响下,瑞典更加强调通过政府承担更多社会责任来缓解公民在育儿方面的压力。并且,瑞典社会福利体系建设起步较早,经过了一百多年的补充修订,已经相对完善,特别是儿童福利制度在整个福利体系中占有相当高的地位。瑞典的儿童福利之所以能有效地缓解育儿家庭的压力,是因为它具有以下特点:第一,瑞典的儿童福利是面向所有儿童的,具有普遍性的特点。无论是农村还是城市的儿童,无论儿童的父母是普通职工还是高级行政官员,他们都可以享受到统一的儿童福利,这种覆盖的广度是很多国家难以达到的。第二,福利内容的涉及面很广。瑞典的儿童福利包括医疗、教育、娱乐、家庭照料等多个方面。不仅这些福利能为儿童提供良好的成长娱乐环境,并且瑞典投入大量资金为0—7岁儿童发展学前教育,为儿童身心健康发展提供了安全的社会环境,这种投入巨大的学前教育体系减轻了育儿父母的时间压力,尤其是帮助母亲缓解了工作和家庭间的冲突,也补充和支持了家庭原有的养育子女的功能。第三,为儿童父母提供支持。父母是儿童的第一责任人,瑞典政府也为儿童父母提供补贴,从而使父母能够投入更多的精力、财力去照料孩子,这体现了其对儿童权益的维护。这种重视儿童发展的福利体系有效地促进了生育率的提高。

---

①数据来源:世界银行。

(三)生育支持政策日益完善

瑞典为了应对低生育率问题,在长期历史经验中不断发展探索出了一套相对完备的生育支持政策体系,该体系从多方面入手,为育儿家庭提供了经济、服务以及时间方面的支持。首先,在经济上实施财政津贴政策。随着经济的发展,孕育孩子的成本越来越高,慷慨的财政补贴可以在一定程度上直接缓解父母在育儿过程中特别是初期的经济压力,同时这也是对女性权益的一种保护,使得女性在生育期间也可以有一份收入,这是对女性劳动地位的认可。其次,在公共服务上瑞典鼓励发展不同形式的托育服务,健全以低收费、高质量和易获得性为特征的公共托儿体系,为公众提供多种选择,并且倡导发展托管与教育为一体的儿童照料服务,为父母减轻了极大的生活工作负担,使得家庭成员能够更好地实现工作与家庭的平衡。再次,在时间上予以支持,主要涉及产假以及陪产假政策,该类政策从育儿父母的休假时间入手,为母亲提供身体恢复以及适应新身份的时间与机会,也帮助育儿家庭中的其他成员找到自己新的角色定位,从而有效促进家庭在今后的生活中实现良性发展,保证儿童在家庭环境中健康成长。近年来,在瑞典以育儿为中心的"男子主义"逐渐盛行,社会认为照料孩子是男性的责任之一,瑞典政府也进一步明确了父亲的育儿责任,将产假中的"父亲配额"增加至90天。瑞典"父亲假"政策在降低女性的育儿压力和重建父亲身份角色上发挥了很大的作用。

(四)性别平等观念深入人心

瑞典性别平等观念的产生与发展并不是一个简单的直线前进过程,而是一个充满博弈与斗争的过程,从单方面强调对女性经济地位的追求到对男女双方利益的维护,这一博弈变迁的过程也时刻影响着人们的生育行为,性别平等观念发展到现在,对男女两性权利平等的强调在生育决策中发挥了积极的作用。瑞典生育支持政策所具有的一大优势就是他们并没有因为男女生理结构的差异或者传统的家庭分工概念而区别对待男性与女性。瑞典的性别平等关注的不仅是女性的权力,同时也重视从男性的角度来缩小两性差距。瑞典在鼓励女性积极进入劳动力市场,确定自身社会经济地位,实现自身社会价值的同时,也要求男性积极参与家庭事务并且主动承担照料孩子的责任,从而使得男性与女性都要面对工作与家庭的双重角色,男性也能够了解女性所面对的困难与冲突。在瑞典,女性与男性的就业率差距极小,并且男性承担几乎一半的家务劳动。这种性别平等的社会环境有效地缓解了女性在生育孩子方面的压力,提高了女性的生育意愿。

(五)开放多元的婚育行为被广泛接受

人们的生育意愿、生育行为不仅取决于政治经济状况,也受到社会文化观念的极大影响。瑞典的婚育观念是多元开放的,并且整个社会大环境也营造着生育友好的文化氛围。这主要体现在以下几个方面:第一,瑞典始终强调"去家庭化"与"再家庭化"的结合。瑞典在促进民众进入劳动力市场的同时也鼓励他们回归家庭,合理安排时间去主动承担照顾家庭的责任,将一部分精力放在家人的身上。第二,瑞典的社会信任度很高,民众愿意并且能够放心地将婴幼儿送入公办或者私人的抚育机构去接受照顾,这种社会信任的文化氛围有效地缓解了家庭的育儿压力,提高了他们的生育意愿。第三,开放多元的婚育行为促进了生育率提升,瑞典的非婚同居生育等行为都是民众可接受并且受到法律认可和保护的。在瑞典有很多生育行为都发生在婚姻家庭关系之外,他们的生育不是建立在缔结婚姻的前提下,这种强包容性的婚育政策观念缓解了选择"非传统"婚育行为的民众在生育方面的忧虑。

第二节 意大利生育状况研究

作为最早一批进入低生育水平的国家之一,意大利的生育率下降已历经数十年的演变过程,根基深厚,影响因素多元。长期以来的低生育水平、负值的自然增长率,极大地抑制了意大利的经济活力与国家整体发展。为此意大利自2005年开始陆续出台相关的生育支持政策措施,通过完善儿童照护服务、提供家庭津贴、制定生育假期制度等措施,刺激女性生育意愿,减缓生育率持续下降趋势,但收效甚微。本节将对意大利的生育情况进行梳理,对意大利的主要生育政策及影响进行分析归纳,进而从中吸取经验教训,为我国的政策制定提供启示。

一、意大利的人口发展情况

近年来,意大利的人口增长率呈负增长趋势,总和生育率持续走低、老龄化程度不断升高,这对意大利的发展产生了极大的负面影响,而社会福利低、生育成本高、"晚离开父母"的文化现象等又是导致意大利生育水平低的主要原因。

(一)在年龄上,呈现老龄化的趋势

意大利人口呈现出老龄化倾向严重且进程加快的特点,人口老龄化程度在全球范围仅次于日本。意大利65岁及以上的人口从1960年的477.97万上升至2020年的1385.29万(见图7-3)。20世纪60年代,意大利65岁及以上的人口占全国不到十分之一的比例,自2008年以来,意大利65岁及以上的人口占比已超过全国总人口的五分之一,2020年已达到总人口的23.30%,已接近全国总人数的四分之一(见图7-4)。

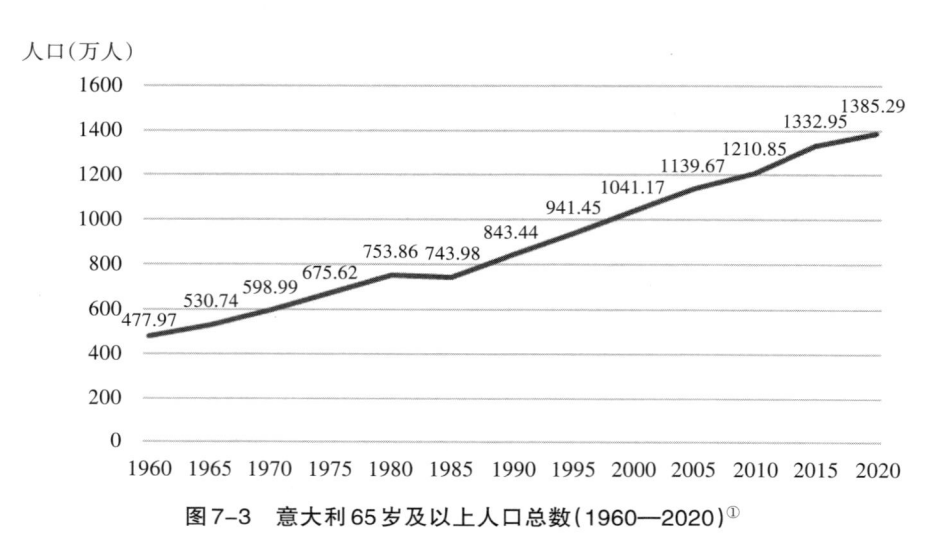

图7-3 意大利65岁及以上人口总数(1960—2020)[①]

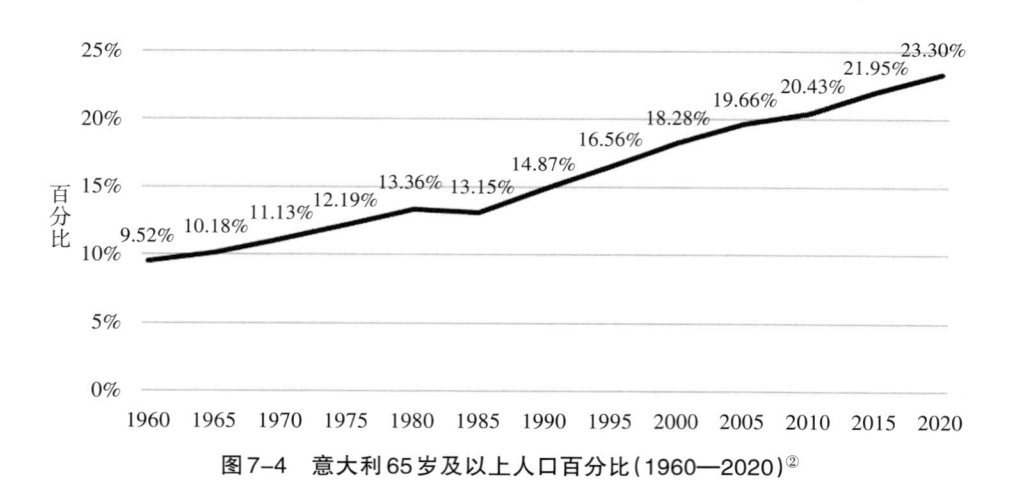

图7-4 意大利65岁及以上人口百分比(1960—2020)[②]

[①]数据来源:世界银行。
[②]数据来源:世界银行。

(二)在性别上,呈现男女较为均衡的特点

在性别结构上,意大利的男女比例较为均衡,增减趋势较为一致。从1960年至2021年,意大利男女人口数量经历了先增加后减少两个阶段(见图7-5)。1960至2014年为男女人口数量增加阶段:意大利女性人口数量从1960年的2440.48万上升到3131.58万,男性人口数量则从2579.49万上升到2947.34万。男女人口数量均在2014年达到了顶峰,于2015年开始下降,到2021年,女性和男性的人口数量分别下降到3028.90万和2877.73万。通过图7-6,我们可以更直观地发现,意大利的女性比例略高于男性,但每年男女占比的变化幅度不大。

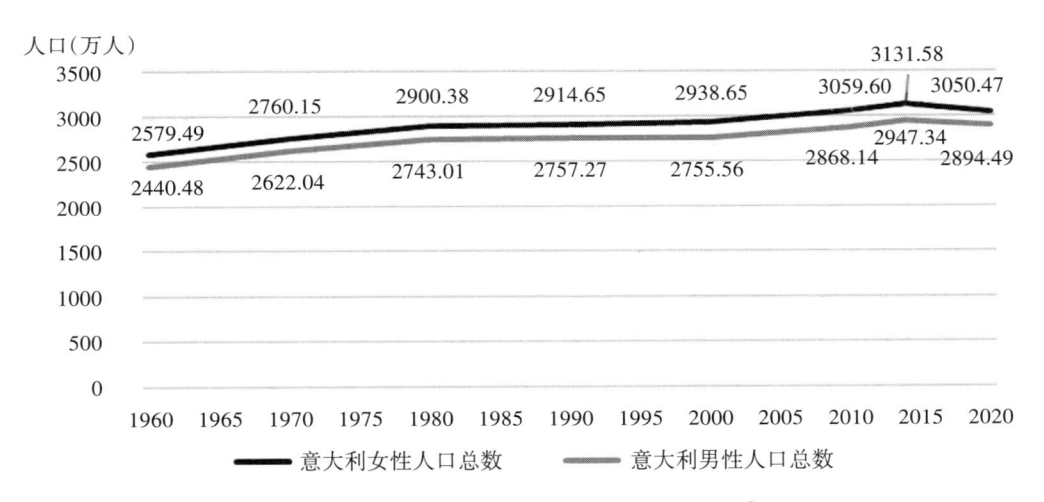

图7-5 意大利男女人口数量(1960—2020)①

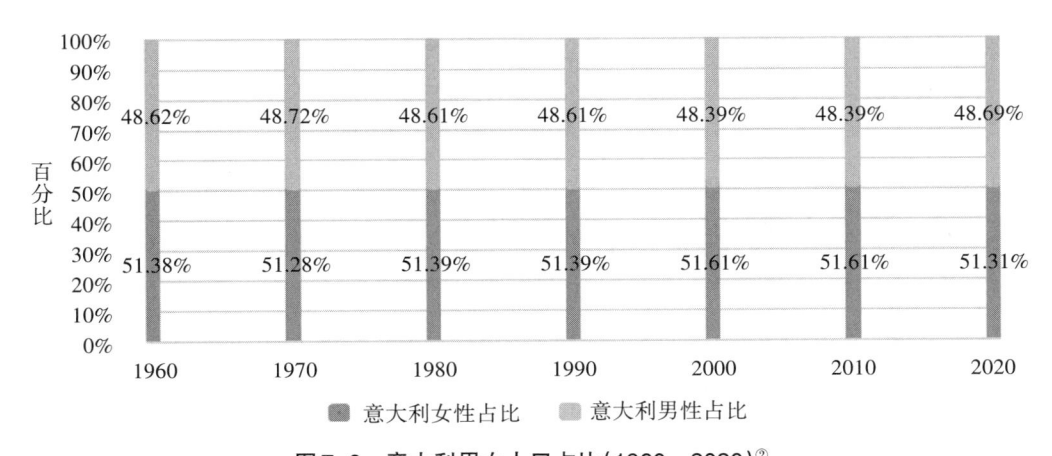

图7-6 意大利男女人口占比(1960—2020)②

①数据来源:世界银行。
②数据来源:世界银行。

(三)在生育率上,呈现持续降低的趋势

总和生育率是衡量生育情况的一个常用指标,意大利的总和生育率自1965年达到2.6的峰值后,就一直处于下降趋势中。根据总和生育率的变化情况,可以将意大利的生育情况大致分为5个阶段(见图7-7)。第一个阶段为1960年至1969年,意大利的总和生育率保持2.4及以上,处于较高生育率阶段。第二个阶段为1970年至1975年,1970年意大利的总和生育率首次低于2.4,随后五年,意大利的总和生育率处于波动与缓慢下降阶段,虽然呈现下降趋势,但总和生育率仍然高于人口更替水平。第三个阶段为1976年至1995年,这段时间意大利的总和生育率处于低谷期,1976年,意大利的总和生育率为2.04,自1976年开始,意大利的总和生育率一直低于2.1,并于1991年首次低于1.3,进入超低生育率时期。第四个阶段为1996年至2010年,总和生育率处于缓慢回升期,由1995年的1.19上升至2010年的1.46,由超低生育率时期转入低生育率时期。第五个阶段为2011年至2020年,总和生育率一直在缓慢下降,并于2018年再次低于1.3,进入超低生育率时期。

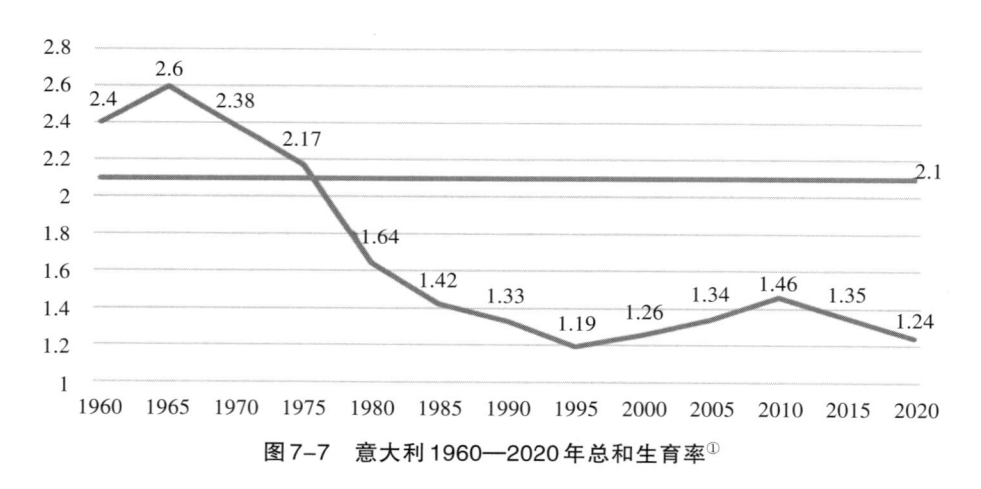

图7-7 意大利1960—2020年总和生育率[①]

二、意大利低生育水平的影响及原因分析

持续多年的低生育率给意大利社会带来了诸多挑战,严重影响并制约了该国的经济社会发展,人口活力不足、老龄化程度加深、劳动力短缺与人力资源流失、国家财政负担不断加大,这十分不利于意大利的持续性发展。究其原因,意大利低生育水平的现状由政治、经济、文化、个人偏好等多方面因素共同导致。

---

① 数据来源:世界银行。

(一)意大利低生育水平的影响

1.人口数量呈现负增长趋势

低生育水平带来的最直接的影响就是人口出生率降低,人口数量减少。自2009年起,意大利的人口出生率呈现出持续下降趋势,据数据统计,2022年意大利的新生儿不足40万名,全国人口出生率仅为6.8‰(马赛,2023),处于欧盟垫底位置。此外,意大利的人口总量呈现波动下滑趋势,在20世纪80年代中期至21世纪初,人口总量增长百分比接近于0(见图7-8),虽然进入21世纪后,人口增长率起伏波动较大,但人口总量在2014年达到6078.91万的顶峰后骤然下降,2022年全国人口仅为5885.69万,且据意大利国家统计局预测,意大利常住人口总量的下降趋势短时间内不会改变,到2030年将降至5790万人,未来50年将减少1150万人。①

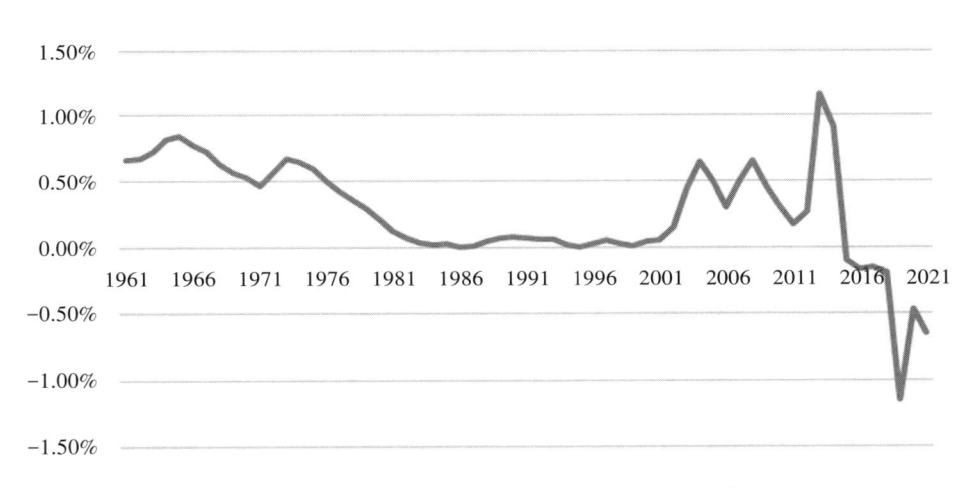

图7-8 意大利人口增长百分比(1961—2021)②

2.老龄化进程加速,老年照料问题突出

在预期寿命不断提升的同时,意大利的人口数量却在不断减少,这加快了意大利老龄化的进程。随着科技的发展,医疗健康水平得到了极大提高,人民生活条件有所改善,意大利人口死亡率降低,预期寿命逐渐提升,从而加剧了其人口年龄结构的严重失衡。意大利人的预期寿命由1960年的69.12岁上升为2000年的79.78岁,并于2001年首次超过80岁,2020年,达到82.34岁(见图7-9)。

---

① 数据来源:意大利国家统计局。
② 数据来源:世界银行。

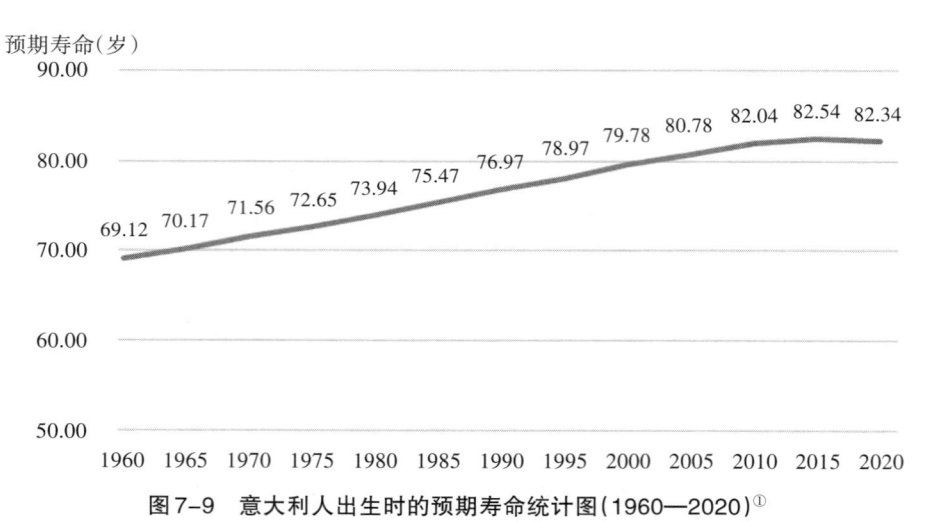

图7-9 意大利人出生时的预期寿命统计图(1960—2020)[①]

人口老龄化会使社会负担加重。老龄化程度加深,国家养老财政支出不断增加,对于福利性国家而言,庞大的养老支出将会导致国家财政结构失衡,进而对国家整体经济社会的发展产生不利影响(史猛、程同顺,2021),老年照料问题也随着老龄化进程加快而逐渐突出。《2019世界人口展望》计算出2019年实际的老年抚养比和预测的2050年老年抚养比(见表7-1)(DESA,2019)。老年抚养比是指每100名20—64岁人口与其所抚养的65岁以上老年人数之比(籍斌等,2020)。由表7-1数据可知,2019年意大利的老年抚养比为39%,位于第3位,根据预测结果,到2050年意大利的老年抚养比会高达74%。在子女较少的情况下,老年人口的不断增加会对绝大部分青年造成照料方面的巨大压力。

表7-1 2019年和2050年老年抚养比前10位的国家或地区[②]

位次	国家或地区	2019年老年抚养比(%)	国家或地区	2050年老年抚养比(%)
1	日本	51	日本	81
2	芬兰	39	韩国	79
3	意大利	39	西班牙	78
4	葡萄牙	38	希腊	75
5	马提尼克岛	37	意大利	74
6	希腊	37	葡萄牙	71
7	美属维尔京群岛	37	中国台湾	71
8	法国	37	中国香港	71
9	德国	36	马提尼克岛	68
10	保加利亚	36	斯洛文尼亚	65

①数据来源:世界银行。
②数据来源:联合国。

3.劳动力短缺,社会负担加重

意大利的劳动人口总数与人口总数的增减趋势趋于一致(见图7-10),生育率降低,出生人口减少,会造成未来一段时间适龄劳动力的数量相对减少。2018年以来,意大利劳动人口已从2614.21万人减少为2021年的2495.50万人(见图7-11)。劳动力人口减少,会在一定程度上加重社会负担。从社会结构来看,劳动者通过纳税增加了用于社会福利和养老金等的国民收入(王鹤,1986),劳动力的短缺会导致人口红利消失,造成劳动力成本增加,从而阻碍社会经济发展(张孝栋等,2021)。

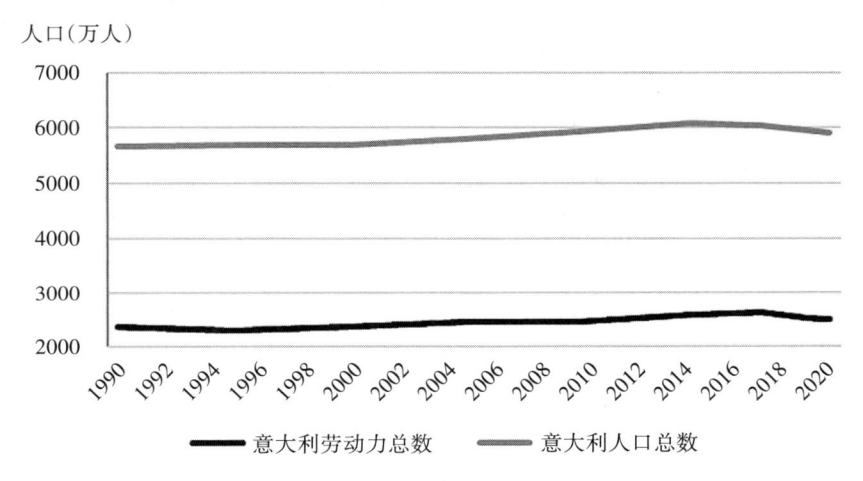

图7-10 意大利劳动力总数和人口总数(1960—2020)[①]

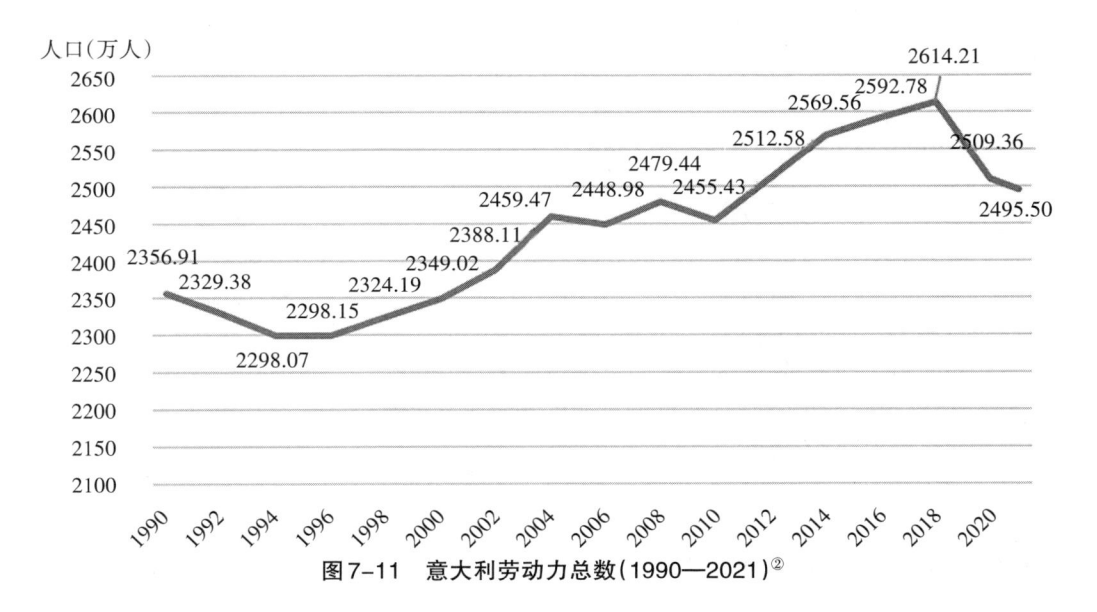

图7-11 意大利劳动力总数(1990—2021)[②]

[①]数据来源:世界银行。
[②]数据来源:世界银行。

(二)意大利低生育水平的原因分析

1.低社会福利与高生育成本的综合作用

意大利的社会保障制度呈现碎片化的特点,随着人们生活水平的提高,养育孩子的成本也逐渐提高,社会福利的投入不足会使生育成本相对较高,两者的综合作用会对人们的生育行为产生影响。生育支持的新家庭经济学理论认为,生育的边际成本或影子价格会影响父母的生育意愿,衣食住行等的直接成本被认为是生育孩子的边际成本的一个主要组成部分(Walker,1995)。据统计,在意大利抚养一个孩子到18岁,需要花费接近14万欧元,而且这还不算孩子出生前的开销。如此高昂的抚养费用会降低意大利民众的生育意愿。

2."晚离开父母"的文化使得低生育意愿较为普遍

意大利"晚离开父母"的文化现象会推迟意大利年轻人的心理成熟时间,而这也是意大利年轻人生育意愿降低的一大主要原因。意大利社会以家庭为导向,大多数人把自身利益和家庭利益看得同样重要,且相信其他人也这么做(Zuanna,2001)。在家庭主义模式下,意大利子女与其父母同住的现象非常普遍,很多子女到结婚时才会搬离父母家,这种文化对生育产生了极大的影响。一方面,与父母同住会削弱子女自我照顾的能力,在家里基本就是母亲承包了家务活,子女很少有接触家务的机会。另一方面,对女性来讲,习惯与父母同住使其更倾向于待在舒适的环境中,在承担责任的心理准备上也需要花费更多的时间和精力。当她们组建自己的小家庭后,不得不承担起照顾家庭的职责,而男方又不会在家里帮忙,习惯了父母照顾的女性很可能会为了不打破自己的舒适状态而选择晚婚或者不婚,以避免过重的负担(Zuanna,2001)。

3.女性生育年龄逐渐推迟

意大利女性生育年龄的推迟会对其生育水平产生影响,具体表现为生育年龄的推迟会缩短女性可生育的年限。随着年龄的增长,女性生育下一胎的意愿可能会降低,进而影响女性生育子女的数量,降低生育率。目前,意大利女性的平均生育年龄已经延迟到30—31岁,女性生育年龄的推迟与主观偏好、文化、就业等因素相关。在主观偏好方面,教育程度的提高使得女性具备了独立思考的能力,女性能够更加勇敢地做出个人决定,而不是在传统思想的影响下,一味地随波逐流。有学者指出,意大利女性接受高等教育的变动趋势和总和生育率呈反向对称,随着受教育程度的提升,女性更加注重对自我价值的追求,生育年龄逐渐推迟,且出现不婚不育的行为选择,进而导致生育率呈现下降趋势(王晖,2019)。在文化方面,传统性别角色的维持以及"晚离开父母"的文化现象等都是造成女性生育年龄推迟的原因。在就业方面,女性求职的不易主要源自意大利"男主外女主内"的思想主张,就业岗位更多向男性倾斜,女性很难找到一份合适的工作;除此之外,女性还面临着较大的就业压力,不仅需要及时完成工作任务,同时还要兼顾家庭,为了把握工作机会或者获得晋升机会,很多女性倾向于推迟婚龄、孕龄,选择全身心投入工作。

4.低生育率的恶性循环

Lutz等(2006)提出低生育率自我强化机制理论,其中,人口学机制和经济学机制在提高意大利低生育率水平上起到一定作用。这里的人口学机制指的是一个出生人数不断下降的恶性循环过程。目前,意大利的人口数量呈现负增长趋势,总人口在不断减少,2021年底意大利人口降至5906.62万,在两年时间内减少约61.6万。意大利新生儿人数已连续13年下降,2021年新生儿数量约为39.9万,同比减少约1.3%。出生人口的不断减少会导致未来一段时间的育龄妇女数量相对减少,而这又会对出生人口产生进一步的影响,形成一个恶性循环。经济学机制则认为,预期收入的降低与不断增加的物质生活需要两者之间差距的扩大使得年轻人认为未来自身经济状况具有较大的不稳定性,因此减少生育数量,推迟生育年龄,从而降低了生育率(靳永爱,2014)。

三、意大利低生育水平的政策应对及影响

为了应对"人口冬季",促进生育水平的提升,缓解人口负增长带来的不良影响,意大利政府实行了经济补贴、特殊假期、社会保障、文化营造等相关举措,完善综合配套干预体系,加大生育干预力度,虽然这些举措目前看来效果尚未凸显,但也有值得肯定的地方。

(一)意大利低生育水平的政策应对

1.实行税收优惠和生育补贴机制

意大利通过对生育孩子的家庭予以经济补贴和税收减免,调解家庭经济支持水平,来减轻其养育孩子的经济压力,从而提高其生育意愿。一是对有儿童的家庭进行补助,从1999年起,意大利便对至少有三个孩子的家庭提供特别补助,2003年开始为生育第二个孩子的家庭提供1000欧元的奖励(宋卫清、丹尼尔·艾乐,2008)。二是对有孩子的家庭实行税收减免的政策,到2002年,政府为有孩子的家庭减免税收达到每年516欧元。2022年,意大利发布了育儿补贴新政策,新政策中的统一育儿补贴将替换掉原来的家庭补贴金、未来妈妈补贴、宝宝补贴、育儿个税减免等一系列补贴。新补贴从女性怀孕的第一个月到孩子21岁期间均可申请,在孩子年满18岁之前,每个孩子每月可获得50—175欧元的补贴。

18岁到21岁未工作或者已工作但年收入低于8000欧元的孩子,每月可以获得25—80欧元的补贴。具体补贴金额取决于家庭经济状况。拥有3个及以上孩子的家庭,或者孩子母亲年龄低于21岁,又或者是孩子有残疾的家庭能获得额外补贴。

2. 实行以3岁为分界线的两阶段儿童照料服务模式

意大利政府以3岁为分界线,实行两阶段的儿童照料服务模式。不满3岁的儿童的养育和照护在意大利属于家庭内部事务,家庭扮演照料的主体角色,政府通过采取收入关联的收费制度,对家里有3岁以下孩子的家庭实施优惠政策,其优惠力度也根据各个家庭的收入而定,收入越低,政府补贴力度越大。此外,针对残疾儿童家庭、单亲家庭等特殊家庭,意大利也采取相应的优惠政策。针对年龄在3—6岁的儿童,政府承担主要职责,实行学前教育计划,给予较高的补贴,家庭需要负担的费用极少(李亮亮,2013)。此外,意大利一直注重对教育的投入,早在1968年就形成了全国范围内统一的学前教育体系,这为儿童照护提供了高水平的设施基础。

3. 推行父母较为均衡的带薪育儿假制度

意大利的生育假期包括强制休5个月的带薪产假、10天的全薪陪产假,以及最高11个月的带薪育儿假。在产假上,意大利的女性通常是在产前2个月、产后3个月进行休息,期间的津贴水平为个人工资的80%,在医生认为不会危害产妇健康的前提下,女性也可以产前休1个月,产后休4个月。在陪产假上,意大利2013年才开始实行陪产假制度,最初,意大利的法律规定男性必须休一天的带薪陪产假,2016年,男性开始享有2天带薪陪产假,2018年变成了4天,2021年开始,男性陪产假延长至10天,且可以得到100%的薪水。在育儿假上,意大利实行父母双方均可享用的假期制度,且在孩子8岁之前可自主选择休假时间,每个家庭一共可以享受10个月的假期,其中,母亲休假最长不超过26周,父亲休假最长不超过40周。如果父亲休假时间达到三个月及以上,那么这个家庭的育儿假还可以延长一个月,且育儿假期间可以获得30%的薪水(柯林斯,2020)。

4. 开展以生育峰会为依托的生育文化营造活动

生育文化反映了人们在婚育繁衍方面的思想观念、风俗习惯等,形成良好的生育文化对稳定生育水平、促进社会发展有积极的作用。近年来,意大利呈现出晚婚晚育的文化特点,为了营造良好的人口生育环境,意大利政府采取了生育日宣传、举办生育峰会等措施。2016年,意大利卫生部决定将9月22日定为意大利首个生育日,并发布了生育日的宣传广告,但由于宣传广告用语不当,在宣传时遭到了反对,而后,卫生部取消了对生育日的宣传。此后,意大利于每年5月举办生育峰会,由总理出席并邀请教皇致辞,分析生育率低下的原因并寻找对策,动员社会各界一起努力,提高全民生育水平。

(二)意大利生育政策实施的影响分析

意大利实行了一系列鼓励生育的政策,这些措施的实行在一定程度上能够帮助减轻家庭养育孩子的负担。但很多生育措施未落到实处,其社会保障制度呈现碎片化的特点,导致意大利民众对政府所提供的帮助感受并不直观,总认为政府不可靠,因此,意大利生育政策在提高人民生育意愿上的效果不是很明显。

1.意大利政策应对的积极影响

(1)提供儿童照料服务,帮助平衡工作与家庭

据统计,意大利95%以上3—6岁的儿童都能够进入托儿所或幼儿园,且意大利的公立幼托以高质量著称。针对3—6岁儿童的托育服务,意大利政府的补贴力度非常大,这为家庭内部节省了一大笔费用,降低了部分生育成本。除此之外,儿童进入托儿所之后,会有专职人员负责其安全问题,父母可以将身心更多放在工作上,这有利于其平衡工作与生活。

(2)提供家庭补贴,帮助减轻生育压力

随着生活水平的不断提升,人民的生活需求在不断增加,在消费水平提高的同时,养育孩子的成本也在不断提高。此时,政府实行的生育奖励、经济补贴等举措就显得极其重要。意大利政府针对有孩子的家庭提供了普遍型津贴,每个家庭都能得到一定的经济补贴,同时,针对低收入家庭、特殊家庭,意大利政府还额外提供了经济补助,这些措施在一定程度上能够帮助缓解家庭内部的经济压力。

(3)实行父母双休假,提高男方育儿参与度

在"晚离开父母"的文化背景以及意大利传统思想的影响下,意大利男性对家庭内部事务的参与度非常低,意大利的女性需要照顾家庭的方方面面,大部分女性还需要同时兼顾工作,女性负担重也是意大利女性生育意愿低的主要原因。在生育假期的相关政策中,意大利政府在实行带薪产假的同时还增加了全薪陪产假,这较好地促进了男性对妻子和孩子的陪伴,增加了男性的家庭参与度。此外,意大利政府还通过延长育儿假的奖励政策,鼓励男性尽可能多地休育儿假,以协助妻子一同照顾孩子,缓解女性育儿压力。

2.意大利政策应对的不足之处

(1)在干预时机上,反应迟缓,政策出台晚

1976年,意大利的总和生育率首次低于2.1,并且持续下降,于1991年达到超低生育率水平,但意大利政府在达到超低生育率水平后第14年才开始出台相关政策。生育率长期低下会形成人口负增长惯性,即一个国家的人口如果持续减少,那么,即使通过制定和实施各项促进生育的措施,努力将生育率提升到人口更替水平或更高,在最终达到静止人口之前,该国的人口规模仍然会保持一段时间的缩减趋势(茅倬彦等,2018)。意大利2010—2015年的人口惯性值仅为0.78,是全球人口负增长惯性最强的国家,这也意味着意大利政府需要做出更大的努力以提高生育水平。

(2)在福利投入上,投入力度与覆盖面不够

一方面,意大利为典型的辅助性福利国家,政府为家庭提供有限度的支持,不会过多地参与到私人领域中,虽然当私人领域的事情无法解决时,政府还是会介入,但是这种家庭政策模式在一定程度上呈现出政府福利投入不够的特点(赵芳、陈艳,2014)。另一方面,意大利政府虽然为育有孩子的家庭提供了托育服务,但只针对3—6岁的小孩,3—6岁小孩进入托育所的比例高达95%,但是要将3岁以下的小孩送进公立托儿机构则非常困难,据统计,只有约29%的不满3岁的小孩能进入公立托儿所(柯林斯,2020),这极不利于女性产后再就业。在缺乏男性帮助的情况下,女性要么选择全职在家照顾孩子,要么一边工作一边兼顾家庭,或者依靠亲戚,又或者请保姆对孩子进行专门照料,相对来说,覆盖面不够增加了生育的边际成本,会降低意大利人民的生育意愿。

(3)在育儿产假上,不利于女性再就业

实践证明,较长的生育假期安排并不十分有利于女性就业(李亮亮,2013)。意大利五个月的产假不算长,而且有陪产假和男女休假较为均衡的育儿假,有考虑到增加男性的家庭事务参与度,这样的举措看上去是很合理的,但实际上能起到的效果却微乎其微,主要原因是这不利于女性的再就业。意大利虽然发布了各种职业保护的政策,但是这些政策主要照顾持有终身合同的职工,而在意大利,有25%年龄在15—34岁之间的女性以临时合同的形式受雇(柯林斯,2020),也就是说其实意大利的很多女性都享受不到政策的保护,这就导致很多女性面临职场歧视、工作不稳定、工作压力大等问题。

(4)在文化营造上,缺乏有效且完善的设计

意大利卫生部想要通过舆论宣传提高人民对生育的积极性,但是其宣传方式不当,反倒引起众怒。比如,生育日的一幅宣传图的宣传语是"美丽不分年龄,但生育并非如此",让很多人都感觉被冒犯,就连意大利当时的首相都对此感到不满,最后,卫生部取消了对

生育日的宣传。卫生部想要通过生育日的宣传鼓励和倡导意大利人民多生育,这是值得推行的,但是他们用错了方式,没有给予人民相应的尊重,以至于最后不得不终止此次宣传活动。

第三节 俄罗斯生育状况研究

俄罗斯是世界上国土面积最大、跨经度最广的国家,幅员辽阔,民族多达194个,自然条件独特。在自然环境、经济社会、价值观念、生活方式、国际局势等多方不稳定因素的综合作用下,俄罗斯长期面临着育龄妇女生育水平低、少子老龄化严重等突出性问题,人口总量与其领土规模、经济社会发展不相匹配,其中低生育率造成的人口问题已经严重影响了其国土安全和经济社会发展。面对形势严峻的人口问题,俄罗斯一直把提升生育率、促进人口增长、解决人口问题放在国家战略的重要位置,相继制定人口发展目标以及陆续出台包括托儿服务、育婴假、家庭与儿童津贴等在内的多项鼓励和保障生育的福利政策,为提高生育率创造良好的社会条件,人口状况得到明显改善,但人口危机并未完全解决。

一、俄罗斯人口问题现状

当代俄罗斯的人口形势是在全球人口向现代化发展模式转变的大背景下形成的。经历过四次人口危机的俄罗斯,其人口问题由来已久、形势严峻、影响深远。

(一)人口总量持续下降

俄罗斯人口总量的持续减少已是全国性、大面积的普遍现象,截至2000年,俄罗斯89个联邦主体中便有65个出现了人口总量减少的情况(雷丽平,2016),全俄人口总量1990年为1.48亿,2022年为1.44亿,2008—2017年有小幅度回升,但始终没有恢复到人口危机前的水平,人口总量整体保持着自然减少趋势(见图7-12)。俄罗斯人口数量不断下降是低出生率和高死亡率共同作用的结果,有专家预测,俄罗斯人口总数将在2050年降至1亿以下。俄罗斯在2000—2017年间,人口自然增长率仅2013—2015年期间呈正增长,且幅度甚小,其余年份均是负增长,即俄罗斯人口在不考虑外来移民的情况下,出生率长期低于死亡率。人口死亡率一直居高不下,苏联解体前,1991年人口死亡率为11.4‰,这已经超过了世界同期平均水平(9.2‰),此后俄罗斯人口死亡率呈上升趋势,多年维持在15‰—16‰的高水平,直至2006年以后,死亡率水平有所下降,降至2019年的12.3‰,但距离7.6‰的世界平均水平仍然有很大差距(见图7-13)。

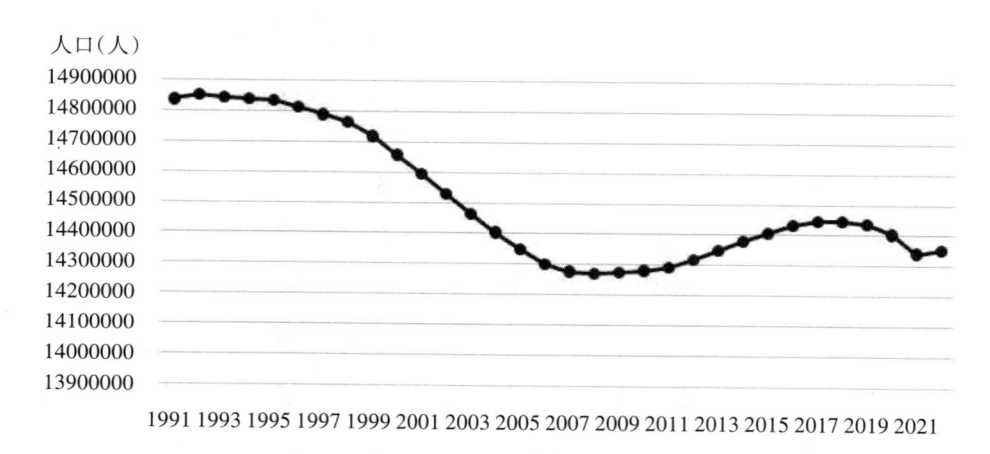

图7-12 俄罗斯1991年—2021年人口总数变化[①]

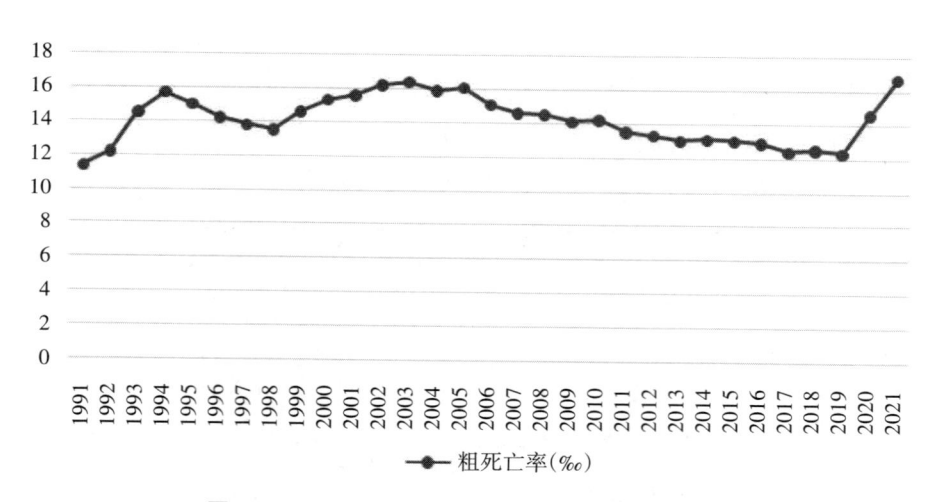

图7-13 俄罗斯1991年—2021年粗死亡率变化[②]

---

①数据来源:世界银行。
②数据来源:世界银行。

(二)人口结构严重失衡

俄罗斯人口结构失衡表现在年龄、性别和地域分布三个方面。首先是年龄结构失衡,老龄化问题严重。2000—2016年间俄罗斯15岁以下人口数量始终低于60岁以上人口数量,2018年初,俄罗斯年龄在60岁以上的公民占比达到21.3%,老龄人口总量日趋增长,年轻人口数量减少,人口年龄呈现出"倒金字塔"结构。

其次是性别结构失衡。多年来俄罗斯男性人数少于女性人数,尤其是进入21世纪以来,俄罗斯男性人数减少得更快,2000—2010年的十年间便减少了近243万人,年均减少0.39%(吴艳文,2014),加之男性酗酒、染病、意外伤亡等情况频发,导致青壮年男性死亡可能性增大、平均寿命远低于女性。2010年以来总人口性别比(女性=100)基本维持在86—87,2020年为86.4(和红、王攀,2022)。

最后是地域分布不均、不同民族人口数量差距大。地域差异上,总体呈现出西密东疏、城乡人口分布不均的特点。一方面,俄罗斯人口集中在西部发达地区,远东和北部由于气候环境、经济状况限制了人口数量增长,居民更多地外迁。据统计,约有69.3%的人口集中在占国土面积20.8%的欧洲部分区域内(姜喆,2021)。另一方面,城乡差距大,大量农村人口迁移到城市,造成广大农村荒芜,部分农村小城市和土著社区正在消失。民族差异上,俄罗斯是一个有多达194个民族的国家,不同民族间由于宗教信仰、生活习性存在差异,生育水平也出现差别,当前作为主体民族的俄罗斯族人口数量不断减少,生育率持续下降,而生活在北高加索地区的少数民族一直维持着较高的生育率,人口占比逐渐上升,这一趋势也引起了部分学者关于俄罗斯族"种群退化"的担忧(王佳,2017)。

(三)持续的低生育水平

长期以来,低生育水平成为俄罗斯走出人口危机的重要瓶颈。从总和生育率来看(见图7-14),从20世纪90年代初开始,俄罗斯的这项指标就已经低于2,2000年时更是达到了最低点,仅为1.2,虽近二十年有小幅度回升,2015年回升至1.8,但仍低于人口更替水平。据学者研究,为了维持正常生育水平,俄罗斯应该达到每个妇女生2.14或2.15个孩子的人口生育率指标,但实际生育率未能达到指标,使得俄罗斯人口难以达到国家发展所需的数量。

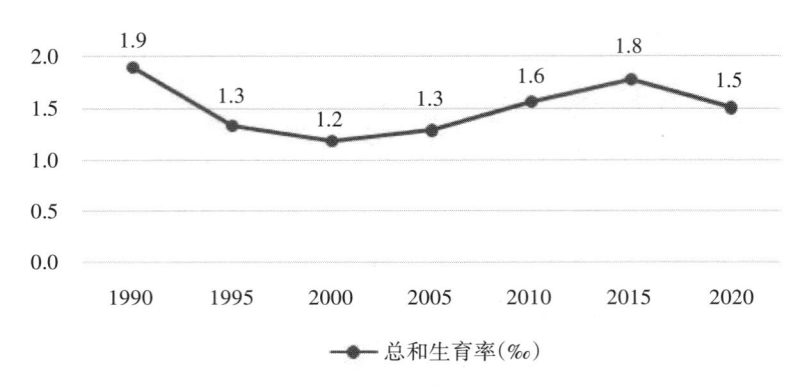

图 7-14　俄罗斯 1990 年—2020 年总和生育率变化[1]

二、俄罗斯生育力变迁与低生育率影响因素

俄罗斯的生育率长期处于相对稳定的低水平且缺少弹性,其生育力的变迁与整个国家当时的政治重心、执政理念、经济社会发展任务等密切相关,也受人们的生活水平、价值观念、受教育程度等多方面影响。

(一)俄罗斯生育力的变迁

1.问题潜伏期:出现收缩性人口再生产(20 世纪 60 年代)

20 世纪 60 年代,俄罗斯开始出现收缩性人口再生产状况,即出生率和死亡率之比难以维持俄罗斯的人口简单再生产(于小琴,2012),家庭平均生育的孩子数量低于人口更替水平,人口出生率开始呈现下降趋势。但由于社会动荡和早年战争导致的人口减少并未引起俄罗斯政府的重视,加之世界处于动荡不安中,各国人口数量和素质都存在问题,俄罗斯人口问题并不凸显而受到忽视,这为后期的人口问题加剧埋下了隐患。

2.危机爆发期:社会转型期人口负增长(20 世纪 90 年代)

1991 年苏联的解体及其引发的社会动荡、政局混乱和经济低迷从根本上改变了战后几十年的人口趋势,导致自然繁殖率大幅下降。社会动荡不安,民众失业造成大规模贫困化,医疗体系和社会保障制度有待建立健全;原本的社会价值观崩塌,人们追求满足个人利益的实用主义和个人主义,团结、友善、礼貌等良好道德遭到破坏,一时间俄罗斯出现如犯罪、吸毒、违法销售等众多社会问题。生存压力使家庭日益核心化、小型化,价值观念偏向于"不要孩子"和"只要一个孩子",家庭责任感下降,大部分年轻人失去了组建家庭的意愿。

---
[1]数据来源:世界银行。

3. 干预应对期：政府重视采取措施（2006年至今）

俄罗斯历史性地面临着低生育率的窘境，正如2006年普京总统在公开讲话中首次将人口问题列为"国家最尖锐的问题"，指出长期的低生育率已经给俄罗斯经济发展造成了很大的负面影响，亟须制定和出台刺激生育率、提升人口总量的政策措施。也是从这一年开始，俄罗斯对之前的生育政策进行调整和完善，采取更加积极完备的刺激生育的举措。在资金补贴、社会服务、观念引导等层面进行干预，其中"母亲资本法"是最为典型的生育支持举措，取得了一定成效，人口出生率有所回升。

（二）俄罗斯低生育率的原因分析

1. 社会经济和政治动荡

从俄罗斯的社会发展角度出发，其生育率低的问题是长期历史积累的结果。在经历了两次世界大战、苏联解体、东欧剧变等重大历史事件之后，俄罗斯民众深受社会动荡和政局不稳带来的危害，导致他们对国家前途与自身未来充满不确定感。而转轨不顺的经济衰退所带来的通货膨胀、物价上涨以及社会福利水平降低等问题更使得近三分之一的俄国群众沦为贫困人口，陷入生存泥沼，生活水平明显下降，养育子女的压力和成本增加。加之近十年来的俄乌冲突、国际能源价格下降等原因，俄罗斯总体的政治经济环境不稳。在此种环境中，生育条件难以满足，一些育龄妇女自然选择不生或不愿生育孩子，这对刚有好转的人口增长形势产生了负面影响。2017年，俄罗斯财政部前部长阿列克谢·库德林预测，在国际制裁下经济将继续萎靡不振，在经济如此低迷的情况下，俄罗斯家庭不会愿意多生孩子。

2. 家庭结构和功能变化

工业化和城市化进程的快速推进，对俄罗斯家庭的发展以及人口的生活方式等产生了深刻的影响。家庭原有功能逐渐被冲淡，家庭生命周期随着社会实际情况发生改变，家庭结构从过去的大家庭转变为小家庭，稳定性变差，进而影响着家庭成员的幸福感，也影响着生育意愿（宋健、张洋、王璟峰，2014）。具体而言，主要表现为：一是，核心家庭中妇女生育行为减少。在俄罗斯，随着家庭的小型化，家庭内部的关系核心由血亲关系向婚姻关系转变（熊小奇，1995）。妇女走出家庭，担当双重角色，作为劳动者参与到工作中，势必影响家庭中母亲角色的扮演，导致其生育年龄延后甚至是放弃成为母亲。据相关数据分析，俄罗斯20—25岁年龄组的母亲占比不断缩小，而30岁以上妇女生育占比呈上升趋势，说明选择生育的年轻女性越来越少。二是，现代社会婚姻家庭缺乏稳定性，影响生育决策。从20世纪90年代开始，俄罗斯社会显而易见地出现了将"性关系"与"结婚"概念混同的趋势,同居和婚外生育现象普遍出现,并在年轻人中蔓延,头胎生育被搁置(李炜,2003),二胎三胎生育意愿跟随下降。原本的家庭观念受到冲击,随着离婚率上升,家庭解体的可能性增大,以姻亲关系为基础的家庭结构出现了松散化的趋势,不稳定的家庭关系结构使年轻人在生育意愿和生育行为上都表现出消极态度。

3.个人条件和观念转变

个人条件及价值观念的变化是影响俄罗斯人生育抉择的重要因素。其一,个人条件限制生育率的提升。经济条件中的收入水平是影响家庭和个人生育抉择的决定性因素。苏联解体,一度的经济低迷导致失业率居高不下,人口实际收入水平下降,社会保障体系改革降低了福利水平,生育计划受到阻碍,生育意愿显著降低,生育年龄不断推迟。身体健康条件和生活习俗层面,优质生育能力与男性和女性双方的身体健康都有关系,而俄罗斯人高热量高脂肪的饮食习惯使得人们体内缺少维生素,肥胖症患者增加,酗酒、吸烟、吸毒等不健康的生活方式导致心血管疾病、结核病、性病等疾病感染成为影响俄罗斯人健康的隐患,种种因素或直接或间接地影响着新生人口数量和健康。其二,价值观念的更迭与流失阻碍生育选择。一方面,随着国家教育水平的提升,越来越多的女性的受教育程度提高,其对职位升迁、个人发展、收入水平、社会价值、孩子质量等的要求更高,形成了一种较为普遍的少生或不生的社会化倾向。另一方面,城市化进程加快带来多元价值观的传播,对宗教信仰、传统婚姻家庭观念造成冲击,大多数年轻人更加看重"自由",选择"不为任何人改变自己"的生活方式,并自愿放弃生育,这也间接使得俄罗斯的生育率无法得到大幅度的提升。

三、俄罗斯鼓励生育的主要措施

地广人稀和人口资源匮乏是苏联时期及当前俄罗斯的基本国情,面对日益加剧的人口危机及其带来的诸多消极影响,促进人口增长成为俄政府高度重视的政治任务。为摆脱日益严峻的人口形势,俄政府将人口问题及对策上升为国家战略,并将提升人口生育率作为解决人口危机的首要任务,制定多项生育政策,综合实施多样化的鼓励生育的措施,全力提高人口生育率。

(一)政府主导制定鼓励生育的国家战略构想

人口问题事关经济发展、国家前途和民族命运,俄罗斯将其视为国家重大的政治、经济社会问题加以重视,注重构建鼓励生育的国家战略构想,完善生育保障制度体系,推动国家生育率的提升。21世纪以来,普京总统多次且持续地在国情咨文中对俄当前人口问题的严峻性与危害性以及相关解决对策进行公开表述,如2006年以较长篇幅阐述人口问题,强调要采取更加有力的综合性措施以鼓励民众生育;2020年又提出了到2024年将总和生育率提高到1.7的计划。与此同时,普京总统针对俄罗斯面临的人口危机推出了系列"人口新政",如先后制定《母亲法》《健康规划》《2015年人口政策构想》等法律法规,2007年又出台了《2025年前人口政策构想》等纲领性文件,将提高出生率、增加出生人口、降低死亡率、稳定人口规模等内容明确为人口发展的主要目标,并进一步明确了行动方向,即进一步提高家庭生育待遇,逐步减轻家庭生育、抚育、教育负担,减轻年轻父母压力,进而达到提高俄罗斯的人口出生率的目的。《2025年前人口政策构想》还将俄罗斯2025年前的人口政策分为三步走,现在正处于第三阶段,明确国家应采取措施加强对有子女家庭的支持、促进有年幼子女的妇女就业以及恢复维护家庭关系的精神和道德传统。

(二)加大经济资助力度,激发生育意愿

加大经济补偿力度是俄罗斯支持和鼓励生育的重要措施之一。为鼓励生育,俄罗斯陆续出台了包括孕产补贴、一次性生育补贴、照顾子女的月度补贴等在内的直接资金补贴措施与包括个税抵扣、住房按揭贷款利率优惠等在内的间接补贴措施,建立起了覆盖不同收入人群以及各胎次的生育补贴机制(王佳,2019)。其一,设置并逐步提高妇女生育补贴标准,鼓励多生育子女。俄罗斯在1995年颁布了《关于公民抚养子女发放国家补贴的补充说明》,对生育补贴标准和对象进行明确规定;2006年颁布了《母亲资本法》,设立"母亲资本"(也称"母亲基金")项目,规定生二胎或二胎以上的母亲有权获得国家一次性补贴25万卢布,在2016年补贴金额调整为45万卢布,且该笔补贴可用于支付房贷、为儿童购买物品、获得服务等,补贴金额不计入个人所得税;父母或实际监护人在孩子未满一岁半期间可享受的最低补贴额度为头胎1500卢布/月,二胎及二胎以上3000卢布/月(于连平、于小琴,2010)。此外,自2018年开始为头胎子女发放补助,补助将持续发放至子女满18周岁,全部补助的平均金额也在不断提升,由2018年的1.05万卢布升至2020年的1.11万卢布。其二,维护育儿妇女权益,实施发放学前教育补贴等优惠政策。针对就业女性生育,俄罗斯延长产假,并规定产妇能够享受产前产后共140天的全薪产假,产妇休完产假后,还可以续休半薪产假到孩子一岁半,半薪产假期间还可收到由国家社会保险基金支付的金额相当于原工资的40%的津贴。其三,为养育子女家庭设立多项间接补贴政策,减轻养育压力。俄联邦税法规定,养育18岁以下子女的父母可申请个人所得税抵扣,且抵扣额度因养育孩子数量的不同而不同,前两个孩子的抵扣额均为1400卢布,第三个孩子的抵扣额为

3000卢布,养育残疾人孩子的抵扣额高达12000卢布(王佳,2019)。

(三)构建良好的社会环境,提供多样化服务支持

为刺激生育率的增长,俄罗斯采取了一系列更加积极务实,也更有针对性的支持生育的措施,为提高生育水平创造了良好的社会环境。一是,注重提高医疗健康水平,加大妇女儿童保护力度。建立妇幼保健制度,为孕妇提供咨询服务、治疗服务与疾病预防服务,设立妇女医疗保健机构,为产妇提供优质的产科和妇科护理,改善产妇健康状况,减少产后发病率与新生儿患先天疾病的概率;引进和提升生殖技术,医治不孕不育之症,完善孕前检查程序,使父母能够生育健康的孩子。1995年,制定并实施"儿童计划",加强对儿童的家庭、社会、法律保护,提高他们的生活质量,保护其免受暴力,以及社会、环境或其他灾害的影响。二是,扶持育幼机构,发展学前教育。2012年,俄罗斯实施"俄罗斯联邦2012—2017年保护儿童国家行动战略",加大学前教育基础设施建设,增强学前教育机构办学能力,并支持和鼓励社会各界创立各类非国有学前教育机构;2013年,颁布《俄罗斯联邦教育法》,明确提出政府要根据规定对私立学前教育机构的劳务、购置教科书和教具玩具的费用进行补贴;2018年,专门设立了"兴建托儿所——促进女性就业"项目,国家拨款预计达到1594.85亿卢布,新增约25.53万个入学名额(王佳,2019)。三是,改善公民住房条件,为生育家庭提供住房保障。住房需求和条件深刻影响着俄罗斯家庭的生育意愿,为缓解家庭住房压力、改善住房条件,俄罗斯2005年实施了"保障年轻家庭住房需求"政策,为有购房难题的年轻家庭提供购房补贴、住房按揭贷款利率优惠,为低收入家庭提供保障性房屋,为多子女家庭免费划分建房用地等,这在一定程度上帮助育儿家庭解决了住房问题。

(四)倡导传统生育文化,宣传引导健康生活方式

文化价值观念是影响生育抉择的深层次原因,健康的生活方式是保障生育质量的直接因素。一方面,针对当代社会中,大部分年轻人家庭和婚姻观念日趋淡漠的现象,俄罗斯采取了多项措施,大力宣扬传统家庭生育文化和婚姻价值观念,强调改变现有生育观,回归传统、重视家庭,鼓励年轻的夫妇要积极生育,突出个人对家庭、社会和国家的责任。通过设置和举办各种鼓励生育的大型活动,营造重视家庭和鼓励生育的良好氛围,培养居民重视家庭的价值观念。如2005年设置"俄罗斯家庭奖",并定于每年5月15日在克里姆林宫举办颁奖仪式,对为倡导和维护家庭价值观念做出重大贡献的社会组织、家庭、个人等进行表彰;将2008年定为俄罗斯家庭年,并在这期间开展一系列旨在复兴传统家庭价值观念的纪念活动。通过设立国家荣誉勋章奖励制度,为生育7个孩子的家庭颁发"光荣父

母勋章"、生育4个孩子的家庭颁发"光荣父母奖章",同时给予一定的物质奖励,以此来重塑市民"生育光荣"的理念。借助大众媒体的力量,通过广播电视节目、报纸、公益广告、宣传标语与海报等形式,加大生育文化和生育关怀的舆论宣传力度,倡导传统家庭生育文化。

另一方面,针对国内日益严峻的酗酒、吸烟、吸毒等问题,俄政府大力施行国家健康计划,颁布《健康俄罗斯国家规划》,引导国民选择有益于身体健康的生活方式;改善医疗卫生条件,减少意外事故伤亡的发生;出台新的禁烟法案,要求在公共场所全面禁烟、禁止烟草广告、提高烟草产品价格;实施系列反酗酒措施,从加强酒精饮料市场监管、限制酒精获取途径、限定酒精消费最低年龄、提高酒类产品销售价格、限制酒精饮料广告宣传等着手,规范酒类产品市场,调节居民酒精消费量,减少酗酒带来的危害;完善禁毒法律,加强禁毒宣传和毒品监管,加大打击毒品犯罪的力度。此外,俄罗斯政府注重对健康生活方式的倡导,引导居民构建合理的膳食结构,推广体育运动,提高居民身体素质。

四、俄罗斯鼓励生育措施的综合效果评价

俄罗斯推行旨在提高出生率的积极人口政策以来,通过制定和实施包括资金补助、社会保障、文化宣传等在内的多元措施,人口生育状况得到改善,人口总数在近几年呈现缓慢增长趋势,政策实施取得一些成效,但不可忽视的是俄罗斯的生育率下降的现象不是短期能够改变的,刺激生育率、促进人口增长还任重道远。

(一)取得的主要效果

1.人口数量有所增加

俄罗斯采取的一系列生育支持措施对人口出生率的回升起到了明显的促进作用。出生人口从2007年的142.7万人增加到2020年的144.1万人,人口出生率也由2000年的8.7‰增加到2013年的13.2‰,人口数量缓慢增长。财政补贴集中减轻了年轻人在住房花销和抚育成本上的压力,各类妇幼服务保障给适龄妇女生育子女和幼儿成长创造了良好的社会条件,社会民众注重健康生活,俄罗斯因为酗酒、吸毒、各类疾病而死亡的人数逐渐减少。如"母亲资本"政策实施后,在2007—2013年这七年间,俄罗斯的人口形势有所回转,年均出生人口超过6万人,比之前的预测结果高出了1.5倍,且2012年总人口突破1.4亿,提前实现了《2015年人口政策构想》的目标。

2. 生育率得到一定提升

得益于俄罗斯生育政策的实施,21世纪以来俄罗斯女性的综合生育率总体呈现上升趋势,其生育率水平从世纪之交最低点的1.25回升到了2015年的1.8,其中二胎及二胎以上的生育在女性生育行为中的占比也逐渐上升,与2000年相比,2015年女性二胎及三胎生育对总和生育率的贡献比例进一步提高,分别提高至38.8%和12.3%。虽然目前的生育水平仍未达到人口更替水平,但这一回升趋势为俄罗斯未来人口的良好发展走向奠定了基础。

3. 妇女生育意愿有所增强

俄罗斯为母亲提供的形式多样的补贴及社会支持等相关激励措施,对居民生育意愿产生了激励作用。其中"母亲资本"作为一种国家证明,证明了母亲获得国家支持的额外措施的权利,获得母亲资本的人数越多,相应的生二胎及其以上胎次的女性人数就越多,这也表现出其生育意愿的增强。据数据统计,2011年获得母亲资本的人数约为70万人,此后逐年上涨,2015年达到104万人,增长近35万。

(二)存在的主要问题

1. 鼓励生育的政策措施仍不配套

从长远来看,俄罗斯政府在遏制人口负增长趋势和提高人口生育率问题上做出了很大努力,但由于社会经济状况、历史遗留因素、社会福利水平等的局限,鼓励生育的政策措施还不完善,其人口不足且人口负增长的趋势并没有从根本上改变。一是,家庭住房条件有待改善。据调查统计,近年来俄罗斯有近四分之一的家庭住房条件不达标,约4500万户家庭等待购房(于小琴,2009)。虽然俄罗斯实施了系列住房保障政策,但因保障对象限制、补贴金额不足、房价高等原因,很多家庭难以改善住房条件。二是,教育基础设施不完善,学前教育机构不足,俄罗斯一直以来的学前教育资源紧张状况仍然存在,截至2017年,全国排队等待进入托儿机构的3岁及以下婴幼儿多达27万余名。

2. 生育政策的资金投入不足且成本较高

鼓励生育是一项需要国家政府进行大力资金投入的政策,资金保障水平在很大程度上影响着生育政策的实施力度。长时间以来,俄罗斯使用经济补贴的方式来刺激人口生育率的政策措施必然导致成本增加,这对俄罗斯财政来说是一个巨大的考验。2006年以来俄政府对家庭、母婴保护等的财政投入有所增加,但受金融危机、国际纷争、欧美制裁等的多重影响,俄罗斯经济增长乏力,鼓励生育措施的实施面临着一定的财政压力。其一,从生育补贴的发放金额来看,尽管补贴数额总体呈现上升趋势,但与通货膨胀、社会发展速度相比,居民实际领取的补贴反而缩水了。其二,从生育政策的持续性来看,俄罗斯的生育政策呈现出阶段性、不确定性特征,如"母亲资本"补贴政策自2007年实施以来,已延期了两次,延期年限分别为两年和三年,且在该政策于2016年到期后俄政府一直未对其后续实施提出明确规划。此外,当前俄罗斯家庭已经习惯了国家奖励津贴的补助方式,近年来政府关于生育政策的相关预算已经高达上百亿,面对这样不菲的资金投入,俄罗斯实施的人口生育政策的可操作性和持续性有待进一步观察。其三,从生育政策的辐射性来看,俄政府的养育子女补贴措施覆盖面较窄,其补贴对象逐渐向低收入群体倾斜,带有较强的社会救助性。此外,生育政策的实施还表现出城乡差异化和不同经济区域间发展不均衡的特点,同城市相比,农村的家庭福利政策薄弱;经济发展好的城市比其他区域的家庭政策更加完备。

3.部分鼓励生育的措施可操作性有待增强

俄罗斯关于鼓励生育的政策措施十分丰富且内容覆盖面广,但这些措施的落地程序相对繁琐,部分条款的内容有待调整。一是,生育政策的实施程序复杂,民众对其了解程度不高。如"母亲资本"这一项目,其实施能够激发女性的生育意愿,但在实施过程中还存在诸多不足,一方面其申请领取流程繁琐,所需材料繁多而复杂,另一方面该基金的使用途径有较多约束,若政策宣传不够,会导致"母亲资本"知晓度低、使用率低,同时易造成人力、物力、财力的浪费。二是,部分鼓励生育措施调整缓慢,实用性大打折扣。如规定女性产后最长可享受三年的育儿假期,但子女满1.5岁后每月的补贴仅为50卢布,且该补贴标准自设立以来就未曾调整,已经远不够缓解产后女性的生活压力及养育子女压力。

本章小结

欧洲是人口发展趋势最先开始发生转变的地区,也是进入和保持低生育率状态最早和时间最长的地区,很多国家在进入低生育率状态后,其生育水平一直低于人口更替水平,这对各个国家的政治经济社会发展、对整个欧洲地区的可持续发展带来了极大挑战。面对这种情况,欧洲国家开始采取积极措施应对持续低生育率给家庭和社会造成的不利影响,为生育构建相对友好的社会环境。本章选取瑞典、意大利、俄罗斯三个具有代表性的国家,进一步分析了各国的生育变化情况,梳理其采取的应对措施及效果,发现家庭支持政策成为欧洲国家应对生育问题的重要政策。各国综合采取了生育保障服务、假期福利制度、家庭津贴补助、儿童抚育和保教、生育文化营造等多项政策措施,大力发展儿童福利,推动性别平等,并逐渐将家庭支持政策从聚焦生育环节拓宽到儿童养育和教育等阶段,帮助父母降低生育、抚育和教育成本,这一系列措施对提高育龄家庭生育意愿和人口生育率起到了较大作用,对我国构建友好型生育环境有诸多启示。但是,人口结构的调整变化并非短期内可以实现的事,它是较长时期的生育和死亡状况的综合后果,政府需要将其列为国家发展的长远目标加以重视,坚持走正确的人口生育政策道路,不断加强生育支持政策实施力度,拓宽辐射范围。

第八章

国际生育状况对比与经验借鉴
——以日本、印度、瑞典、意大利、俄罗斯为例

通过对日本、印度、瑞典、意大利、俄罗斯五个国家20世纪以来的生育状况及其应对策略进行回顾与剖析，发现每个国家在应对生育问题上各有特色与侧重，既有其成效也存在不足。本章将从横向对比的角度出发，将上述五个国家及其他国家的生育状况、应对策略、成效不足进行对比分析，提炼出生育水平的影响机制，并从他国经验中获得应对生育问题的启发。

第一节 各国人口状况对比

人口是经济发展、社会稳定、文明传承的基础，要把人口问题作为基础性、全局性和战略性问题加以看待。将各国人口状况从时间的纵向角度与国家的横向角度进行对比分析，更有助于进一步深入解读人口状况背后所反映的人口问题。

一、各国人口总数与人口年度增长率对比

世界各国在人口规模上存在巨大差异，截至2021年，瑞典总人口1.04千万，意大利总人口5.91千万，日本总人口1.26亿，俄罗斯总人口1.43亿，印度总人口14.08亿。国家人口的规模大小直接影响各国的经济社会发展与政治运行，在对比分析各国人口政策时不能

忽视这个基本因素。纵观各国历年人口年度增长率,不难发现,整体上各国的人口年增长幅度都趋于下降,日本、意大利、俄罗斯则已经出现了人口负增长。除一直在控制人口增长的印度之外,其他四个国家的人口年度增长率大致都历经从高到低再回升再下降的变迁。全球人口正在逐渐走向"低死亡率、低出生率、负自然增长率"的后工业时代,这已在发达国家中凸显出来(刘媛、熊柴,2022)。

二、各国生育水平与人口结构对比

(一)各国生育水平对比

从20世纪60年代开始到80年代,全世界生育水平变动的主流趋势呈现持续下降态势,人口总量的增减变化除了受自然因素的影响,还受制于各国政府对调节、指导人口发展所持的态度与所采取的手段和措施。日本在二战前后的生育都处于较高水平,在严格的限制人口生育政策控制下,日本总和生育率断崖式下跌且长期处于超低水平,陷入超少子化困境,此后陆续出台多项鼓励生育政策,但成效微弱。印度于20世纪50年代开始实施人口控制计划,总和生育率从1960年的6降至2021年的2,人口增速明显减缓。俄罗斯并没有像日本、印度一样实施强制干预型的生育政策,其两次生育率的骤降都是缘于社会动荡、政局混乱、经济低迷,但俄罗斯政府未能及时意识到和预见生育率下降问题的严肃性,直到20世纪才开始鼓励生育,且未能改变人口负增长的现状。意大利的总和生育率自1965年达到2.6的峰值后,就一直处于下降趋势,2005年开始采取的系列应对举措也尚未有效遏制下降态势。瑞典受工业革命、节育技术、经济萎缩等影响也曾面临生育水平过低的风险,但其政府率先推出系列应对政策,切实有效地提高了该国的生育率。总而言之,全球经济向上发展的同时总和生育率向下走低,全球人口面临负增长挑战,这是大势所趋,但各国的应对策略将会在一定程度上缓解负增长趋势。

(二)各国人口结构对比

人口结构是描述某一区域内某一时段里人口的总体构成情况,通常包括自然结构、空间结构和社会结构三个方面,其中,人口自然结构主要反映人口的性别与年龄情况(曾燕妮,2021)。这里重点分析人口年龄结构。根据年龄结构的评价标准(见表8-1),人口年龄结构可分为年轻型、成年型、老年型。

表8-1 三种人口年龄构成类型的标准

	年轻型	成年型	老年型
少年儿童系数(0～14岁人口在总人口中的比重)	40%以上	30%～40%	30%以下
老年人口系数(≥65岁人口在总人口中的比重)	50%以下	5%～10%	7%以下
老少比(≥65岁人口/0～14岁人口)	15%以下	15%～30%	30%以上
年龄中位数	20岁以下	20～30岁	30岁以上

从人口结构发展来看,年轻型年龄结构又称为增长型,成年型年龄结构又称为静止型,老年型年龄结构又称为缩减型。以2021年的各年龄阶段人口数量统计数据(见表8-2),结合历年各年龄段占总人口比重变化来看:除了印度,其他四个国家的人口年龄结构都已进入老年型,其中日本呈现出极端的少子老龄化发展趋势,意大利也呈现出老龄化严重且进程加快的特点。印度经过长期控制人口增长,目前人口年龄结构合理,属于成年型。联合国预计全球老年人口占比将在2024年前后超过14%,全球人口年龄结构从金字塔形走向橄榄形,超级老龄化社会即将来临(刘媛、熊柴,2022)。

表8-2 日本、瑞典、印度、意大利、俄罗斯2021年各年龄阶段人口占比统计表

	日本	瑞典	印度	意大利	俄罗斯
14岁及以下儿童占总人口比重	11.77%	17.71%	25.69%	12.65%	17.72%
65岁以上老人占总人口的比重	29.79%	20.1%	6.8%	23.68%	15.59%
14—65岁群体占总人口的比重	58.44%	62.18%	67.51%	63.67%	66.69%

第二节 各国生育变化影响因素分析

二战后,不少国家的生育水平都经历了上升、下降、波动起伏的动态转变。根据经典人口转变理论,生育率下降到人口更替水平时就会维持相对稳定的状态,人口的出生率和死亡率也会维持大致相等的状态,人口将维持在一个均衡状态。然而,现实表明,生育率并不会静止在更替水平附近。这使得学者们开始质疑经典人口转变理论,其中,列思泰赫和冯德卡最先对人口转变理论发起挑战并提出"第二次人口转变"理论,他们认为分析人口变化不仅需要考虑出生率、死亡率等指标,社会结构变化、文化思想观念等因素在其中

的作用也不容忽视。对生育率产生重要影响的因素大致可以分为经济社会、政策制度、文化观念三大层面,主要包括经济发展水平、生育政策、文化嬗变作用下的个人主义思潮、性别平等观念、非婚生育观等。

一、国家经济发展水平与未来经济社会形势

纵观经济社会发展与生育水平变迁的历程,两者之间有着复杂的关系,经济社会发展的绝对水平对生育率的影响表现为阶段性,经济水平低的社会其生育水平则相对较高,但随着经济水平进一步提升,生育率则呈现出下降趋势,当经济发展达到非常高水平后,生育率又将有极大可能回升(陈佳鞠等,2022)。

从短期来看,积极的经济形势和增速与生育率呈正相关,例如美国、瑞典、日本的两次生育率回升都受经济复苏回暖的影响,当经济发展强劲,家庭收入增加,对预期生活充满信心,对待生育的态度更积极,也更有底气将生育意愿付诸行动,进而提高生育水平。反之,当经济发展疲软甚至衰退,收入的不稳定或减少,会使得民众降低预期生活的欲望,对待生育的态度更谨慎,担忧难以承受生育带来的经济负担、生活品质的下降,从而抑制生育水平。例如俄罗斯经济衰退、美国经济大萧条都引发生育率骤降。

但从长期来看,情况则有所不同,西方发达国家在没有政策干预的情况下,随着经济社会的发展,生育边际效用递减,生育机会成本递增,生育意愿和生育水平反而会下降。例如在欧洲、日本、韩国等发达国家和地区,经济发展水平较高,人民收入水平较高,但生育率却很低,甚至低于人口更替水平。随着进一步的经济发展与社会进步,在部分发达国家和地区,例如瑞典,民众的生育水平并未继续下降,而是反转回升。但同属于经济社会发展程度非常高的发达国家,如日本、韩国、新加坡的生育水平却依旧萎靡不振。这说明,影响生育水平的因素除了经济社会发展水平之外,还存在着其他关键因素,而政策制度便是其中非常重要的一个方面。

二、政策制度配套程度与财政投入执行力度

(一)各国政策制度配套程度

第一,保障女性职场权益。北欧各国之所以能够率先逃离"低生育率陷阱"与其社会性别平等的主张密不可分,其推行的生育支持政策顺应了社会公共领域性别平等程度不

断提高的大趋势,通过就业培训、税收优惠、提高劳动收入等措施鼓励女性进入劳动市场,从政策法律层面保障女性在职场中的权益,帮助女性平衡家庭—工作。尽管日本为应对人口问题先后出台了30多项政策,但没有切实消除阻碍女性长期在劳动力市场就业的因素——"男主外、女主内"的传统性别观念、终身雇佣劳动制度、不平等的职场文化等,这使得日本促进生育的政策难见成效。

第二,降低婚育门槛。欧美国家普遍具有更加开放包容的婚育观念和多样化的婚育行为,婚姻不再是生育的前提,可以采用人工授精等多种方式实现生育。然而"先婚后育"依旧是中国、日本、韩国的主流思想,因此,晚婚晚育也被认为是阻碍生育的重要原因之一。为了进一步提高生育率,日本的生育政策逐渐将目光投向尚未结婚的青年群体——双方年收入在340万元以下且都小于34岁的新婚夫妻,政府可承担其因结婚产生的一半的租房搬家费用,上限为30万日元/户,以此来降低婚育门槛,缓解晚婚晚育难题。

第三,提供孕育支持。各国的生育支持政策主要集中于设置种类繁多的津贴补助、提供贴心全面的孕妇援助、逐步延长灵活的育儿产假等,从经济、服务、时间上予以支持,缓解孕育孩子的物质精神压力。例如,在瑞典怀孕两个月起就可领取福利津贴(平时薪资的80%),可获得产前护理课程,父母享有16个月的育儿假期,父亲的陪产假可延长至3个月等;意大利出台的新政策规定,从女性怀孕的第一个月到孩子21岁期间均可申请领取补贴,享有5个月带薪产假(平时薪资的80%),男性享有10天全薪陪产假等;俄罗斯支持产妇产前产后共可享受140天的全薪产假,还可以续休半薪产假到孩子一岁半,半薪产假期间另有国家社会保险基金支付原工资的40%的津贴等。

第四,打消养育顾虑。为了打消无人照料、高昂养育成本的生育顾虑,瑞典、日本都在大力发展公共幼儿托育机构,提供高质量的托育服务,解决双职工家庭或父母无法照顾幼儿的家庭的照料问题。例如,日本实施了幼儿教育和保育的免费化,在规定的收入限额内,儿童初中毕业之前都可以领取津贴。瑞典法律规定,16岁以下的儿童每月可以领取1250克朗的儿童补贴,子女越多,额外补贴也越多,且享受公立学校提供的免费午餐和交通补贴。

第五,减轻家庭负担。生育支持政策除了面向儿童、产妇之外,还着眼于从税收、住房、医疗、贷款优惠等方面减轻家庭负担。例如,日本规定个人所得税在计算征税额时可扣除相对应的免税额,祖父母和父母将相关资金赠予儿孙用于结婚、怀孕、育孩等,1000万日元以内的部分免征赠与税,为儿童家庭提供公租房,予以租房补贴,出台房贷优惠,不断增加医疗费用补贴的疾病涵盖范围等。俄联邦税法规定,养育18岁以下子女的父母可申请个人所得税抵扣,一孩二孩可抵扣1400卢布,三孩可抵扣3000卢布,若孩子残疾则可抵扣12000卢布。此外,养育多子女的家庭在住房公用事业服务费中可以享受适当的优惠补助,儿童在6岁以前可凭医生处方领取免费药品,等等。

(二)各国财政投入执行力度

下面将从重视程度、补贴强度、申请难度、普惠程度四个方面综合分析各国财政投入力度。

瑞典早在20世纪60年代就开始重视人口问题,指定专门的部门负责各项政策、立法工作。瑞典凭借其人口规模较小的优势,推行人性化的高福利政策体系,大力促进性别平等,以此来间接鼓励民众积极生育,使个人能在不过度依赖他人的前提下兼顾家庭并实现职业追求。在儿童保育服务方面,瑞典被列为最佳国度之一。瑞典的儿童福利面向所有儿童,不仅在经济上直接给予儿童种类繁多且金额可观的资助和补贴,还由国家出面提供选择多、覆盖面广、质量高的儿童照料服务,主要有全日制托儿所、幼儿园、开放式学前学校等,儿童1岁以后就可以享受各类公共保育服务,而且大多是免费的,可见投入力度、覆盖广度、支持强度之大。

为应对日益严重的"少子化"难题,日本政府不断推陈出新,新设机构儿童家庭厅——被视为岸田政府"少子化"对策的"总指挥部",专门负责孕产、育儿、保育、虐待、贫困等儿童相关各类行政事务的政策制定,在内阁设立"推进工作与生活平衡室";各级地方政府及公共团体也相继设立儿童咨询所、儿童委员会、保健所等专门的儿童保护机构(汤兆云、邓红霞,2018)。据统计,日本2007年0—2岁儿童入托率为22.6%,2014年提升至30.6%,3—5岁儿童入托率则达到了91%。针对"待机儿童"问题,2020年新增保育所1300多所,有效减少了排队入所儿童的数量。2018年日本家庭相关的支出仅占国内生产总值的1.65%,相比于瑞典的3.42%(2018年)仍有一定差距。法国、瑞典的经验证明家庭社会性支出与生育率的提高成正比。这两个国家的总和生育率都曾下降到1.5—1.6,在对家庭补贴政策予以大力财政支持后,政策效应发挥,2015年,法国、瑞典的总和生育率分别回升到1.92、1.85(王伟,2019)。日本公布的2023年度预算案中,将预算额重点分配给了少子化对策,儿童相关预算比2022年度初增加了14.6%。2023年10月以后,0—2岁的二胎保育费将免费,且不设收入限制,可见日本在进一步加大财政的投入力度。

意大利是典型的辅助性福利国家,出台的一系列鼓励生育的政策在一定程度上能够帮助减轻家庭养育孩子的负担,但很多生育措施未落到实处,其社会保障制度呈现碎片化的特点,在福利投入上,投入力度与覆盖面不够,导致意大利民众对政府所提供的帮助感知并不明显,总认为政府不可靠,因此,意大利生育政策在提高人民生育意愿上的效果不佳。

俄罗斯把提升生育率、促进人口增长放在国家战略的重要位置,强调解决人口问题的重要性,制定了人口发展目标以及陆续出台了多项鼓励和保障生育的福利政策。俄罗斯的生育支持政策优先考虑特殊地区的针对性群体,以渐进的方式逐步推广,先在西伯利亚、远东地区及部分边境地区,主要针对生育了二孩及以上的年轻群体推行,再逐步推广至其他地区,根据不同地区情况予以不同额度的经济补贴(贾志科、高洋,2023),俄罗斯政府也在根据实际需求逐步发展出新的家庭政策,其政策的补贴力度、普惠程度仍有待进一步加强。

三、传统家庭观念转变与生育友好环境建设

(一)传统婚育伦理观念转变

在西方"性解放""女权主义""自由主义""个人主义"等思想变革的冲击下,传统婚姻制度下形成的婚育文化、伦理观念等发生了巨大的转变。欧美发达国家文化圈逐步形成了现代型婚育伦理观念,即开放包容的婚育观念和多样化的婚育行为。婚姻不再是生育的必要前提,个人意愿在生育方式选择中的作用越来越重要,个人生育权的实现形式也呈现出多样化特征,诸如单身女子通过人工授精实现"生育"、非婚同居生育等,都被认为是婚内生育的有效补充形式(陈佳鞠等,2022)。受二战后生育观念思潮和性革命的影响,日本、韩国、新加坡等国家也像欧美发达国家一样出现越来越多的晚婚和不婚现象,但因长期受儒家文化的熏陶,相对来说仍保持更为传统和保守的婚育观念,即在伦理道德上认为婚姻是生育的合法前提。晚婚选择加上"先婚后育"的观念,使得大多数女性的生育期缩短,生育数量减少,对生育水平造成较大的负面影响。因此,对非婚生育更包容能够在一定程度上弥补生育水平的下降。

(二)性别平等观念和性别解放程度

陈佳鞠等(2021)在对后生育转变阶段的生育水平差异及其原因的研究中提出,"性别平等困境"能够在很大程度上解释为何部分国家生育水平十分低迷。所谓"性别平等困境"是指不同文化在性别平等观念和性别解放程度上出现了差异,具体表现在3个层面:一是性别平等意识在男女群体中的不一致;二是性别平等意识在不同社会生活领域中的不

一致;三是有关性别平等的政策制度与现实存在差距。在后工业化国家中,日本仍保留着最传统的家庭文化及社会性别分工,仍存在着严重的性别不平等,女性深受"婚姻包袱"所捆绑(龚顺等,2023),不仅在生育孩子过程中肩负主要职责,还需要承担80%左右的家务劳动。与之形成鲜明对比的瑞典,积极鼓励父亲参与儿童照料,共担子女养育责任,分担一半的家务劳动。平等的性别观念,家庭劳动和育儿职责在夫妻间更公平的分配对提升生育率具有显著影响。

(三)女性职场权益保障

日本长期以来坚持终身制的雇佣制度,在为工作效力的职场文化下,长时间超负荷工作和加班是许多员工的常态,他们难以有更多时间精力照顾老人、小孩、料理家务,因此为了平衡家庭工作,许多女性不得不在结婚生育后辞职回归家庭,无疑,对女性来说,结婚生育成本进一步提高,因此越来越多的职场女性降低结婚生育意愿,选择晚婚晚育甚至不婚不育。意大利受"男主外女主内"传统思想的影响,女性被传统的性别角色所束缚,面临着就业、孕育、家庭等多项压力,为了把握工作机会或者获得晋升机会,很多女性也倾向于推迟婚龄、孕龄,选择全身心投入工作。

长期关注人口问题的学者梁建章先生指出,女性劳动参与率与生育率之间并不是单纯的线性关系,而呈现出阶段性的特征:传统社会发展水平低,女性地位比较低,生育水平高;当经济社会进一步发展,加入劳动市场的女性增多,社会地位逐步提高,生育率呈下降趋势;但当经济水平发展到足够高的水平,女性具有非常高的经济独立性和社会地位时,生育福利增加,生育率提升(李艳艳,赵东山,2023)。即有稳定工作、收入体面的女性的生育意愿更强。日本的研究也表明,中产阶层女性的婚育意愿更容易受到家庭政策的影响而提高。

(四)家庭文化氛围营造

社会情境、社会规范、社会心态在很大程度上影响着个体的观念与行为,因而民众的生育意愿和行为也深受其所处社会环境中与生育相关的家庭文化氛围的影响。以日本、韩国为代表的东亚国家的民众往往面临较大的教育工作压力,生活节奏匆忙紧凑,甚至疲于奔命,生育意愿大打折扣。相反,北欧民众对家庭休闲活动就重视得多。瑞典在倡导性别平等,鼓励女性就业,实行"去家庭化"的家庭政策基础上也重视营造"回归家庭"的文化氛围,鼓励企业调整工作模式,支持灵活的工作方式,注重引导民众回归家庭,在社会中营造出浓浓的家庭文化氛围,促使民众愿意将更多时间和精力投入子女养育以及与家人互动之中,享受家庭生活,这对于国家整体生育水平的提升起着不容小觑的作用。

四、生育水平的影响机制

通过深入剖析各国生育率变迁背后的影响因素,从经济社会、文化观念、政策制度三个方面提炼出生育水平的影响机制,具体见图8-1。

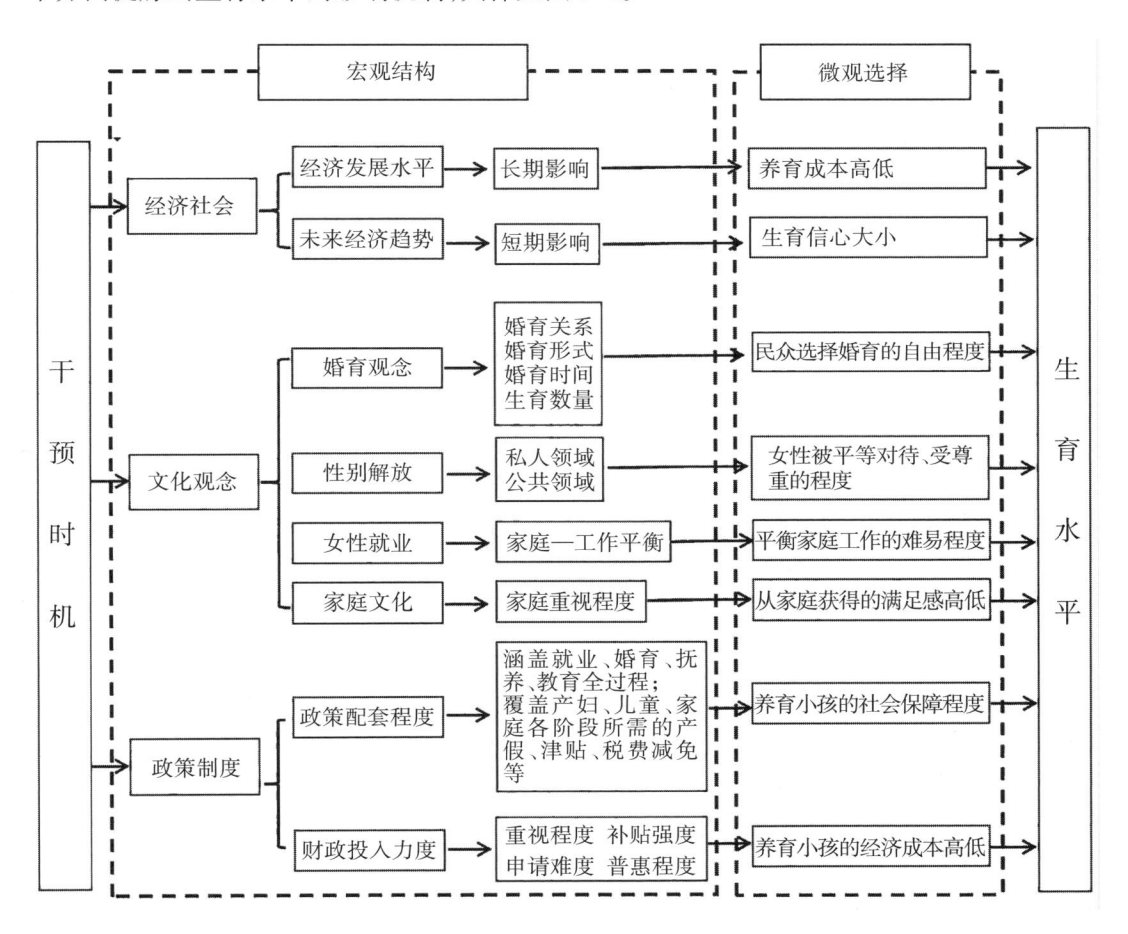

图8-1 生育水平的影响机制

生育行为是个人与家庭在经济、政治、社会宏观结构影响下的微观选择,因此,要提振生育意愿,提高生育水平,有必要将宏观结构与微观选择结合起来思考。首先,需要有良好的经济发展做基础。一方面,积极的经济形势能在短期内增强生育信心;另一方面,伴随经济水平的提升,生育水平呈先降后升趋势,当经济达到一定高的水平后再施以对策将更容易迎来生育水平的回升。

其次,积极的文化观念是核心。第一,在婚育观念方面,传统的"先婚后育"将会制约生育行为,欧美国家开放包容多样化的婚育文化能在一定程度上弥补生育短板;第二,在性别解放方面,北欧国家用事实表明,只有彻底将女性从传统性别角色中解放出来,给予女性足够的平等与尊重,才能真正提高女性的婚育意愿;第三,在女性就业方面,中产阶层女性的婚育意愿更容易受家庭政策的影响,需要进一步关注这类群体的职业诉求,帮助其化解工作—家庭平衡问题;第四,在家庭氛围营造方面,疏导社会竞争压力,营造重视家庭的文化氛围、友好的生育环境和氛围,更有利于孕育美好的新生命。

再次,用好政策制度工具,打出一套政策"组合拳"。纵向时间上,涵盖就业、结婚、孕育、教育等全过程;横向内容上,覆盖产妇、儿童、家庭各阶段所需的产假、津贴、公费托育、税费减免等内容,以完善配套的政策手段、强有力的财政投入来切实降低生育养育成本、提高生育水平。

最后,干预时机的选择也相当关键,这将决定所做工作是"事半功倍"还是"事倍功半"。因为生育率长期低下会形成人口负增长惯性,需要政府做出更大的努力才能提高生育水平,因此密切监测人口状况,做好预警工作,及时调整政策显得尤为重要。

第三节　各国人口问题应对策略对中国的启示

人口问题是当今世界许多国家都面临的问题,中国人口也正随着社会经济的发展,演变出一些新的问题和挑战。由于生育率的快速下降,中国的生育率已经跌至国际划分的超低生育率水平,中国正在快速地"变老","少子化""老龄化"问题日益严峻,给中国未来的经济社会发展、社会养老、国防建设等各方面都带来极大挑战。通过具体分析日本、瑞典、印度、意大利、俄罗斯五大国家的人口生育政策措施,发现各国在应对本国人口生育问题上采取了一系列行动,所产生的效果也各不相同,对中国刺激生育、构建生育友好型社会带来诸多启示。

一、强化数据监测预警,密切监测生育水平

人口学家卢茨提出的"低生育率陷阱"假说认为,生育率具有单向性,一旦进入这个陷

阱将很难出来（迟明、解斯棋，2022）。密切监测人口总数变化、出生死亡情况、女性生育水平等，是及时提示预警、尽早筹谋干预的关键。人口问题的形成并非一朝一夕，大都通过数十年的变化与积累而形成，起初人口的自然变化对国家整体发展并无明显影响，但当变化发展超出一定范围时，便会对国家的发展产生难以逆转的负面影响。为了防止人口问题带来更为严重的影响，建立"有问题早发现、早干预"的预警机制，建立健全人口数据采集、传输、存储、共享等的工作机制势在必行。

（一）制定人口信息化整体方案，强化数字技术支撑

现代互联网、数字化发展迅速，人类进入信息爆炸时代，各种数据、信息扑面而来。为能及时且准确地监测本国人口变化、生育变化等状况，国家应制定人口信息化整体方案，加强数字化技术支撑，通过制定相关标准和规范，强化数据库功能及增强数据安全，提升网络及服务器存储能力，优化运营管理、共享交换等技术，利用大数据等有利条件切实把握人口状况，将更为先进的技术技能应用到人口变化监测中，规范数据采集和使用，为人口数据监测提供信息支撑。

（二）优化数据采集机制，增强合作共享意识

优化数据采集机制，采用"分散采集+集中审核"的方式，建立动态调整机制，面向全国各省、市、县、乡和村分层次展开，尽量避免重复采集，减少人力物力财力的浪费。创造数据共享的技术支撑，为增强各国家部门之间信息共享提供有利条件，切实发挥人口计生网络优势，建立健全以身份证管理信息系统为基础的全员人口信息体系，持续优化系统使用程序，更新维护好系统数据。

（三）提升数据质量，进行科学预判

人口生育政策的科学制定以及对本国人口做出科学预判需要准确可靠的人口基础数据作为重要支撑，因此要注重增强人口数据收集的真实性和准确性，以全员人口数据为基础，整合公安、人口计生、卫生等多部门的人口信息，并适时对人口信息进行比对、校验，切实提高人口信息质量。在人口信息系统整合的基础上，通过科学有效的数据分析，加强对国家人口生育走向的科学预判，以实现人口发展指标的实时监测、评估和预警，为生育政策取向提供依据。

二、提高经济发展水平,增强乐观稳定形势

社会经济发展程度直接决定了政府能够采取怎样的人口生育政策及实施力度,推动社会经济高质量发展是解决人口问题的关键之一。稳定的经济社会环境能够为女性生育、家庭发展构建一个良好的生态环境,是刺激生育意愿、稳定人口总量的基础。中国生育友好型社会的构建,一是要注重提高整体经济发展水平,重点解决贫困地区人口的生存、生活、生育问题,逐渐缩小城乡、地区间的政策差别,为生育友好奠定良好的经济基础,让家庭"生得起、养得起"。二是要稳定市场经济大环境,营造良好的就业市场环境,缺乏稳定的收入往往成为育龄夫妇选择生育的一大障碍,应注重为年轻人提供充分的就业机会,创造适宜生育的环境。

三、重视女性深层诉求,建设生育友好社会

一个生育友好的社会必须是一个女性友好的社会。女性是构建生育友好型社会过程中极为关键的主体之一,其生育抉择与诉求满足是生育政策制定和实施的重要依据。中国历史文化源远流长,一直以来生育被赋予了很强的文化价值内涵,如"多子多福""不孝有三,无后为大"等,但大多忽视了女性发展的深层诉求。因此,生育友好型社会的构建要注重本土生育文化的重构,重视女性诉求,构建新的生育话语体系,激发女性在生育上的主体性,为生育家庭提供全方位和全过程的支持和帮助,增强家庭生育信心。

(一)打破性别角色观念,推动家庭和工作的平衡

性别平等是生育支持的核心理念,是国家生育支持的政策取向,国家应在化解性别平等困境上下功夫。在制度层面调整并修订忽视女性权益的法律法规和政策文件,细化女性劳动保护政策,倡导性别平等的养育责任,规定男性参与育儿过程和履行家庭责任的义务,重构男性家庭角色;在社会层面扭转生育是女性专责的传统观念,正视并化解女性因生育而面临的职业压力和风险,加大对女性就业的权益保护,为女性提供更多就业支持,找准女性权益的保护与企业利益之间的平衡,推动就业和生育之间的协调发展。

(二)深化家庭文化观念,构建良好的生育文化氛围

随着家庭关系的重组以及新一代生育价值观的变迁,越来越多的青年选择晚婚晚育或者丁克,这要求我们挖掘隐藏在后的文化因素,并立足中国传统家庭文化及当代社会主

义核心价值观,帮助青年树立正确的婚恋观、家庭观,从而营造一个生育友好的文化氛围。一方面加强对青年婚恋观的正确引导,强化责任意识,鼓励他们建立积极健康的情感生活,对未来的婚姻家庭持有美好期待;另一方面,重塑父母的育儿观,倡导民众回归家庭,发扬夫妻之间相互敬爱、相互体谅的传统观念,引导男性更多地参与到育儿过程中,做好父母角色职责分工,同时摒弃重男轻女、大男子主义的文化价值观,形成新时代积极健康的家庭文化。

(三)鼓励多方主体参与,建设友好生育环境

应对"少子化"问题,需要从战略高度予以重视,从整体上为营造婚育友好的社会环境做出努力。生育支持不仅需要关注女性权利和诉求,更应关注每一位公民的生育权,除了促进夫妻双方的小家庭支持、大家庭的代际支持,也需要政府、社会组织、企业、各类专业机构、民众等多元主体的参与,共同肩负友好生育社会建设的责任,为生育营造良好的社会环境氛围。

四、构建配套政策体系,加大财政投入力度

社会经济的快速发展,养育成本的提高以及照顾孩子的压力成为影响育龄夫妇生育抉择的最主要原因,要提高人们的生育意愿和生育水平,应当立足国情,制定和采取与中国当前经济社会发展水平相适应的政策措施,探索构建具有中国特色的整合的生育支持政策体系。

(一)建立健全生育支持政策体系,提供全周期综合性保护

全方位的政策设计是减轻家庭生育压力的关键。要立足国家经济发展实情,加快生育支持立法和政策规范,使得生育支持有法可依;健全与生育相关的经济、社会配套政策,重点加强就业、教育、医疗健康、住房保障、扶贫救助、养老服务等制度建设,促进各项政策的协调与联动补充,为家庭提供更好的生育保障。此外,国家在注重短期效益的同时,更要为普通育龄家庭做长远考虑,根据家庭在不同阶段的不同需求,逐步将生育支持的政策和服务延伸到孩子不同成长轨迹的主要环节中,健全不同周期的支持服务体系,将其覆盖到产前准备、孕产期、哺乳期、学前期、教育期等阶段,为生育家庭提供全过程的支持和保障。

(二)着力构建养育成本分担机制,缓解家庭养育成本负担

养育成本的不断上升严重阻碍国民的生育行为,国家要适时加大对生育支持的财政投入,帮助家庭破解"生孩子容易、养孩子难"的困局,分担家庭养育成本。通过构建具有地区特殊性、群体针对性和阶段渐进性的经济支持机制,为生育家庭提供生育津贴、育儿补贴、教育资助,以及医疗住房补贴、税收减免等,探索多样化的支持措施,提高生育待遇,为生育家庭分担育儿经济压力。优化产假制度,适当延长产妇假期和男性生育假,鼓励企业为育龄群体提供一定的福利和生育保障,增强对生育家庭的时间成本支持。

(三)大力发展公共托育服务,推进社会养育模式

国家政府是国民生育支持的主导者,但完全依靠政府无法解决生育率偏低的根本性问题,需要注重引导社会力量参与,推进社会养育模式的形成。在儿童抚养、托育、教育方面,要充分调动社会积极性,建立起以政府为主导、以社区为基础、以家庭为中心的家庭服务系统;在政府财力资源允许的情况下,推进社会化儿童养育模式,发展公共托育服务体系,提供普惠性、高质量的学龄前儿童托育服务,扩大公立儿童托育服务的覆盖面,解决幼儿照顾问题。引入社区参与模式,为儿童提供良好的医疗场所、教育抚育机构、休闲娱乐环境,使育儿家庭的部分需求能够在社区环境中得到满足。

本章小结

本章对亚洲的日本、印度,欧洲的瑞典、意大利、俄罗斯5个国家进行了整合性的对比分析,除一直抑制人口增长的印度之外,其他四个国家的人口年度增长率、生育水平大致都历经从高到低再回升再下降的变迁,正是生育率的降低,进一步导致人口年龄结构逐渐从金字塔形走向橄榄形,全球都将面临超级老龄化社会的到来。为应对总和生育率的进一步下滑,及其带来的种种影响,各国纷纷基于本国国情采取应对策略,成效不一。究其原因,本书总结提炼出生育水平的影响机制,生育行为是个人、家庭的微观选择,受到宏观上经济社会、文化观念、政策制度三大层面众多因素共同的影响,而国家在干预时机上的选择对干预效果具有极其关键的作用。目前中国的生育形势不容乐观,基于各国人口问题应对策略分析得出四点对中国的启示:一是强化数据监测预警,密切监测生育水平,以

做到及时预警、尽早筹谋;二是提高经济发展水平,增强乐观,稳定环境,为生育奠定稳定坚实的经济基础;三是重视女性深层诉求,建设生育友好社会,从打破性别角色观念、深化家庭文化观念、鼓励多方主体参与等方面创造生育适宜环境;四是构建配套政策体系,加大财政投入力度,多措并举提高人们的生育意愿和生育水平。

第九章

中国农村生育价值观的变迁特点与理论解释

我国在改革开放后短短40多年的时间内,完成了西方国家几百年走完的历程,实现了农业社会到后工业社会的转变,这一转变时间短、来势猛、冲击大,对我国城市和农村的生育产生了极大的影响。农村生育价值观逐步由传统向现代转变,农村居民用理性考量生育,男孩偏好呈现减弱趋势,理想子女数趋于儿女双全,青年婚育年龄推迟,但是传统的传宗接代观念依然存在。可以说,中国农村的生育已经进入内生性低生育阶段,在中国压缩性现代化背景下,中国农村生育状况呈现出典型的马赛克模式,传统、半传统和现代的生育观念杂糅交织在一起,农村家庭观念和家庭结构的演变与生育转变同步变迁,都朝向现代型观念转化。

第一节 改革开放以来中国农村生育价值观的变迁

人口转变是指一个地区或某社会的人口从高死亡率、高生育率向低死亡率、低生育率的演变过程,中国的人口转变从20世纪50年代开始,经历了死亡率率先下降、生育率快速下降、增长率降低的过程,并于21世纪初完成了人口转变(郑真真,2022)。生育转变指的是一个地区或社会的人口从高生育率到低生育率的转变历程,是一个地区人口转变的前提和基础。中国农村持续的低生育率预示着我国农村生育转变早已开始,且还在转变的过程中。我国生育率的下降始于独生子女政策推行之前,1970年我国的总和生育率为5.71,到1980年下降到2.24,降幅高达60.77%。北京、天津和上海三个直辖市最早开始生育转变,分别是1965、1966、1967年,随后是江苏和浙江(1970年),我国农村的生育转变起步稍晚,时间差距很大,但是势头迅猛。因为我国人口城镇化率直至1998年才超过30%,可以说在这之前,我国农村的生育转变占据了我国生育整体转变历程中的绝大部分。

从20世纪80年代开始,我国农村就已经开始接受现代社会的生育观的影响,其影响在90年代加深,21世纪后这些观念深度内化。本书将生育价值观视为人们对待生育的根本立场、态度和看法,主要回答"为何要生""生男还是生女""什么时间生""生几个""孩子未来做什么"这几个问题,并在研究中将这五个层面分别称为生育目的、性别偏好、期望子女数、期望生育时间和养育期待。经调查发现,中国农村的生育目的呈现多元化趋势,生育行为已从原来的早生、多生、生男、生育间隔短、重生轻养,转变为晚生、少生、男女都可、生育间隔长、轻生重养,相较于传统的传宗接代、养儿防老等较为单一的生育目的,有了更加现代化的转变。

一、为何要生？

在"为何要生"这一问题上,农民给出的答案是多元的,农民的各种观念交织在一起,绘制出了多种价值互相影响的生育网络。农民的生育价值可分为三个层次:一是终极性价值,主要以满足家族的传宗接代为目的,是生育的最终归属,代表着生命和家族的延续。二是功能性价值,生育与生育主体的养老相关,也与在村落中的社会性交往和人际互动相关,生育主要是为了满足生育主体某些功能性需求。三是情感性价值,主要指生育是关注当下家庭成员的心灵体验,生育能实现情感的满足和内心的幸福,其落脚点在于日常生活中的心理感受(李永萍,2023)。这三重价值都是农民可寻求的生育意义,只是在不同文化、不同时期、不同经济发展阶段中对农民起到核心影响作用的价值观不同,但这三者始终呈现相互交融的特点,进而在农村形成了不同的生育意愿和生育行为。在这三重目的影响之下,当前农村人口的生育价值呈现出多元化、个体化和互动化的特点。

农村人口的生育目的较为多元。首先,中国生育率的下降是在城市,或者是经济发展相对较好的地区中先行发生,之后再向其他地区和农村扩散的,这一规律也符合国际生育转变规律,同时也使得我国农村生育率转变的程度不一,生育模式和生育意愿也有所差别。其次,受到生育政策的影响,农村生育政策较城市更为宽松,各地根据本地具体情况调整当地的生育政策,农村的生育情况相较城市也更为复杂,与传统之间的张力更加显著。最后,在具体原因的探究上,农村生育人口愿意生育的原因很多,比如"给老大作伴""喜欢小孩""增添家庭乐趣""应该要生"等情感性原因成为主流,并与"养儿防老"等更为传统的动机并存,成为农村人口生育的主要目的。

生育动机呈现出十分明显的个体化倾向,也就是说,农村人口往往是为了个人的目的而选择生育,是出于个体和家庭的一种主观意愿。本书发现,很多农村地区育龄夫妇会主动放弃生育二胎的机会,在生育这个问题上,长辈的建议起到的作用越来越小,传统的重男轻女、延续宗姓的观念对年轻人的影响日渐式微,这标志着年轻人对传统生育观念的扬弃,他们出于自己的考量选择生育,是从个人和夫妇角度考虑的。这与传统的从家庭和宗族的整体利益出发,考虑是否生育的视角相反,标志着农村人口在生育动机上的个体化转型。同时,个体化也将夫妻双方视为一个整体,因为生育决策往往是夫妻双方商量后的共同结果,本书的调查反映出夫妻二人共同决策的重要性超过了其他群体的影响,越来越多的农村家庭都认为生育是家庭自身的事情,但是如果夫妻生育意愿不一致,往往会对生育呈现出抑制作用(卿石松、丁金宏,2015)。

互动化指农村生育目的会受到周围群体影响,尤其是与自己联系紧密的亲友的影响。一方面,虽然老一辈对家庭生育的影响力日渐减小,但是夫妻的生育目的仍然会受到父辈、祖辈的影响,他们对孙辈数量和性别的偏好与青年夫妻的生育目的呈正相关。另一方面,同辈亲属和朋友之间会形成一种圈层效应和攀比效应,如果熟悉的同辈群体生孩子少,夫妻会呈现较低的生育意愿,而若是同辈群体都多胎生育,那么谁家孩子多,谁就会成为大家羡慕和模仿的对象,从而影响农村夫妻的生育动机并在此过程中塑造他们的生育目的和生育意愿。

二、生男还是生女?

性别偏好已逐步呈现出了男女趋同的特点,但生男偏好依旧大量存在。本书发现,很多农村家庭不再认为生育孩子是为了传宗接代,因而对孩子的性别不再抱有执念和偏见,"生男生女都一样"不仅仅是一句口号,也成为很多农村家庭的生育信念。然而,如果只能生一个,生育男孩还是在性别倾向中占据绝对上风。即使"儿女双全"已经逐步成为大部分农村家庭的理想性别组合,也很少有家庭愿意生育二孩,因此就性别偏好的这一数据而言,农村的生男偏好仍然较重。

生男偏好是中国几千年传统固化的结果,并通过亲友、家庭和社区这样一张密布大网,影响个体的性别偏好,尤其在很多宗族观念较强和父权制占据主导地位的环境中,生育男孩往往是女性家庭地位的保证,并通过多种方式影响母亲的生育诉求。目前我国农村地区的出生人口性别比仍然很高,底层男性婚姻挤压问题较为严重,其根源还是在于农村人口对生育子女的性别偏好。

三、什么时间生？生几个？

在生育时间上，虽然有部分农村女性出现早婚现象，但是绝大多数调研对象的生育年龄都呈现推迟的特征。本书调查显示，大多数育龄农村人口会在22—27岁结婚，且婚后很快便会生育头胎，这一年龄比改革开放之初推迟了5岁，且二胎和头胎之间的间隔时间较长。在考虑生育时间时，需要把农村妇女的受教育和劳动参与情况作为关键因素纳入研究范畴。一般说来，城乡妇女的生育时间和生育数量与受教育时间呈现负相关，与非农业劳动参与呈现负相关（贾男等，2013），农村妇女的非农就业会减少他们实际生育子女数（方海等，2010）。目前，很多农村女性在完成中等教育后，会外出或跨省寻求非农就业机会，农村年轻女性的非农就业比还可能会进一步提高（郑真真，2021）。

四、孩子未来做什么？

对于农村的育龄夫妇而言，生育数量不再是他们看重的部分，子女的养育质量被提到了前所未有的高度。随着9年义务教育的普及，农村人口受教育的比例越来越高，大部分的年轻人在完成中等教育后，都会继续完成职业教育或高等教育，而越是接受长时间教育的年轻人越可能精心设计自己的职业发展，也越可能拟定更高的职业目标。这样的背景下，一方面年轻人的个体发展与养育孩子产生了时间冲突；另一方面对自我价值的追求也使得他们对未来自己子女的发展抱有更高的期待。农村家庭对孩子进行了较大的投资，并且整个家庭的经济和重心会伴随子女的教育需求而产生变化，有大量的农村家庭为了孩子能到县城或城市读书，举家搬迁，为孩子能接受更好的教育，付出了高昂的成本。农村人口重视子女的质量胜过重视数量的转变代表该群体形成了比较强烈的优生心理。

综上，中国农村已经基本形成了少生、优生、重养轻生的价值观念，生育数量以二孩为主，且生育水平具有长期的稳定性。从生命历程的视角看，结婚年龄的推迟、初孩生育的推迟会带来此后其他人生关键事件的推迟，从而会改变个体和家庭的生命历程轨迹，但是在农村，婚育推迟是一种群体行为，因此可以预想中国农村社会及人口发展轨迹都会发生改变。

第二节　中国农村生育转变的特点

为解释后工业化年代欧洲极低的生育率,罗恩·列思泰赫(Ron Lesthaeghe)和德克·冯德卡(Dirk Van de Kaa)于1986年提出了第二次人口转变理论,直至今日,该理论依旧是解释人口生育变迁最主要的理论之一。列思泰赫(2010)认为,发达国家生育水平持续下降,并且一直徘徊在低位,与这些国家出现的一些特征相关,其中就包括:家庭从纵向亲子关系为中心转变为以横向夫妻关系为中心,单人户大量涌现,多种其他非传统类别家庭大量出现,同居现象增多,夫妻或伴侣寻求避孕、对精神和情感层面的追求愈发看重,女性的社会地位上升,社会呼唤独立的生育权力,生育成了个人的事情、外部力量难以介入等,这样的转变就被列思泰赫称之为第二次人口转变。我国农村人口转变具有内生性低生育、"传统、半传统、现代"相互交织的特点,并且这一过程还伴随着家庭伦理、家庭结构和家庭关系的变迁,可以说是具有第二次人口转变特征的同时也有明显的阶段性和地域性特点。

一、农村人口生育转变具有现代内生的特点

可以用"内生性低生育"来形容中国生育发展的特点。"先发内生"和"后发外生"来自现代化理论,根据一个国家现代化开始时间和启动原因,将现代化分成先发内生型和后发外生型。推动先发内生型现代化的主要因素来自本国社会内部,是社会自身力量累积到一定程度后产生的结果,具有自发性和自下而上的特点,因此也被称为"内源的现代"(modernization from within)或"内源性变迁"(endogenous change)。后发外生型现代化的现代性因素并不发端于本国的社会内部,而是在遭遇外部刺激或推动后,外力带来的变革,普遍具有防御性的特点。所以,又被称为"外源的现代化"(modernization from without)或"外诱性变迁"(exogenous change)。这个理论也可用作解释中国当前的低生育状况,即中国的生育经历了由"政策性低生育"阶段向"内生性低生育"阶段转变的过程,政策性低生育主要指我国的计生政策在控制人口生育方面发挥了重要作用的阶段,而"内生性低生育"是指政策对人口生育影响力有限,人口生育率较低的原因是育龄人口内在生育观念已经发生改变,主动选择少生、优生和晚生,是中国在经历了"政策性低生育"后出现的一种长期的、不易改变的生育状态(穆光宗、林进龙,2021)。

在人口学的解释中,总和生育率(Total Fertility Rate,TFR)等于2.1,才能说该社会维

系了世代更替水平。但若总和生育率持续低于世代更替水平,就可称之为人口萎缩再生产,人口也进入低生育阶段。根据联合国数据,自20世纪70年代开始,中国的总和生育率就开始快速下降,并在90年代初跌破了2.1,之后一直保持在1.60—1.69之间,直至2010年,我国总和生育率首次跌破1.30,2011年低至1.04,此后虽然出台了"单独两孩""全面两孩"和"三孩政策",我国生育率也并未恢复到1.30以上水平,甚至于2022年进入了人口负增长年代。这一水平,低于2.42的世界平均水平,更是比1.60的高收入国家平均水平还低。然而自20世纪70年代以来,我国的生育模式就开始发生了明显的变化,生育时间更为集中,二孩以上的生育率极低(郑真真,2011)。郭志刚(2017)在对我国2015年全国1%人口的抽样调查时就发现,尽管我国2013年生育政策调整引起了2015年城市二孩生育率小幅上升,但中国总体生育率已经达到极低水平。农村的生育率趋近于城市,且流动人口的生育率显著低于非流动人口。虽然农村人口的生育率下降幅度有高有低,速度有快有慢,但从全国农村的变化趋势来看,农村的生育率已是多年在低位徘徊。在中国人口步入低生育阶段已逾三十年的当口,我国生育率基本丧失了拓宽选择空间的回弹势能,政府意志不再是影响中国人口生育的核心原因(穆光宗、林进龙,2021)。

20世纪70年代到90年代总和生育率的大幅下降,部分缘于我国生育政策和育龄人群生育意愿相契合产生的转变,同时也是一种诱导性的转变,即社会需要被迫服从社会整体的生育规范、执行国家的计划生育政策。一方面,我国育龄妇女早就存在少生优生的诉求,避孕知识和节育技术的大力推进满足了广大育龄妇女广泛存在的节育需求(于学军,2000);另一方面,20世纪70年代推进的以"晚、稀、少"为方针的计划生育政策为大部分城乡家庭所接受,我国生育率迅速下降。然而,其中的阶段划分需要得到进一步厘清:20世纪70年代到80年代初我国总和生育率仍然超过2.1,而80年代就开始持续下降,并在90年代迈入低生育阶段,这一时期生育率下降可以说是历史原因和政策变动共同推动的"压缩"式变化(郑真真,2022),是外在因素推动的结果。根据当时民众偷生、超生、人工终止妊娠的数据和事例,不难推测出外因作用力之显著(穆光宗,2014)。在这之后,中国生育迅速步入现代化阶段,且呈现出与西方发达国家不同的特征(Kohler, et al., 2002),即超前于现代化进程步入人口低生育阶段(Caldwell & Schindlmayr, 2003)。我国自70年代开始执行的严格"一胎化"计生政策在这一转变中发挥了至关重要的作用,这段时期,也是政策性生育选择空间约束导致低生育现象,称为"政策性低生育"的阶段(穆光宗、林进龙,2021)。

21世纪以来,中国的生育率长期徘徊在低位,国家统计局的调查数据显示,2016年中国的总和生育率基本上徘徊在1.3—1.6(王广州、王军,2019)。2013年以后,生育人数因为二孩政策调整有明显增加,但是从"全面两孩"时期的生育水平来看,宏观生育政策对生育变化的影响力已经非常有限。截至2020年的第七次全国人口普查数据表明,我国14岁以下人口数量为25338万人,占总人口比重为17.95%,相较2010年上升1.35个百分点,代表我国通过政策释放出了部分生育力,取得了相应的成效。然而,2022年末全国人口141175万人,比上年末减少85万人,其中城镇常住人口92071万人。我国人口自2016年起连续6年降低,直至2022年,全年出生人口956万人,出生率为6.77‰,死亡人口1041万人,死亡率为7.37‰,自然增长率为-0.60‰,中国人口进入了负增长时代。可以发现的是,政策上放开生育限制对生育率的刺激作用正在边际递减,不管是在城市还是农村,我国育龄人口自觉自愿自发节育,我国生育观念发生内在性变化(穆光宗、林进龙,2021),即中国进入了"内生性低生育"阶段。

"内生性低生育"这一概念对认识我国人口发展状况具有十分重要的意义。值得一提的是,多年来,虽然农村地区的生育率略高于城市生育率,但也不可避免地进入了内生性低生育阶段。很多之前累积的人口问题会在这个阶段暴露出来,因为内生性低生育会加速少子老龄化社会的到来,我国农村将会面临严峻的人口萎缩、劳动力短缺等风险,而且长期的低生育会与当地经济、社会和文化交织在一起,固化人口结构与低生育水平,构成"低生育率陷阱"(穆光宗、林进龙,2021),影响我国乡村振兴战略和共同富裕目标的实现。

二、我国农村生育呈现典型"马赛克模式"

转型期中的中国社会,呈现出传统、半传统与现代长期共存、互动、交织的局面,构成了一种具有显著性别维度、个体意愿与集体规则冲突、传统现代文化价值交融的中国式的"复杂现代性",也即"马赛克"模式,这一模式也适用于理解中国农村的生育现状。在我国激烈的社会变迁中,政治、经济、社会、文化等多方面都发生了快速、深刻的变化,但是一些传统的特征仍然存续,尤其在生育领域,很多传统的观念以弥散的方式分布在农村生活的点点滴滴中,并与现代元素相互交织,"变"与"不变"在农村场域内杂糅,使得农村生育呈现出了传统与现代共存的特点,这也意味着只有对不同群体、不同地域、不同文化的生育观念与行为进行深度全面的分析,才能窥探中国农村生育变迁的具体态势。

可以说,与代表着现代性的城市居民相比,农民的生育虽已向现代转化,却仍呈现明显的传统性,主要特点包括早生、多生和生男偏好等。传统文化会对农民的生育意愿产生影响。费孝通(1983)对中国乡村社会生育制度有深刻的研究,他把生育制度与种族绵延联系在一起,把农民的生育和道德束缚联系在一起,并认为传宗接代、种族绵延就是农民生育的动机,也是生育的目的。虽然生育是一件"损己利人""吃亏不讨好"的事情,但是农民还是愿意多生,其背后就是其宗族绵延、传宗接代的生育观念。我国地域广阔,目前很多农村,尤其是靠近城市的农村已经开始接受并内化现代的生育理念,然而在一些经济较为落后、教育水平普遍不高的农村地区,传统的生育观念诸如重男轻女、传宗接代等还是有很大的影响力,它们植根于农民的内心深处,即便是青年也会受到这种观念的影响。另外,这些地方妇女地位的普遍较低、角色观念的固化又反过来强化这样的文化观念,因此部分村落还是保留了多生、生男、早生的生育模式。但是,自改革开放以来,我国城乡地区青年的生育观整体趋势都在朝向现代转变,这一过程进度不一、有快有慢,越是靠近城市的地区转变速度越快、改变程度越深。我国经济发展速度较快、教育水平和社会保障水平都相对较好的东部农村育龄人口的生育观念就更接近城市,倾向于少生、优生,而经济和社会发展程度相对较慢的某些中部和西部农村,育龄青年的生育观念还是偏向传统,生育价值观变迁速度比较缓慢,我国生育变迁呈现出明显的地域特点。

回顾我国自20世纪70年代以来的生育率变化情况,各地的生育率下降步调不同,但整体趋于一致。比如海南、西藏、青海、宁夏、新疆等地,自2010年以来,人口自然增长率保持在8‰以上。但具体到县市层面却能发现差别。因为即使一些地区发展程度差不多,生育率也可能出现很大的差别,有的地区会长期坚持一对夫妇一个孩子,有的地方一对夫妇不会少于两个孩子。一般而言,经济发展程度较高的地区生育率较低,但也不排除富裕的地方生育率很高的情况,比如福建。

在此基础上,更多的研究认为进入21世纪后,中国人口的生育率水平长期稳定在低位水平,生育群体在生育数量和性别偏好上的差异性也明显缩小。风笑天(2009)的研究发现我国第一代独生子女的生育意愿、生育数量与同龄的非独生子女没有明显差别。少数民族虽然与汉族在生育文化上有一定的差异,但是在2000年我国90%的少数民族人口总和生育率就已经低于2.1,即使是生育意愿最高的西部农村地区,子女的数量偏好和性别偏好也日益淡化(郑真真,2004),其生育意愿也开始向"现代化"转变(陈彩霞、张纯元,2003)。

三、生育变迁与农村家庭变迁互为影响

改革开放以后,伴随着生育变迁,中国农村家庭也发生了巨大变迁,二者相互联系,大大地改变了当代农村农民的生活状况。对农村家庭而言,最直观的改变就是家庭规模日

益小型化。1953年，我国第一次人口普查，中国平均家庭户规模为4.33人，考虑到当时我国城镇化率不足30%，中国农村平均家庭户规模应超过了4.33人。改革开放后，伴随着计划生育政策的推进和打工经济的兴起，我国农村家庭呈现出小型化趋势。我国第七次人口普查数据显示，我国平均家庭户规模为2.62人，比2010年"六普"数据的3.10人减少了0.48人。虽然多年来我国农村平均家庭户规模一直大于城镇，但相较于城市，我国农村家庭户规模的收缩趋势更为显著，目前城镇平均家庭户规模已缩减为2.57人，农村缩减为2.70人。从家庭代际结构来看，我国城乡都呈现出一代户占比上升、二代户占比下降、三代及以上户占比相对稳定的特征，且表现出明显的由以二代户为主转向以一代户为主的趋势。然而城镇中一代户占比最高，乡村三代及以上户占比最高，而城镇和乡村三代户占比则呈现先上升后下降趋势（麻国庆，2023）。

对生育产生重要影响的是家庭关系平等化。家庭关系主要包括夫妻关系、亲子关系和亲属关系，其中，夫妻关系是家庭中的横向关系，亲子关系是家庭中的纵向关系，两种关系是家庭中互动的主要来源。在家庭关系变化中，最重要的维度就是横向关系——夫妻关系日益平等。在农村，女性的家庭地位不断提高，主要体现在家庭决策、就业情况和家务劳动的参与情况三个方面。在家庭决策中，第四期中国妇女社会地位调查[①]结果显示，我国妇女的家庭决策权得到很大的提升，主要体现在超过80%的夫妇共同商量决定家庭中重大事务决策，尤其是生育的决策，夫妻共同商量的比例高达91.1%，超过了"投资/贷款"和"买房/盖房"的89.5%和90.0%，这些数据表明了我国夫妻家庭地位变得平等。从农村女性就业情况看，第四期中国妇女社会地位调查数据显示，农村女性非农就业比例大幅提高。农村在业女性中，非农就业比例为39.5%，比2010年提高5.4个百分点；37.8%的农村女性有外出务工经历；返乡女性从事非农劳动的比例为52.6%。女性就业代表着她们对家庭经济贡献提高，对男性经济依赖减弱，在家庭中更具有话语权。但女性地位和经济能力的提升并不代表她们所承担的家务劳动减少。家务分工完全发生在私人领域，因此也是最能体现男女平等水平的指标，中国农村女性依然面临家庭照料负担重、公共服务支持不足的局面。数据显示，0—17岁孩子的日常生活照料、作业辅导和接送主要由母亲承担的分别占76.1%、67.5%和63.6%，女性平均每天用于照料、辅导、接送孩子和照料老人、病人等家人的时间为136分钟，已婚女性平均每天家务劳动时间为120分钟。总体来看，虽然我国农村"男尊女卑""重男轻女"的性别秩序和权力关系已经发生重大变化，夫妻之间变得更加平等，中国男女两性都成为社会劳动参与主力，家务劳动却理所当然地被视为是

[①] 由全国妇联和国家统计局联合组织开展的具有全国规模、权威性的重要国情、妇情调查，自1990年起每10年开展一次，1990年、2000年、2010年、2020年已开展了4期。

女性的事情,女性面临家务劳动和社会劳动的双重束缚。

从纵向的维度看,农村代际关系和代际伦理也发生了大的改变。伴随农民工大量外出,农村家庭在朝向"新三代家庭结构"转型,即父代在"务工"与"留守"中徘徊,需要承担照顾孙辈、赡养老人的责任,新生代农民工虽然在成长背景上与父代有所差异,大多处于"半工半耕"的家庭生计模式中,要同时担负起子女养育和父母养老的责任(麻国庆,2023)。农村的劳动力在工业化中被充分利用,同时也是对代际关系和代际伦理的形塑力量。在传统社会中,父子关系是家庭关系的核心,父子是一切家庭关系的基础,父权在家族中是最重要的一种权威形式,父辈对子辈可以行使控制与管教权,子辈需要遵从与依赖父辈的权力。家庭的代际关系有文化伦理的约束,因为家庭或家族经济、社交都是一体化的,父辈与子辈形成了"同居共财"的独立单元,资源与社会网络共享,因而子辈对父辈的反馈得以平衡和延续,形成了中国传统农村独有的养老模式。然而在当代农村,子女的地位日益提升,家庭运作都围绕着子女展开,子辈与父辈居住分离、经济分离,彼此之间空间距离增大,经济联系削弱,加上子辈更适应现代的生活方式,个体的个性和独立性得到了极大的发展,使得子辈降低对父辈的依赖,这不仅导致了代际关系的疏远和代沟的加深,也削弱了父辈对子辈的权威,父辈可以为了子女的利益牺牲自己(麻国庆,2023),而子代却获得了"文化反哺"的能力(周晓虹,2000),这已经成为改革开放以来我国家庭代际关系的一个新走向。

由此可见,改革开放以来,与我国生育变迁同步发生的还有家庭的变迁:家庭结构日益小型化;家庭关系从以亲子关系为轴心、以男性父权为主,转变为以夫妻关系为核心或对子女赋权的模式。在中国农村,一种更加平等、更为民主的家庭关系正在建立起来。对我国农村的生育转变起到了极大的推动作用。家庭的变迁与人口生育变迁互为因果,相互影响,形成了我国农村新的人口发展格局。

第三节 我国农村生育转变的理论解释

自2016年"全面两孩"政策实施以来,我国的生育率并没有大幅回升,农村家庭也没有出现生育的"井喷"现象,足以说明当下中国低生育率反映的不仅仅是选择空间大小的问题,更重要的是在个体和家庭层面的生育价值、生育意识、生育责任和生育动力问题。40多年来,中国生育率的快速下降成了中国社会快速变迁的缩影,中国人口形势相较40

年前已经发生了巨大变化,并构成了我国高质量发展的基础性变量。其实,在解释农村生育价值变化之时,需要了解生育率是多种因素共同导致的结果,一个社会或地区的经济、政治、文化、社会等发展水平都会作用于生育,而生育的数量和结构又会反作用于当地的经济、政治、文化和社会发展。因此,影响生育及生育价值观改变的因素是非常多样的,其因素内部也是充满联系且相互影响的,这也让生育价值和生育行为成为在各类因素网络作用之下的互动呈现。

一、生育数量与生育质量理性博弈

诺贝尔经济学奖获得者贝克尔在《人类行为的经济分析》中提出,人口的生育行为是基于家庭的理性决策,而家庭的生育决策是与生育的成本相联系的。可以这么来解释,子女成本不仅包括生育和抚育成本,还有生育比较成本,影响家庭生育决策和生育行为的因素是与家庭收入相关的生育比较成本。若子女的性质相当于耐用消费品,那么,这种耐用消费品产生的收益能否抵消掉或者弥补家庭的各类支出就是衡量生育比较成本的指标。同时,子女还会与其他品类的消费品争夺家庭预算,子女数量越多,即意味着需要减少越多其他类别的消费。贝克尔还指出,因为父母的时间也是有价值的,父母时间的价值越高,若投入子女身上的时间一致,那么子女的相对价格也会越高,因而家庭收入的增加往往会造成子女数量的减少,这也就是相对成本的概念。子女的成本必须涵盖女性在劳动力市场中所产生的相对成本,当女性就业越来越多,女性薪酬越来越高,生育的"影子价格"也就越来越高。同时,因为人的时间是有限的,家务劳动时间和工作时间处于相对竞争的关系,女性工作的时间增多,就意味着投入家庭和抚育上时间减少,也会减少女性生育行为,并带来出生率的降低。贝克尔的观点从经济学和理性人的视角理解生育率降低的现象,并指出了工作—家庭—生活平衡背后的逻辑性,帮助我们理解了经济因素在解释生育行为及其变化中的作用及其影响机制。

总体来看,中国早已进入高生育成本—低子女效用的发展阶段。对很多农村家庭来说,一孩生育是必须,二孩生育就需要考虑孩子的生养成本,主要包括但不限于抚养成本、教育成本、住房成本、子代结婚成本、医疗成本、机会成本等,生育决策因而变得更加理性和谨慎。育娲人口研究智库根据居民人均消费支出比例进行核算,2019年我国城镇0—17岁孩子的平均生育成本为630783元,农村0—17岁孩子的平均生育成本为299865元。邱德胜等(2018)的研究指出,高昂的生育成本是广大农村不生育二孩的主要原因,并以川渝地区农村为例,统计出育儿整个生育周期的总费用约为683254.94元,且主要由农村家庭自身承担,使得农村家庭不堪重负。

面对高昂的生育成本,减少生育数量、重视孩子的培养质量,是农村育龄夫妇权衡再三做出的选择。根据Becker等(1988)的孩子"数量—质量替代理论",在收入约束条件下,父母的生育决策是非常理性的,不仅仅会在"孩子"这种耐用品和其他消费品之间做出选择,还会纠结于孩子生育的数量和培养的质量(Becker & Tomes,1976)。伴随着城镇化进程,农村家庭收入增长,农民发现当培养的孩子具备越多知识,拥有越高的科学文化素质时,能带给家庭的经济收益和社会效益也越高。随着经济的高速增长,养育一个孩子的成本越来越高,投入和回报往往不成正比,子女数量的边际效益递减,在理性的权衡下,农村的育龄夫妇更为重视子女的教育投入,严格控制孩子的数量,并更看重孩子的教育质量。在孩子"数量—质量"替代关系下,农民经过审慎的选择,通过少生孩子降低成本,重视孩子的教育发展和培养质量,最终导致生育率的下降(Galor,2005)。

因此,在对孩子的抚养和教育上,现在的农村家庭希望给孩子用最好的东西,吃最好的食物,希望孩子不仅仅是能上学、有书读,还要成才,成为"光宗耀祖""让自己面上有光"的传承人。在改革开放后的中国农村,已经出现了很多通过自身努力考上大学、走出贫困,改变整个家庭和家族面貌的例子,接受了更多现代生活方式的年轻育龄夫妇逐渐不再重视对子女数量和性别的追求,转而重视子女的培养质量,使得子女教育培养的费用成为家庭主要的开销。早在2002年,牛建林(2002)对河南农村妇女的调查就表明,不管儿子还是女儿,希望他们文化程度越高越好的妇女占调研总数的70%左右,而88.3%的妇女宁愿要一个能上大学的儿子,也不愿要两个在身边劳动的儿子。很多进城务工的农村夫妇会把收入所得大量投入孩子的教育上,把孩子送到县城或是更好的学校,希望为孩子谋取一个好的前程;或者将孩子带到身边,希望孩子能在城市上学,产生了大量的"随迁儿童",希望接受了城市教育资源的孩子能有更好的发展,这些都为农村家庭带来了极大的经济负担。有的家庭以孩子的教育为重心,随着孩子读书而搬迁,在县城购置住房,提升了家庭消费中的住房消费占比,还贷压力的增加也迫使家庭中有生育意愿的年轻一代人将更多的精力投入劳动力市场,这可能挤占家庭分配给养育孩子的时间,从而阻碍家庭生育意愿的释放(蔡宏波等,2019)。

在孕产阶段,由于农村医疗水平有限,根据本书的调查结果,大量的产妇选择到城镇医院产检和生产,产生了较多的孕产费用,且很多难以通过农村医保支付。在婴儿阶段,农村抚育成本较平时增加了403.45%,其中奶粉为最大的花销增项。在工作方面,因为很多农村人口没有正式的工作单位,其医疗和生育难以得到正式保障,很多农村妇女怀孕期间还被克扣工资,这就更加抑制了农村女性的生育意愿。在孩子成人后,农村的婚育成本成为绝大多数农村父母最大的压力来源。很多农村父母会为支付孩子高昂的彩礼,并帮助孩子在城镇购买婚房,尤其增大了男方家庭的经济负担,使得农村父母不堪重负,苦不堪言。因而农村生育观念发生了改变,农村父母将有限的时间和精力投注到对子女的教育中,撼动了传统的"多子多福"观念,并使得"优生优育"成为当代农村最具代表性的家庭生育理念(石智雷,2015),这也造成了农村生育意愿的进一步降低;另一方面,子女的教育及其收益要求长期持续投入,因而收入越高的家庭,其孩子可能拥有越长接受教育和培养的时间,这又增加了孩子的抚养成本(郭剑雄,2005;郑真真等,2009),进而造成高收入家庭减少生育数量,降低生育率。

代际交换是家庭中重要的互动形式,主要包括财产、照料和情感层面的交流互动。根据传统的代际交换理论,以经济、资源和时间等为资源要素的内部互动应该遵循互利互惠的等价交换原则,比如父母对孩子的养育对应孩子对父母的赡养,其中有恩情与反馈的意涵,同时这种付出与回报也是传统社会中实现代际资源分配平衡的有效方式。然而伴随市场经济的兴起,生存竞争越来越取决于个人的知识、技能和综合素质,代际的资源互换规则发生改变,家庭中充斥着经济理性,很可能为了实现家庭效用最大化而牺牲某个体的利益,家庭中拥有更多资源或更多权力的人往往能利用自己在分配中的优势地位,将财富和时间向弱势的一方倾斜(Becker,1974)。可以这么说,现阶段农村的父母不仅仅在养育子女时期投注了大量的金钱和精力,在子女成人后还要继续为他们照顾孙辈,甚至也要为子辈孙辈提供经济支持(Silverstein, et al., 1997)。这种完全利他、毫不利己的家庭资源分配和代际传承方式使得家庭资源向子女倾斜,也让子女能有更多的时间精力投入外出务工、非农就业的劳动力市场配置中,同时也带来了传统生育模式的改变,因为子女给父母带来的边际效益递减,其示范作用抑制了年轻父母的生育意愿。

从传统社会迈向现代社会,农村家庭的生育抚育模式发生了很大的改变,从原来农业社会时期的夫妻粗放式养育,转型为现代多辈合力的精细化培优,农民家庭投入了越来越多的时间和金钱到孩子的教育中去,以期获得更大的回报,其抚育方式也越来越精细化,这点和城市的生育转型具有一致性,代表优生优育的现代生育和教养观念已经在农村家庭中完成了转变,农村家庭希望能培养出优秀的子女,过上富足的生活,因此,低生育意愿是农民家庭生活理性化后自主选择的结果(尹秋玲、夏柱智,2022)。

二、社会网络与人际互动影响弱化

除了经济理性的考量外,人还是社会中的人,具有社会属性,身处于相应的社会结构、社会关系和社会规范中,总是在不停地从外部汲取信息,学习相应行为规范。个人观念拥有强大的社会来源,这也是社会学习的意义。由此,需要关注人际互动在生育决策形成中的作用,个体总是受到外部的影响,个体之间的相互依赖就是社会互动,从众就是社会互动中最典型的例子。个体要以社会网络提供的信息来帮助判断,做出决策,或是要依靠社会网络提供支持,以便更好地实现目标。在生育上,个体处于一定的群体中,群体有自身的生育规范和价值标准,个体会在这样的网络结构中获取信息或榜样,获得支持或反对,帮助个体和家庭做出生或是不生的判断,因此,个体一直都有意或无意地遵循着社会规范要求(Madhavan, et al., 2003),这也是个体能赢得认同,避免与群体发生冲突的路径选择。但是社会网络的效能会随着时间而变化,生育文化也会发生改变,很多维系生育行为发生的文化观念和行为规范,可能已经不复存在了(Bernardi & Klärner, 2014)。

与西方文化不同,家文化是中国传统文化的基石,对中国社会影响深远,"家"在中国文化传统中具有本体地位。费孝通(2010)在《生育制度》中提出,家庭构成人类生育的基本制度。他认为,家庭制度是保障人类繁衍的制度安排,与家庭制度相关联的婚姻制度、亲属制度、财产继承制度等与后代的生殖繁衍息息相关,需要进行整体性的建构,使人类生育和人口再生产得以保证和持续。不同于西方家庭理论把家庭定义为同居共财合炊的生活单位,中国传统的家庭是融合多种身份于一体的复杂社会单元(望超凡、甘颖,2019)。对传统社会中的中国人而言,家庭首先是一个生活单位,其次是一个共同从事农业生产的生产单位,然后是一个参与社会生活的交往单位,最后还是一个进行祖先祭祀的宗教单位,总的来说是一个兼具生活性、生产性、社会性和宗教性四重属性的"四位一体"社会单元(望超凡、甘颖,2019)。其中的生活性、生产性、社会性和宗教性对我们理解农村人口的生育都具有重要作用。

家庭是一个生活单位,相较于外部而言它有明确的界限,家庭中的一群人生活在一起,同居共财,其关系主要依靠血缘、婚姻或是收养来确立,相互之间紧密联系,具有极强的情感性,这也圈定了家庭与外部的边界,家庭与外界的交往又具有较强的独立性。中国传统的直系家庭和联合家庭都是"同居共财"和社会交往的单位,代际关系是有代际伦理支撑的厚重且平衡的"反馈模式"(费孝通,1983),家庭中讲究的是"不孝有三,无后为大",子女对父母最好的孝顺方式就是"儿孙满堂""共享天伦之乐"。但是伴随着市场经济的发展和农民外出务工潮的兴起,农村家庭结构经历了上述转变,农业生产所能产生的经济收益在年轻一代的可支配收入中占比很少,父母对子女的影响力日渐式微,老一代权力丧失,子女逐步成为家庭运作核心,并诞生了农村新的赡养父母方式和新的育儿方式。因此,农村的代际分工往往是青年夫妇进城务工、老一辈的祖父母在农村看护孙辈,种田农忙。家庭规模日益缩小,联合家庭和主干家庭被核心家庭取代,家庭成员分布在大江南北,家庭在物理空间和关系结构上日益"碎片化",传统家庭的结构稳定性降低。老一代对年轻一代生育决策影响力很小,生育行为转变成为夫妻两人的事情,是夫妻双方独立选择、理性抉择的结果(高韶峰,2022)。在这一过程中也能看到,夫妻双方的想法都很重要,夫妻之间会对生育问题进行协商并做出决策。但是,丈夫对妻子产生的生育影响往往与其社会地位,以及女性在家的相对地位有关。如果家庭中夫妻地位相对平等,在生育意愿上更可能呈现无性别偏好;在夫妻协商的家庭中,如果夫妻社会地位比较平等,妻子则更可能掌握主动权。

在社会性的理解上,可以使用费孝通提出的"小家族"的概念,因为小家庭对大家庭的嵌入,从横向维度上来讲是嵌入在父系血缘群体中的,从纵向上看是嵌入在历史性的家族绵延中的,这两个维度使得传统家庭与父系血缘网络产生了紧密联系。同时,传统家庭又存在于乡村这样的熟人社会中,村民之间通过人情、面子、信任和规则形成了村内的"自己人认同",村民之间的社会交往与家庭在村庄内的日常便利息息相关,也关系到村民的"本体性价值"。因为家庭对村庄内社会结构深度嵌入,所以家庭的行为决策很大程度上也受到"社区情理"的严格规制,家庭的结构形态、关系模式和行为抉择都会受到"社区情理"的规制与影响(狄金华、钟涨宝,2013)。村民在村庄内拥有比较复杂的人际网络,从这些网络中能看到村民所在家庭对村庄的双重嵌入,第一重是对父系宗亲团体的嵌入,第二重则嵌于村庄熟人社会中。双重嵌入所形成的关系网络对村民而言十分重要,可以直接影响村民生活的本体性价值,一方面是能实现生产活动中的功能性,另一方面又能满足村民在村落中的社会性,这就使得这个网络可以形塑村民的价值观念和行为模式,并具有极强的影响力。因此,传统的生育观念和生育行为很大程度上受到乡村文化、传统习俗的影响,旁人的"说三道四"对个体和家庭形成了极大的心理压力,会促使他们产生符合乡村规范的生育行为。在"养儿防老""生子生男"的氛围影响下,我国古代农村家庭都遵循着多生、生男的生育准则。然而,现代社会生活越来越原子化、碎片化、分散化,那张由乡邻、宗族和亲属构成的人际关系网日益弱化,大批劳动人口外出务工使得个体对这份乡土网络的依赖日益降低,邻里和长辈的谆谆教诲也不再适用于节奏加速、法理明确的现代社会,现代社会的资源能够更好地帮助他们解决养老和抚幼问题,因此个体也就不再遵循乡土的规范要求。生育越来越成为个人和家庭的事情,社区和村落都失去了对个体的规范效能,已经无法干预农村生育主体的生育行为,甚至影响不了他们对生育的看法。

对农村育龄夫妇生育决策影响最大的网络往往是朋辈群体。现代社会日益原子化,同辈朋友是个人自由选择、主动交往的结果,自愿关系在第二次人口转变中比家庭关系发挥着更强的影响力(Balboa & Barban,2014)。一方面,丈夫和妻子的兄弟姐妹或者其他同辈亲属之间会有更多的交流、互动,大家坐在一起沟通聊天,在非正式的场景下交流经验,完成对生育经历和意愿的探索和互动,并产生相互影响;另一方面,早于夫妻生育的同辈经验往往具有示范作用,产生正面或负面的效果,从而使夫妻的生育意愿维持或者改变。另外,同辈的子女数量或性别组合也会对育龄夫妇构成压力,从而影响其生育意愿。牛建林(2014)的研究就表明,兄弟姐妹的生育数量与受访者的理想子女数之间呈现正相关。

家庭在逢年过节时候的祭祀行为和宗教活动将生育规范上升到村规民约的高度。祭祀往往以祭拜先祖为主,其他神灵为辅,家庭在类似的宗教活动中对先祖表达追思,祈求先祖保佑,能更好地获得生活幸福、家族绵延、香火旺盛的生活价值和意义归属。可以说,"中国传统普遍的宗教即家族社会之宗教",乡土社会通过村民网络把生育的思想和责任从"小家"扩展到"大家",并将其上升到了乡规民约的高度,内化于村民的思想和行为中。但是伴随社会变迁和家庭变迁,生育自决、追求个人成就已经成为新的时代潮流,即使是对农村的青年来说,繁衍后代也不再是必然选择。若生育妨碍了个体人生道路的推进,那就可以推迟它甚至放弃它,传统的价值和规范让位于更加理性的原则,主动选择和自愿交往的同辈群体才会对生育群体的生育价值与意愿产生直观和重要的影响力。

三、女性角色彰显并主导生育决策

新家庭经济学认为,夫妻双方中经济资源和经济地位较高的一方主导着家庭事务,也决定着家庭的生育行为(Becker, et al.,1990),这种家庭经济地位的差异将导致一方对另一方的权力支配(Evertsson & Nermo,2004)。在传统的性别角色中,女性的身份和角色被限制在家庭中,但是伴随着女性受教育程度的提高和男女平权意识的觉醒,越来越多的女性参与工作并成为有报酬的劳动者,她们的收入持续增加,并在劳动生产和社会交往中愈发活跃,成了"半边天",因而面对生育决策时,如何平衡工作、家庭和自我的发展就成为女性的主要考量。一方面,从怀孕生子到抚养教育,无一不需要经济投入和时间精力,作为传统的家庭照顾者,很多女性无法全身心投入职业发展中,因而只能寻求工作灵活性大或者是经济回报较低的岗位,在这样的循环下,女性进一步丧失了家庭事务主导权和生育自决权(McDonald,2000),这一状况使得很多女性在面对生育时望而却步。另一方面,现代社会对体力劳动的要求降低了两性之间的差距,女性的工资收入和工作表现不比男性差,其社会地位对家庭地位有很强的影响作用,女性社会地位的提升有助于她们掌握在家庭事务和生育决策中的话语权,面对职业发展需要,女性降低了生育孩子的意愿,减少了生育数量(Raz-Yurovich,2016)。新中国成立以后,越来越多的妇女从家务劳动中走出,参加到蓬勃发展的社会化大生产中。2019年我国女性参与劳动比例达60.57%,同期OECD国家的数值为52.59%,我国女性劳动力参与率居世界前列,中国女性的社会经济地位在这一过程中得到巨大改善,并在家庭事务决策和自主生育方面获得了更多的自主权,女性生育意愿下降、生育率不断下滑的现象也伴随出现(陈卫、翟振武,2007;郭志刚,2017)。

自2000年以来,我国农村的家庭权力逐步由父代转移至子代,年轻夫妻尤其是儿媳妇在农村家庭中居于决策主导地位已经不再是个别现象,家庭中的年轻女性不仅仅主导了生育,还主导了其他家庭事务决定权。在传统乡土社会中,家庭权力主要由父代主导,女性在生育上拥有的话语权很少,生育时间、生育性别和数量等都有一套现成的价值规范,年轻女性的想法并不重要,青年男女都需要遵循着旧有的规制和标准,从家庭整体角度来考虑生育。在小农经济和多子多福的传统下,多生、生男就是大多数农民家庭的普遍选择。伴随着女性教育水平的提高和劳动参与的普及,农村的年轻女性在家庭生育问题中的决策权越来越大,在什么时候生、生男还是生女、生多少、怎么生、怎么养这些生育核心问题上都拥有了主导权。对于年轻女性来说,她们不仅需要从家庭理性出发,思考生育带给家庭的影响,还需要衡量生育给个人职业发展和生活方式带来的改变,需要在个人发展、家庭维系和生育之间找到平衡,这是改革开放以来农村生育变化的重要影响因素。

在低生育率时代,家庭内部的传统性别分工导致了女性对生育养育需要更多的付出,从而抑制了女性的生育率(计迎春、郑真真,2018)。虽然农村地区的女性很多只完成了中等教育,但是大多数都可以通过流动的方式选择非农就业。和城市地区的女性一样,她们的生育旺盛期与初次进入劳动力市场的时间基本重合,这段时间也是她们需要大量补充知识、提升能力、完成人生初次积累的时间。一边是强度很大的工作,另一边还需要跟同龄人竞争,以便获得更好的人生发展。尤其是那些通过流动具有一定城镇地区生活经验的女性,她们逐步认同了城市的生活方式和工作节奏,对男女平等有更多体会,她们内心对自己的认知更多是"职业女性",而不是"农村家庭妇女",因此,生育很难被她们优先考虑。妇女的生育水平与非农就业的参与水平是互相制约的。农村妇女的非农就业很大程度上降低了妇女的生育意愿,也使得实际生育数量大大降低。但是近些年中国女性的劳动参与率有所降低,相对于本地劳动力而言,家里有6岁以下儿童对流动女性的劳动参与有更大的负面影响(都阳、贾朋,2018)。很多研究认为,女性劳动参与减少,是在中国经济高速发展后,家庭根据内外部环境的变化,经过充分权衡和调整后理性选择的结果,也是女性将更多时间精力投入育儿和家庭劳动的结果(吴要武,2015)。值得一提的是,按照我国城镇化的发展趋势,尽管 30 年来中国妇女的劳动参与率呈现下降趋势,但她们的非农就业比例将会继续升高而不是下降,如果女性的职业环境和职业制度不发生显著改善,抑或仅仅是形式上、口头上的改变,妇女的非农劳动参与仍然只会对其生育决策起到负面作用,且这样的作用还会继续加大。这侧面反映了我国劳动力市场对女性生育不友好,尤其是对农村女性生育不友好的现状。我国急需针对农村家庭的特殊情况,探索家务劳动社会化的公共服务,增加企业对女性的支持力度,实施弹性工作制,改善相应的劳动制度,帮助女性实现工作—家庭—生活平衡,增加女性的自主选择权,使女性有更多机会参与社会经济活动。

婚姻市场上的性别结构失衡强化了女性的优势地位。目前农村男性婚姻挤压形势严峻,女性成为婚恋市场中的"稀缺资源",使得女性在婚恋选择之时就占据了优势地位,进入男方家庭后话语权也逐步增强,体现在对生育决策的主导性上。在婚姻挤压严重的农村地区,娶得起媳妇成为男方家庭拿出来炫耀的一种能力,传统的"夫为妻纲""婆强媳弱"传统被打破,年轻一代的农村女性在家庭中占据较高地位,以"90 后"农村媳妇为例,她们读过书,平均教育水平比老一辈更高,外出"见过世面",在网络化的世界中掌握着世界最新的信息,与外界交流比老一辈更多,视野和知识面都更广。男方花费高昂的彩礼将其娶进家门,她们因为经济上基本独立于老辈,且尊重自身主体性,并逐步掌握家庭中的经济大权,在孩子的生育、抚养、教育,包括整个家庭的人情来往、搬迁买房上都有较大的话语权,甚至处于农村家庭中的核心地位。可以说,目前农村家庭中的生育决策大多由年轻的儿媳妇主导,丈夫往往会与妻子意见一致,即使老一辈有不同的想法,也很难改变年轻一代的意愿。我国改革开放 40 多年来,农村女性家庭地位和社会地位逐渐提升,女性话语权越来越强。伴随着女性主导生活话语权成为普遍趋势,农村的生育水平与女性生育意愿息息相关。

四、个体本位呼唤生育情感价值

伴随着我国快速的城镇化和工业化进程,传统生育文化对农村的影响式微,农村育龄夫妇的自主性增强,生育价值逐渐由家庭本位转化为个人本位。在传统乡土社会中,生育往往是家庭本位的,生育的终极性价值和功能性价值对家庭和家族来说至关重要,生育对个体的意义往往被忽略了。生育虽然是个体行为,但种姓的绵延、子嗣的繁育、家族的荣誉都和生育息息相关。一个家族的子女越多,尤其是男孩越多,就意味着这个家族人口越兴旺,势力壮大,与祖先的联系也就更加紧密;不能生育的家庭,或者是没有男孩的家庭往往都被认为是家族失去了传承;生育的子女多少还关系到家族在村庄中的地位和面子。因此,生育需要被放置在家族的位置来看,生育对家族的意义远远超过个人。

在中国家庭从传统迈向现代的过程中,个体与家庭之间的关系也发生深刻变化,这一过程可以用德国社会学家贝克的"个体化"概念来解释。一方面,个体经历着"不再重新嵌入的脱嵌",从集体性的社会整合因素如阶级、家庭、性别、族群等解脱或被抽离出来(阎云翔,2006),以致"家庭高于个体、个人为家庭利益无条件牺牲和奉献的传统家庭主义"式微(康岚,2012),传统家庭利益对个体而言不再具有强烈的意义感。另一方面,个体化文化鼓励人们"为自己而活"或"过属于自己的生活",这使个体自我意识高涨,越来越追求自我发展、个人幸福和安全感(阎云翔,2006)。现代女性从传统性别分工中脱嵌,从"为他人而活"到"为自己而活",职业发展被视作个体化生活的重要内涵,意味着更大的自主性与幸福感(沈奕斐,2013),家庭不再作为应"为之自我牺牲的一个生存和奋斗的集体单位",而成了"个体满足自我利益、自我成就的手段"。在家庭中,与个体利益关系最密切也最易冲突的,是具体的、所属明确的其他家庭成员的个体利益,当每个个体都认为"有权为自己而活"时,冲突就更具张力。生育问题正是张力的焦点:家庭成员在生育和育儿方面投入的时间和精力与他们"过属于自己的生活"机会此消彼长。

农村新生代青年的生活方式是个体化和现代化的,需要足够的资源和充裕的时间才能契合他们对这一生活方式的追求。农村育龄青年虽然出生在农村,但是接受教育和外出工作大多是在城镇完成的,是深受现代化和城镇化影响的一代,他们追求精致的生活方式,希望自己的事业和家庭都能有所收获,其生活方式带有很强的个体化色彩。尤其是农村的年轻女性,她们大多具有较强经济能力,自主性全然彰显。在农村男多女少的背景下,一方面,婚姻对她们而言,具有功利性质,她们希望通过婚姻改善自己的生活状态,这是对现实充分衡量后的理性结果;另一方面,她们在婚姻中渴望浪漫,希望在婚姻中感受到罗曼蒂克的成分,拥有"玫瑰色"的生活;最后,因为她们的生活方式是城镇化的,家庭只是她们生活的一个部分,她们并不希望自己因为生育放弃个人追求,期待成家后仍然有自己的生活,希望能在工作和生活中实现自己的价值,寻找到人生的乐趣和意义,而这份意义肯定不是来源于孩子。年轻人个体化和现代化的生活方式与生育行为之间是有冲突的,因为生育更多的子女,就意味着自我空间的缩减和生活方式的改变。农村的年轻人在做生育的决策时是理性的,也是个体化的。农村育龄夫妇生育意愿的改变,其核心在于传统的家族和家庭不再是他们生命意义感的来源,在传统家庭向现代家庭过渡的阶段,年轻人主张"为自己而活"或"过属于自己的生活",个体自我意识高涨,重视个人利益与欲望,家庭逐步失去了需要为之"生存和奋斗的集体单位"的意义,但是年轻人的价值导向还处于摸索和迷茫中,亟须社会的大量关注。

在个体化的背景下,生育对新生代青年夫妻而言,不再是一种家庭职责和刚性任务,而是一种个体选择(杨宝琰、吴霜,2021),他们对孩子的需求从以功利性需求为主转向以情感性需求为主(郑真真,2021;李永萍,2023)。年轻的夫妇之所以愿意生孩子,是因为他们想生,孩子能给他们的生活带来更多的满足,增添更多的乐趣,带来更多的幸福,创造更多的意义,孩子的情感价值被放置到最重要的位置。因此,青年夫妇普遍愿意生育孩子,但是很多人认为有一个即可,二孩生育意愿比较低,主要是一个孩子已经能满足他们的情感价值需求,而功能性价值和终极性价值不需要生育数量的堆砌,已经可以从其他的途径获取(李树茁等,2011)。情感性生育价值是生育个体本位的特征,农村的育龄夫妇逐渐摆脱了传统文化的束缚,进而拥抱了更为现代的、更加理性的、更加个别化的生育价值观,进一步降低了农村生育率。

农村青年的个体化更多是一种自主选择,也蕴含了家庭的成分,尤其在面临孩子抚育问题的时候,农村青年的个体化就演变成了一种维系家庭结构的力量,使得孩子的抚育能在最理想化的轨道上进行。农村儿童的抚育也出现了私人责任化和市场化的转型,科学育儿方法成为新的养育指南。在生活方面,第三代人需要陪伴、照顾和教育,对人力提出了极高的要求。然而,对孩子的教育却只有受教育程度较高的年轻夫妇可以承担,祖辈丧失了孩子教育的话语权,他们对孩子抚育的贡献仅仅停留在生活照料层面。因此,农村的孩子抚育出现了跟城市一样的状况,即祖辈负责做饭、买菜、打扫卫生等辅助性的体力劳动,接受过更多教育的父母承担辅导学习、管教、规划等脑力劳动,但是这些家庭分工也主要是围绕教育这个核心任务展开的。教育决定了孩子的前途,因此家中更有话语权的是年轻父母,祖辈在面对孩子教育时很难能发表意见,或其意见也很难被采纳。

在农村家庭中,围绕着孙辈的抚育,很多家庭会发生多次由分到合、由合到分的过程。三代人聚集在一个屋檐下,个人的空间缩小,不同生活方式和育儿主张会交织在一起,使得家庭内冲突不断、摩擦不断(樊欢欢,2014)。但是,即便矛盾再大,祖辈也很少把自我置于代际关系之上,他们仍然愿意全天候地照顾新生代,他们的行为不仅饱含浓郁的家庭主义价值原则,也让青年一代随着家庭生命周期的变动而调整家庭结构成为可能(沈奕斐,2013)。中国的传统价值观中一直讲究"含饴弄孙"之乐,对于祖父母来说,照顾孙辈可能是幸福的来源。青年一代是家庭"分"与"合"力量中更主导"分"的一方，青年一代的个体化生活方式与老一代的以家为本的生活方式发生冲突，虽然青年一代有很强烈的想要分开的冲动，但是无法单靠自己完成育儿任务，尤其是年轻的媳妇仍然寻求婆婆的帮助。在集体单位统包制消解、市场风险日益增加、社会保障缺位的农村家庭中，发展出了一种以育儿为核心的凝聚机制，家庭成员在这一核心目的作用下，即便青年个体意识觉醒，也仍旧会维护现有的家庭结构，这也是个体主义在农村育儿背景下的新呈现。

综上，中国农村的生育价值观呈现出了"由社会权利的外部执法逐步向内部心理规则转化的过程"（Behjati-Ardakani, et al., 2017），人们逐渐放弃了传统的生育观念，而逐步迈向现代化的生育观念，整个生育转变是整合了经济因素、社会因素、个体因素、性别因素后，伴随着经济社会转型而发生改变的结果。这个过程中家庭和群体的影响逐渐式微，个体、夫妻和自主选择的同辈的影响增大，可以看到我国传统的生育价值观正在瓦解，生育越来越是自己的事情，孩子的情感价值彰显。这个过程还在继续并将持续很长时间，如何帮助个体和家庭寻找到生育的意义，塑造孩子和生命的价值，是应对低生育率社会最关键的问题。

本章小结

改革开放40年来，我国在"压缩式现代化"背景下，政治、经济、社会、文化等各方面都在短时间内发生了快速、激烈的变迁，作为涉及人类再生产的生育行为也发生了重大的改变。在我国农村地区中，生育已经发生转变，农村人口的生育目的由"公"转向"私"，由传宗接代逐渐转向了情感个人喜好，生育偏好由男转向"男女皆可"，生育数量由多转向少，二孩偏好较为显著，生育时间逐步推迟，育儿期待转向了以教育发展为主，希望孩子获得好前程，这些改变代表着农村生育观念由传统生育观念向现代生育观念转变，生育决策趋于理性，也代表着中国农村生育进入了内生性低生育阶段。但是因为这一过程还在继续，并将长时间持续，中国农村生育状况呈现出典型的马赛克特点，传统、半传统和现代的生育观念杂糅交织在一起，农村家庭观念和家庭结构演变与生育转变同步发展，彼此联系，互为因果。

影响农村生育价值转变的因素很多,且各因素相互交织、相互影响,这也使得农村生育价值和生育行为成为各类因素交互作用下的呈现。其中,养育孩子经济成本不断加大,伴随农村非农就业率和教育水平的提升,农民在孩子的质量和数量之间也产生了理性考量;伴随着农村纵向代际影响力式微,农村青年一代成了家庭的主轴,村落文化、集体规范都很难再似农业社会一般对年轻夫妇产生影响,生育成了个体社会中个人和夫妇的决定;伴随着女性力量崛起和农村婚姻挤压形势日益严峻,年轻女性成为农村家庭中生育决策的主导者,并决定了农村家庭生育的走向。我国农村的低生育率还将持续,这一状况关系到我国农村人口基础和乡村振兴战略的实现,如何唤起农村对生育价值的重视,寻找到生育的意义,已经成为现阶段急需重视和解决的难题。

第十章

人口高质量发展背景下中国生育友好型社会的建设路径与政策建议

2023年5月5日，习近平总书记在二十届中央财经委员会第一次会议上指出，"人口发展是关系中华民族伟大复兴的大事，必须着力提高人口整体素质，以人口高质量发展支撑中国式现代化"。改革开放以来，我国农村生育率持续在低位徘徊，农村传统生育观念日趋式微，生育价值迈向了更为理性的现代生育观念，农村人口日益呈现老、少、空的态势，农村人口形势十分严峻，直接影响我国农村的乡村振兴战略和共同富裕目标的实现。人口高质量发展是新时代我国人口发展战略的目标要求，也为在农村生育新常态下我国农村人口的发展指明了前进方向。为实现人口高质量发展的目标，我国人口生育政策亟须动态调整，以更好地完善农村人口战略，将严峻的压力挑战转变为发展机遇。

第一节 中国农村生育变迁背景下人口高质量发展的挑战

我国的现代化是时间空间高度浓缩的现代化，在改革开放40多年的时间内走过了发达国家上百年时间才能走完的发展历程，同时也产生了各领域、各人群发展不平衡、不充分的结构性问题。我国农村的生育模式的转变也是在短短的30多年内完成，至今已经形成了"晚生、少生、优生"的生育模式，但是因为这一转变时间短、来势猛，其间产生了很多问题，给我国农村人口治理和人口均衡发展带来了极大的挑战。

一、农村底层男性遭遇严重婚姻挤压

顾宝昌(1992)认为,生育是在数量、性别和生育时间上发生的社会现象。中国生育模式的转变发生在极短的时间之内,在20世纪70年代,一对夫妇平均可以生育6个孩子,后来逐步降到生育3个孩子以下,再转变到现阶段的晚生、少生、生育间隔长,生育维度中的生育数量和生育时间已经完成了转变,但是性别维度的变迁却相对滞后(郑真真,2022)。中国的性别失衡现象,从20世纪80年代开始一直持续至今,始于东部沿海地区,此后蔓延到全国。传统中,中国家庭一直追求理想子女性别,这样的实践在中国历史上积累多年,一个家庭起码要有一个男孩,多生也是为了生男孩。段纪宪(1991)针对我国20世纪70年代女性的避孕率研究就发现,有男孩的家庭女性避孕率超过没有男孩的家庭。值得注意的是,以多生行为来增大生育男孩概率的现象并不会影响出生性别比,因此我国在20世纪80年代以前,出生性别比并不是太大的问题。但是伴随着政策的紧缩和生育技术的发展,我国生育率快速下降,生男孩成为很多农村家庭对生育的最大诉求,甚至出现了很多利用人为干预、人工流产来达到生育男孩目的的现象,这就引发了我国出生性别比严重失衡。据2020年第七次人口普查数据,我国"80后"世代多余男性138.36万,"90后"世代多余男性1012.14万,"00后"世代多余1301.62万,"10后"世代多余1191.2万,合计约3643万,这些大龄未婚男性大量集中于农村。我国第五次人口普查的数据表明,农村的性别比高达121.7,这表明在农村的第一次生育中,就有很强的控制性别倾向。根据国家统计局第七次普查数据推算,2020年我国30岁以下的人口中,15—19岁、20—24岁、25—29岁的出生性别比分别为116.1、112.5和110.3,性别比例严重失衡。

根据联合国相关文件,一个国家或地区的总人口性别比在100以内就可称为正常人口分布阈值,如果超出100,就属于性别结构失衡,如果超出范围比较多,就代表总人口性别比严重偏离正常阈值,就有大量适婚年龄男性难以在婚恋市场中找到女性配偶(李树茁、果臻,2013),这个就是婚恋市场中的男性婚姻挤压现象。出生性别比失衡是具有明显的地域特征的现象,我国2000年第五次人口普查显示,这一问题虽然城市和农村都存在,但是农村比城市更为严重,经济条件差的人群比经济条件好的人群严重。这类人群具有以下共同点:一是自身和家庭经济基础较差;二是缺乏向上流动的能力,可能是受教育程度不够或自身有残疾;三是家中往往有老人或病人需要照顾,社会资源匮乏。这类男性往往集中分布在我国西部、西南等地的欠发达地区,并呈现出逐步向相对发达地区扩散的趋势。这一现象与传统文化习俗、生育价值观密切相关。我国很多欠发达地区的女性多到城镇或更发达地区务工,或通过婚嫁方式流动到更加富裕的地方,因而在经济条件欠发达的农村剩下了大量的农村男青年,使得农村大量剩余男性无法完成婚恋与生育。

遭受婚姻挤压的男性呈现地域集中、阶层集中的特点,已成为影响农村家庭发展和乡村社会治理的难题。我国西部地区,河南、江西和安徽等人口众多省份出现了最严重的性别失衡。在男多女少的背景下,女性婚恋市场中占优势,很多农村男性只能通过提高彩礼、负债建房(购房)、贩卖新娘等方式来获取婚姻,直接导致农村高昂的结婚成本和婚姻维系成本,很多地方还出现的"天价彩礼"和"骗婚—跑婚"现象,都是农村人口性别比例失衡带来的婚姻挤压问题的负面表现,给农村社会带来了极大的治理挑战(陈文琼、刘建平,2018)。这类人群主要集中在低社会经济地位的农村地区和家庭,是威胁社会稳定的潜在因素。此外,很多农村剩余男性试图通过购买欠发达国家的新娘解决婚恋生子难题,移民管理也由此面临挑战。该需求使得越南、缅甸等国"购买"新娘的隐形市场发展起来,我国某些地区甚至有"缅甸新娘村"或"越南新娘村"。来自贫穷邻国的妇女本希望在中国找到可靠的工作,获取经济收益,不想却成为人口贩运者的牺牲品,很多女性尚未18岁就被贩卖,一女多嫁、诓骗彩礼、新娘逃跑等事时有发生,也让我国非法移民问题愈发严重。

二、农村老人面临严峻赡养困局

伴随农村生育变迁,子女逐步成为整个家庭运作的核心,子辈对父辈的赡养义务履行有式微倾向。根据"七普"数据,我国60岁及以上老年人口为26402万人,占总人口的18.70%,65岁及以上老年人口为19064万人,占总人口的13.50%。费孝通(1983)指出我国农村传统的养老方式是"反馈模式",成年子女需要赡养老年人,尤其是儿子要承担起赡养老人的责任。然而,伴随着我国生育模式的转变,家庭重心发生转移,农村老人在家庭中的权力和地位日渐消减,使得农村的养老成了乡村治理中的一大难题。老年人面对时代发展、信息爆炸和青年一代的生活方式,一方面守望着过去的传统文化,期盼子辈能遵循约定俗成的道义,另一方面感叹于青年一代工作和家庭的忙碌,希望自己能为青年一代分担,做到"老有所用"。在市场化和工业化的冲击下,通过分家或农业生产与年轻人之间产生的经济联系淡化到可忽略不计,祖父母除了在家照顾孙辈、种田农忙外,对年轻人的影响力日益降低,村落里仅凭道德和乡俗来约束年轻人的赡养义务显得力不从心,老年人不仅无法指望从年轻人那里获得期待的照顾,还得依靠自己来维持老年生活。伴随着老年人口的年龄增大,农村养老面临前所未有的严峻形势。

农村养老问题主要体现在三个方面,首先是农村养老资源严重匮乏。根据第七次全国人口普查数据,2020年,我国农村60岁及以上人口的比重达23.81%,高出城镇7.99%,同期农村人均基本养老金只是城镇退休职工的1/21(蒋军成、黄子珩,2021)。但是,由于历史发展和经济条件等原因,农村社会化养老服务相较城市也有较大的差距,不管是数量、质量还是服务能力,都严重落后于城镇。以养老院覆盖率为例,农村仅为城镇的50%,老年日间照料中心覆盖率仅为城镇的25%(李蕊,2022),而社会化的养老服务资源也呈现出从县到乡(镇)再到村的上强下弱逐层递减的格局(胡宏伟等,2022)。县一级的养老服务机构条件较好,但是以照顾特殊弱势群体为主,如"三无老人""五保老人",普通的农村老年人可选择的只是乡镇层面的敬老院或是其他养老服务机构,农村社会养老服务的可及性和均等化面临严峻挑战(袁潇潇等,2023)。其次,家庭养老其实是我国农村地区养老的最基本方式,青年一代需要向老一代提供物质和精神上的支持,是一种"哺育—反馈"的形式,在传统农业社会,一直具有低投入、高效、稳定的优势。然而,农村青壮年劳动力大量外出,农村老人寿命一直在增加,患病的概率也在增加、身体机能下降,在农村生育模式转变的背景下,农村空心化和少子化现象使得家庭照料能力和养老能力显著下降,加剧了农村养老压力。最后,农村生育模式发生改变,很多农村的流动家庭进入城市后面临的社会竞争压力较大,农村青年更愿意把时间和金钱花费在子女的教育与培养上,在资源有限的条件下,父母的赡养资源被孙代占据,农村家庭的赡养功能被削弱。在现阶段利益关系碰撞、价值多元化、传统观念式微的背景下,我国农村孝伦理被弱化,农村年轻人赡养意愿下降,青年对自己"小家庭"的重视程度远远超出了对父母赡养义务,农村老人的物质和精神需求常常处于被忽视,甚至是漠视的地步(牛文涛、姜润鸽,2020)。

全球价值观调查在86国的调查结果发现:子女数量与幸福感在男女40岁以前呈现负相关,即子女数量越多幸福感越差,且最年轻组的负相关程度最强;40岁以后子女数量与幸福感逐渐呈现正相关关系,而正相关最强的国家是老年支持主要依靠家庭的国家(Margolis, et al.,2011)。当社会更看重个人发展,青年更重视个人价值和追求发展梦想时,他们很难会顾及自己几十年后的幸福,何况这种幸福很难被测量,年轻人几乎不可能放弃当下的快乐而去追求老年后的幸福,更不用说舍弃目前个人的职业发展。目前生育价值观发生了变迁,"养儿防老"的观念在中青年中逐步淡化,在我国农村养老保障体系逐渐完善的今天,为了老年后有子女照顾或陪伴而选择生育孩子已经不再是理由。对婚姻和生育的重视,也使得男女青年在择偶、婚姻和生育时都比以往更加慎重,甚至出现功利导向,由此推迟初婚初育的时间。

三、留守/流动儿童成长教育环境亟须改善

我国的人口转变是一种压缩式的人口转变,并带来了人口结构的快速变动,和巨大的人口发展与协调问题(任远,2023)。改革开放以来,我国城镇化率从1980年的20%增加到2022年的65.22%,且这一比重还将提升,而我国农村生育率持续多年在低位徘徊,这就导致了少年儿童人口比重在总人口比重中下降,大量的留守儿童和流动儿童也在城镇化过程中产生,他们的健康、教育和陪伴关系到我国人口高质量发展的实现,需要被纳入生育政策的考量范围。

分离式家庭已经成为农村家庭的常态,且在未来一段时间仍将是农村常见的家庭类型(许彩丽、张翠娥,2023),这就产生了庞大的留守儿童群体。据国家统计局发布的《2022年农民工监测调查报告》,2022年农民工总量为29562万人,其中外出农民工17190万人[①],举家外出的农民工占农民工的二成左右,八成左右的农民工选择把孩子留守在家。2018年9月1日,我国留守儿童数量为697万,其绝对保有量相当巨大,其中96%由祖辈照顾,男孩占54.5%,6—13周岁占67.4%,处于义务教育阶段的为78.2%。我国农村育儿价值观念的变化,使得农村父母把家庭的重心放在子女教育上,在城乡二元社会经济体制下,农村年轻的父母们往往在外出务工和照料孩子之间徘徊选择,犹豫不前。很多年轻人不甘自身资源和能力的弱势地位,为了孩子有更好的生活,获得更多的经济来源,不得已选择外出务工,甚至有的农村年轻人外出打工后,直接把孩子扔给了老人,与丈夫/妻子和孩子断了联系,去寻求其他的婚姻或生活,这样就产生了庞大的留守儿童群体。年轻人外出后,往往会把孩子交给祖辈或者其他亲戚朋友帮助看护,民政部关于留守儿童的统计数据显示,农村中的隔代抚养呈现上升趋势,其中96%的留守儿童是交由祖辈照顾,4%的留守儿童交由其他亲戚朋友监护,农村留守儿童和留守老人相伴、未见年轻人,已经成为农村常态。

很多研究显示,与由父母亲自抚养的儿童相比,隔代抚养的儿童情绪控制和情绪调节能力更差,相应的情绪问题行为更为频繁(Pilkauskas&Dunifon,2016)。根据李燕平(2023)等人的研究,隔代抚养青少年往往会出现社会性情绪偏离常态的现象,主要体现于两种较为极端的形式:一种孩子情绪上没有太多波澜,看上去十分平静,这样的孩子对外界的反应较少、较慢,很难从面部表情看到情绪的展现,被称为社会性情绪的压抑和封闭。另一种孩子情绪表现十分明显,他们敏感、焦虑、容易哭泣,接受不了外界的批评,抗挫折能力较差,被称为社会性情绪的过激反应。留守儿童的父母外出务工,虽然能提供给他们更多

[①]国家统计局:《2022年农民工监测调查报告》,http://www.stats.gov.cn/sj/zxfb/202304/t20230427_1939124.html。

的经济支持,使得他们的生活条件和教育资源较以往都有很大的改善,但因为父母长期不在身边,缺乏父母的陪伴和鼓励,留守儿童可能会遭遇很多其他问题,比如身体发育不良、心理封闭、学业缺乏监督,更容易辍学、更容易遭受不法分子侵害等(李燕平,2023)。Parreñas(2001)的研究也证明,很多孩子在和父母分离后,会体会到情感孤独,产生较大的焦虑感和不安感。根据中国营养与健康调查数据库(China Health and Nutrition Survey, CHNS)1997—2011年6轮、覆盖全国12个省份、逾7200个家庭的微观数据进行的实证分析,农村留守儿童的身高和体重表现与父母的外出务工息息相关。另外,因为父母外出务工,留守儿童获得适龄教育水平的概率会减少19.2%,虽然这样的结果也与农村的整体教育发展水平、教育可及度和当地对教育的重视程度相关,但是也充分说明了父母外出务工会对农村留守儿童产生较为负面的影响,需要对留守儿童的身心健康和教育发展给予更大的关注(丁继红、徐宁吟,2018)。

流动儿童是因人口流动形成的一大特殊群体,主要指流动人口家庭化迁移模式下的随迁子女,他们的城市融入状况堪忧,直接阻碍了城市务工人员的生育意愿。根据我国第七次人口普查数据,我国流动人口数量高达37582万,占总人口比重为26.62%,超过总人口的1/4[①],而2021年全国教育事业发展统计公报显示,义务教育阶段在校生中进城务工人员随迁子女(即流动儿童)高达1372.41万人[②]。受城乡二元户籍制度的影响,流动儿童现阶段面临的最大困难是城市融入问题,尤其在教育方面,他们难以享受和城市儿童一样的教育机会和教育权利,无法享受城市居民特有的很多福利和服务,难以拥有进入城市公办学校的机会(贺缌莉、苗春凤,2023)。为了能让子女顺利入学,获得高质量教育,很多父母会竭尽所能,向学校缴纳高额的借读费、择校费,完善各类繁复的入学手续,流动儿童的城市求学之路无比艰难。很多家庭难以进入优质的城市公办学校,只能就近选择师资力量薄弱、教学环境简陋、教学条件较差的农民工子弟学校,人生早年的劣势通过累积的方式,会作用于流动儿童的整体人生发展,使得他们成年后与城市儿童产生较大的差距,导致迥异的人生走向。一些流动儿童虽然进入了城市公办学校,却遭受了来自学校和同学的"区别"对待,有的学校可能给流动儿童贴上标签,单独编班教学,甚至有的学校规定流动儿童不能使用校内的部分设施,通过多种"区别"对待间接逼迫部分流动儿童主动离开学校,反映了我国流动儿童的基本受教育权仍未得到相关教育政策的有效保障。

[①] 国家统计局:《第七次全国人口普查公报(第七号)》,http://www.stats.gov.cn/tjsj/tjgb/rkpcgb/qgrkpcgb/202106/t20210628_1818826.html。
[②] 教育部:《2021年全国教育事业发展统计公报》,http://wap.moe.gov.cn/jyb_sjzl/sjzl_fztjgb/202209/t20220914_660850.html。

第二节 人口高质量发展背景下中国生育友好型社会的价值诉求

我国城乡地区的生育水平虽然在不同地域、不同民族、不同文化、不同年龄中会有差别,但是我国整体的极低生育水平已经是事实,且城乡生育模式日趋一致,充分反映了我国自20世纪90年代以来的低生育水平是真实的、形成了内生性的生育模式,是由生育价值观和生育文化所引起的改变,因而是持久的,且难以在短时间内扭转。我国在制定生育政策时,应该整合城乡,以人口高质量发展为战略诉求,以构建整体性生育友好型社会为长远目标,站在生育问题的制高点上,积极构建新的生育文化,从思想、观念、风俗、习惯、制度和道德等全方位构筑新时代生育价值观。

一、生育友好型社会是重视生命和家庭价值的社会

阻碍生育的关键因素是育龄群体的生育观念和生育动力问题已经成为国内共识。为什么要生育？生育能带来什么？孩子的价值是什么？为人父母有什么意义？不生孩子又会失去什么？生得多和生得少有什么差别？如果将这些问题放置在人的生命周期和社会结构中,育龄人群和年轻人还需要思考婚姻和家庭的价值,需要回答：人为何要结婚？结婚能带来什么？家庭的意义是什么？这些问题涉及整个社会需要培养的生育观、家庭观和生命观等基础性、本质性和核心性的问题,解决这些问题,才是构建生育友好型社会的发力点和突破点。

中华文化,源远流长,在我国传统文化中有很多弘扬生命价值、重生重教、修身齐家、敬老爱幼的部分,是我国构建新的生育友好型社会的文化基础和优良基因。《诗经》中就有"文王百子"的典故,"则百斯男""百子呈祥""瓜瓞绵绵"等祝颂子孙昌隆的文化元素,是中国古代文化中对人类绵延的朴素愿景,是一种共同情感的表述。儒家文化围绕人展开,强调人为天地之精华,重视生命的珍贵,"天地之性,人为贵"(《孝经·圣治章》)。孔子在得知马厩失火后,张口即问"伤人乎？"(《论语·乡党》),财物的损失都在其次,而人的伤亡被放置在最重要位置。儒家文化重视生育,孝道为古代社会最看重的品质之一,儒家把对父母的孝道和对自己生命的珍爱联系在一起,提出最大的孝道是"身体发肤,受之父母,不敢毁

伤"(《孝经·开宗明义章》),认为生命可贵,人应珍爱自己,保持身体安康,勿使父母担忧。古代文化处处呈现出了对生命的重视和珍惜。

中国民间很多风俗也与生育有关,代表了我国传统对多子多孙的无限畅想。比如石榴"万子同苞,金房玉隔",因而成为婚嫁的吉祥物,蕴含着家庭和睦、子孙满堂的内涵,顺应了千百年来民间的美好愿望。在新人成婚之时,总会在新房撒上红枣、花生、桂圆、莲子四种喜果,取音"早生贵子"之意,祈愿子孙繁育,绵延不绝,构成了我国传统习俗中独特的生育文化。在养育方面,我国古代历来重视幼童教育,很多脍炙人口的典故都与崇尚读书、重视教化相关,比如凿壁借光、囊萤映雪、五子登科、孟母三迁、择邻而居等掌故,无一不体现了我国传统文化中对教育的重视。

要理解中国人,需要理解国人眼中的"家",家是中国社会的最基本组织、是人的精神归属之地,是中国文化意义和价值的发源地(孙向晨,2020)。在中国价值观念里,人类生命体是由个体生命体、家庭生命体、群体生命体三元构成的生命体(张进峰,2005);在中国人的治理体系中,家庭在中国不只是生产与再生产的经济单元,而且还是秩序单元、教化单元和福利单元,并负有社会化和保护其成员的责任(胡湛、彭希哲,2012)。因此,中国古代主张"伦理本位、家国情怀、家国同构、家国同治"等思想(陈延斌、陈姝瑾,2022)。很多研究认为我国低生育状况的根本原因是当今社会在家庭观念上的认知偏差,现阶段的舆论过于强调个人自由、强调生育对个体的影响作用,而没有看到家庭对个人幸福的重要意义,也没有看到家庭作为最小的社会单元对于国家和民族发展的重要作用(洪明等,2023)。我国城乡的低生育问题,不仅仅是生育保障问题和经济支持问题,更是现代化建设过程中的家庭文化、家庭价值建设问题,因此,在流动的、理性的社会中,重建新时代的家庭观,用制度和政策去唤起社会对家庭的重视,让家庭能够充分地发挥其功能,使得民众能重视亲情、重视孝道,重视生育,是从根本上改变社会对生育价值观、解决低生育率的关键,也是促进人口高质量发展,推进共同富裕的重要着力点,是建设中国式现代化中必须坚守和发扬的重要环节。

我国传统文化当中与生育相关的和与家庭相关的优良基因需要得到更好的发扬,这些重视生命价值、重视教育培养、重视家庭建设、重视家国情怀的部分,需要得以继承,使之在建设中国式现代化中发挥文化指引作用。当然我国传统文化中一些不合理的成分,比如重男轻女、多生、生男、女子无才便是德等,在构建新的生育观念时,需要摒弃,要重视生育的时代价值和精神革新。

二、生育友好型社会是尊重个体生育选择的社会

生育的自主性意味着生育是属于个人或家庭的私权利,国家和社会充分尊重和保护个人或家庭在生育方面的意志,并以法律的形式得以体现,生不生、什么时间生、生几个孩子等决策完全归属于个人或家庭决策的范畴(穆光宗等,2021)。目前为了促进生育,很多学者提出了"年轻人早工作""早结婚""早生子"的建议,可以说,这些建议措施并没有顾及育龄夫妇的生育特点,忽略了年轻夫妇的生育观念和偏好的多样性,脱离生育主体来谈生育目标只能是空中楼阁,会让生育政策的制定迷失根本方向。

回顾中国历史上生育的转变过程以及相关政策,会发现只要是符合群众愿望、满足群众需求的政策都能在短期内创造"奇迹",但是一味强调宏观政策目标、忽略育龄人口主体性的政策则难见成效,欲速不达。这就要求以下三点:第一,中国生育政策的价值取向,要摆脱一味从数量出发、进行数量管控的思维方式,一定要将人口高质量发展放在重中之重的位置,推进我国人口治理从数量治理到质量治理的根本性转化;第二,中国的生育政策一定要转化统一性的指令性的生育方式,充分尊重育龄夫妇多样化的生育意愿,实现家庭自主生育,把决策权交给生育主体;第三,尤其需要关注生育中的代际差异,政策的激励措施也需要多样化,尤其针对不同代、不同职业、不同学历的人都要有不同的激励方式。

在构建生育文化时,人口出生队列是需要考虑的一个因素。目前的人口出生队列从"70后"到"00后"都是需要关注的生育主体。"70后"世代长在新旧生育文化交替的档口,他们受传统的"多子多福""儿女双全"等文化影响更多,但是因为他们出生和成长在计划生育年代,也逐步认同了少生、优生的生育文化。"80后"世代是在计划生育政策后成长起来的第一代,也是我国高等教育规模逐步扩大过程中成长起来的一代,他们的生育观念在传统与现代之间摇摆,整体趋向少生、优生、晚生。"90后"世代成长在我国改革开放加速、经济高速发展的背景下,面临着生产和生活方式的剧烈变迁,他们的生活理念更加个体化,同时又面临巨大的就业压力、住房压力、养老压力等,少生优生成为个体化的自觉。"00后"世代成长在生活方式甚为多元、个体主义大行其道的时代,他们的整体教育水平更高,对多元的生活方式包容性更大,他们对生育思考得更加理性、个性,他们要求更高的自主性和独立性,传统的生育价值观在他们身上有更加弱化的特点,结婚和生育对他们而言都"可有可无"。看得出来,我国人口的生育观念不仅发生了根本转变,也表现出传统式微、逐步多元、代际弱化的新特点与趋势,这让低生育风险暴露在大众视野,需要尽快治理低生育的相关问题,并对不同的世代人口采用不同的生育观念引导和环境塑造,让"10后""20后"出生和成长在生育友好的社会环境中。

三、生育友好型社会是生育成本社会化的社会

生育是人类在生产活动中的必然通道,因而其本质上是一种社会劳动。在内生性低生育时代,生育虽然是一种个人行为,但因这一举动关系到劳动人口数量,所以需要将个人的生育成本社会化,由国家承担部分的生育成本,一定程度上减轻生育给家庭带来的负担,在不影响家庭生活质量的前提下,还要创造各种条件把生育这一行为变成家庭愿意承担和付出的事业。

少子化往往与现代化而同步推进。一般而言,生育成本主要包括生育成本、养育成本和教育成本。农业社会的经济生产方式使得其生育成本很低,农业劳动所需要的技能父母可以通过言传身教传递给子女,孩子不需要读很多书,甚至可以不读书就能从事农业生产。但是工业社会和后工业社会情况迥异,分工的精细化和技能的专业化对人力提出了很高的要求,而人力资本的提升主要是依靠家庭增加投入,尤其是后工业社会后,高等教育毛入学率较高,劳动力需要具备大学教育水平,家庭的教育成本显著升高。家庭对子女教育投入的多少,往往也能决定个体劳动力对应的工作岗位的质量,对应工作后的收入水平,也决定了该个体的生活质量,因此,教育开支成为后工业社会中主要的生育成本。民众对生育的关切不仅仅是能不能生得出孩子,更重要的是能不能养得起孩子,能不能养得好孩子,孩子的抚育质量和教育水平成为后工业社会大多数家庭的主要开支,增加了家庭负担。这是很多发达国家在迈入工业化后,尤其进入工业化后期都出现了生育率下降的原因,比如韩国2020年总和生育率低至0.84,日本为1.34,新加坡为1.1,这些深受传统儒家多子多福生育观念影响的国家,总和生育率都在社会转型中降低了(张翼,2021)。家庭的抚育成本增加,重视子女的质量胜过数量,如果没有生育政策作为托底,总和生育率可能呈现更低水平。

我国流动人口的流动性与低生育是相伴而来的,也是我国人口最突出的指标特征。从人口来源看,我国流动人口大多来自农村,他们在城市中的经济收入水平较低,社会保障未能跟上,并承担了较高的生育成本,在子女教育、住房保障、家庭照料等方面都承担了极大的压力,他们的生育意愿明显低于在地的农村人口。目前我国农村生育率长期在低位徘徊,为了帮助农村人口提升生育率,通过社会化方式分担生育成本显得至关重要。分担成本的方式可以分为经济性的、支持性的,也可以分为直接的、间接的。经济性的就包括生育补贴、生育津贴,支持性的包括普惠性的托育、家政等辅助措施,间接的指不会直接作用于生育,却会对生育产生影响的支持,比如加大对幼儿抚育、青年工作就业方面的支

持力度,直接的比如完善产假制度、保障女性生育期和生育后的合法就业权、减免家庭教育开支税收等。

四、生育友好型社会是男女平等的社会

男女平等是我国的基本国策,改革开放以来,我国女性受教育水平不断提升,现代性别平等观念已是社会共识,但是男尊女卑的思想早已嵌入我国传统生活的场域中,多年来社会性别文化、家庭性别分工方面的变化相对较为缓慢,外加就业市场制度设计正在完善过程中,我国女性不仅仅需要在职场上承担繁重的工作,还是家庭"育幼""家务""照顾"等多重责任的承担者,在个人发展上面临"母职惩罚",照护与工作时间的冲突为女性带来极大的困扰,因而很多女性选择少生,甚至不生孩子,能否激发女性生育意愿也成为生育政策成功与否的衡量标准。在生育政策的制定上,生育本就是一种值得尊重的特殊社会劳动,是具有高价值产出的社会行为,女性的生育劳动应该得到全社会的尊重和认可,需要扭转生育是女性专责的观念,宣传男女共同承担生育及抚养责任的性别平等理念。

Bruno等利用世界价值观调查和欧洲价值观调查的数据发现,伴随着性别平等态度的不断提高,生育率将出现先下降后上升的变化,且当家庭中夫妻双方意见一致时,性别平等态度对生育率的影响更强,即生育率和性别态度之间呈现U形变化趋势。Brinton & Lee(2016)的研究也很有价值,他们使用世界价值观调查和OECD国家数据库发现,亲工作保守主义和灵活的平等主义两种性别角色意识形态都存在于OECD国家内。亲工作保守主义以东欧、南欧,日本和韩国为代表,指的是女性在工作时要兼顾家庭角色,这些国家生育率难以回弹。灵活的平等主义指的是女性拥有较多的自主权,能自由分配工作和育儿的时间,家庭中的丈夫支持妻子,主要以芬兰、荷兰、新西兰等国为代表,他们的生育率在一定程度上实现了反弹。在发达社会中,越是妇女地位较高、社会地位更加平等的国家或地区,就越可能摆脱极低生育水平,或者直接将生育水平控制在更替水平左右,最核心的原因是他们在社会各个领域都推进了社会性别平等,尤其是推动了有利于妇女平衡工作和家庭生活的社会氛围和相关政策,是这些国家生育率回升的关键(Iacovou & Tavares,2011)。

多位学者的研究都已经表明,只有促进女性发展和性别平等取向的家庭政策才能在很大程度上促进生育水平的反弹,以实现政策目标。目前我国在男女性别分工、职场环境建设方面的政策还是显得模棱两可。需要被提醒的是,中国女性的劳动参与率和劳动时长都位于世界前列,尤其是年轻一代中国女性的平等意识、劳动意识已经养成,中国女性在职场中的工作表现和创造的劳动价值都让人叹为观止,中国女性不愿意,也不可能再回到传统的"相夫教子""女主内男主外"的年代,不愿意为了生育放弃事业发展和自我实现,如果我国的生育政策不能顾及女性对自身职业发展、个人成长和情感支持的需要,那么,我国将错失生育提升的黄金期,使得本就触底的生育率反弹的机会微乎其微。

五、生育友好型社会是减轻家庭负担的社会

传统意义上,中国的生育制度是和家庭联系在一起的,生育本质上就是以家庭为本的绵延后代的行为,到了现代社会,家庭的功能和结构发生了较大转变,家庭越来越小,其经济功能、赡养功能都在弱化,抚育功能日益精细化,但是家庭的情感功能却在风险社会中被个体重视,成为个体寻找的情感港湾,正如任远(2021)所说,"家庭功能的本质在于家庭是人类亲密关系的社会连接","家庭功能的基础还是根植于人类稳定的感性联系"。家庭的存续和现代化过程中不断发展的个人主义是可以统合起来的,家庭是个人成长发展中的情感归属,家庭所带来的稳定性和基础性的情感联结会给人带来安全感和幸福感,因而会促进生育,使得生育超越传宗接代的目的,更多的是创造一种以情感为联系的生命共同体,加强对子女的抚育、照顾,为子女成长提供"无私"的支持。

面对家庭重要的作用,需要充分认识到,当今低生育率问题也是城市化、工业化过程中生育保障程度不足导致的问题,不管是城市还是农村,从孩子的生产、抚育,再到孩子的教育、成家,直至第三代产生,高昂的生育成本已成为各个家庭面临的主要压力,很多家庭成员还要面临子女生养、家庭照护和职业发展的冲突,这些矛盾是抑制我国人口生育,影响生育率释放的关键因素。自90年代以来,我国人口生育率已低于更替水平,但受制于对我国传统生育模式惯习和对社会整体生育观念的错位认知,我国社会各界对人口低生育形势的判断后知后觉,直接导致我国生育政策和生育制度存在一定程度的滞后,我国家庭制度明显呈现出了对生育支持不足的状况,很多时候还相互冲突。因此,需要将传统的生育政策扩展为家庭政策,通过家庭制度的建设来支持和服务人们的生育。

家庭制度建设有两个价值面向,一个是强调"再家庭化",即增强家庭功能的家庭制度建设,另一个是"去家庭化",即为减少家庭压力的家庭制度建设。不同的家庭制度建设对应了不同的政策工具,可能有的政策会重合,但是也有部分政策是不一致的,这些政策大体包括提高家庭收入、提供生育津贴,增加男女两性的生育假、发展托育制度、完善社会保障制度等。需要注意的是,增强家庭功能、减少家庭压力这两个面向有时候是难以兼得的,因此,最好能把"再家庭化"和"去家庭化"家庭政策相互融合,也要把握生育友好和家

庭友好的统一,很多时候,家庭友好不一定能促进生育友好,比如延长女性生育和哺乳假的假期,虽然有利于幼儿照顾,有利于家庭发展,却也会导致女性在职场中的相对弱势地位,不利于男女平等目标的实现,可能会影响生育率的提升(任远,2021)。又如促进女性职业发展、增加性别平等的家庭政策,虽然短期内可能加剧个体在工作和家庭之间的平衡压力,甚至会带来生育率降低,但是长期施行则会有利于提高人口的生育率。因此对家庭制度建设和家庭政策的探索都需要认真分析,构筑符合人们需求且有利于积极应对低生育率社会挑战的家庭制度建设。

第三节 我国"全人、全家、全生命、全系统"生育友好型社会的构建思路与政策设计

中国式现代化是人口规模巨大的现代化,人口是推进中国现代化中的关键性要素,我国"十四五"规划指出:"实施积极应对人口老龄化国家战略","制定人口长期发展战略,优化生育政策","增强生育政策包容性"。2021年党中央做出"优化生育政策,促进人口长期均衡发展"的决定。党的二十大报告进一步提出:"优化人口发展战略,建立生育支持政策体系,降低生育、养育、教育成本。"二十届中央财经委员会第一次会议提出,要以系统观念统筹谋划人口问题,努力保持适度生育水平和人口规模。中国人口问题是全局性、长期性和基础性问题,面对农村与城市日益相近的生育观念,在人口高质量发展背景下,我国人口和生育发展需要统筹城乡,政策设计需要更加系统化,以构建起"全人、全家、全生命、全系统"的生育友好型社会。

一、我国生育友好型社会的构建思路

自20世纪70年代以来,我国生育政策就经过了多次调整,尤其从2013年以来,党中央先后做出"单独两孩""全面两孩""三孩"政策的重大决策,是基于对我国人口形势的科学研判,即我国已经进入了低生育率时代,人口数量压力已不再是我国人口发展的主要矛盾,相反,人口结构性压力凸显,如何提高我国人口素质,构建完备的人口服务体系,推动

人口高质量发展成了目前政策的着力点,需要进行前瞻性、全局性的政策布局与战略谋划,以推动我国人口均衡发展,助力中国式现代化目标的实现。

生育友好型社会构建的基础是对生育主体及其生育行为包容和友好。生育友好型社会应该是一个鼓励生育的社会。生育主体有生或者不生的自决权,有生多或者生少的自决权,有什么时候生的自决权,生育主体的生育价值观、生育动机、生育意愿、生育行为都可以得到尊重。生育主体如果有意愿生孩子,那么社会环境能形成支持性氛围,与生育相关的经济、社会、文化和环境因素都需要被纳入考虑范畴,要基于对人口形势的精准研判下设计出来一套系统的、多层次、多维度的政策体系,其中各种因素会交织融合,相互影响。在政策的制定中,重视价值维度,要用政策去引导个体和家庭的生育观念,在不影响个体,尤其是女性职业成就的基础上,能充分发挥家庭功能,使得社会愿意生育、放心生育。生育友好型社会应是一个具备多维度、多角度、分时段的逻辑系统组合,多种因素融合交织、相互影响。

我国生育友好型社会应该是在尊重个人生育意愿的基础上,以个人为中心,以育龄夫妇为主体,以家庭为本,社区支持、多元参与、社会协同的福利政策保障下的社会。其中有三个层面的因素需要被考虑到,一是围绕生育的核心层,即生育、抚育、教育、养育,构建包容和友好的氛围,能直击与生育相关的问题,有效解决生育主体的生育成本、孩子照顾、个人发展等多个层面的需求,对农村人口来说,尤其要回应解决农村底层未婚男性青年的婚姻问题、留守儿童和流动儿童的教育发展问题、城市务工人员的社会融入问题等关键板块。二是与生育相关的外围层,如职业发展、养老、医疗等维度,为生育主体打造一个安全、友善、和谐的生育环境,使生育行为没有后顾之忧。要大力发展农村基础教育、推进普惠性养老,加大力度促进农村医疗条件改善,使得城乡发展更为均衡协调。三是与生育相关的设计和保障层面,主要是需要对生育形势进行科学客观的研判,尤其加大对人口生育的科学研究,从整体的社会福利、社会保障等层面,构建一个完备的福利系统,激发生育人群的生育潜能和活力,使生育真正友好起来,见图10-1。

生育友好型社会需要把个人发展和家庭发展相结合,要把二者放在相互促进的位置上而不是冲突的维度。一般来说,个体生命历程以序列性方式推进,如婴幼儿期、童年期、少年期、青年期、成年期、老年期等,每个阶段对应了不同的任务和要求,如托育、求学、工作、成家、退休等。家庭生命周期分为形成、扩展、稳定、收缩、空巢与解体6个阶段,标志着每一阶段起始与结束的人口事件。家庭生命周期与个人生命历程相互重合,对应不同的任务和责任。个人的生命历程与家庭的生命周期相互交织,这一过程伴随着传统家庭向现代家庭的转化,夫妻关系成为现代家庭的主线。正如前文所提及的,家庭发展很可能与个人发展相冲突,因此,需要在生育政策中寻找到个人和家庭可整合的主线,使得个人职业发展能与家庭维系、夫妻感情升华统合起来,政策立场要清楚明了、价值导向要清晰明确。尤其需要指出的是,女性在生育中有不可替代的位置,又因为母职身份会与个人发展相互冲突,在制定政策时不能要求女性因为履行母职而牺牲自己的职业成就。国际经验表明,越是能促进女性自决自主的生育政策,越是给予女性更多空间和支持的生育政策,越能促进生育率的提升。

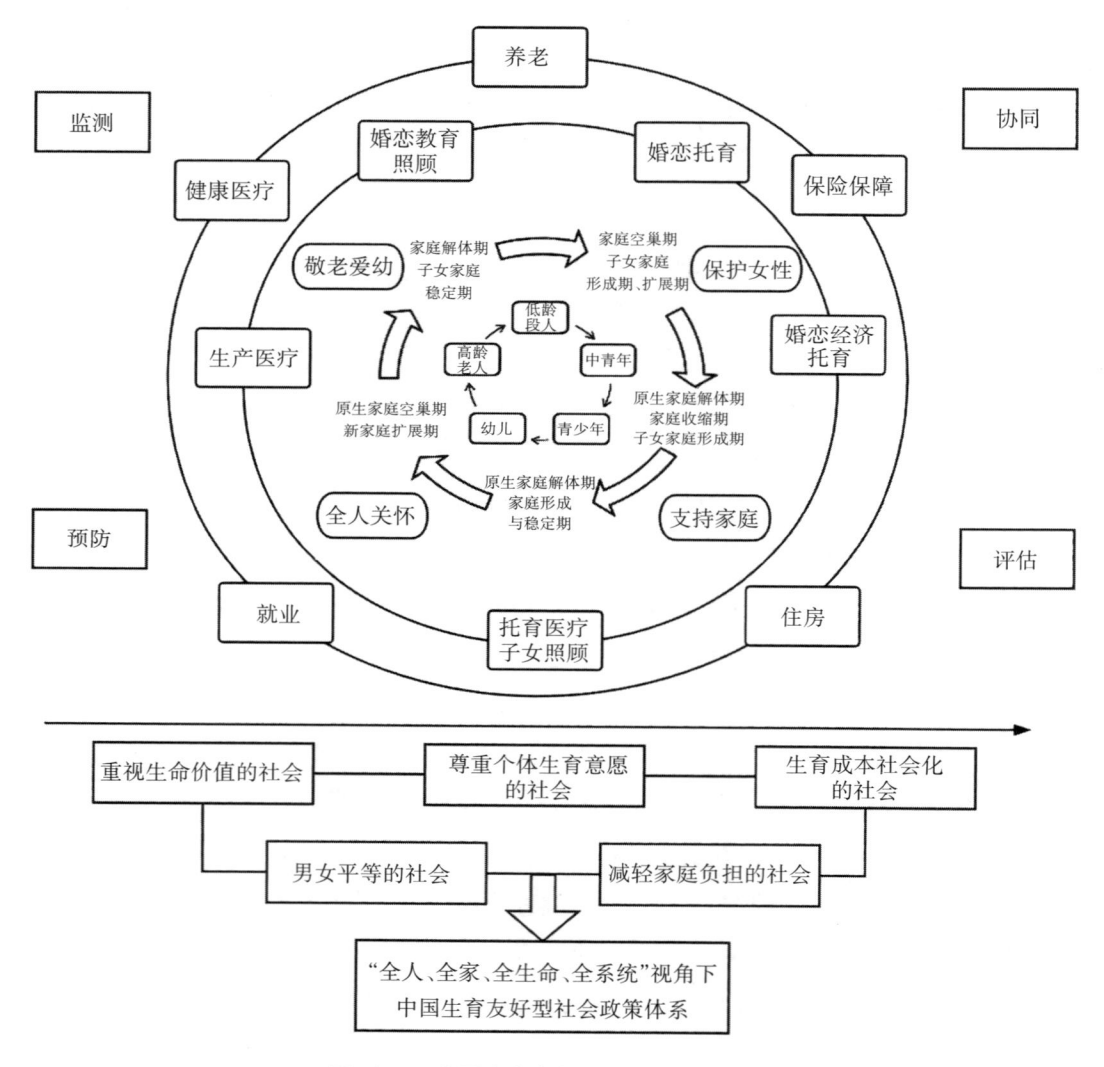

图10-1 中国生育友好型社会的政策体系

我国改革开放逐步迈入纵深阶段,尤其是近几年,国际形势严峻,我国人口发展的内外部条件都发生了极大变化。虽然目前我国劳动力规模仍然庞大,但是面临着严峻的人口形势,如适龄劳动人口比例下降,人口即将迈入深度老龄化,流动人口比重极大且还处于增长状态,家庭结构和关系变迁加速等,都会给我国经济社会的长期稳定发展带来极大挑战。目前我国已经进入人口变迁和改革发展的关键期,尤其需要对我国人口形势做出科学研判,高瞻远瞩地推动我国生育政策不断发展完善,实现人口高质量发展的目标。因此,在制定生育政策之前,需要做好几个转变:第一,是要做好从人口的监控和政策的粗放设计,到对人口形势预测和人口生育研究的理性转变,尤其要加强科学研究在生育政策体系制定中的作用,加大对人口转变趋势、影响人口变动关键因素、人口发展难痛点等问题的深度调研,加大对国际经验的学习借鉴,发挥智库等在生育政策体系中的作用,提高政策制定的科学性和合理性;第二,是要改变人口政策的理念,要从控制生育数量、控制生育性别等向增加个人生育的能力、提升家庭福祉、促进家庭发展转变,要重视生育文化的营造,尤其要着力帮助育龄夫妇实现工作—家庭—生活之间的平衡,减轻家庭负担,从提升家庭生育信心方面来进行布局谋划。第三,是要综合不同群体、不同年龄、不同职业育龄人群的特殊情况,把生育一孩、二孩与三孩之间的联系进行统筹考虑,对农村人口、农村在城人口、城市人口等都进行剖麻雀式调研与设计,关注生育政策在不同人群和孩次之间发挥的作用,重视政策的平衡性。

二、我国生育友好型社会核心层政策

"生育"分成两个部分:"生"和"育","生"主要是孩子的生产与分娩,"育"过程比较长,指的是孩子的照料、抚养和教育,因此大的生育应包括生产、抚育、养育和教育。围绕着个体和家庭的生命周期,在具体层面上,需要将婚嫁、生育、养育、教育一体化考虑,以降低家庭的婚恋成本和"三育成本"。与生育直接相关的政策主要是从经济资助、儿童照顾、家庭支持、女性职业发展这几个维度进行设计,具体的政策措施可以从婚姻友好、家庭友好、育儿友好、女性友好几个维度展开。

婚姻友好是生育友好型社会建设的重要环节。我国大多数人还是倾向于先成家,后生育,然而现阶段年轻人在成家这一环节就遇到了很大的问题,因此,构建生育友好型社会,先要帮助年轻人解决恋爱婚姻的难题,尤其帮助农村大量遭受婚姻挤压的男性打造婚恋平台。第一,为未婚青年搭建公益性交友婚恋平台,严格把关平台会员的征信,通过线上线下各种方式,拓宽年轻人的交友渠道,增加年轻人的交流机会,帮助年轻人寻找到志同道合的人生伴侣。第二,加强婚俗改革,尤其在农村地区,宣扬正向积极的婚俗文化,严格杜绝高价彩礼,改革婚俗陋习,帮助年轻人降低结婚成本和居住成本,并创造一种奋斗、进取、积极、向上、向善的精神风气。第三,拓宽缅甸、越南、老挝等地女性进入中国渠道,扩大可婚育女性数量。针对我国农村男性购买新娘带来的早婚早育、重婚、骗婚、逃婚等婚姻管理问题,需完善跨国婚姻的法律政策,规范农村跨国婚姻发展。第四,要发展和规范专业婚介机构,尤其通过规范的婚介服务,包括在线服务,增大婚介的透明度和易获性,大大减少目前在很多农村地区占主导地位的非正规地下婚介组织,建立规范、开放和便民的中介系统。第五,帮助完善在地化的婚恋和社会融入服务,开展语言培训、文化培训、技能培训等,帮助外域新娘适应本地生活。

家庭经济资助的政策。主要是以家庭为单位,对家庭进行经济资助。很多家庭出于"成本—效益"的考虑,想生却不敢生,因此,生育政策需要帮助这些家庭尽可能减少生育成本,降低生育风险,主要通过提供生育津贴、税收优惠或者减免,减轻养育子女的负担,帮助家庭减轻养育负担,保证家庭功能的发挥。

儿童照顾与子女教育的政策。我国需要倡导形成多层次、多维度的育儿公共服务体系,尤其为婴幼儿家庭提供安全可靠的托育服务,然而我国面临社区托育机构数量不够、"出门可及"难、托育服务质量难以保证、托育收费昂贵等问题,尤其在农村,这一形势更加严峻。可以加强中国特色的普惠托育服务体系建设。一是充分利用现有条件,提供多种形式的托育服务,要大力推进"开门办托""社区家庭托育";适应新生儿数量变化趋势,支持有条件的地方将普惠幼儿园转型为普惠托育机构,依托社区建立婴幼儿社区活动驿站,提供形式多样的托育服务(包括半日班、小时班、家庭托育、临时托、亲子活动、入户指导等)。二是鼓励高校、医院、企事业单位开展托育服务,盘活社会资源,吸引多种社会力量参与育儿支持体系建设等,为育龄夫妇提供0—3岁全龄段的普惠托育服务。三是提供安全可靠、质量保证、科学指导的托育服务。教育行政主管部门要尽快研究制定出台机构托育指南、托育质量标准体系等,严把食品安全及环境安全关。四是继续大力推进优质的基础教育和医疗等资源均等化发展,弱化教育、医疗等因素对生育的约束,鼓励相关单位探索育龄父母弹性工作制度,以方便育儿期父母照顾学龄儿童。在子女教育上,除了大力减轻城乡家庭负担外,还尤其需要重视农村教育资源的投入。农村人口中,学龄以上接受小学和初中教育时长的已经由改革开放初期的4.9年提高到2019年的7.9年,但是与全国平均接受教育的差距却在拉大,已经由1982年的0.4年增加到2019年的1.4年,代表着农村人口的教育程度与全国相比差距在扩大,而且有加快的趋势(刘厚莲、张刚,2021)。农村人口的整体素质将影响农业产业结构调整,影响我国乡村振兴战略的实现,影响我国人口高质量发展的目标,农村子女的教育问题成为制约生育的关键问题。在政策设计上,要大力发展基础教育,在可及性上,要使得学龄儿童都能就学,在教学质量上,还要通过各种方式培养师资,提升农村基础教育质量,通过师资和物资投入,让农村儿童也能平等地享受到好的教育资源。此外,大力引进社会组织,兴办各种公益性的培训活动,给予农村人口提升技能、提升文化水平的机会,促进男女尊重平等社会氛围的形成,提高农村人口的整体素质。

家庭支持的政策。要增大对家庭的支持,提升代际的互助氛围,使育儿成为家庭、社区和社会共同的责任。一是价值立场要明确,政策的导向并不是帮助家庭恢复旧有的功能,而是帮助家庭减轻负担,方便育龄父母能更好处理工作与家庭的矛盾,减小压力,增加生育的幸福感。二是鼓励政府和企事业单位,尤其是乡镇企业共担社会责任,对于育儿期家庭给予支持,有条件地推进弹性工作制、远程办公等,保证父母有时间、有精力照顾孩子。三是对于有条件的家庭,鼓励发挥隔代照料在缓解家庭育儿压力的作用,使"育幼"与"养老"有机融合,打通代际互助的桥梁,实现双向支持。四是要充分发挥社区的功能,在社区建设综合性服务中心,融养老、托育、教育、娱乐为一体,发挥乡镇社工站、社会工作者、居民志愿者、社区慈善资源和社会组织的作用,形成邻里互助的网络,为家庭提供近距离的支持,鼓励生育友好文化的形成。

保护女性的政策。一是要尊重女性的主体意愿,正视生育可能会对女性职业发展和身体产生的影响,并采取积极的政策措施,给予女性生育自决权。二是保障职业女性的生育行为,鼓励单位、企业等创造条件,帮助女性更好地安排和处理好产孕期的工作,避免生育带给女性经济收入或职业发展的负面效应。三是出台更为人性化的产假安排,设计夫妻双方长时产假和短时产假相结合的制度,促进父亲在孩子生产和抚育过程中的参与。四是如果女性有产后就业的愿望,需要在社区层面创造就业培训机会,或者在中介开通产后女性就业的绿色通道,为妇女提供工作保障,用人单位要为女性生育和生育后就业创造条件,鼓励多样化的就业方式。

三、我国生育友好型社会支持层政策

改革开放以来,我国人口快速增长,凭借着人口红利和劳动力红利,我国的经济发展十分迅速,已成为世界第二大经济体。然而近年来,我国劳动力成本日益提升,国际形势日趋紧张,全球市场大幅萎缩,同时又面临老龄少子化、社会抚养比攀升、人口流动加剧、不孕不育率提升所带来的风险。因此,在更宏观的生育政策上,需要对中国人口高质量发展、健康中国战略、积极应对人口老龄化战略等进行综合考虑,构建我国整体性的、系统性的、具有中国特色的人口政策体系,最终作用于人口生育,推动我国经济结构战略转型,以实现人口长期均衡发展。

一是要加强基于人口生命周期的公共服务建设。按照人的生命周期,人口结构会相继经历由不同队列人口构成的高峰阶段,例如婴儿和儿童、青少年和青年、中青年、低龄老年人以及高龄老年人。随着人口转变阶段变化,居民对基本公共服务的需求也相应变化和扩大,例如,从生育、养育和教育到子女就业,人口有对医疗、住房、养老,甚至济困等普遍性和多样性的需求,要从顶层制度设计方面进行充分研判,以动态方式调整社会政策,以更好地满足群众日益增长的需要。同时,为了防止人口进一步减少和劳动力萎缩,需要更好地完善社会福利体系,解决更为根本性的和社会外部性的问题。在我国深度老龄化的前提下,老年人的赡养、高龄老年人的照顾、老年人就业等一系列公共服务亟须完善和加强。

二是结合健康中国战略,提升我国的生育力。一方面,加大力度提升我国优生优育水平,把妇女和儿童的健康摆在突出位置,加强新生儿疾病预防、加大对生殖健康和辅助生育技术的研发,推进儿童健康促进中长期行动。另一方面,推进建设"一老一小"服务体系,以社区为着力点,发展专业化的养老托育机构,加强普惠性的养老、托育和家政服务,为家庭照护减轻负担。尤其要健全完善乡村医疗卫生和养老服务体系,需要优化乡村医疗卫生和养老机构整体布局,提高县域医疗卫生水平,大力发展乡村普惠性养老院,加强乡村卫生人才和养老人才队伍建设,完善收入和待遇保障机制等。

三是加强与生育关联性主体的多元协同。首先是需要厘清各个主体的权力责任边界,深度调研不同企业所能承担的生育责任,摸索对实行生育友好企业的税收减免、资金补贴等制度,为企业减轻负担。其次是高度重视进城务工人员的住房、婚恋和职业发展,盘活政策和相关资源,拓宽流动青年的社会交往渠道,加大流动人口职业技能和婚恋辅导培训力度,满足进城务工人员职业成长和婚恋需要,尤其要重视流动人口子女的教育均等化问题,实现优质教育资源的共用共享。再次是摸索与生育相关的社会保障体系,扩大"生育保险"的覆盖范围,促进生育保险覆盖孕产期的保健、分娩和护理等费用,并将辅助生殖纳入社会保险,建立健全"个人支付、企业参与、政府兜底、社会运营"的生育支持社保体系。无论是长期着眼于促进人口增长,或者在一定程度上遏制住人口过快减少的趋势,提高居民收入、改善收入分配、构筑更为牢固的社会安全网,提升整个国家的福利水平,都是必需的制度建设。

生育友好型社会的构建是涉及多维度、多层面、多系统的庞大的制度设计,是城乡一体化考虑的,需要政府、企业、社会、家庭、个人多元协同,多主体参与,是一个长期的、与我国人口福利整体制度建设相关的工程。同时,生育友好型社会也是一种充满关怀文化的社会,是尊重主体、发展家庭、男女平等的社会,是一个把对老年人、儿童青少年的关怀,减轻家庭负担作为完善服务支撑点的社会。生育友好型社会是拥有高健康水平、就业机会、社会信任感的社会,是能显著增强人们幸福感的社会。生育友好型社会的构建是一个循序渐进的过程,需要在我国整体性战略布局中一步一步向前推进。

本章小结

人口高质量发展既是完善新时代人口发展战略的目标要求,也为全面认识、正确看待我国人口发展新形势,认识、适应、引领人口发展新常态指明了前进方向。人口问题是我国面临的全局性、长期性、战略性问题,农村人口数量与质量、结构与分布不断变化,并进入了内生性低生育阶段。为了实现人口高质量发展的目标,需要正视在农村生育变迁中的农村底层男性婚姻挤压问题、老人的赡养问题、流动儿童和留守儿童的教育成长问题,构建生育友好型社会是解决我国农村和城镇地区长期低生育率,促进人口高质量发展的制度方向。生育友好型社会是城乡一体化的,需要在传统和时代融合的生育价值引领下,构建的一个多系统、多维度、多层次的复杂工程。生育友好型社会应该是一个尊重生命和家庭价值的社会,一个尊重生育主体自决权的社会,一个男女两性平等的社会,一个生育成本社会化的社会,一个以家庭为本、为家庭减轻负担的社会。为应对严峻的人口形势,构建完备的人口服务体系,推动人口高质量发展成为目前政策着力点,生育友好型社会应该在结合个人和家庭需求的基础上,按照"全人、全家、全生命、全系统"的思路,构建一个以个人为中心,以育龄夫妇为主体,以家庭为本,社区支持、多元参与、社会协同的福利政策体系。

研究结论与研究展望

中国人口正处于前所未有的重大转折之中。少子化、老龄化、区域人口增减分化等趋势性特征明显,这既是人口转变的必然规律和经济社会发展的必然结果,同时也给人口高质量发展和中国式现代化建设带来了挑战。在中国的生育变迁中,能看到生育政策对生育动力、生育意愿和生育行为的影响式微,个人与社会在生育中矛盾日益凸显。生育价值观成为影响生育水平的最关键因素。改革开放以来,农村传统性别分工模式向以代际分工为基础的"半工半耕"家计模式转变、农村人口家庭化迁移趋势日益凸显、更多的农村女性进入劳动力市场,农村生育价值观发生了很大的改变,对农村人口结构产生了极大的影响。

第一节 研究结论

本书以党的二十大和习近平总书记关于人口与计划生育的重要论述为理论指导,紧扣改革开放以来中国农村生育价值观变迁这一主题,梳理中国生育价值观的历史断代史和生育政策史,运用人口学、社会学、心理学、政治学等理论构建研究框架,在对国内外生育变迁相关研究进行梳理的基础上,通过定量测度与定性访谈研究,重点关注农村居住人口、城市务工人口、农村籍高职学生三类人群的生育价值观,综合测量中国农村人口生育价值观的变迁发展与现状表征,主要得到以下结论。

第一,从严格的"一个家庭只生一个孩子"到现在宽松的"三孩政策",我国的生育率并没有大幅回升,农村家庭也没有出现生育的"井喷"现象,足以说明当下中国低生育率反映的不仅仅是选择空间大小的问题,更重要的是个体和家庭层面的生育价值、生育意识、生育责任和生育动力问题。我国农村人口的生育价值观愈发趋近现代生育观，基本实现了从"早生、多生、生男、重生轻养"向"晚生、少生、优生、重养轻生"的转化，充分说明我国已迈入了内生性低生育阶段，生育不再是为了家族绵延和宗族延续，而成了农民自己的事情。中国人口形势和生育特点相较40年前已经发生了巨大变化，并构成了我国高质量发展的最基础性条件，需要得到高度重视。

第二，中国生育政策总体具有适应性、多元性、动态性，由行政性到市场性再到包容性的特点，中国农村生育率主导了中国改革开放前30年的生育率变化，生育政策较城市生育政策而言更具宽松性、存在一定滞后性，且农村生育政策在推行过程中比城市生育政策更易受阻，在政策和其他因素的影响下，中国农村中的生育行为正在经历由"多生"转向"少生"、由"男性偏好"走向"男女平等"、从追求"数量"转向"质量"、由"早婚早育"迈向"晚婚晚育"、从"养儿防老"转向"情感支持"的变化，但是"性别偏好"变化滞后于"数量偏好"，其生育行为和生育价值的改变是异常迅速和汹涌的，为人口的发展带来了极大的挑战。

第三，本书发现农村的生育价值观与城市趋同，在生育决策时都更加理性化，但是不同的农村人群侧重点有所差异。对农村居住人口来说，经济压力和子女教育问题是他们关注的重点，进城务工的农村青年关注经济收入和职业发展。对于农村籍高职学生来说，婚育成本和未来发展是他们的主要考量因素。农村父辈的生育观念对他们影响式微，他们的婚育变得越来越个体化，同辈群体的影响力逐步增大。同时，婚恋是制约很多农村青年和进城务工青年生育的核心因素，性别失衡带来的高价彩礼和婚姻挤压使得这类群体难以迈入婚姻，更无法谈及生育。

第四，对比分析日本、印度、瑞典、意大利、俄罗斯五个国家的生育率变化及其影响因素后，本书认为，国家在生育干预时机上的选择对干预效果具有极其关键的作用。目前中国的生育形势不容乐观，各国人口应对策略，对中国有以下四点启示：一是强化数据监测预警，密切监测生育水平，以做到及时预警、尽早筹谋；二是提高经济发展水平，营造乐观稳定环境，为生育奠定稳定坚实的经济基础；三是重视女性深层诉求，建设生育友好社会，从打破性别角色观念、深化家庭文化观念、鼓励多方主体参与等方面创造生育适宜环境；四是构建配套政策体系，加大财政投入力度，多措并举提高人们的生育意愿和生育水平。

第五，影响生育价值观和生育行为的因素是多样的，各个因素之间充满联系，相互影响。影响中国农村生育率变化的因素可以从四个方面来概括，一是生育的经济成本过高，农民在经过理性思考后，不再重点关注子女数量，转而关注子女培养质量，并将更多财力和精力投入子女教育中去。二是传统村落和家族的生育习俗观念对农村育龄夫妇影响越来越小，他们在城镇化的进程中，接受了现代生育理念的洗礼，自己主动交往的同辈群体对他们的影响越来越大。三是伴随女性受教育程度提高、非农劳动参与率的提升,加上农村性别比带来的严峻婚姻挤压形势,女性在家庭事务和生育中的话语权日益增大,女性的生育意愿成为影响农村生育率的关键。四是在个体化社会的影响下,生育决策越来越成为个人和家庭的事情,生育主体愈发看重孩子的情感价值。

第六,在政策的制定中,如何去引导个体和家庭的生育观念是重点,生育率的转变不是一朝一夕的事情,生育价值观的改变需要营造一种能生育、想生育、愿生育的氛围,面对农村和城市日益趋近的生育观念,构建中国生育友好型社会就是解决之道。生育友好型社会是一个多系统、多维度、多层次的复杂工程,生育友好型社会应该是一个尊重生命和家庭价值的社会,一个尊重生育主体自决权的社会,一个男女两性平等的社会,一个生育成本社会化的社会,一个以家庭为本、为家庭减轻负担的社会。构建完备的人口服务体系,推动人口高质量发展成为目前政策的着力点,生育友好型社会应该具有在结合个人和家庭需求的基础上,按照"全人、全家、全生命、全系统"的思路,构建一个以个人为中心,以育龄夫妇为主体,以家庭为本,社区支持、多元参与、社会协同的福利政策体系。

第七,在人口高质量发展背景下,生育友好型社会重点在构建三个层次的政策体系,第一个层次是围绕生育的核心层,即生育、抚育、教育、养育,构建包容和友好的氛围,能直击与生育相关的问题,使生育主体的生育成本、孩子照顾、个人发展等多个层面需求得到有效解决,尤其需要关注农村底层男性婚姻问题、留守儿童和流动儿童的受教育问题、进城务工人员的城市融入问题等重要板块。二是与生育相关的外围层,如职业、养老、医疗等维度,为生育主体打造一个安全、友善、和谐的生育环境,使生育行为没有后顾之忧,尤其要加大对农村的医疗资源、教育资源和养老资源的投入。三是与生育相关的设计和保障层面,主要是需要对生育形势进行科学客观的研判,从整体的社会福利、社会保障等层面,构建一个完备的福利系统,激发生育人群的生育潜能和活力,使生育真正友好起来。

第二节 研究展望

在中国生育率创历史新低、中国人口生育意愿不高,中国生育政策未能产生预期效果的背景下,国际国内都在关注中国人口生育转变的问题,生育价值观作为最能影响生育主体生育行为的变量,就迈入了研究视野。本书将研究范围选择在农村,希望全面了解改革开放以来,中国农村生育价值观的变迁情况,及其产生的问题和我国相应的应对政策。虽然本书在一定程度上对农村生育价值观及其变迁做出了系统梳理,但仍有很多的不足之处,希望能进一步探讨。

第一,在研究对象的选择上,本书主要选取农村生活的居民、进城务工的农民、在城镇高职院校读书的农村籍学生,试图通过这三类群体,呈现出不同年代、不同职业属性、不同生活背景的农村人口的生育观念。然而三类群体并不能代表整体的农村居民,还缺乏对某些群体,如农村女性、遭遇婚姻挤压的农村男性等的深度关注,使研究的综合性略显不足。未来如果能对农村的育龄群体进行更加细致的划分,能让测度群体更具精准性,在此基础上提出的政策建议也会更具针对性。

第二,从研究方法上看,本书虽然采用了定性和定量相结合的方法,也得到了丰富的资料,但是对同一类研究人群只采用了定性或定量中的一种方法,比如在对进城务工人群的实证研究中,采用的是定性访谈,缺少宏观数据和基本的人口信息,而对农村居住人口的调研又缺少与深度质性研究的结合。在今后的研究中,需要把两种研究方式结合起来,对宏观和微观分析进行整合,才能更好地认识研究对象,回答研究问题。

第三,从研究的视角上看,本书采用了大视角下的生育价值观概念,一方面是把生和育分开,另一方面是把生育行为、生育数量、养育期待等也纳入了生育价值观的范畴,就使得研究的范围比较广阔,在解释生育变化理论时,用了效用最大化的经济理性人假说、社会互动论、女性主义视角、性别红利说、个体化社会理论,虽然运用的视角比较综合,但是欠缺了对某一类问题的论述深度,在今后的研究中,可以扎根生育中的某一种现象,结合相关理论深入探讨,以便提升研究的深度和效度。

参考文献

一、中文参考文献

1. 安超.科学浪潮与养育焦虑:家庭教育的母职中心化和儿童的命运[J].少年儿童研究,2020(3).

2. 安冈匡也.日本社会政策:少子老龄化状况检视[M].王峥,译.北京:社会科学文献出版社,2021.

3. 贝克,贝克-格恩斯海姆.个体化[M].李荣山,范譞,张惠强,译.北京:北京大学出版社,2011.

4. 蔡昉.人口负增长时代:中国经济增长的挑战与机遇[M].北京:中信出版集团,2023.

5. 蔡宏波,叶坤,万海远.鱼和熊掌不可兼得?——生育影响住房需求的理论与实证分析[J].经济科学,2019(4).

6. 曹锐.新生代农民工婚恋模式初探[J].南方人口,2010(5).

7. 曹信邦,童星.儿童养育成本社会化的理论逻辑与实现路径[J].南京社会科学,2021(10).

8. 陈彩霞,张纯元.当代农村女性生育行为和生育意愿的实证研究[J].人口与经济,2003(5).

9. 陈岱云,张世青.生育观念与制度建构互动研究——基于社会控制的视角[J].山东大学学报(哲学社会科学版),2010(2).

10. 陈丰.从"虚城市化"到市民化:农民工城市化的现实路径[J].社会科学,2007(2).

11. 陈佳鞠,靳永爱.北欧五国生育率回升原因分析及对中国的启示[J].团结,2021(6).

12. 陈佳鞠,靳永爱,夏海燕,等.中国生育水平回升的可能性:基于北欧国家历史经验的分析[J].人口与发展,2022(3).

13.陈静.新形势下高职院校学生就业分析和政策导向研究[J].国际公关,2023(6).

14.陈俊杰,穆光宗.农民的生育需求[J].中国社会科学,1996(2).

15.陈莉,俞林伟.代际视角下农民工婚育模式与婚姻满意度的关系研究[J].浙江社会科学,2018(12).

16.陈蓉.从生育意愿与生育行为的转变看我国大城市全面两孩政策的实施效应——以上海为例[J].兰州学刊,2018(4).

17.陈纬,陈书妮,兰荷伊.时空视域下青年产业工人的睡眠节律与生成机制——基于对重庆市20位产业工人的访谈[J].中国青年研究,2023(7).

18.陈卫,翟振武.1990年代中国出生性别比:究竟有多高?[J].人口研究,2007(5).

19.陈卫,靳永爱.中国妇女生育意愿与生育行为的差异及其影响因素[J].人口学刊,2011(2).

20.陈文琼,刘建平.城市化、农民分化与"耕者有其田"——城市化视野下对农地制度改革的反思[J].中国农村观察,2018(6).

21.陈湘满,冯英.农村人口流动对其生育意愿的积极影响分析[J].经济研究导刊,2009(17).

22.陈延斌,陈姝瑾.中国传统家文化:地位、内涵与时代价值[J].湖南大学学报(社会科学版),2022(3).

23.陈颐,叶文振.论青年女性流动人口初育间隔与人口控制——来自厦门流动人口家庭问卷调查的启示[J].南方人口,2009(4).

24.承载.春秋穀梁传译注[M].上海:上海古籍出版社,2016.

25.迟明,解斯棋.21世纪以来欧洲生育率反弹成因分析及其对中国的启示[J].人口学刊,2022(4).

26.柯林斯.职场妈妈生存报告[M].汪洋,周长天,译.上海:上海人民出版社,2020.

27.邓金虎,原新.流动妇女生育孕娩地安排及影响因素研究[J].南方人口,2017(3).

28.邓浏睿,周子旋.基于"全面两孩"政策下的房价波动、收入水平对生育行为的影响研究[J].湖南大学学报(社会科学版),2019(6).

29.邓小平.邓小平文集(一九四九——一九七四)(中卷)[M].北京:人民出版社,2014.

30.狄金华,钟涨宝.社区情理与农村养老秩序的生产——基于鄂东黄村的调查[J].中国农业大学学报(社会科学版),2013(2).

31.翟振武.当代中国人口发展战略的回顾与思考[J].教学与研究,2001(3).

32. 翟振武,金光照.中国人口负增长:特征、挑战与应对[J].人口研究,2023(2).

33. 丁继红,徐宁吟.父母外出务工对留守儿童健康与教育的影响[J].人口研究,2018(1).

34. 丁英顺.日本应对低生育政策再探讨[J].东北亚学刊,2019(2).

35. 董辉.传统生育文化的惯性与人口控制的难点[J].人口学刊,1992(4).

36. 董磊明.宋村的调解:巨变时代的权威与秩序[M].北京:法律出版社,2008.

37. 都阳,贾朋.劳动供给与经济增长[J].劳动经济研究,2018(3).

38. 段纪宪.中国家庭形成过程中的性别选择和生育控制[J].中国人口科学,1991(3).

39. 樊欢欢."权威性孝道"的现代处境:对同住育儿家庭代际关系的分析[J].学术论坛,2014(8).

40. 范子英,顾晓敏.性别比失衡的再平衡:来自"关爱女孩行动"的证据[J].经济学动态,2017(4).

41. 方海,翁笙和,约翰·里佐,等.工作和子女:中国农村女性就业和生育率[J].比较,2010(4).

42. 方勇,李波.荀子[M].北京:中华书局,2015.

43. 方勇.墨子[M].北京:中华书局,2015.

44. 方勇.孟子[M].北京:中华书局,2015.

45. 费孝通.家庭结构变动中的老年赡养问题———再论中国家庭结构的变动[J].北京大学学报(哲学社会科学版),1983(3).

46. 费孝通.生育制度[M].北京:商务印书馆,2008.

47. 费孝通.乡土中国 生育制度[M].北京:北京大学出版社,2010.

48. 费孝通.生育制度[M].北京:北京联合出版公司,2021.

49. 风笑天.第一代独生子女的生育意愿:我们目前知道多少?[J].湖南师范大学社会科学学报,2009(6).

50. 风笑天."单独两孩":生育政策调整的社会影响前瞻[J].国家行政学院学报,2014(5).

51. 风笑天.城市两类育龄人群二孩生育意愿的影响因素研究[J].东南大学学报(哲学社会科学版),2017(3).

52. 风笑天,张青松.二十年城乡居民生育意愿变迁研究[J].市场与人口分析,2002(5).

53.冯立天,马瀛通,冷眸.50年来中国生育政策演变之历史轨迹[J].人口与经济,1999(2).

54.冯友兰.中国哲学史新编(第三册)[M].北京:人民出版社,1985.

55.傅亦倩,吕承文.转型期农村妇女生育观转变现状及原因分析[J].决策咨询,2017(6).

56.埃尔德.大萧条的孩子们[M].田禾,马春华,译.南京:译林出版社,2002.

57.甘雪慧,风笑天,甘月文.育龄知识分子二孩生育意愿的实证研究——以内蒙古自治区为例[J].中国青年社会科学,2021(2).

58.高华平,王齐洲,张三夕.韩非子[M].北京:中华书局,2010.

59.高韶峰.第二次人口转变视域下生育意愿的同侪效应——社会互动对生育意愿的影响[J].河南社会科学,2022(6).

60.高艳军,汪杰锋.城市新生代农民工子女教育融入的阻隔与消解[J].黑河学院学报,2019(4).

61.葛佳.全面两孩时代二孩生育的阶层差异研究[J].人口与经济,2017(3).

62.龚顺,王森浒,刘川菡.家庭政策与青年群体的结婚、生育意愿:日本经验及其启示[J].中国青年研究,2023(1).

63.勾承益.传统农业对中国古代男女、婚姻、生育等意识的影响——中国传统文化探讨之一[J].青海民族学院学报(社会科学版),1993(3).

64.顾宝昌.论生育和生育转变:数量、时间和性别[J].人口研究,1992(6).

65.顾宝昌.生育意愿、生育行为和生育水平[J].人口研究,2011(2).

66.顾鉴塘,顾鸣塘.中国历代婚姻与家庭[M].北京:中国国际广播出版社,2011.

67.管锡华.尔雅[M].北京:中华书局,2014.

68.郭剑雄.人力资本、生育率与城乡收入差距的收敛[J].中国社会科学,2005(3).

69.郭倩.浅析我国计划生育政策与生育文化转变[J].青春岁月,2015(1).

70.郭馨冉.瑞典家庭政策的经验与启示[J].社会福利(理论版),2019(10).

71.郭亚楠.生育意愿视角下的生育政策分析[J].黑河学刊,2011(12).

72.郭志刚.中国低生育进程的主要特征——2015年1%人口抽样调查结果的启示[J].中国人口科学,2017(4).

73.国家计划生育委员会政策法规司.计划生育文献汇编(1981—1991)[M].北京:中国民主法制出版社,1992.

74.国家人口和计划生育委员会.中国人口和计划生育史[M].北京:中国人口出版社,2007.

75.国家统计局.中国统计年鉴1993[M].北京:中国统计出版社,1993.

76.国家卫生计生委家庭司.中国家庭发展报告2016[M].北京:中国人口出版社,2016.

77.韩润霖,韩晓静,张立龙,等.中国农村失能老年人口的规模、结构与发展趋势——基于CLHLS数据和第七次全国人口普查数据的研究[J].人口研究,2023(2).

78.何蕾蕾.中国生育政策演变的正弦规律[J].赤峰学院学报(汉文哲学社会科学版),2015(8).

79.何绍辉.农民生育观念的转变:一项经验探讨——以成都平原马村调查为例[J].人口与发展,2011(4).

80.和红,王攀.俄罗斯人口与发展现状及挑战[J].人口与健康,2022(4).

81.贺飞.转型期青年农民工婚恋观念和行为的社会学分析[J].青年研究,2007(4).

82.贺绲莉,苗春凤.发展型社会政策视角下城市流动儿童教育问题研究[J].教育评论,2023(5).

83.洪明,石佳欢,杨鑫.从婚恋观到家庭观:提升生育意愿的视角转换[J].青年探索,2023(2).

84.侯杨方.中国的城乡人口分布:1900—1953年[C]//复旦大学历史地理研究中心.面向新世纪的中国历史地理学——2000年国际中国历史地理学术讨论会论文集.济南:齐鲁书社,2001.

85.胡宏伟,蒋浩琛,阴佳浩.农村县域养老服务体系:优势、框架与政策重点阐析[J].学习与实践,2022(4).

86.胡平生,张萌.礼记[M].北京:中华书局,2017.

87.胡元礽,蔡光柏.英国、荷兰和瑞典三国人口学考察报告[J].西北人口,1984(4).

88.胡湛,彭希哲.家庭变迁背景下的中国家庭政策[J].人口研究,2012(2).

89.扈新强,赵玉峰.流动人口家庭化特征、趋势及影响因素研究[J].西北人口,2017(6).

90.黄斌欣.双重脱嵌与新生代农民工的阶级形成[J].社会学研究,2014(2).

91.黄斌欣,严航.何以为家:新生代农民工的婚恋与家庭组建困境——基于成年转型困境的视角[J].中国青年研究,2021(12).

92.黄桂霞.挑战与应对"全面两孩"政策下的女性就业权保障[J].中国劳动关系学院学报,2017(5).

93.黄怀信.大戴礼记译注[M].上海:上海古籍出版社,2019.

94.黄秀女,徐鹏.社会保障与流动人口二孩生育意愿——来自基本医疗保险的经验证据[J].中央财经大学学报,2019(4).

95.籍斌,史正,邵秀娟,等.国际社会积极应对人口老龄化比较研究[J].科学决策,2020(9).

96.计迎春,郑真真.社会性别和发展视角下的中国低生育率[J].中国社会科学,2018(8).

97.季龙.我副代表在联合国亚远经委会会议上就人口问题发言 驳斥所谓人口增长阻碍社会进步的谬论 强调发展中国家只有摆脱帝殖侵略压迫,反对大国霸权主义,维护独立,发展民族经济,才能改变贫困落后状态[N].人民日报,1973-04-17(6).

98.贾男,甘犁,张劼.工资率、"生育陷阱"与不可观测类型[J].经济研究,2013(5).

99.贾志科.20世纪50年代后我国居民生育意愿的变化[J].人口与经济,2009(4).

100.贾志科.影响生育意愿的多种因素分析[J].南京人口管理干部学院学报,2009(4).

101.贾志科,高洋.低生育率背景下中国积极生育支持政策的构建与完善——基于国外经验的分析与反思[J].青年探索,2023(3).

102.贾志科,刘光宇.科学发展观指导下的适度人口理论新探[J].西北人口,2006(2).

103.贾志科,罗志华,王思嘉.城市在职青年的生育时间选择及影响因素——基于983名青年的实证调查分析[J].西北人口,2023(3).

104.贾忠科.中国省级社会经济发展计划生育与生育率变化的关系研究:1981~1985[J].中国人口科学,1991(1).

105.江宇.实施三孩政策——"以人民为中心"的发展是关键[J].中国卫生,2021(7).

106.姜大为.浅谈影响新生代农民工职业发展的因素[J].广东蚕业,2019(5).

107.姜喆.浅析当代俄罗斯人口危机[J].现代交际,2021(20).

108.蒋军成,黄子珩.乡村振兴战略下基本养老保险制度城乡融合路径研究[J].经济体制改革,2021(6).

109.蒋茂霞.印度女性问题的历史沿革与现代演进[M].北京:中国社会科学出版社,2017.

110.解安,林进龙.中国农村人口发展态势研究:2020—2050年——基于城镇化水平的不同情景模拟分析[J].中国农村观察,2023(3).

111. 靳小怡,郭秋菊,刘蔚.性别失衡下的中国农村养老及其政策启示[J].公共管理学报,2012(3).

112. 靳永爱.低生育率陷阱:理论、事实与启示[J].人口研究,2014(1).

113. 康岚.代差与代同:新家庭主义价值的兴起[J].青年研究,2012(3).

114. 雷丽平.中俄两国采取不同的政策应对人口问题[J].欧亚经济,2016(3).

115. 李爱云.从汉字看中国传统的生育文化[J].汉字文化,2010(3).

116. 李建民.生育理性和生育决策与我国低生育水平稳定机制的转变[J].人口研究,2004(6).

117. 李建民.中国的生育革命[J].人口研究,2009(1).

118. 李竞能.生殖崇拜与中国人口发展[J].中国人口科学,1991(3).

119. 李亮亮.欧洲四国家庭友好政策及效应分析[J].中华女子学院学报,2013(1).

120. 李强.关注转型时期的农民工问题(之三)户籍分层与农民工的社会地位[J].中国党政干部论坛,2002(8).

121. 李青.诗经[M].北京:北京联合出版公司,2015.

122. 李蕊.新时代破解农村养老难题的路径探索[J].人民论坛,2022(5).

123. 李守经.农村社会学[M].北京:高等教育出版社,2000.

124. 李树茁,果臻.当代中国人口性别结构的演变[J].中国人口科学,2013(2).

125. 李树茁,孟阳.改革开放40年:中国人口性别失衡治理的成就与挑战[J].西安交通大学学报(社会科学版),2018(6).

126. 李树茁,闫绍华,李卫东.性别偏好视角下的中国人口转变模式分析[J].中国人口科学,2011(1).

127. 李婉鑫,杨小军,杨雪燕.儿童照料支持与二孩生育意愿——基于2017年全国生育状况抽样调查数据的实证分析[J].人口研究,2021(5).

128. 李炜.婚姻的嬗变——俄罗斯人口下降的社会学原因[J].俄罗斯研究,2003(2).

129. 李卫东.流动模式与农民工婚姻稳定性研究:基于性别和世代的视角[J].社会,2019(6).

130. 李卫东,李树茁,M.W.费尔德曼.性别失衡背景下农民工心理失范的性别差异研究[J].社会,2013(3).

131. 李卫东,尚子娟.男孩偏好作为一种生育文化的生产与再生产[J].妇女研究论丛,2012(2).

132. 李欣欣,石人炳.略论我国农村计划生育利益导向政策[J].人口与经济,2010(5).

133.李艳艳,赵东山.梁建章:我为什么鼓励年轻人生孩子[J].中国企业家,2023(7).

134.李燕平,琚晓燕,侯欣,等.农村"完全代理型"隔代抚养青少年的发展风险[J].中国青年社会科学,2023(1).

135.李银河.中国人的性爱与婚姻[M].郑州:河南人民出版社,1991.

136.李银河.生育与村落文化[M].呼和浩特:内蒙古大学出版社,2009.

137.李银河,陈俊杰.个人本位、家本位与生育观念[J].社会学研究,1993(2).

138.李永萍.农村新生代青年的生育意愿及其转变动力——基于皖南Y村的田野调研[J].中国青年研究,2023(2).

139.李涌平.广东客家农民的高生育观念[J].中国人口科学,1995(2).

140.李涌平.论传统的生育文化[J].中国文化研究,1996(2).

141.李玉红,王皓.中国人口空心村与实心村空间分布——来自第三次农业普查行政村抽样的证据[J].中国农村经济,2020(4).

142.李志,吴永江.育龄青年的生育价值观影响生育计划的调查研究——基于生育支持的中介作用分析[J].中国特色社会主义研究,2022(5/6).

143.梁土坤.二律背反:新生代农民工生育意愿的变化趋势及其政策启示[J].北京理工大学学报(社会科学版),2019(3).

144.刘冰.战后日本家庭观念的变迁研究(1945~2019)[D].北京:中国社会科学院研究生院,2020.

145.刘春燕.人口负增长成日本经济大拖累[N].国际商报,2019-04-18(4).

146.刘福霞,尹心歌.社会性别视角下青年生育困境和政策支持研究[J].河北开放大学学报,2023(1).

147.刘海燕,刘敬远.印度与中国的计划生育政策比较[J].南亚研究季刊,2010(4).

148.刘厚莲,张刚.乡村振兴战略目标下的农村人口基础条件研究[J].人口与发展,2021(5).

149.刘建涛,冯菲菲.农民工婚育观念变迁解析[J].前沿,2014(7).

150.刘娜,李小瑛,颜璐.中国家庭育儿成本——基于等价尺度福利比较的测度[J].人口与经济,2021(1).

151.刘舒晗.论我国丁克家庭的产生原因及其社会功能[C]//《决策与信息》杂志社,北京大学经济管理学院."决策论坛——决策科学化与民主化学术研讨会"论文集(下).北京:[出版者不详],2017.

152.刘爽.中国的出生性别比与性别偏好:现象、原因及后果[M].北京:社会科学文献出版社,2009.

153.刘婷婷.阻力与助力:工作—家庭冲突对城市职业女性二孩生育意愿的影响[J].河北学刊,2018(6).

154.刘伟民.中国式婚姻报告[M].广东:广东科技出版社,2009.

155.刘译阳,王育婷,王俊威.我国人口与资源、环境可持续发展的策略研究[J].环渤海经济瞭望,2020(12).

156.刘媛,熊柴.全球人口变局、影响及中国应对[J].经济学家,2022(1).

157.刘卓,王学义.生育变迁:1949~2019年中国生育影响因素研究[J].西北人口,2021(1).

158.胡焕庸,张善余.中国人口地理(上册)[M].上海:华东师范大学出版社,1984.

159.鲁烨.从"二孩"到"三孩":"高龄少子化"社会的政策应对与社会回应[J].江西师范大学学报(哲学社会科学版),2023(2).

160.陆益龙.生育兴趣:农民生育心态的再认识——皖东T村的社会人类学考察[J].人口研究,2001(2).

161.路遇.论中国传统生育文化[J].东岳论丛,2002(2).

162.罗天莹.改革开放30年与青年生育观念的变迁[J].中国青年研究,2008(1).

163.陈寿.三国志[M].骆宾,译.北京:中国文联出版社,2016.

164.麻国庆.当代中国家庭变迁:特征、趋势与展望[J].人口研究,2023(1).

165.马汴京.性别失衡、大龄未婚与男性农民工幸福感[J].青年研究,2015(6).

166.马赫,尹文强,王安琪,等.全面两孩政策下山东省育龄女性二孩生育意愿及影响因素分析[J].卫生软科学,2019(6).

167.马林诺夫斯基.文化论[M].费孝通,等译.北京:中国民间文艺出版社,1987.

168.马赛.意大利面临严重人口危机[N].光明日报,2023-04-19(12)。

169.马妍.传统观念与个人理性的碰撞:80后知识精英婚恋观研究[J].青年研究,2012(5).

170.马妍,刘爽.中国省级人口转变的时空演变进程——基于聚类分析的实证研究[J].人口学刊,2011(1).

171.马寅初.新人口论[M].广州:广东经济出版社,1998.

172.马忠东,石智雷.流动过程影响婚姻稳定性研究[J].人口研究,2017(1).

173.毛泽东.毛泽东对计划生育工作的指示[M].国务院计划生育领导小组办公室整理(内部),1976.

174.茅倬彦,申小菊,张闻雷.人口惯性和生育政策选择:国际比较及启示[J].南方人口,2018(2).

175.苗国,黄永亮.高期望择偶与低生育陷阱:当代青年婚育困境的社会学反思[J].中国青年研究,2022(5).

176.穆光宗.漠视生命权:人口性别失衡的背后[J].探索与争鸣,2014(9).

177.穆光宗.当代青年的"恐育"心理和生育观[J].人民论坛,2020(22).

178.穆光宗,江砥,林进龙.构建生育友好型社会是提高生育率的关键[J].群言,2021(2).

179.穆光宗,林进龙.论生育友好型社会:内生性低生育阶段的风险与治理[J].探索与争鸣,2021(7).

180.穆光宗,林进龙.新时期中国人口学的发展方向[J].江淮论坛,2021(1).

181.牛建林.农村妇女孩子数量与质量偏好转化现状研究[J].市场与人口分析,2002(2).

182.牛建林.改革开放以来乡城劳动力流动对农村居民教育的选择性及其变迁[J].劳动经济研究,2014(4).

183.牛文涛,姜润鸽.新中国70年的农村养老保障:历史演进与现实困境[J].农业经济问题,2020(2).

184.潘越,翁若宇,纪翔阁,等.宗族文化与家族企业治理的血缘情结[J].管理世界,2019(7).

185.彭珮云.中国计划生育全书[M].北京:中国人口出版社,1997.

186.彭松建.西方人口经济学概论[M].北京:北京大学出版社,1987.

187.彭伟斌.印度国家人口政策的历史演进及影响因素研究[J].人口学刊,2014(6).

188.彭希哲,黄娟.试论经济发展在中国生育率转变过程中的作用[J].人口与经济,1993(1).

189.蒲艳萍,张岚欣,袁柏惠.互联网使用与女性生育意愿——兼论中国女性生育意愿的结构性降低[J].山西财经大学学报,2023(3).

190.戚迪明,张乐明,汪本学,等.新生代农民工婚恋选择对其城市定居意愿的影响——基于性别与城市的比较[J].湖南农业大学学报(社会科学版),2017(2).

191.秦启文.现代社会学[M].重庆:重庆出版社,2011.

192. 卿石松,丁金宏.生育意愿中的独生属性与夫妻差异——基于上海市夫妻匹配数据的分析[J].中国人口科学,2015(5).

193. 邱德胜,李诗韵,王志章.中国农村家庭生育二孩的成本核算及分摊机制研究——基于川渝两地的实地调研[J].科学决策,2018(4).

194. 全龙杰.日本少子化问题研究[D].长春:吉林大学,2020.

195. 任远.低生育率社会的家庭制度建设[J].探索与争鸣,2021(1).

196. 任远.论优化人口发展战略:在人口变动中探索国家发展道路[J].社会科学,2023(7).

197. 阮极,蔡欣晴.农村社会结构变迁对生育观念的影响[J].韩山师范学院学报,2022(4).

198. 申秋.日韩家庭政策的发展过程及其对中国的启示[J].学习与实践,2016(9).

199. 沈澈,王玲.互动式发展:新中国成立70年来生育政策与生育保障的演进及展望[J].社会保障研究,2019(6).

200. 沈笛,张金荣.新型生育文化对"全面两孩"政策的影响及启示[J].海南大学学报(人文社会科学版),2018(3).

201. 沈奕斐.个体化视角下的城市家庭认同变迁和女性崛起[J].学海,2013(2).

202. 沈奕斐.个体家庭iFamily:中国城市现代化进程中的个体、家庭与国家[M].上海:上海三联书店,2013.

203. 施磊磊.青年农民工婚恋观念、行为、模式及其变迁历程——对青年农民工婚恋研究文献的一项检视[J].青年探索,2015(6).

204. 石人炳.包容性生育政策:开启中国生育政策的新篇章[J].华中科技大学学报(社会科学版),2021(3).

205. 石智雷.多子未必多福——生育决策、家庭养老与农村老年人生活质量[J].社会学研究,2015(5).

206. 史猛,程同顺.老龄化如何影响西方民主政治——基于德国、法国、意大利、希腊的比较分析[J].当代世界与社会主义,2021(5).

207. 史雅静,张灵聪.生育价值观探究[J].河北北方学院学报(社会科学版),2016(1).

208. 宋健,张洋,王璟峰.稳态与失稳:家庭结构类型与家庭幸福的一项实证研究[J].人口研究,2014(5).

209. 宋健,周宇香.全面两孩政策执行中生育成本的分担——基于国家、家庭和用人单位三方视角[J].中国人民大学学报,2016(6).

210.宋丽娜.流水线上的爱情快餐——以在富士康郑州厂区的调研为例[J].中国青年研究,2019(7).

211.宋璐,姜全保.印度女性生存状况:现状、原因及治理[J].南亚研究季刊,2008(1).

212.宋卫清,丹尼尔·艾乐.福利国家中的社会经济压力和决策者——德国和意大利家庭政策的比较研究[J].欧洲研究,2008(6).

213.宋月萍,张龙龙,段成荣.传统、冲击与嬗变——新生代农民工婚育行为探析[J].人口与经济,2012(6).

214.孙向晨.家:中国文化最切近的当代形式[J].中央社会主义学院学报,2020(5).

215.孙晓.中国婚姻史[M].北京:中国书籍出版社,2016.

216.谈琰.新中国人口发展理论与实践初探[J].绥化学院学报,2011(6).

217.汤兆云.新中国人口政策的演进历程[J].世纪,2003(5).

218.汤兆云.建国以来中国共产党人口政策的演变与创新[J].科学社会主义,2010(3).

219.汤兆云.农村居民家庭养老方式选择的影响因素研究——基于闽南地区抽样问卷调查的分析[J].福建行政学院学报,2019(4).

220.汤兆云.新中国农村人口政策及其演变[M].北京:社会科学文献出版社,2019.

221.汤兆云,邓红霞.日本、韩国和新加坡家庭支持政策的经验及其启示[J].国外社会科学,2018(2).

222.陶霞飞.人口政策与生育率的关系研究—基于国际比较视角[J].西北人口,2019(5).

223.陶自祥.南北乡土社会[M].北京:民族出版社,2022.

224.田丰.生育政策调整后中产阶级的生育意愿研究——基于北京、上海、广州三个城市的调查[J].社会科学辑刊,2017(6).

225.田宏杰,孙宏艳,赵霞,等.三孩政策下的低生育意愿:现实束缚与文化观念制约[J].青年探索,2022(4).

226.田立法,荣唐华,张馨月,等."全面两孩"政策下农村居民二胎生育意愿影响因素研究——以天津为例[J].人口与发展,2017(4).

227.田昕灵.新生代农民工子女教育问题的现状与对策探讨[J].中华建设,2019(5).

228.田雪原.市场经济体制下的人口控制[J].中国社会科学,1993(6).

229.田雪原,陈胜利.生育文化研究[M].北京:中国财政经济出版社,2006.

230.田雪原.马寅初《新人口论》始末[J].中国报道,2009(11).

231.田艳芳,卢诗语,张苹.儿童照料与二孩生育意愿——来自上海的证据[J].人口学刊,2020(3).

232.佟新.人口社会学(第四版)[M].北京:北京大学出版社,2010.

233.佟新,戴地.积极的夫妻互动与婚姻质量——2011年北京市婚姻家庭调查分析[J].学术探索,2013(1).

234.童琦,张进辅.生育价值观研究综述[J].南京人口管理干部学院学报,2002(3).

235.童琦,张进辅.不同职业青年生育价值观的特征[J].南京人口管理干部学院学报,2004(3).

236.汪受宽.孝经译注[M].上海:上海古籍出版社,2016.

237.汪天德.中印两国人口变化及影响其变化的社会因素比较[J].江苏社会科学,2018(5).

238.王冰.人口政策的内容、分类和特点人口政策一般理论的探讨[J].西北人口,1985(2).

239.王丛雷,罗淳.收入分配调节、社会保障完善与生育率回升——低生育率阶段的欧盟经验与启示[J].西部论坛,2022(2).

240.王殿玺,陈富军.职业流动会影响居民的生育意愿吗?——基于代际与代内双重视角的分析[J].南方人口,2019(5).

241.王冬梅.中国传统生育文化与现代"生育文明"[J].西北大学学报(哲学社会科学版),2003(3).

242.王广州,王军.中国人口发展的新形势与新变化研究[J].社会发展研究,2019(1).

243.王鹤.意大利的人口变化及对社会经济的影响[J].西欧研究,1986(3).

244.王宏义.论语译注[M].贵阳:孔学堂书局,2019.

245.王晖.国际经验借鉴:意大利人口问题应对的启示[J].人口与健康,2019(2).

246.王慧,叶文振.中国生育观念的变迁与启示[J].福建江夏学院学报,2023(3).

247.王佳.俄罗斯"母亲基金"的实施成效及瓶颈问题探析[J].俄罗斯研究,2017(1).

248.王佳.当代俄罗斯人口危机问题研究[D].北京:北京外国语大学,2019.

249.王佳.俄罗斯生育补贴机制探析[J].西伯利亚研究,2019(2).

250.王军,李向梅.中国三孩政策下的低生育形势、人口政策困境与出路[J].青年探索,2021(4).

251.王军,刘军强.在分歧中寻找共识———中国低生育水平下的人口政策研究与演进[J].社会学研究,2019(2).

252.王军,王广州.中国低生育水平下的生育意愿与生育行为差异研究[J].人口学刊,2016(2).

253.王凯."二孩政策"研究热点及趋势分析——基于CNKI载文数据的分析[J].科技创新与生产力,2021(8).

254.王胜泉.马克思主义的"两种生产"理论[J].人口与经济,1980(3).

255.王伟.日本少子化进程与政策应对评析[J].日本学刊,2019(1).

256.王伟.日本社会变迁及其对中日关系的影响[J].日本学刊,2022(4).

257.王晓峰.生育与就业稳定性:我国流动女性的困境与出路[J].行政与法,2020(10).

258.王煦,刘丽.影响农村妇女生育观变迁的因素研究[J].社会与公益,2019(11).

259.望超凡,甘颖.农村家庭变迁与女儿养老[J].华南农业大学学报(社会科学版),2019(2).

260.蔚志新.瑞典的生育变动及家庭政策对其影响和启示[J].人口与健康,2019(1).

261.巫锡炜,郭静,段成荣.地区发展、经济机会、收入回报与省际人口流动[J].南方人口,2013(6).

262.吴帆.生育意愿研究:理论与实证[J].社会学研究,2020(4).

263.吴科达,侯德彤.母系氏族社会女性地位高于男性吗?[J].天府新论,2004(1).

264.吴晓红.中国古代女性意识——从原始走向封建礼教[D].苏州:苏州大学,2004.

265.吴新慧.传统与现代之间——新生代农民工的恋爱与婚姻[J].中国青年研究,2011(1).

266.吴艳文.俄罗斯人口发展状况及对中国的启示[J].西北人口,2014(3).

267.吴要武.剥离收入效应和替代效应——对城镇女性市场参与变化的解释[J].劳动经济研究,2015(4).

268.吴莹,杨宜音.社会心态形成过程中社会与个人的"互构性"——社会心理学中"共识"理论对社会心态研究的启示[J].社会科学战线,2013(2).

269.吴永梅,武谷云燕.我国人口生育政策成本收益分析[J].商业故事,2018(21).

270.席小平,陈胜利.关爱女孩行动评估[M].北京:中国人口出版社,2005.

271.邢成举.地域文化、宗族组织与农民生育观念的表达——赣南布村生育观念的文化社会学考察[J].南方人口,2012(2).

272.熊小奇.试析俄罗斯家庭结构的新特点[J].东欧中亚研究,1995(2).

273.徐双飞,于传宁,冯春霞,等.中国、日本、印度、南非、美国五国1970—2030年计划生育状况与趋势预测[J].复旦学报(医学版),2018(3).

274.徐天琪,叶振东.中国农村人口城市化的新模式——温州龙港"农民城"外来人口剖析[J].中国人口科学,1994(3).

275.徐兴文,刘芳.低生育率时代典型国家家庭政策的实践与启示[J].四川轻化工大学学报(社会科学版),2020(3).

276.许彩丽,张翠娥.重新认识分离:基于家庭视角的留守儿童社会工作反思[J].华中农业大学学报(社会科学版),2023(4).

277.许传新,高红莉.徘徊于传统与现代之间:新生代农民工婚姻家庭观研究[J].理论导刊,2014(3).

278.许加明,魏然.男性新生代农民工的择偶困境及结婚策略——基于苏北C村的调查与分析[J].中国青年研究,2018(1).

279.阎云翔.差序格局与中国文化的等级观[J].社会学研究,2006(4).

280.阎云翔.私人生活的变革:一个中国村庄里的爱情、家庭与亲密关系:1949—1999[M].龚小夏,译.上海:上海书店出版社,2006.

281.杨宝琰,吴霜.从"生育成本约束"到"幸福价值导向"——城市"70后""80后"和"90后"的生育观变迁[J].西北人口,2021(6).

282.杨嘉宁,杨志仁.关于农民工子女教育现状的思考[J].农村·农业·农民(B版),2021(10).

283.杨建毅,唐黎辉.性与婚姻、家庭的建立和稳固[J].社科纵横,2006(8).

284.杨菊华,杜声红.部分国家生育支持政策及其对中国的启示[J].探索,2017(2).

285.杨魁孚,梁济民,张凡.中国人口与计划生育大事要览[M].北京:中国人口出版社,2001.

286.杨懋春.一个中国村庄:山东台头[M].张雄,沈炜,秦美珠,译.南京:江苏人民出版社,2012.

287.杨天才,张善文.周易[M].北京:中华书局,2011.

288.尹秋玲,夏柱智.家庭抚育模式:农村青年妇女低生育意愿的分析视角[J].山西农业大学学报(社会科学版),2022(1).

289.于连平,于小琴.俄罗斯低生育率的成因及"母亲资本法"的成效评价[J].人口学刊,2010(4).

290.于淼,胡鞍钢.构建以人民为中心的家庭友好型社会——积极应对老龄化和超低生育率的挑战[J].新疆师范大学学报(哲学社会科学版),2022(5).

291. 于小琴.刍议俄人口政策发展及对生育的影响[J].俄罗斯中亚东欧市场,2009(6).

292. 于小琴.俄罗斯人口问题研究[M].哈尔滨:黑龙江大学出版社,2012.

293. 于学军.中国进入"后人口转变"时期[J].中国人口科学,2000(2).

294. 袁霁虹.媒介"围"城:新生代农民工婚恋观研究[J].中国青年研究,2016(8).

295. 袁潇潇,沈富儿,黄靖,等.共同富裕视角下农村养老难题及应对策略[J].长沙大学学报,2023(3).

296. 袁银传.我国农村人口快速增长的文化心理根源——农民生育价值观分析[J].中南财经大学学报,1996(5).

297. 原新.不断完善生育政策 促进人口均衡发展[J].人口与计划生育,2015(12).

298. 曾燕妮.人口结构变化对我国住房价格的影响研究[D].太原:山西财经大学,2021.

299. 张伯玉.日本实施促进生育政策的得与失[J].人民论坛,2022(17).

300. 张纯元.中国人口生育政策的演变历程[J].市场与人口分析,2000(1).

301. 张光直.考古学专题六讲[M].增订本.北京:生活·读书·新知三联书店,2013.

302. 张红霞.场域变迁与规则重构:新生代农民工人际交往的微观机理[J].中国青年社会科学,2019(1).

303. 张季风,胡澎,丁英顺.少子老龄化社会:中国日本共同应对的路径与未来[M].北京:社会科学文献出版社,2019.

304. 张进峰.家庭教育重要性的哲学新论[J].教育理论与实践,2005(1).

305. 张进辅,童琦,毕重增.生育价值观的理论构建及问卷的初步编制[J].心理学报,2005(5).

306. 张劲松,樊文涛.试论建国以来党的生育政策变迁研究[J].才智,2017(30).

307. 张景,张松辉.道德经[M].北京:中华书局,2021.

308. 张玲,陈至发.新时代农民工职业发展路径选择及群组差异——基于浙江省问卷调查数据的实证分析[J].嘉兴学院学报,2021(1).

309. 张淑燕,刘爽,孙新宇.社交媒体中新生代生育观呈现——基于"杨丽萍微博热搜事件"的内容分析[J].人口与社会,2021(2).

310. 张婷皮美,石智雷."996"与低欲望社会:加班对结婚和生育影响的实证研究[J].云南师范大学学报(哲学社会科学版),2020(2).

311. 张孝栋,张雅璐,贾国平,等.中国低生育率研究进展:一个文献综述[J].人口与发展,2021(6).

312. 张翼.中国人口控制政策的历史变化与改革趋势[J].广州大学学报(社会科学版),2006(8).

313. 张翼.新中国成立70年来中国人口变迁及未来政策改革[J].中国特色社会主义研究,2019(4).

314. 张翼."三孩生育"政策与未来生育率变化趋势[J].中国特色社会主义研究,2021(4).

315. 张勇,尹秀芳,徐玮.符合"单独两孩"政策城镇居民的生育意愿调查[J].中南财经政法大学学报,2014(5).

316. 张载.张子全书[M].西安:西北大学出版社,2015.

317. 张正云.中国生育政策的差异性研究[D].长春:吉林大学,2016.

318. 张芷菱.社会性别理论视角下"儿女双全"性别偏好成因机制研究[J].黑龙江人力资源和社会保障,2022(11).

319. 赵芳,陈艳.近二十年来的欧洲家庭政策:变化及其延续[J].华东理工大学学报(社会科学版),2014(1).

320. 赵国华.生殖崇拜文化论[M].北京:中国社会科学出版社,1990.

321. 赵景辉.中国城市人口生育意愿——对哈尔滨市已婚在业人口的调查[J].人口研究,1997(3).

322. 赵琳华,吴瑞君,梁翠玲.大城市"80后"群体生育意愿现状及差异分析——以上海静安区为例[J].人口与社会,2014(1).

323. 赵思博,丁志宏.我国新生代已婚流动育龄妇女避孕方式的选择及其影响因素[J].中国卫生统计,2021(5).

324. 赵文琛.论生育文化[J].人口研究,2001(6).

325. 赵昕东,李翔.流动人口女性个体的生育间隔影响因素研究——基于2016年全国流动人口动态监测调查数据[J].统计研究,2018(10).

326. 赵旭凡.推行三孩生育政策的战略意义与实现路径[J].湖南社会科学,2022(1).

327. 郑真真.中国育龄妇女的生育意愿研究[J].中国人口科学,2004(5).

328. 郑真真.生育意愿研究及其现实意义——兼以江苏调查为例[J].学海,2011(2).

329. 郑真真.生育意愿的测量与应用[J].中国人口科学,2014(6).

330. 郑真真.生育转变的多重推动力:从亚洲看中国[J].中国社会科学,2021(3).

331. 郑真真.人口现象中的社会问题——对出生性别比失衡的再认识[J].山东女子学院学报,2022(3).

332. 郑真真.中国生育转变[M].北京:中国社会科学文献出版社,2022.

333. 郑真真,李玉柱,廖少宏.低生育水平下的生育成本收益研究——来自江苏省的调查[J].中国人口科学,2009(2).

334. 中共中央文献研究室,中央档案馆.建党以来重要文献选编(1921—1949)(第二十五册)[M].北京:中央文献出版社,2011.

335. 中华人民共和国民政部.第七次全国人口普查结果公布 这些数据事关"老"话题[EB/OL].(2021-05-12)[2025-05-01].https://www.mca.gov.cn/n152/n166/c45021/content.html.

336. 钟逢干.关于中国特色社会主义人口理论建设的思考[J].南方人口,2010(3).

337. 钟晓华."全面两孩"政策实施效果的评价与优化策略——基于城市"双非"夫妇再生育意愿的调查[J].中国行政管理,2016(7).

338. 周快快,王染.农村家庭智力资本抑制了"两孩"生育行为吗?——基于CFPS农村家庭跟踪数据[J].南方人口,2022(4).

339. 周晓虹.文化反哺:变迁社会中的亲子传承[J].社会学研究,2000(2).

340. 周晓蒙.经济状况、教育水平对城镇家庭生育意愿的影响[J].人口与经济,2018(5).

341. 周宇香,王艺璇.进城务工青年婚恋与家庭状况研究[J].广东青年研究,2022(4).

342. 周云.社会政策与日本人口的发展[J].人口学刊,2008(5).

343. 周长洪.生育观念的概念逻辑模型[J].南京人口管理干部学院学报,2007(2).

344. 哈里斯.教养的迷思:父母的教养方式能否决定孩子的人格发展?[M].张庆宗,译.上海:上海译文出版社,2015.

345. 朱国宏.传统生育文化与中国人口控制[J].人口研究,1992(1).

346. 朱兰.生育政策、机会成本与生育需求——中国综合社会调查的微观证据[J].西北人口,2020(2).

347. 朱文婷,王梅.生育支持对青年职业女性三孩生育意愿的影响研究[J].中国青年社会科学,2022(6).

348. 邹海瑞,杜学元,余明莉.关于女大学生生育价值观的实证研究[J].山东女子学院学报,2010(6).

349. 左玲,关成华.城镇家庭养育子女的机会成本[J].中华女子学院学报,2023(2).

二、英文参考文献

1. Ajzen I., Klobas J., "Fertility Intentions: An Approach Based on the Theory of Planned Behavior", *Demographic Research*, 2013, Vol.29(2).

2. Anderson T., Kohler. H-P., "Low Fertility, Socioeconomic Development, and Gender Equity", *Population and Development Review*, 2015, Vol.41(3).

3. Coale A.J., Watkins S.C., *The Decline of Fertility in Europe. Princeton*: Princeton University Press, 2017.

4. Arpino B., Esping-Anderson G., Pessin L., "How Do Changes in Gender Role Attitudes Towards Female Employment Influence Fertility? A Macro-Level Analysis", *European Sociological Review*, 2015, Vol.31(3).

5. Bachrach C. A., Morgan S. P., "A Cognitive‐Social Model of Fertility Intentions", *Population and Development Review*, 2013, Vol.39(3).

6. Balbo N., Billari F. C., Mills M., "Fertility in Advanced Societies: A Review of Research", *European Journal of Population*, 2013, Vol.29(1).

7. Balbo N., Barban N., "Does Fertility Behavior Spread Among Friends?", *American Sociological Review*, 2014, Vol.79(3).

8. Becker G. S., Barro R. J., "A Reformulation of the Economic Theory of Fertility", *Quarterly Journal of Economics*, 1988, Vol.103(1).

9. Becker G. S., Lewis H. G., "On the Interaction Between Quantity and Quality of Children", *Journal of Political Economy*, 1973, Vol.81(2).

10. Becker G. S., Murphy K. M., Tamura R., "Human Capital, Fertility, and Economic Growth", *Journal of Political Economy*, 1990, Vol.98(5).

11. Becker G. S., Tomes N., "Child Endowments and Quantity and Quality of Children", *Journal of Political Economy*, 1976, Vol.84(4).

12. Becker G. S., "Relevance of New Economics of Family", *American Economic Review*, 1974, Vol.64(2).

13. Behjati-Ardakani Z., Navabakhsh M., Hosseini S. H., "Sociological Study on the Transformation of Fertility and Childbearing Concept in Iran", *Journal of Reproduction and Infertility*, 2017, Vol.18(1).

14. Bernardi L., Klärner A., "Social Networks and Fertility", *Demographic Research*, 2014, Vol.30(1).

15. Bongaarts J., "The Measurement of Wanted Fertility", *Population and Development Review*, 1990, Vol.16(3).

16. Brinton M. C., Lee D-J., "Gender-Role Ideology, Labor Market Institutions, and Post-industrial Fertility", *Population and Development Review*, 2016, Vol.42(3).

17. Bühler C., Fratczak E., "Learning From Others and Receiving Support: The Impact of Personal Networks on Fertility Intentions in Poland", *European Societies*, 2007, Vol.9(3).

18. Caldwell J.C., Schindlmayr T., "Explanations of the Fertility Crisis in Modern Societies: A Search for Commonalities", *Population Studies*, 2003, Vol.57(3).

19. Coale A. J., "The Demographic Transition. Proceedings of the International Population Conference", 转引自: Weeks J. Population: *An Introduction to Concepts and Issues* (6th edition). Belmont: Wadsworth Publishing Company, 1996.

20. Dumont A., *Dépopulation et Civilisation: étude Cémographique*. Paris: Lecrosnier et Bade, Librairesediteurs, 1890.

21. Evertsson M., Nermo M., "Dependence Within Families and the Division of Labor: Comparing Sweden and the United States", *Journal of Marriage and Family*, 2004, Vol.66(5).

22. Galor O., Weil D. N., "From Malthusian Stagnation to Modern Growth", *American Economic Review*, 1999, Vol.89(2).

23. Galor O., Weil D. N., "Population, Technology, and Growth: From Malthusian Stagnation to the Demographic Transition and Beyond", *American Economic Review*, 2000, Vol.90(4).

24. Galor O., "The Demographic Transition and the Emergence of Sustained Economic Growth", *Journal of the European Economic Association*, 2005, Vol.3(2-3).

25. George K., Kamath M., "Fertility and Age", *Journal of Human Reproductive Sciences*, 2010, Vol.3(3).

26. Goldstein J., Lutz W., Testa M. R., "The Emergence of Sub-Replacement Family Size Ideals in Europe", *Population Research and Policy Review*, 2003, Vol.22(5-6).

27. Gwatkin D. R., "Political Will and Family Planning: The Implications of India's Emergency Experience", *Population and Development Review*, 1979, Vol.5(1).

28. Leibenstein H., "The Economic Theory of Fertility Decline", *The Quarterly Journal of Economics*, 1975, Vol.89(1).

29. Garvin V., "The Cultural Contradictions of Motherhood", *Journal of Marriage and the Family*, 1997, Vol.59(2).

30. Hoffman L. W., "The Value of Children to Parents and Child-Rearing Patterns", *Social Behaviour*, 1987, Vol.2(3).

31. Iacovou M., Tavares L. P., "Yearning, Learning, and Conceding: Reasons Men and Women Change Their Childbearing Intentions", *Population and Development Review*, 2011, Vol.37(1).

32. Caldwell J. C., "Toward A Restatement of Demographic Transition Theory", *Population and Development Review*, 1976, Vol.2(3-4).

33. DESA (Departmentof Economic and Social Affairs, UN), *World Population Ageing 2019:Highlights*. New York: United Nations, 2019.

34. Keim S., Klärner A., Bernardi L., "Fertility-relevant Social Networks: Composition, Structure, and Meaning of Personal Relationships for Fertility Intentions", *MPIDR Working Papers*, Rostock, Germany, 2009.

35. Kohler H-P., Billari F., Ortega J. A., "The Emergence of Lowest-Low Fertility in Europe during the 1990s", *Population and Development Review*, 2002, Vol.28(4).

36. Elster A. B., Lamb M. E., Peters L., et al., "Judicial Involvement and Conduct Problems of Fathers of Infants Born to Adolescent Mothers", *Pediatrics*, 1987, Vol.79(2).

37. Lesthaeghe R., "The Unfolding Story of the Second Demographic Transition", *Population and Development Review*, 2010, Vol.36(2).

38. Lois D., Becker O. A., "Is Fertility Contagious? Using Panel Data to Disentangle Mechanisms of Social Network Influences on Fertility Decisions", *Advances in Life Course Research*, 2014, Vol.21.

39. Madhavan S., Adams A., Simon D., "Women's Networks and the Social World of Fertility Behavior", *International Family Planning Perspectives*, 2003, Vol.29(2).

40. McDonald P., "Gender Equity in Theories of Fertility Transition", *Population and Development Review*, 2000, Vol.26(3).

41. Miller W. B., Bard D. E., Pasta D. J., et al., "Biodemographic Modeling of the Links Between Fertility Motivation and Fertility Outcomes in the NLSY79", *Demography*, 2010, Vol.47(2).

42. Miller W. B., Pasta D. J., "Motivational and Nonmotivational Determinants of Child-number Desires", *Population and Environment*, 1993, Vol.15(2).

43. Nauck B., "Value of Children and Fertility: Results from A Cross-Cultural Comparative Survey in Eighteen Areas in Asia, Africa, Europe and America", *Advances in Life Course Research*, 2014, Vol.21.

44. Parrenas R.S., "Mothering from a Distance: Emotions, Gender, and Intergenerational

Relations in Filipino Transnational Families", *Feminist Studies*, 2001, Vol.27(2).

45. Pilkauskas N. V., Dunifon R. E., "Understanding Grandfamilies: Characteristics of Grandparents, Nonresident Parents, and Children", *Journal of Marriage and Family*, 2016, Vol.78(3).

46. Raz-Yurovich L., "Outsourcing of Housework and the Transition to a Second Birth in Germany", *Population Research and Policy Review*, 2016, Vol.35(3).

47. Robinson W.C., Ross J. A., The Global Family Planning Revolution. Washington, D.C.: The World Bank, 2007.

48. Rossier C., Bernardi L., "Social Interaction Effects on Fertility: Intentions and Behaviors", *European Journal of Population*, 2009, Vol.25.

49. Ryder N. B., Westoff C. F., *Reproduction in the U.S.*, 1965. Princeton: Princeton University Press, 1971.

50. Silverstein M., Bengtson V. L., "Intergenerational Solidarity and the Structure of Adult Child-Parent Relationships in American Families", *American Journal of Socialogy*, 1997, Vol.103(2).

51. Sobotka T., "Sub-Replacement Fertility Intentions in Austria", *European Journal of Population*, 2009, Vol.25(4).

52. Anderson T., Kohler H-P., "Low Fertility, Socioeconomic Development, and Gender Equity", *Population and Development Review*, 2015, Vol.41(3).

53. United Nations Population Fund, *State of World Population 2011*. New York: United Nations, 2011.

54. United Nations, *World Population Prospects: The 2022 Revision*. New York: United Nations, 2022.

55. Walker J. R., "The Effect of Public Policies on Recent Swedish Fertility Behavior", *Journal of Population Economics*, 1995, Vol.8(3).

56. Weber M., *Economy and Society: An Outline of Interpretive Sociology*. Berkeley: University of California Press, 1978.

57. Lutz W., Skirbekk V., Testa M. R., "The Low Fertility Trap Hypothesis. Forces That May Lead to Further Postponement and Fewer Births in Europe", *Vienna Yearbook of Population Research*, 2006,.

58. Zuanna G. D., "The Banquet of Aeolus: A Familistic Interpretation of Italy's Lowest Low Fertility", *Demographic Research*, 2001, Vol.4(5).

附录一：
改革开放40年来农村生育价值观的问卷调查

尊敬的居民朋友：

您好！

我们是重庆西南大学的国家社会科学基金项目《改革开放40年来农村生育价值观的变迁及政策应对研究》课题组成员，我们诚挚邀请您参与本次问卷调查。问卷填写过程中，请根据您自身实际情况填写，本调研信息仅作为科学研究所用，对您提供的任何信息我们都会保密，请放心作答。

感谢您的参与！

《改革开放40年来农村生育价值观的变迁及政策应对研究》课题组成员
2018年11月22日

问卷编码：

受访时间：

访问员姓名：

受访者居住地点＿＿＿＿省＿＿＿＿市＿＿＿＿县＿＿＿＿乡镇＿＿＿＿村(社区)

第一部分　个人基本情况

1. 您的出生的年份是＿｜＿｜＿｜＿｜；您的兄弟姐妹个数＿＿＿＿，其中兄＿＿＿＿个，弟＿＿＿＿个，姐＿＿＿＿个，妹＿＿＿＿个，排行＿＿＿＿。(没有就填0)

2. 您的性别为(　　)。

(1)男　(2)女

3. 您的目前户籍类型(　　)。

(1)农业户口　(2)非农业户口　(3)农转非户口

4. 目前您的居住地区类型(　　)。

4a.(1)少数民族地地区　(2)非少数民族地区

4b.(1)近郊地区　(2)远郊地区　(3)偏远地区

5.您的受教育程度为(　　　)。

(1)小学及以下　(2)初中　(3)高中　(4)中专或高职技校　(5)大学专科　(6)大学本科　(7)研究生及以上

6.您的宗教信仰为(　　　)。

(1)无宗教信仰　(2)天主教　(3)基督教　(4)伊斯兰教　(5)佛教　(6)道教　(7)民间信仰　(8)其他_____

7.您所从事的职业类型是(　　　)。

(1)国家机关工作人员(政府机关,司法机关等)　(2)企业单位负责人(董事长,经理,厂长,部门主管等)　(3)事业单位负责人(院长,校长,局长等)　(4)专业技术人员(医生,教师,工程技术人员等)　(5)办事人员(后勤工作人员,保卫人员,秘书助理等)　(6)商业人员(个体老板,营业员等)　(7)服务业人员(保姆,司机,服务员,厨师,修理人员,清洁工等)　(8)生产、运输设备操作人员(搬运工等)　(9)军人及警察(公安,交警等)　(10)自由职业者(包括兼职农业)　(11)全职务农　(12)在校学生　(13)退休　(14)无业

8.您所就业的地点是(　　　)。(就小原则)

(1)户籍所在地乡镇　(2)户籍所在区县　(3)户籍所在市　(3)户籍所在省的其他市县　(4)外省

9.您的家庭月收入大约为(　　　)。

(1)1000元及以下　(2)1000~<3000元　(3)3000~<5000元　(4)5000~<7000元　(5)7000~<10000元　(6)10000元及以上

10.您的婚姻状况(　　　)。

(1)未婚　(2)已婚　(3)离婚　(4)再婚　(5)丧偶

11.您的结婚时的年龄为(　　　)。(未婚的不填)

(1)22岁以下　(2)22—27岁　(3)28—33岁　(4)34—39岁　(5)40—45岁　(6)45岁以上

12.一年中您与您的配偶相处的时间?(　　　)(单身不填)

(1)一直一起　(2)经常一起　(3)偶尔一起　(4)很少一起　(5)基本不一起

13.您生育第一个孩子的年龄是(　　　)。

(1)22岁以下　(2)22—25岁　(3)26—29岁　(4)30—33岁　(5)34—37岁　(6)38—41岁　(7)42岁及以上　(8)目前无孩子

14.您的孩子年幼时主要由谁照顾?( )。

(1)自己 (2)配偶 (3)男方父母 (4)女方父母 (5)亲戚 (6)保姆 (7)孩子自己

15.您通常使用的避孕方式为( )。(单身选填)

(1)口服避孕药 (2)使用安全期法推算 (3)避孕套 (4)结扎避孕 (5)使用子宫内避孕器(避孕环) (6)不避孕 (7)体外射精 (8)其他(请注明____)

16.与您同龄的亲戚或朋友一般有几个孩子?( )

(1)0个 (2)1个 (3)2个 (4)3个 (5)4个及以上

17.家中老人最主要由谁赡养( )。

(1)自己 (2)兄弟姐妹 (3)父母自己生活 (4)亲戚帮忙 (5)子女轮流赡养 (6)保姆 (7)其他 (8)不确定

关系状况	
18.你对您目前的家庭关系满意程度为( )。	(1)非常满意
19.您觉得您和伴侣或配偶的关系满意程度为( )。(单身不填)	(2)比较满意
20.您觉得您和伴侣或配偶的父母的关系满意程度为( )。(单身不填)	(3)一般
	(4)不太满意
21.您觉得您和孩子的关系满意程度为( )。(目前无孩子的不填)	(5)非常不满意

第二部分　生育价值观

1.您认为孩子重要吗?( )

(1)重要(跳至题1-1) (2)不重要(跳至1-2) (3)说不清(跳至1-3)

1-1.您认为孩子重要的主要原因是( )。(最多选3个)

(1)传宗接代 (2)养儿防老 (3)家庭稳定 (4)增加收入 (5)爱情的结晶 (6)孩子多有面子 (7)人生更圆满 (8)已有孩子 (9)有乐趣 (10)喜欢孩子 (11)情感寄托 (12)约定俗成的观念,一个家庭应有父母,有孩子 (13)没有为什么

1-2．您认为孩子不重要的主要原因是( )。(最多选3个)

(1)影响夫妻感情 (2)影响工作和事业 (3)改变自己的生活方式 (4)受到丁克家庭等观念的影响 (5)自己养老已经有了保障 (6)没有孩子,没有感觉 (7)没有为什么 (8)其他

1-3.您认为说不清的主要原因是( )。(最多选3个)

(1)各种原因综合,难以抉择 (2)暂时没有孩子,不好判断 (3)从来没有想过 (4)

婚前体检麻烦 （5）不思考相关问题 （6）没有为什么 （7）其他

2.会选择生孩子的主要原因（最多选3个,按照您认为重要的顺序排序）

(1)传宗接代 (2)养儿防老 (3)家庭稳定 (4)增加收入 (5)劳动力增加 (6)爱情的结晶 (7)孩子多有面子 (8)人生更圆满 (9)到了生育年龄自然生育 (10)家庭经济条件好转 (11)医疗条件改善 (12)生育政策宽松 (13)没有动机,偶然因素 (14)一定要有一个男孩 (15)一定要有一个女孩 (16)有人帮助带小孩 (17)已生育的孩子身体状况不佳 (18)父辈期望 (19)身体状况改善 (20)喜欢孩子 (21)好奇 (22)孩子想要一个弟弟或妹妹 (23)生病有人照顾 (24)两个孩子更保险,预防意外情况发生 (25)继承家业 (26)其他		
会选择生育第1个孩子		
会选择生育第2个孩子		
会选择生育第3个孩子		
会选择生育第4个孩子		
会选择生育第5个孩子		

3.不会选择生孩子的主要原因（最多选3个,按照您认为重要的顺序排序）

(1)经济压力大(养育孩子、婚礼和彩礼费用高) (2)孩子养育质量难以保障 (3)没有人帮忙带孩子 (4)个人精力和时间不够 (5)生育政策不允许 (6)医疗条件落后 (7)教育条件落后 (8)过了生育年龄 (9)身体条件不允许 (10)家庭关系不和谐 (11)工作事业不允许 (12)心态没有准备好 (13)婚姻不稳定 (14)只想要儿女双全 (15)不喜欢孩子 (16)担心已有孩子的感受 (17)怀孕太难受 (18)没有结婚对象或另一半 (19)孩子不想要弟弟妹妹 (20)没有原因 (21)生育过程风险大（如剖宫产多了生孩子很危险）		
不会选择生育第1个孩子		
不会选择生育第2个孩子		
不会选择生育第3个孩子		
不会选择生育第4个孩子		
不会选择生育第5个孩子		

4.您实际和理想生孩子的数量和性别组合是？(如果目前无孩子,由调查员填0;无所谓的,由调查员协助填写8;不清楚的,由调查员协助填写9;其他选择在选项下打钩或填1)_____

| | 孩子总量 | 第1个 || 第2个 || 第3个 || 第4个 || 第5个 ||
		男	女	男	女	男	女	男	女	男	女
实际											
理想											

5.您认为孩子之间差多大比较合适？（　　）

（1）1年以下　（2）1—2年　（3）3—4年　（4）5—6年　（5）7—9年　（6）10年及以

上　(7)没有特定的时间差

6.您认为人们养育孩子最大的困难在(　　)。

(1)经济压力大(如教育费用、生活费用、彩礼婚礼等)　(2)缺乏科学的教养方式　(3)照顾孩子缺乏人手　(4)教育条件缺乏,择校困难　(5)隔代养育观念差异,长辈的干预　(6)怕与孩子有代沟,关系疏远　(7)孩子在家庭中会受到性别歧视　(8)其他　(9)不清楚

第三部分　生育期待和政策建议

1.目前当地政策允许生育孩子的数量(　　)。

(1)1个孩子　(2)2个孩子　(3)3个孩子　(4)4个孩子及以上　(5)没有限制　(6)不清楚

2.距离您家最近的医院类型为(　　)。

(1)村卫生室/社区卫生服务站　(2)乡镇卫生院　(3)农村县级医院　(4)城市一级医院　(5)城市二级医院　(6)城市三级医院　(7)私人诊所/医院

3.您认为人们一般会选择哪里作为生育医院?(　　)(最小孩子原则)

(1)在家生育　(2)村卫生室/社区卫生服务站　(3)乡镇卫生院　(4)农村县级医院　(5)城市一级医院　(6)城市二级医院　(7)城市三级医院　(8)私人诊所/医院　(9)其他_____

4.您已经选择或将会生育孩子的方式是(　　)。(最小孩子原则)

(1)顺产　(2)剖宫产　(3)不确定　(4)都有　(5)不打算生育

5.如果身体不适合生孩子,您认为人们一般会选择拥有孩子的方式是(　　)。

(1)人工受孕　(2)试管婴儿　(3)领养　(4)其他　(5)不要孩子

6.距离您家最近的学校类型为(　　)。

(1)村办学校　(2)乡镇学校　(3)本县学校　(4)本市学校

7.您对你家附近的学校满意程度为(　　)。

(1)非常满意　(2)比较满意　(3)一般　(4)不太满意　(5)非常不满意

8.您认为人们一般会将孩子送到哪一类学校接受基础教育?(　　)(最小孩子原则)

(1)村办学校　(2)乡镇学校　(3)本县一般学校　(4)本县重点学校　(5)本市一般学校　(6)本市重点学校　(7)本省其他市县一般学校　(8)本省其他市县重点学校　(9)外省一般学校　(10)外省重点学校

9.您认为孩子主要由谁来教养比较合适?(　　)(最小孩子原则)

(1)自己或配偶　(2)父母　(3)祖辈与亲戚　(4)朋友　(5)保姆　(6)孩子自己　(7)学校　(8)政府　(9)其他

10.您认为陪伴孩子的时间多久比较合适?(　　)(最小孩子原则)

(1)一直陪伴　(2)经常陪伴　(3)偶尔陪伴　(4)很少陪伴　(5)基本不陪伴

11.大多数时候,您打算或已与孩子形成的相处方式为(　　)。(最小孩子原则)

(1)父母都顺着孩子　(2)父母与孩子一起商量　(3)孩子说了算　(4)父母说了算　(5)不一定

12.您认为父母一般期望孩子以后定居和工作的地方为(　　)。

(1)农村　(2)镇　(3)县　(4)中小城市　(5)大城市

12-1.当农村有什么改变,你认为父母会建议孩子回到农村生活?(　　)

(1)农村收入变高　(2)农村教育质量变好　(3)农村医疗完善且成本低　(4)农村的邻里关系友好,文化氛围浓　(5)农村有自己的产业　(6)农村交通便捷　(7)自然环境得到改善　(8)其他　(9)不清楚

13.您目前是否已经参加以下社会保障和商业保险?(请直接在选项中打钩)

类型	您是否参与以下保险?	如果参与,您参与的具体是哪种保险?(可多选)
医疗保险	(1)是 (2)否 (9)不清楚	(1)城镇职工基本医疗保险(2)城镇居民基本医疗保险(3)公费医疗(4)新型农村合作医疗保险
养老保险	(1)是 (2)否 (9)不清楚	(1)城镇职工基本养老保险(2)城镇居民社会养老保险(3)离退休金(4)新型农村社会养老保险
失业保险	(1)是 (2)否 (9)不清楚	
工伤保险	(1)是 (2)否 (9)不清楚	
生育保险	(1)是 (2)否 (9)不清楚	您所知道或享受的生育保险包括(　　)。(可多选) (1)生育津贴(2)计划生育手术费(3)产前检查医疗费(4)一次性分娩营养补助(5)住院补贴(6)产假(7)男职工假期津贴(8)其他____(9)不清楚
城乡低保或建档贫困户	(1)是 (2)否 (9)不清楚	
商业保险	您和您家人购买了哪些商业保险?(　　)(可多选) (1)意外伤害保险(2)养老保险(3)医疗保险(4)子女教育金保险(5)家庭财产保险(6)机动车辆或第三者责任保险(7)贷款保证保险(8)其他_____(9)没买商业保险	

14.您认为目前生育孩子需要哪些方面的政策支持?(　　)

(1)增加经济收入,提供生育经济援助　(2)提高农村教育资源的投入与帮助　(3)提高农村医疗资源投入与帮助　(4)提供家庭教养指导　(5)提供生育期男女的心理健康援助　(6)提供多种社会保险方式　(7)提供正规的婚介服务　(8)孩子托管　(9)其他____

15.除了以上的政策帮助外,您认为还需要哪一些帮助(比如调节家庭关系等)。

附录二：青年农民工婚育观现状访谈提纲

（一）婚恋观部分

1.恋爱动机与择偶标准、方式：

①谈恋爱了吗？谈过几次恋爱？都是怎么认识的？

②身边朋友谈恋爱的多吗？大家通常是如何交到男朋友/女朋友的？

③在谈恋爱的时候，你是奔着婚姻去的吗，还是没有考虑那么多，就觉得两个人挺合适？

④理想的恋爱对象（不是婚姻伴侣）是什么样子？外貌，年龄，性格、经济等因素？……觉得哪个因素是你现在谈恋爱考虑得最多的？

2.婚姻动机、标准和方式：

①你觉得婚姻和爱情是一体的吗？你心中美好的婚姻是什么样子的？

②想不想结婚？想的话，为什么？不想的话，又是为什么？

③理想中准备多大结婚？为什么？

④达到怎样的条件才能结婚？你觉得家庭意味着什么？

⑤理想伴侣（丈夫/妻子）的特点？觉得这样的伴侣是否好找？为什么？

⑥回老家结婚还是在工作地结婚？当地对彩礼这些有要求没？你怎么看彩礼的事情？

⑦父母对自己的恋爱和结婚有什么期待或要求吗？父母或者家庭会对自己的恋爱或者结婚有影响吗？会有哪方面的影响呢？

⑧你觉得自己的婚姻和父母的婚姻会有什么不同？

⑨婚后男女在家庭里承担的角色是否不同？婚姻中，男性该做什么？女性该做什么？

⑩你觉得现阶段年轻人谈恋爱困难吗？困难或容易的具体表现是什么？结婚困难吗？困难或容易的具体表现是什么？怎么样才能解决这个问题？

⑪你如何看待目前一些地区婚闹、闹婚等婚俗现象的存在？

(二)生育价值观部分

1.家庭基本情况：

①现在家里有几口人？有兄弟姐妹吗？

②家里现在的小孩子多吗？有几个？

③您是一直住在这里还是从别的地方乔迁过来的呢？(如果是乔迁过来的,是因为什么原因呢?)

④知道村里现在的男女比例吗？

⑤您是多少岁结的婚呢？家庭对你而言意味着什么呢？

⑥您觉得结婚之后在家庭里自己主要承担的是什么样的角色呢？(打工挣钱还是勤俭持家?)

⑦在您看来,婚姻中男性应该做什么？女性应该做什么？

⑧您有感觉到最近几年农村发生了什么样的变化吗？有没有什么让您觉得特别好的改变？

⑨您或您的家人有没有外出务工过呢？去了多久？主要是去哪里务工呢？

⑩您觉得在您外出务工或听别人外出务工收获了什么呢？是否愿意再次出去呢？

⑪您觉得目前农村和城市之间最大的差距在哪儿？有没有想过就留在城市不回家乡了呢？

2.生育观念部分：

①您觉得是不是只有结婚了才能生孩子？

②准备要生孩子吗？为什么？(目前没有孩子的话)

③现在国家都推行三孩政策了,您有听说吗？这些生育政策对您有影响吗？准不准备多生几个孩子？为什么？

④您对孩子性别有要求吗？是否希望儿女双全呢？为什么？

⑤您或者您周围的人在生孩子的时候会选择就近的医院还是去大一点、好一点的医院呢？

⑥对家里的家务、生计、养育等方面的分工安排,比如生了孩子谁来带？家里父母会帮忙吗？

⑦您觉得孩子对您而言意味着什么呢？或者说对您的意义是？

⑧您有享受过国家的生育补贴政策吗？

⑨您对自己的孩子有什么未来的期待呢？希望自己的孩子成为一个什么样子的人

呢？为了达到这个目标,您想做一个怎样的母亲/父亲？

⑩您认为除了学校以外,自己对孩子的教育重要吗？会对孩子的教育投入很多吗？比如补习班、兴趣班这些？您采取的是什么样的教育方式呢？对于孩子的未来是否有很清晰的规划呢？

⑪您觉得养育一个孩子困难吗？具体表现在哪些方面呢？您觉得您当前所在的环境什么条件改变后,不考虑自身的因素,您愿意多生几个孩子？

附录三：农村籍高职大学生生育价值观及其影响因素调查问卷

第一部分　基本信息

1.您的性别

（1）男　（2）女

2.您的年龄（填空）

3.您的学历

（1）专科在读　（2）本科在读　（3）硕士在读　（4）博士在读

4.您的大学

（1）双一流本科院校　（2）非双一流本科院校　（3）专科院校

5.您的专业

（1）文学类　（2）历史学类　（3）哲学类　（4）法学类　（5）经济学类　（6）管理学类（7）教育学类　（8）理学类　（9）工学类　（10）农学类　（11）医学类　（12）艺术学类（13）军事学

6.您的生长环境

（1）农村　（2）城市　（3）农村城市兼而有之

7.您有几个兄弟姐妹（包括自己）

（1）我是独生子女　（2）2个　（3）3个　（4）4个及以上

8.您父母的受教育程度是（不一致时,填受教育程度最高者）

（1）没读过书　（2）小学毕业　（3）初中毕业　（4）高中毕业　（5）大学毕业及以上

9.您的家庭关系情况

（1）非常幸福　（2）比较幸福　（3）一般　（4）比较紧张　（5）非常紧张

第二部分　大学生生育价值观

10.您在择偶时最看重的是(请排序,至少排出前五项)

(1)外貌　(2)性格　(3)人品　(4)健康　(5)年龄　(6)职业/专业　(7)受教育程度　(8)家庭背景　(9)个人能力　(10)兴趣爱好　(11)家乡所在地　(12)发展潜能　(13)其他____

11.您的择偶标准受到哪些方面的影响(多选)

(1)传统观念　(2)学校教育　(3)父母教育　(4)身边人影响　(5)个人性格　(6)生活方式　(7)电视剧电影中的情节　(8)微博、抖音、哔哩哔哩、小红书等恋爱博主　(9)其他

12.您觉得最好在以下哪一个年龄段结婚

(1)20—25岁　(2)26—30岁　(3)31—35岁　(4)36岁及以上

13.您觉得在以下哪一个年龄段生孩子适合

(1)20—25岁　(2)26—30岁　(3)31—35岁　(4)36—40岁　(5)41岁及以上

14.您觉得这个年龄段生孩子合适的原因是

(1)顺其自然　(2)工作稳定　(3)有充足的资金支持,生活质量有保证　(4)父母有时间有能力帮助带孩子　(5)身体状况适合生育　(6)夫妻情感稳定　(7)可以在最佳年龄陪伴孩子成长　(8)周围很多人选择此年龄段生育

15.您是否同意开放大学生结婚生子

(1)非常同意　(2)同意　(3)一般　(4)不同意　(5)非常不同意

16.以下是关于生育的描述,请根据自身的想法进行选择

(1)生育是女性的权利与自由,而非义务

(2)生育这件事情只与女性有关

(3)女性在生育后,就该在家带孩子

(4)女性不婚不孕保平安

(5)男性成为家庭主夫并不羞耻

(6)生孩子只会阻碍我享受生活,追求个人价值

(7)我提倡晚婚晚育,少生优生

(8)单亲妈妈/爸爸并不可怕

(9)没条件没能力就别生孩子

17.您对于生孩子的想法是

(1)生　(2)不生　(3)不清楚

18.您自己希望生几个孩子

(1)0个　(2)1个　(3)2个　(4)3个　(5)4个及以上

19.您认为是否生育子女应该由谁来决定(多选)

(1)女方　(2)男方　(3)双方　(4)男方父母　(5)女方父母

20.您认为生育子女的数量由谁来决定(多选)

(1)女方　(2)男方　(3)双方　(4)男方父母　(5)女方父母

21.您认为养育孩子的最大困难在于(多选)

(1)经济压力大　(2)没有时间和精力照顾孩子　(3)教育条件缺乏　(4)长辈干预,养育观念的差异　(5)外界"内卷"环境,担心孩子未来发展　(6)不清楚

22.如果有以下条件,我会考虑生育或多生孩子(多选,至多三个)

(1)家庭经济状况稳定且良好

(2)有充足的时间和精力照顾子女

(3)夫妻感情状况良好

(4)父母有能力帮助照顾孩子

(5)所在单位/公司遵守劳动合同法并提供产假及生育津贴

(6)家庭无住房压力

(7)社会竞争压力小,孩子不会面临上学难、就业难的问题

(8)社区、单位、政府等提供婚姻、家庭教育、生育等知识的咨询平台

(9)所在街道/社区提供全职母亲再就业咨询或就业技术培训

23.您对孩子的性别有所期望或要求吗

(1)有　(2)没有

24.如果只生一胎,您希望孩子的性别是

(1)男孩　(2)女孩　(3)都可以

25.如果生两胎,您希望孩子性别的组合是

(1)两胎男孩　(2)两胎女孩　(3)一胎男孩一胎女孩,不在意顺序　(4)第一胎男孩第二胎女孩　(5)第一胎女孩第二胎男孩　(6)都可以

26.关于怀孕,您认为孩子的到来应该是

(1)夫妻双方有计划地健康备孕　(2)无准备的,偶然来临　(3)其他

27.您认为孩子意味着什么(多选)

(1)养儿防老　(2)增加家庭收入　(3)促进家庭稳定　(4)传宗接代　(5)情感寄托　(6)爱情的结晶　(7)未来生活的动力　(8)完成人生任务　(9)未来家庭劳动力

28.您会选择哪些途径照看孩子?(多选题,任选两个选项)

(1)父母代管 (2)自己亲自带 (3)雇请月嫂或保姆 (4)亲戚代管 (5)早教机构代管 (6)其他

29.您对孩子的教育期望是什么

(1)不在乎 (2)高中或高中以下 (3)技术院校或高职专科 (4)大学本科 (5)研究生或研究生以上 (6)没有明确期待,尊重孩子意愿

30.您愿意为了照顾孩子而放弃一些工作的机会吗?

(1)非常愿意 (2)愿意 (3)不清楚 (4)不愿意 (5)非常不愿意

31.您认为抚育子女应当由哪几方贡献力量?

(1)伴侣 (2)父母 (3)社区 (4)政府 (5)其他

32.您认为养育子女需要在哪些方面投入大量资金

(1)饮食 (2)学校教育 (3)医疗 (4)住房 (5)结婚 (6)保险 (7)休闲娱乐 (8)生活用品 (9)课外培训 (10)其他

33.您认为养育子女的资金投入,应该是由

(1)夫妻双方中收入高的一方来承担全部 (2)夫妻双方中收入高的一方承担更多 (3)夫妻双方各自承担一半 (4)其他

第三部分 生育保障与政策

34.您是否了解我国现行生育政策(如产假、生育津贴等)

(1)非常了解 (2)比较了解 (3)基本了解 (4)不太了解 (5)完全不了解

35.您认为目前生育子女需要哪些方面的政策支持(多选 可全选)

(1)提供了解相关知识及政策的渠道

(2)提供生育津贴

(3)提供家庭教育指导

(4)提供准父母的心理健康咨询服务

(5)提供正规的婚介服务

(6)提供多种社会保险方式

(7)降低买房成本(如对多孩家庭给予买房优惠,降低首付比例)

(8)降低教育成本,合理分配教育资源

(9)降低医疗成本

(10)降低托育成本(附近有价格可以承受、安全可靠的机构可以照顾3岁以下孩子)

(11)降低租房成本(如公租房向多孩家庭倾斜)

(12)减少就业歧视

(13)保障女性有充足带薪产假

36.对于我国目前的生育状况,你觉得哪方面需要改善?